U0898282

中国少数民族文学发展工程
翻译出版扶持专项（民译汉）

不灭志士——柳子明评传

【著】柳燃山（朝鲜族）
【译】李玉花（朝鲜族）

作家出版社

独立运动家、农学家柳子明教授

柳子明的韩国夫人李兰英

柳子明的中国夫人刘则忠

柳子明在台湾农场

台湾园艺学家李毓华先生与柳子明先生合影于广西桂林（1942 年）

柳子明夫妇与女儿得橹、儿子展辉

柳子明先生 1983 年春在湖南农学院（现湖南农业大学）果园修剪果树

柳子明教授晚年仍潜心钻研农业科学技术

大韩民国第三十四回议政院议员一同纪念（三排左五为柳子明）

1984 年 4 月柳子明教授九十大寿，湖南省教委、湖南农学院（现湖南农业大学）为柳老举行盛大祝寿会。左起依次为中共湖南省委书记焦林义、柳夫人刘则忠、柳子明先生、湖南省副省长兼湖南省政协主席程星龄

左起：柳子明夫人刘则忠、巴金、柳子明、《光明日报》记者

巴金手迹

柳子明教授与夫人刘则忠

20世纪70年代柳子明先生全家在长沙的合影

柳子明先生的孙女柳斯倩在韩国忠北大学

柳子明先生的后人在韩国忠清北道故居前合影（2002年3月）

柳子明和夫人刘则忠曾安葬在中国湖南省长沙市天马山的墓地

在韩国大田市烈士陵园中柳子明先生的墓碑

東亞日報

The Dong-a Ilbo

中활동 애국지사 유해 안장

중국지역 독립운동가인 유자명 심용철 선생 등의 유해에 대한 안장식이 19일 오후 대전국립묘지 애국지사 제2묘역에서 열렸다.

韩国《东亚日报》在显著位置报道柳子明先生安葬仪式

在韩国大田市烈士陵园柳子明先生安葬仪式上，湖南农业大学等敬献的花圈

1996 年湖南大学召开柳子明教授诞辰一百周年纪念会照片

2002 年 3 月 19 日，柳子明和韩国夫人李兰英、中国夫人刘则忠的骨灰移交到大田国立公墓的情景

韩国友谊使者林东喆、宋在俊教授与湖南农业大学校领导，农大统战部、外事处负责人，部分教授，柳先生亲属合影（2004 年 6 月）

韩国“柳子明先生纪念事业会”会长、林东喆教授向湖南农业大学周清明校长（教授、博士导师）赠书（2004 年 6 月）

编委会名单

序　言

金柄珉

柳子明是著名的国际友人，湖南农业大学的著名教授。他于1919年流亡到中国，曾任上海韩国临时政府议政院联络员，后任义烈团团员、朝鲜革命者同盟代表和朝鲜义勇队指导委员会指导委员。从义烈团到朝鲜义勇队，一直以领导者的身份开展活动。在抗日斗争的烽火中，他高举反日斗争的旗帜，不仅积极促进韩国的抗日联合战线，而且为中韩抗日联合战线的建立著书立说，东奔西走，同中国志士进行交流，促进相互认知和共同话语，为共同抗日立下汗马功劳。

柳子明先生不仅是坚强的抗日独立运动斗士，又是著名的农学专家。他不仅为韩国的独立与解放做出贡献，而且为中国的农业及农业教育的发展做出历史性贡献。解放前，他曾当过中学生物学教师、立达学园的农业科教师、农场技术员。著名的教育家匡互生先生对柳子明先生非常尊重和关心，并给予很高的评价。他还积极投入战争孤儿的保护与教育工作，因此，得到进步人士程星龄等的高度关注和信任。更为难能可贵的是，曾在台湾工作时，在极其复杂的形势下，临危不惧，到监狱看望进步的民主人士程星龄将军，并将大陆解放的消息秘密传给他，使得他对共产党充满信赖和拥护，毅然决然为长沙的和平解放做贡献。

柳子明先生在漫长的旅居生涯中结交了众多中国的朋友，其中有：著名作家巴金、著名教育家匡互生、政治家程星龄，还有学生李毓华等，彼此都是生死之交，为后人留下中韩友谊的佳话。

解放后，柳子明先生被聘任为湖南农业大学教授，历任园艺系主任、名誉主任。他业务精湛，关爱学生，在花卉的研究、葡萄和柑橘的普及、水稻的起源研究等方面做出创新性贡献，深得学校和学界的高度评价。2008 年，湖南农大为了纪念他的丰功伟绩，在校园立起柳子明先生半身塑像。2014 年长沙市把柳子明先生的故居批准为文物保护单位，并把它建成柳子明先生生平事迹陈列馆，以作永恒的纪念。柳子明先生是国内外普遍认可的历史人物，鉴于柳子明先生的生平业绩，1984 年，柳子明先生获得“中国农学会表彰状”，1996 年湖南省科技大会为他颁发“湖南科技之星”称号，1978 年朝鲜民主主义共和国为他颁发“国旗三级勋章”，1991 年，韩国政府也颁发“建国勋章”。他既是中国乃至朝鲜和韩国都给予高度评价的抗日独立斗士，又是农学家和教育家，是中国人民的亲密朋友。

柳子明作为一代历史风云人物，我们从他波澜壮阔的一生中，不仅可以看到朝鲜半岛近代史的发展足迹，而且也能了解到中朝合作、共同抗日的光辉历史，以及历史悠久的中朝友谊的现当代发展轨迹。书写并纪念抗日斗士柳子明先生的生平及其丰功伟绩，这是历史赋予我们的时代使命。随着中韩交流的日趋活跃，生活在中国和韩国的柳子明先生的子孙们，终于奇迹般地相逢，追忆他的革命历史，分享亲情，相互勉励。目前，国内外对柳子明先生一生的关注度倍增，有不少学者对柳子明先生的生平、思想进行学术研究，已经出现不少颇有影响的论文。如今，柳燃山同志撰写的《柳子明评传》（中文版）也终于问世，更加使人感慨万千，此书的出版对柳子明先生的生平与思想的研究会产生积极的促进作用。

柳燃山同志是一位才华横溢的中坚作家，他不仅是小说家，也是散文作家，在中国朝鲜族文坛颇有影响。作为一名作家，他特别关注历史纪实文学的创作，始终抱着一种使命感从事纪实文学创作。他撰写的长篇游记文学《血缘之江》、人物传记《沈茹秋评传》《崔采评传》等得到社会各界人士的好评。为了撰写这部《柳子明评传》，他在认真收集现有资料的同时，深入挖掘新的资料，使这部传记不仅具有文学性，而且还赋予了历史的真实性。它不仅展现了传主在历史潮流中富有意义的战斗历程，还能做到历史性与文学性的有机结合。具体说来，坚持宏大叙事与微观叙事的结合、历史事件评价与人物性格塑造的结合，以及政治话语与文学话语的结合，当然更加关注对人物的政治立场、社会理想和价值观的评价。所以通过这部作品，我们不仅能够了解来华韩国流亡志士的独立斗争历史，而且也能够深刻地体会中韩合作、共同抗日的时代精神，同时也能感受柳子明先生的人生价值和意义。

本书的中文翻译由翻译家李玉花女士承担。李玉花女士通过文学翻译，为少数民族文学走向主流文坛做出突出贡献，据了解也曾与本书作者成功进行合作，并取得成绩。几年前，在没有稿酬，且没有出版资助的情况下，能够主动承担此书的翻译工作，毋庸置疑，是出于一种使命感和责任感。为此，我对李女士表示深深的敬佩。今年中国作协将此书列为中国少数民族文学发展工程·民译汉专项，支持此书的出版，为此，我也对中国作协的相关领导和专家表示由衷的感谢，感谢对少数民族作家的作品及其翻译的关注与支持。

最后，我真诚希望通过此书，使广大读者深入了解来华国际友人——柳子明先生的光辉一生，同时，领略传记文学的认知功能和艺术审美世界。

此为序。

2019年10月30日

目 录

第三章　义烈团

第四章　转折点

第五章　激情时代

第一章 与祖国共命运

(1894.1—1919.3)

1. 幼小心灵播下火种

19 世纪末，在韩国忠清北道忠州郡利安面三洲里住着“根”字辈的文化柳氏四兄弟。老大仁根，老二义根，老三种根，老四完根。分析其字意，仁、义、种、完，可释为繁衍善良、正义血统之意。笔者着手写此书时翻阅了《韩国族谱字典》，从中得知，文化柳氏第三十一代子孙的名字可选择树根的根、老虎的寅、手柄的柄、栽种的栽等。笔者认为他们选择其中的根字，意在守住柳氏的根本。从他们的名字中我们可以感受到其家族的文化传统气息。

如果子孙是大树的枝叶，那么祖先就是树的根。就是说，只有根深蒂固，才会枝繁叶茂。柳氏家族曾是朝鲜历史上的三韩甲族之一，高丽贵族的四大名族之一。柳氏家族作为名门望族延续了一千多年。可是，进入 19 世纪以来，受到西方现代文化的冲击，国家的宗庙社稷发生动摇，也加速了柳氏家族的衰败。

三洲里柳氏四兄弟的日子也十分艰难，只能勉强维持生计，但他们兄弟几个都用功读书。大哥是一位心胸豁达、见多识广的老农。在几个弟弟中，因为老三种根（号春湖）聪明过人，酷爱学习，长辈们对他偏爱有加。因而，当几个兄弟还在大哥那里学习《千字文》和四书五经的时候，就已经单独给老三请了私塾，使他日后成长为一名出色的儒学家。

本书的主人公，他们四兄弟中老三的儿子柳子明先生（1894—1985），在自传《我的回忆》（辽宁民族出版社 1984 年出版）中这样写道：

> 我父亲年轻时，在大伯的帮助下学习汉文，是他们四兄弟中学习最好的一个。因此，我的父亲随平壤监事郑庆源在平安道厅做了三年主事。
>
> 那时，我的父亲从俸禄中省下二百元回到家交给了大伯。大伯便用这笔钱给我们家买了三十斗地。从那时起，我们家便雇用一个农工，购买一头牛开始种地。

平壤监事郑庆源是柳春湖的同学。他们同出一师门，深知春湖才智过人，为人正直。因此，郑庆源上任时，就邀请柳春湖一道去平壤。柳春湖性格内向，适合在深山里专研学问。他明知自己不适合走仕途，但不好拒绝朋友的邀请，便与之同行。他的职位相当于现在的事务局长，权力很大。可他因为生性刚直，做事一向光明磊落，在道厅干了三年，除薪俸外一无所得。后来，他憎恶官场上的明争暗斗，义无反顾地卷起铺盖回到了美丽的故乡。

他把自己省吃俭用攒下的二百元钱交给大哥，大哥觉得三弟在仕途上难以发迹，便用这笔钱购买了几亩地、三间草屋、一头耕牛，交给柳春湖。

因而本书的主人公柳子明，自出生以来就没有过过那种饥寒交迫的苦日子。加上父亲是村学堂里的私塾先生，他学得也比别的孩子要好。父亲是朝鲜社会典型的儒学者，柳子明从七岁起便向父亲学习汉语，并精通了《千字文》《童蒙先习》《小学》《大学》《论语》《孟子》《统监》等。柳子明在回忆录中说，后来能在中国熟练运用汉语，得益于父亲的教导。他的母亲李氏精通韩文，他从小与母亲学习韩文，同时也学到了母亲的勤勉精神。

柳子明出生于1894年农历一月十三日。他是三姐弟中最小的孩子。大哥叫兴洙，姐姐叫兴顺，他的小名叫兴甲，学名兴湜。子明是他从事独立运动之后使用的名字。

从幼年时期的小兴甲，到走上儒学之路的兴湜，在这段岁月里，子明不愁吃，不愁穿，不愁学，在故乡无忧无虑地成长。加之他是母亲李氏四十多岁时生下的孩子，在家里备受宠爱。然而，摆在柳氏家族这个宝贝儿子面前的，却是一条充满艰难险阻的道路。历史迫使他从小就卷入到一个空前绝后、多灾多难的激流中，开始坎坷人生。他像朝鲜所有的百姓一样，只能在日益走向衰败的社会现实中，与国家和民族同呼吸，共命运。

1894年，也就是柳子明诞生的那年，韩国掀起了东学运动[①]；他刚满周岁的那年，1985年10月7日，发生了日本公使三浦梧楼精心策划

---

① 东学运动：东学运动又叫东学农民运动，是1894年从全罗道古阜郡开始的东学系农民革命运动。从其规模和理念上看，它不是单纯的农民起义，而是提出政治改革的一次革命，旨在反抗腐败的政府和外敌的入侵，又称甲午农民战争。

的“杀害闵妃”[①]案件；11 月 5 日，国家颁布了断发令[②]。到了子明十二岁的那年，1905 年 11 月 17 日，日本强迫朝鲜签订了《乙巳保护条约》，致使朝鲜从一个独立的国家沦为日本帝国主义的保护国。1907 年 8 月 1 日，朝鲜军队解散，国家的武装全部被解除，成为日本的“俘虏”。子明在噩梦般的现实中度过了自己的童年。他的故乡虽然远离首尔，但三千里江山被吞并的悲惨命运，却降临在山村的每个角落。从高官大爵到平民百姓，每个人的心中都燃起了怒火。

柳子明在回忆录中说：

> ……当时我听说道厅发起了义兵，后来我亲眼所见。十四岁时，我亲眼目睹了柳麟锡[③]率领义兵从堤川打进忠州后撤退的情景。还听说义兵撤退后，日本兵在村里制造了一系列野蛮暴行。
>
> ……此后，在整个朝鲜掀起了反对日本侵略朝鲜的义兵斗争。当时非常有名的义兵长有崔益铉、闵宗植。此外，有平民义兵长申乭石、奇宇万，军人出身的闵亘浩，猎人出身的洪范

---

① 闵妃被害事件：指景福宫高宗的皇后遇难事件。闵妃让自己的嫡系亲属担任宫中要职，不断扩大势力范围。1837 年，日本征韩论抬头，内外局势日益紧张，闵妃便向高宗宣布亲政，树立闵氏外戚政权。结果大院君被清除，废除闭门锁国政策，与日本建交。1882 年，壬午军乱后逃难，要求清政府援助，树立闵氏政府。1894 年兴成大院君再次登台。闵氏一派企图投靠沙俄，以牵制日本的侵略。日本公使三浦梧楼发动乙未事变，8 月 2 日，日本刺客进攻王宫，砍杀闵妃，焚烧其尸体。

② 断发令：朝鲜王朝高宗三十二年（1895 年）11 月发布的废除冠发习俗的命令。

③ 柳麟锡（1842—1915）：号毅奄。江源春城郡南面出生，儒学者，义兵长。高宗三十二年（1894 年）甲午改革后，金弘集的亲日内阁成立后，发动义兵在忠州、济川等地杀腐败官吏，遭到官军镇压逃亡到满洲。1909 年在海参崴任十三道义军都总裁。1910 年丧失国权后继续从事独立运动。后在奉天省宽甸县病逝。

图[①]，还有柳麟锡、安重根[②]等。

据日本警察统计，1907年12月至1910年年末，参加战斗的义兵数达十二万三千一百九十二名，与日军交战次数达三千八百四十二回。据日本军发表的数字，1907年8月至1909年年末，这期间战死的义兵达一万六千七百七十名。(《我的回忆》第6—8页)

1907年，当整个朝鲜都投入到义兵抗战热潮时，柳子明进入忠州普通学校。那年他十三岁。虽然他年纪不大，却熟读汉文和韩文，对儒学颇有研究。尤其是受到父亲的影响，他喜欢读《壬辰录》《乙支文德》等爱国书籍，对侵略者的仇恨与爱祖国、爱人民的种子深深地埋在了他的心中。

柳子明耳闻目睹了自他诞生后国家发生的历史事件，使他深刻懂得了“日本帝国主义才是朝鲜最大的仇敌”。(《我的回忆》第6—7页)

2. 是日也放声大哭

从柳子明的故乡利安面三洲里到忠州郡所在地有三十多里。现在山

① 洪范图（1868—1943）：独立运动家。1910年韩国被日本强占后，带领少数部下到满洲培养独立军。1919年，韩国掀起三一运动后，成为大独立军总司令，成立了由四百多人组成的独立军部队。凤梧洞战斗后，在青山里战斗中作为北路军政署第一连大队长参战。黑河事变后，在俄罗斯致力于培养后备力量。1943年病逝。

② 安重根（1879—1910）：独立运动家。1907年到沿海州流亡，参加义兵运动。在全济德的指挥下，作为大韩义军参谋中将兼特派独立大将及俄领地区司令官，带领一百多名士兵跨过鸭绿江向国内进军，与日军展开激战，却遭到失败。1909年，他与十一名同志结成断指同盟，发誓以生命开展救国斗争。当年10月，在哈尔滨车站击毙侵略者头目伊藤博文，被捕关进旅顺监狱，次年2月被判处死刑，3月26日执行死刑。

村里也修建了柏油公路，上学可坐公共汽车，可在当时这是无法想象的事情。十三岁的年纪要往返六十里山路，那时间都得花在路上。庆幸的是，在郡所在地有一位叫郑云益的亲戚，子明不用找寄宿的人家，加之生活比较宽裕，即使在亲戚家里也不用看人家的脸色吃饭。

儿子离家时，父亲语重心长地说："现在国家正面临深刻危机，一定要好好学习，做一个对国家有用的人。"母亲头顶着被褥和衣服包裹把他送到亲戚家，离开时再三嘱咐他："一定要保重身体，一日三餐要吃好，睡觉时一定盖好被子。"

父亲和母亲送走小儿子时，都十分为他担心。他们知道儿子这一走就再也不会回到这个山沟来了，他们也不指望他回来。按照传统两班家族的习俗，由长子兴洙赡养父母，为祖先做祭祀，在故乡做一个淳朴的农民。所以他离开家有着特殊的意义。家里希望把小儿子培养成一个能够出人头地的大人物。他带着家人的厚望离开故乡，同时意味着漂泊生涯的开始。

1907 年至 1910 年在忠州普通学校的四年间，正是朝鲜军队解散到亡国的这段岁月。各地义兵纷纷揭竿而起，1908 年，在美国的旧金山发生了张仁焕和田明云枪击美化日本对朝鲜殖民地化的斯蒂芬逊（朝鲜外交部顾问）事件，1909 年 10 月 26 日，在哈尔滨车站发生安重根枪杀伊藤博文事件，同年 12 月 22 日上午，发生李在明刺杀前往明东圣堂参加比利时皇帝葬礼的卖国贼李完用的事件。

安重根在旅顺监狱里说："我是作为义兵的参谋总长参加独立运动的，所以这个宣判是无效的。"李在明在遗书中写道："为国而死是我一生的夙愿，没什么可怕的。把我一个人埋在地下没什么，无数个李在明会重新站起来。就像一粒种子掉在地下，会打下无数的粮食。"他们的豪言壮举，在少年学生柳子明的心中播下了爱国主义的种子。

特别是当时报纸上刊登的有关闵永焕的义竹，又称血竹的报道，给他留下深刻印象。晚年柳子明在回忆录中写道：

> ……闵永焕与高宗皇帝是表兄弟，是王妃的堂侄。他十七岁时中了科举，历任都承旨、开城留守、吏曹、刑曹、礼曹、兵曹判书等要职。后来任内部大臣、学部大臣、外部大臣、参政大臣，与日本展开针锋相对的斗争，经常指责亲日派大臣们的错误行为，最后成为一个无实权的皇帝侍从武官。1905 年 11 月 17 日《乙巳条约》签订后，30 日，他用自己的刀自杀，时年仅四十五岁。他在给国民的遗书中这样写道：
>
> “国家的羞耻和百姓的耻辱已经到了如此地步，我们的民族将在今后的生存竞争中消失。通常渴望活着的人必死无疑，而不想活的人反倒活下来，大家为何不知道……”
>
> 八个月后，据说家里收藏他自杀时血衣的廊板下面，长出了长着四十八片叶子的竹子。

这个消息也传到了当时柳子明的故乡，令许多人激动不已。

1910 年 8 月 22 日，日本与李完用签订了《韩日合并条约》[①]，第二天向国外通告，可 29 日才在国内发布。《韩日合并条约》给延续了五百一十九年的朝鲜王朝画上了句号。

当时的报纸上发表了一篇题为《是日也放声大哭》的文章，全国人民都在放声大哭。痛哭声淹没了平原，填平了山谷，家家都沉浸在悲

---

① 《韩日合并条约》：1910 年 8 月 22 日，内阁总理李完用和日本统监寺内正毅签订韩日合并的耻辱卖国条约，于 29 日正式公布。以让出韩国政权及优待皇室、贵族等为主要内容。

痛中。

柳子明当时也抱头痛哭，他回忆道：

……我的家距学校三十多里地，所以我住忠州附近的一位亲戚家里。那天我放学回到亲戚家，看见大哥也来到这里。那天我们三人在一起唠嗑，我的亲戚郑云益说：

“真想到深山里放声大哭啊。”

接着他又说：

“也许你现在还不知道亡国的悲哀。”

我回答说：

“你们要是放声哭，我就跟着你们哭。”

当时柳子明已经十七岁了，是忠州公立普通学校三年级的学生。他品学兼优，担任副班长。

忠州普通学校是与孔孟之道背道而驰的新式学校。起初没有校长，由日本的校监鹿田任代校长，可是，随着日本帝国主义统治的加剧，校监升为校长，教学内容也发生了变化，以《日本语读本》代替《国语读本》，理科与修身课教科书也用日语编写，讲课也用日语。朝鲜历史课被取消，《壬辰录》《乙支文德》《李舜臣[①]传》《姜邯赞》等书籍也都被没收销毁。

环绕忠州的中原郡是“国家（新罗）中原”之意，忠州能取忠清道的“忠”字，足以说明它在历史上的重要地位。从江边的每一粒小石子

---

① 李舜臣（1545—1598）：朝鲜时期将领。号忠武，首尔出生，官至三道水军统制使、全罗道左水使。壬辰倭乱后，首次使用龟船大败敌军，是朝鲜民族历史上深受人们崇敬的人物之一。

儿、路边的每一片瓦砾中，都可以触摸到历史的脉搏。特别是塔平里七层石塔，是朝鲜半岛南北三千里、东西九百里经纬线交叉的支点，所以又称“中央塔”。据说是新罗文宣王时，为做中央的标记而立的。传说中记载，在新罗的南北两端同时出发的两个人，在同一时间内到达这个地方。此外，可金面永战里立石村有一座韩国唯一的高句丽碑，至今还保留着玫瑰山城、上芼面的庙址和弥勒佛、弹琴台等许多古迹，与生活在现代的人们共呼吸。弹琴台因新罗的于勒[①]在此弹奏过伽倻琴而得名，是壬辰倭乱当时，都巡府申砬[②]将军为了阻止倭寇北上背水一战，最终败北战死的地方。在这里，于勒的伽倻琴弹奏与申砬的冲锋呐喊融为一体，世世代代回荡在忠州人的心中。

因此，《壬辰录》在忠州一带的农村也广为流传，柳子明从小就读了《壬辰录》，非常崇拜李舜臣将军和申砬将军，对倭寇无比憎恨。（《我的回忆》第37—38页）

忠州公立普通学校只有沈相德、徐极淳、申锡均、洪蒙华共四名朝鲜教师。其中沈相德、徐极淳、申锡均三位老师毕业于师范学校，日语讲得很好，可是年龄大一些的洪蒙华老师是一位汉学者，只会用日语说一句“再见”，其实，即使会说他也决不会去说敌国的语言。他这种刚直不阿的性格，受到年轻教师和学生们的尊重。他教过《启蒙篇》和《童蒙先习》。柳子明读毕业班时，就连这样教儒学的书堂也没有了，无法使它保留下来成为学校的一个科目。当然，并不只是柳子明上的学校那样，而是朝鲜八道所有学校的校长都换成了日本人，教师也大部分是日本人。学校给教师们穿上统一的制服，戴上镶金边的帽子，挂着长

---

① 于勒：新罗时代的音乐家。发明十二弦琴，创作出以该乐器演奏的十二首曲子。

② 申砬将军：朝鲜中期的一名武将。时号忠壮。1592年发生壬辰倭乱后被任命为三道郡巡边使，在忠州弹琴台背水一战，与北上的敌军展开决战，终因寡不敌众而败北，便与部下金汝岉一道投河自尽。

刀。在日本帝国主义这种充满杀气的殖民统治学校里，即使国家灭亡了，人们也丝毫不敢流露出悲痛的心情来。

沈相德老师是柳子明的班主任，洪蒙华老师教汉文和朝鲜语。《韩日合并条约》颁布的第二天，来上课的沈相德老师表情严肃地望着同学们，意味深长地说：

“在这种情形之下，我们只能努力学习，别无他法。”

他强调：“忠州的男儿不能只做螭，而是要成龙升天。”他给同学们讲起了龙塘洞的传说。

忠州市龙塘洞村前有一个被称为龙湖或龙塘的小溪。据说，这里有一条在树林中生活了一千年，在人间生活了一千年，又在这个江边的沼泽地里生活了一千年的螭（成为龙之前的巨蟒）。有一年的雨季，它突然变成双龙升上了天空。双龙升天的这个地方便成为吉地，从此以后，这里的人们便无病长寿。

虽然只是一个传说，但是柳子明和他的同学们却深知其中的含义。

3. 农学者的梦想

1910 年 11 月，年仅十六岁的柳子明便结了婚。夫人叫李兰英，是双方父母看了生辰八字后定下的婚事，然后选了个良辰吉日举行了婚礼。虽然柳子明接受过新式教育，但他却不敢奢望恋爱结婚，当时的社会条件也不允许。

1911 年，结婚一年后，柳子明离家去上学，四年后以优异的成绩毕业于忠州公立普通学校。后来，他报考水原农林学校。当时他的梦想是当一名农学家。他希望祖国光复后做一名农学者，建设一个人人吃得饱、穿得暖的国家，这也是他的理想。

遗憾的是第一次考试他落榜了。那次考试是他人生中的第一次失败，也是第一次考验。少年柳子明的个人生活可以说是比较平淡的。他出生在一个虽然不算富裕，但却不愁吃穿的家庭里，加之他是父母的晚年得子，受到全家人的宠爱。在忠州公立普通学校念书时，由于学习成绩好，也备受老师的喜爱，当了副班长，受到同学们的崇拜。一直一帆风顺的他，实在承受不了落榜的打击。

他内心非常痛苦，连续几天闭门不出，躲在家里埋头看小说。作为普通学校的尖子生竟名落孙山，他觉得丢人现眼抬不起头来。

“堂堂一个男子汉，连这点事情也承受不了，真没出息。你不要想一口吃个胖子。”

在他痛苦的时候，是父亲给了他信心和勇气。

“跌倒了就要重新爬起来。”

他终于战胜了挫折，准备重新应考。他接受了失败的考验。当然这次考验与他在以后的人生道路上所经历的曲折相比，实在算不了什么，然而那次为战胜考验所做的努力却培养了他战胜各种困难的意志。

柳子明在晚年的回忆中说：

“我觉得人一定要有进取心，进取心就是与各种困难勇敢斗争的不屈不挠的精神。没有战斗的人生是不存在的，我是后来才明白这个道理的。”

他离家到首尔去求学。

首尔是凝聚着朝鲜王朝五百年历史的古都，就像一个人的心脏和大脑。这里曾经是皇帝生活的地方，如今它却换了主人。山城依旧，却已经属于别人。大街小巷到处是日本巡警的铁蹄声，到处传来义兵们英勇殉国的消息……

他在数学家李命七先生开办的研精学院苦读了一年。第二年秋天，他重新报考水原农林学校。

当时朝鲜没有大学，只有师范学校、农林学校、工业学校、医学学校四所专门学校。柳子明报考的还是农林学校，最终他如愿以偿考上了。

京畿道是三国时代的买忽，买忽是“水渠”之意。自古这里就和水有着不解之缘。因此，没有水井的人家被称为凶宅，这里也是有名的鱼米之乡。李色曾写诗赞美水原：“山高水深，雾中树影，大海辽阔，物产丰盛。”水原的美丽景色与它的名字一样名副其实，然而，古人的感受与柳子明的感受大相径庭。过去在李色的眼里，横卧在山冈上的牛犊是那样地悠闲自在，而在柳子明看来，它却是筋疲力尽倒在地上的样子。李色羡慕水原人自由自在不加冠的头发，而柳子明则从断了发的人们脸上看到了亡国奴的悲哀。

水原农林学校位于水原郡西屯村。那里还有朝鲜总督府劝业模范场和蚕丝实验所。劝业模范场和蚕丝实验所是一个机关，劝业模范场场长本田幸介兼任农林学校的校长，蚕丝实验所所长宫原兼任水原农林学校的教务主任。农林学校是朝鲜总督府学务局直属的学校，学费是公费，每月平均给学生发五日元，发放校服和实习服，还设有图书室，学生可以在这里借书。

柳子明在回忆录中说，当时农林学校教师阵容十分强大。

> ……本田幸介校长是一位农林博士，是日本有名的学者。植木秀干是林学博士，是通过调查朝鲜的森林和植物而获得博士学位的人。此外，学校有四名学士，还有四名朝鲜人教师，均毕业于日本农林大学。

当时听了本田幸介校长及植木秀干等日本教师讲课，柳子明着实感到惊讶。他终于明白了，他们不仅是专科领域里的学者，而且对朝鲜的地理、气候和山川草木了如指掌。日本为了侵略朝鲜，使之成为他们掠夺的基地，很早以前就派学者进行调查。

柳子明在学术上非常尊敬学校的老师，暗下决心今后一定要超过他们。他知道朝鲜灭亡是因为太落后，要想夺回失去的祖国，就要奋发图强，加快各领域的发展。他抱着农学家的梦想，把所有的精力全部倾注在学习上。他对园艺学、果树学等课程特别感兴趣，学习成绩一直名列前茅，得到老师的喜爱和同学们的信任。从一年级到三年级一直担任副班长。

柳子明是一个勤奋好学、意志坚强的好学生。他从来没有旷过课，在每年四个月的实习劳动中，他没有一次缺勤。对每一穗稻子、每一棵白菜、每一个苹果都倾注了自己的一片赤诚。对他来说，所有这些都像自己身上的肉，是自己祖国的一部分。从一把泥土中，可以感受到祖国五千年历史的脉搏，从扎根在这片土地上的每一棵草木中都能感受着民族的气息。

这个时期在他思想上产生巨大影响的人就是姜泰东，他是同窗姜锡麟的哥哥，他们兄弟俩出生于咸镜北道利原郡。柳子明与姜锡麟考入水原农林学校之前，也就是1910年7月，日本陆军队长寺内正毅被任命为统监，逮捕了许多爱国志士，当时姜泰东同安昌浩①、李东宁、柳东烈

① 安昌浩（1878—1938）：独立运动家，思想家。1913年组织了兴士团，三一运动后到上海参加临时政府组织，历任内务总长、国务总理，劳动总长等职，创办《独立新闻》。1926年为建立独立运动基地积极筹建理想村，却因日本帝国主义正式入侵中国而失败。1932年，因尹奉吉虹口公园爆炸事件的牵连被日警逮捕押送回国。1938年因病被保释，在休养时病逝。

等人一起被抓进海洲刑务所服刑，《韩日合并条约》公布后才被释放。

> ……他出狱后，到水原农林学校来找弟弟姜锡麟。当时，我曾和姜麟锡一起听他讲被抓到日本刑警队受苦的经历。所以，我十分敬重姜泰东。国家灭亡之后，他到满洲参加独立运动。(《我的回忆》第 41 页)

柳子明被学习和劳动弄得疲惫不堪。他本来体质较弱，但他以顽强的意志克服一切困难。紧张的劳动和学习需要补充营养，但仅靠学校发放的五元钱根本就吃不到油水。家里虽然给他寄些钱，但家境不像过去那样宽绰了。自从朝鲜成了日本人的天下，朝鲜八道的两千万朝鲜人生活日益贫穷。

庚戌年国耻后，数万名爱国志士走上流亡之路。随后，许多饥寒交迫的人们背井离乡，跨过豆满江和鸭绿江到北间岛、西间岛、沿海州等一带流亡。柳子明一家那时还能守在故乡真有些不可思议。或许也和他父亲在平壤做了几年官儿，攒下一些家底，加之回乡之后又做私塾先生有关吧。不然的话，他们大概也得卷着铺盖远走他乡了，柳子明也不可能把书念完。

柳子明说，农林学校春秋两季都组织修学旅行。三年级（1915 年）秋，修学旅行线路是经开城、平壤到平安南道的镇南浦。虽然前五次的旅行他没有提到，但笔者认为，他们有可能走遍了朝鲜八道。柳子明曾说，总之当时的修学旅行，在他幼小的心灵里播下了爱国的种子。

沈光默（现居住在吉林省延吉市）回忆道：

“1968 年，我去找柳子明教授时，与他交谈了两天。他回忆在农林学校的生活时说，给他印象最深的就是修学旅行。真正感受到了祖国山河的壮美，增强了对祖国的热爱之情。”

柳子明虽然出生在朝鲜，但他几乎在中国度过了一生。然而，在他的记忆中朝鲜的山川景色是那样地壮美，美得无与伦比。假如除去他没有看到的雄伟的长白山和茫茫林海，朝鲜的山川远不及中国的山川那么险峻和高耸。大体上高耸入云、巍峨险峻的山才被称为名山，所以朝鲜的山川无法与中国的山川相媲美。汉江只有几百里，只相当于中国的一条普通江河，中国还有相当于朝鲜半岛面积的一望无际的大平原。柳子明踏遍了中国的名山大川，但他始终把对朝鲜山川的美丽记忆珍藏在心中，由此可见他对祖国的无限眷恋之情。然而事实上，朝鲜半岛玲珑秀美的山岭，涓涓流淌的碧溪，鲜花盛开的春天，绿色浓浓的夏天，枫叶满山的秋天，白雪皑皑的冬天……四季分明的气候，景色秀美的山河充满了人情味。“一方水土养育一方人”，美丽的山川使朝鲜人邻里和睦，生活充满情趣。朝鲜美丽的山川养育了朝鲜人淳朴的民族性格。

学校组织修学旅行的目的在于让学生了解朝鲜的地质和资源，而对柳子明来说，却进一步加深了对祖国的热爱。望着那些千万年来依然如故的山岭和岩石，他感叹人生苦短，并从中感受到五千年生生不息的历史脉搏。游览祖国名山大川时，他想起了元孝大师、西山大师等与祖国山川同喜同悲、相思相恋的历史人物。朝鲜三千里锦绣江山之灵气造就了许多英雄豪杰，他们的故事让他心潮起伏。他坚信，虽然历代英雄豪杰为国捐躯，但他们的一片丹心却永远与祖国的山河同在。

“到镇南浦时，柳子明曾给我吟了一首李舜臣将军的诗。”

刚满二十岁的热血青年柳子明，想象着壬辰倭乱时李舜臣将军站在高高的岩石上，指挥龟船击碎日本军船的气概；渴望着那些躲过日本人的通缉流亡到中国、美国以及沿海州等开展独立运动的吕连亨、金澈、金奎植、安昌浩、李承晚[①]、郑翰景、李东辉等人早日实现祖国的光复大业。

望着洒满金辉的大海，柳子明心里非常难过。尽管心如大海，可以容得下日月星辰，却容不下一颗受伤的心。在秋天湛蓝色的天空中，一群海鸥在飞翔。他真希望自己也能像那些海鸥那样，飞到祖国参加光复祖国的战斗。

回来的路上，修学旅行团在平壤逗留。踏入这个有着四千年历史古都的一刹那，柳子明感慨万千。因为这里是檀君王俭开国的地方，所以被称为王俭城，其后又作为箕子朝鲜和卫满朝鲜的首都，称为箕城，高句丽时也把平壤作为首都。柳子明特别喜欢平壤的主要原因是平壤古代称为柳京。朝鲜语平壤有柳之意，柳可解释为倍达（古朝鲜）的一个形态，这使柳子明感到这里似乎具有某种宿命的色彩。平壤作为一个古都，诸如大同门、平壤钟、普通门、崇义殿、大城山城、乙支峰、苏文峰、长寿峰、国士峰等文物遗址星罗棋布。然而，由于旅行日程安排较紧，他不可能一一去游览，况且日本教师也不可能给他们一个接受民族教育的机会。但是踏上平壤的土地就足以让学生们感受到一种民族精神。

游览牡丹峰、大同江后踏上归途的那天凌晨，柳子明和同学们一道通过七星门一直登上了乙未台。在这里俯瞰，牡丹峰和周边的山峰、大同江和沿江平原及其风光尽收眼底。七星门是高句丽时期平壤城的北

---

① 李承晚（1875—1965）：独立运动家，政治家。1919年，三一运动后，在国内组织的首尔临时政府和上海组织的临时政府中分别担任最高负责人执政官总裁和国务总理。在美国的华盛顿成立欧美委员部，担任委员长，自任总统。后来逐渐失去临时政府内武断派的信任，1921年在上海临时政府议政院得到否决票。1948年当选韩国首任总统。1960年，因四一九民主革命而被迫辞职。在夏威夷流亡时去世。

门，乙末台是北面的将台。平时作为亭子使用，战时作为望楼。据说乙末台是公元6世纪中叶，高句丽乙支文德[1]的儿子乙末将军修建的。听了这一解释，柳子明马上联想起那次著名的萨水大捷[2]，不禁感慨万千。当年，乙支文德将军采取诱敌和清野战术。高句丽军为诱敌深入，边战边退，将隋军引诱到距平壤不到三十里的地方，三十万隋军几乎全部被俘或伤亡，侥幸回来的不过三千人。而这古战场此时就在自己的脚下，这让柳子明兴奋不已。

面对汹涌澎湃的大海，柳子明联想起李舜臣将军；站在这平壤城的乙末台上，眺望远处的大同江平原，他联想起了乙支文德将军。柳子明常说，在他的心中播下爱国种子的关键人物就是申采浩[3]先生。他从小就像基督教徒念《圣经》那样，不知反复读了多少遍《乙支文德传》和《李舜臣传》。这两本书在开化时期同《东国史略》《大韩历史》等一样，被列入三十多种没收的禁书之列。柳子明把它们藏在家中，偷偷阅读。他说，申采浩先生《乙支文德传》的序言，犹如唤醒他的钟声，就是到

---

① 乙支文德：高句丽时期的名将。612年隋朝的于仲文、宇文述率一百一十三万名水陆两军侵犯高句丽。乙支文德将军率军在萨水、清川江大获全胜。

② 萨水大捷：612年，高句丽击退隋炀帝进攻取得胜利的战斗。

③ 申采浩（1880—1936）：抗日独立运动家，史学家，本贯高灵，号丹斋。1897年经申箕善推荐进入成均馆，1905年获得成均馆博士学位。1910年4月，与新民会的同志一道到中国青岛流亡。在那里与安昌浩、李甲等人商讨独立运动方案，到俄海参崴后，在《劝业新闻》开展活动，1914年该报被迫停刊后，到南北满洲和长白山等地走访古代历史遗迹。1915年到上海参加组织新干青年会，同时参加博达学院的创立工作。1919年在上海参加大韩临时政府，历任议政院议员、全委会委员长等职。1923年主张以民众的暴力革命争取国家独立。后在北京成立多勿团，在中国和本国报纸上发表评论和历史论文。大约从1925年起信仰无政府主义。1927年发起新干会，加入无政府主义东方同盟。1928年创办《兑换》，与同志们一起收购外汇，为资金事宜前往台湾途中在基隆港被捕，被判十年徒刑，关押在旅顺监狱。1936年在狱中病逝。他认为："独立运动不是别人给予的，而是要靠自己去争取。"他的这种见解也体现在他的历史研究中。他提出"历史就是我与非我的斗争"，为树立民族史观和韩国近代史学打下了基础。

了晚年他仍能倒背如流：

……对一个人来说，能否写入历史对他有什么得失呢，只是一个国家的疆土因英雄的捐躯而保持了威严，一个国家的民族因英雄的鲜血而得到保护。如果这个国家的人不记住这些英雄人物，那么这个国家怎能称为国家呢。

……现在就让我们记录下这些历史英雄，召唤未来的英雄。（申采浩著《乙支文德传》序言）

柳子明从小读这本书“浑身充满了力量，胆子越来越大”（《乙支文德传》序言），立志要做一名申采浩先生所说的像乙支文德将军那样的“未来英雄”。

从到平壤的那天起，柳子明就感到身体有些不适，香喷喷的平壤米饭他却品不出什么味道来，大同江的鲻鱼也唤不起他的食欲。加之一大早受了凉风，登上乙末台时他感到脊梁骨阵阵发凉。登上开往首尔的火车后，柳子明全身烫得就像个火球。他以为是伤风便吃了感冒药，却不见好转。他勉强坚持到水原后，到水原郡附属医院看病，结果确诊为伤寒，在医院住院治疗了一个多月。

柳子明这样回忆当时的情景：

……我的家距水原三百里地，可是听到我有病的消息，父亲匆忙赶来。父亲看到我十分担心地说：

“看来，你是治不过来了。”

我对父亲说：

“您别担心，我死不了。”

我还给他讲了一本我看过的小说。父亲知道我的病情开始好转，这才放下心来。我的体温开始渐渐下降。第二天晚上，哥哥也慌忙赶到医院，忧心忡忡地问父亲：

“他的病怎么样了？”

我对哥哥说：

“哥，从今天起体温下降了。”

哥哥也长舒了一口气。因为家里只留下母亲一个人，所以父亲回了家，哥哥在医院护理我。

我的身体渐渐开始恢复，能吃点东西了。看到我好了一些，哥哥便买了报纸给我读。护士听到哥哥读报的声音，便进来用日语对我说：

“身体还未恢复，吃了饭马上看报纸就会加重病情，饭后要休息一小时。”

我觉得护士说得在理，从那时起，我养成了饭后休息一个小时的习惯，直到今天，每天如此。（《我的回忆》第 18—19 页）

柳子明出院后，回到学校休养了一个月。他在治病期间，到迟迟台岭和八达山等地游览。走在渗透着祖先气息的山岭上，他学到了正朝的孝心和李皋开阔的视野。

迟迟台岭，传说正朝从首尔到水原去参拜父亲思悼世子的隆陵，去的时候嫌自己走得太慢，而回去的时候却停留在这个山岭，一步三回头，耽误了赶路，因而得名迟迟台岭。据说，正朝看到松蛄蜥在吃陵墓上的松针，便将其捉起放进嘴里，边嚼边说：“就算你是个虫子，也不能吃我祖坟上的松针呀，你干脆就吃我的五脏吧。”他的话曾感动后世的许多儿女。

八达山上有水原城等许多古迹，其中有李学士老宅，是高丽公民王时汉林学社的李皋为躲避腐朽政府到此山下居住过的地方，还有劝人们行善的劝善洞。公民王派大臣问他："这里有什么值得你快乐？"李皋说："登上此山，八面开阔，令人心胸豁达。"高丽灭亡后，朝鲜太祖召他进宫，他却不答应。太祖受感动，命名此地为八达山。在这个有悠久历史的迟迟台岭，柳子明发誓，虽然国家灭亡了，但一定要效忠还活着的皇帝，像李皋那样，在日本帝国主义的统治下决不享受荣华富贵。

他终于战胜疾病，恢复了健康，树立起了坚实的精神支柱。可以说，在水原农林学校时，他就已经为今后成为独立运动家打下了思想基础。

那年冬天他回到了家。全家人都为他的归来感到高兴。母亲抱住他热泪盈眶。柳子明深深地感到"母亲的哭声中既有悲伤又有喜悦"。(《我的回忆》第 20 页)

儿子战胜病魔归来的喜悦与失去爱女的巨大悲哀，使母亲不禁失声痛哭。柳子明是母亲最宠的孩子。他是三个孩子中的老疙瘩，是父亲四十多岁时才生下的，因而对他偏爱有加。自从他离家到忠州公立普通学校，母亲每天在酱缸台上敬酒，向着七斗星祈求儿子的健康与未来。特别是子明到水原后不久，年轻的姐姐因病去世，母亲对小儿子更是担心。她听到柳子明生病的消息后心急如焚，整天坐卧不安。虽然丈夫和长子回来说子明的病已经好了，但她没有亲眼见到子明还是不放心。那时不像现在，坐公共汽车半天就能到。因此，人们只能向七斗星祈祷，给菩萨上供，以此来安慰焦虑的心情。这个时候柳子明回到家，"母亲无法形容内心的喜悦，也自然想起死去的姐姐"。(《我的回忆》第 20 页)

妻子李兰英看到大病初愈、身体消瘦的丈夫回到家，激动得不时用裙带擦拭眼角。她自从做了汉学家的儿媳以来，每天一睁开眼睛就要看公婆和大伯哥嫂的脸色，身心疲惫自不必说，加之丈夫去读书，她独守空房度过了一个又一个孤独的日子。柳子明第一次对妻子生出恻隐之心。他说，当时他首先想到，妻子和他一样，也出生于儒学家两班家庭，自从踏进柳家的门槛儿，她就发誓这辈子活做柳家的人，死做柳家的鬼。假如那次自己要是死了，岂不是让她年纪轻轻就守了寡。柳子明估计自己离开朝鲜后妻子会一直守节，但他却无从确认，他对妻子感到深深的内疚。

4. 朝鲜独立万岁

那年冬天，柳子明在家里安心地度过蜜月般的生活。以往假期他们夫妻也同房，但由于是父母包办的封建婚姻，因而他没有感受到爱情，也不知道什么叫夫妻感情。但自从得了伤寒死里逃生后，他才懂得爱惜妻子，学会了如何避开父母的视线照顾妻子了。

柳子明回忆起那年寒假感慨地说，自己浪迹天涯，受尽各种困苦磨难却还这样健康长寿，秘诀就是在那年寒假养成的习惯。他住院时按照护士的吩咐，饭后休息一个小时，他一直保持着这个习惯。在九十年的人生岁月里，无论情况多么紧急，一日三餐后都要坚持休息。

1916 年春，柳子明在水原农林学校毕业后回到了忠州。这里是他出生的地方，是父母温暖的怀抱，还有多年来几乎独守空房等他归来的妻子和可爱的儿子。

那年，柳子明做了父亲。妻子李兰英结婚整整六年后才生下了儿子。妻子嫁过来时十八岁，是个早熟的姑娘，完全有生育能力，可不知怎么他们六年没有孩子。因伤寒差点丢了性命的柳子明，不仅捡了一条命，而且还得了个儿子，真可谓双喜临门。

子明的父亲给孙子起名叫基熔，地基的基，熔铁的熔。文化柳氏家族到子明的儿子是“基”字辈，他的父亲常常自豪地说，起这个名字的含义是不要忘记根本，像熔岩那样燃烧。可以看出，在日本帝国主义统治日益加剧的时代，普通百姓就是以这种方式表达他们的爱国精神。

柳子明到忠州简易农业学校当了一名教师。忠州简易农业学校是建在忠州普通公立学校旁边的一所新学校，忠州普通公立学校是柳子明梦想开始的地方。日本帝国主义强行占领朝鲜后，每年平均掠夺粮食二百万石。他们培养农业技术人才，以便获得更多的收成，在朝鲜十三道，处处设立了普通农业学校和简易农业学校。忠州简易农业学校也是日本政府以掠夺朝鲜粮食为目的而新设立的学校。公立普通学校的校长兼任该学校校长，朝鲜教师只有柳子明一人。学校任命这位二十出头的年轻农业秀才为教务主任。柳子明在负责繁杂的教务工作的同时，为母校公立普通学校的四年级讲授农业课。

沈光默先生回忆起 1972 年第二次访问柳子明教授时的情景：

“柳子明曾对我说：我虽然在日本人办的学校里做事，但我并不认为这是耻辱的事情，反倒觉得很幸运。我觉得教孩子们并不是为日本服务的。我只是想把故乡的孩子们培养成为农学家。因为我相信，不远的将来日本就会灭亡，我们就会重新找回我们的祖国。我一生最大的遗憾就是没能把我们国家的孩子们培养成为农学家。柳子明教过的中国学生达三千多人，现在都是中国一流的农学家。”

忠州是一个山清水秀的好地方。过去许多文人墨客，挥毫写下赞美忠州的诗句。柳子明希望好好培养自己的儿子，让他长大后建设美丽富饶的故乡。他带领学生在学校后院的地里栽种果树、蔬菜，还修建了花坛。他把自己在学校所学到的园艺学、果树学、花卉学知识应用到实践中指导学生。与此同时，在学生们的心中播下爱国的种子。他认为，在日本人经营的学校里，在日本殖民统治日益加剧的情况下，能够避开日本人的监督，对学生进行生动的祖国观教育的学科就是农学。因此，每到星期天，他组织学生去郊游，率学生到忠州附近的山川和古迹去踏查，到达川江边捕鱼，给学生们讲这条江的故事。李荇曾经称赞达川江的水为“朝鲜第一”。壬辰倭乱时，明朝大将李如松过达川江时喝了江水后，称赞这里的水“可与中国的庐山之水相媲美”。他还与孩子们一起手拉手做转圈游戏，给他们讲这个游戏的由来。壬辰倭乱时，为了向敌军示意我军人多，同时也是为了监视敌军从海岸登陆，南海岸一带的妇女们成群结队登到山上，载歌载舞，迷惑敌人，让他们产生错觉。通过这个故事，学生们感受到了面对外敌入侵时祖先们所表现出的机智勇敢和保护祖国的精神。

假期，柳子明还组织学生进行修学旅行。他把自己在校期间从植物与土壤中感受到的祖国气息，以及修学旅行时看到祖国的山川景色时的体验，不知不觉地用在学生的身上。他以自己在学生时代受到的教育来教育自己的学生，给他们种下深深的乡土之爱，并将其升华为爱国主义情感的同时，希望学生们成为“林中千年，人间千年，水中千年”最后升天的龙塘洞的螭。

1918 年 9 月，柳子明的次子基滢出生了。老二的名字是柳子明自己亲自起的。他希望儿子不要忘记根本，做一个光明磊落的人，所以取晶滢的滢字。滢还有小溪之意，寓意即使是一条小溪，也要无愧于家族、祖先和国家。

作为两个儿子的父亲，柳子明在家庭中算不上一个称职的丈夫，因为一个大家庭牢牢占据了他的心。

我们可以把它解释为檀君[①]弘益人间的建国理念。弘益人间就是人间互相帮助的道理，富人帮助穷人，地位高的人帮助地位低的人，个人为家庭，家庭为国家，国家保护个人和家庭，为了全体的利益，个人要勇于牺牲自己。

当时，朝鲜的义士们都是抱着这样的觉悟参加战斗的。柳子明虽然生活在偏僻的忠州，在日本人统治的学校里当一名普通的教师，但他的心却早已飞到了反日斗士们在世界各地开展的爱国独立运动中。

柳子明在回忆录中说：

“到了星期天，我就带着学生们到附近的古迹。忠州有不少朝鲜时代和高丽时代的古迹。通过这些给学生们讲历史，讲当前的局势以及亡国的悲哀。校长要求老师和学生上课之前高喊‘天皇万岁’。作为朝鲜人我感到莫大的耻辱。我故意让学生们将‘天皇万岁’喊成‘天皇亡岁’。现在想起来觉得很幼稚，不过当时如果不以那种方式发泄内心的愤恨实在是受不了的。”

1917 年，俄国的十月社会主义革命胜利，1918 年第一次世界大战结束，在法国巴黎召开了和平会议，国际形势发生急剧变化。特别是美国总统提倡的民族自决主义，给朝鲜人民的独立意识带来一定的影响。

1919 年年初，高宗皇帝突然去世。“己未年正月初十”散发的《告国民大会》的传单上写着：“呜呼，悲哉，两千万同胞啊，你可知道我们的太上皇缘何驾崩，平时身体健康、无疾无患的皇帝，怎么可能半夜在便殿里突然去世？”2 月，孙秉熙、权东镇、吴世昌、崔麟等讨论决定，由十六名基督教徒、十五名天主教徒、两名佛教徒，共三十三人组成民族代表，由崔南善起草《独立宣传书》，大家一起在上面签名，选

---

① 檀君：是朝鲜民族视为始祖的古朝鲜（檀君朝鲜）的第一位皇帝，是天帝桓因的孙子，桓雄的儿子，公元前 2333 年在阿斯达（平壤？）建都创建檀君朝鲜。

举孙秉熙为总代表。3月1日上午，在首尔的明月馆和塔洞公园宣读《朝鲜独立宣言》，高呼“朝鲜独立万岁”，数千人的游行队伍拥上街头。那天示威队伍不断增多，后来发展到数十万人。最后，示威运动波及全国，在开城、平壤、镇南浦、先川、安州、义州、元山、大邱、黄州等地相继展开。学生和市民，甚至妓女和乞丐也都加入到运动中。运动不仅在国内展开，而且波及中国和夏威夷。

当示威运动在全国掀起高潮的时候，柳子明的心情如何呢？此时，他的心情就像为父亲的悲惨离世而悲哀的正朝，就像正朝憎恨松蛄蝲那样，对日本人充满了仇恨。

《戴勋章的园艺学家——柳子明传》（安奇著，中国农业出版社1994年出版）中记载着柳子明的这样一段故事：

> 柳子明当时在忠州郡，听到这个振奋人心的消息，激动万分。当即借欢送毕业同学为名，在当地一个偏僻的山庙里，略备薄肴，邀了一些志同道合的青年朋友和学生聚会。他在会上慷慨陈词，痛切地指出：
>
> “为了祖国的光复，再也不容等待偷生，朝鲜五百年宗社，两千万生灵，难道眼睁睁地看着日本殖民主义者蹂躏与沦亡吗？”
>
> 说着，说着，他自己不禁热泪满面，痛哭失声，在座的人也都悲愤填膺，大家都认为这是响应全国性独立运动的时候了。

忠州的三一运动[①]比首尔晚了近十天。3月10日，忠州简易农业学校“一年制”毕业生野游会在虎岩里举行。《韩国独立运动史》（《三一

① 三一运动：1919年3月1日，在受日本殖民统治的朝鲜半岛掀起的全民族抗日独立运动，又称乙未独立运动。

运动史》下卷75页）中这样写道：

> 这天参加活动的教师柳兴湜和学生吴言泳、张千石、刘锡宝、郑××等人商议，借忠州的大集日开展万岁运动。这时，农业学校学生和普通学校的学生决定与耶稣教联合成立机构。可是这个秘密方案却被一心想进入宪兵队做补助员的郑××发现，泄露机密，导致失败。
>
> 在此之前，在首尔的神学校读书的张良宪在首尔携带警告文，在教会内秘密打印了几百份，教徒刘锡宝少年看到传单后，积极协助他，并在野游会上与教会取得联系。
>
> 这个警告文由崔执事等人分散到四处。其后，耶稣教徒们把独立万岁示威游行筹备场所改在弹琴台，秘密准备了太极旗和警告文等，从中国上海回来的金富元参加了这个活动，4月中旬，他们游行活动举行之前被捕。
>
> ……
>
> 被捕的人有金富元、张良宪、崔执事、吴言泳、张千石、刘锡宝，他们被步行押到忠州，在狱中他们高呼万岁，斗志昂扬。

野游会的第二天，3月11日，在忠州面达川里，天主教徒宣读独立宣言书，高呼万岁，被日本帝国主义宪兵阻止，强行驱散，洪钟洪和金兴培被捕。第二天，数千名群众在邑内聚集，高呼独立万岁，开展示威游行活动。

柳子明曾回忆说：

……有一天晚上，有三名同学到宿舍来找我，说我们也要喊“朝鲜独立万岁”。经过商量决定由我们农业学校学生带头，到城里进行游行，但要准备三天。三名同学深入到学生中开展活动。那时，朝鲜各地都掀起了游行运动，忠州日本警察署也派侦探监视青年学生运动。我们正在做筹备工作时，当时在警察署做事的黄仁性到宿舍来找我。黄仁性是我在普通学校时的同班同学。

他对我说：

“警察署已经知道你在组织秘密活动，让我进行调查。你要是不赶紧离开这个地方就有可能被捕，快点离开这里吧。”（《我的回忆》第 24 页）

柳子明找到前田校长，谎称接到母亲病重的消息，要请假回家。那时，柳子明住在宿舍里。父母要给他分家，在忠州另立门户，但柳子明说还是让妻子留在父母身边他才放心。当时次子还不到周岁，长子也只有两周岁，分家单过困难自然不少。学校离家三十多里地，他有时周六下班后回家，周日晚再返回学校。可是由于周日他经常与学生们一起搞活动，不能常回家看望。

得到校长的许可后，他到宿舍简单收拾了一下必要的东西便匆匆走出学校。正巧与普通学校时的同学权石熙相遇。

“我刚离开学校，现在正要去首尔。”

柳子明简略地给他讲了事情的来龙去脉。

权石熙是三一运动时从首尔回来的。他说，日本帝国主义正疯狂逮捕参加万岁运动的人，让他到首尔后去找一个叫郑乐润的人。

三一万岁运动《公约三章》第三章指出：“一切活动都要秩序井然，

吾人的主张和态度任何时候都要光明正大。”这是一次和平的示威运动。然而日本总督府却以武力镇压了这个运动，造成无数人死去或受伤、入狱。日本宪兵队疯狂扫射，杀害赤手空拳的学生和市民，使农村变成一片焦土。在水原提岩里，日本军队将提岩里的人全部赶到教堂，封锁了出入口，在里面放火，不分男女老少一律机枪扫射，致使一千多人死亡。此外，在汀州、孟山等地也对无辜百姓进行集体屠杀。日方公布说，在这次运动中死亡人数只有六百一十三人，受伤一千四百零九人，但据朴殷植统计，死亡者为七千六百四十五名，受伤者为四万五千五百六十三人。

这天，柳子明坐人力车赶了三十里路回到了家。

家里人看到柳子明突然回来都愣住了。因为那天既不是周六，也不是假期。父亲和哥哥都听说了三一运动，他们正担心出门在外的柳子明。在这兵荒马乱的日子里，家里人一刻也放心不下。他谎称学校放一天假自己回来看一看，家里人这才解除了紧张情绪。那天晚上，一家人围坐一起就像过节一样，气氛融融。可是过了这一夜，柳子明就要到首尔流亡去了，此时他内心十分不安和复杂。他望着那一点点熔化的蜡烛，只能在心里默默地流泪。

后来，柳子明与金亨植先生谈起那天晚上的情景时说：

“那天晚上月亮格外明亮。望着在融融的月色中熟睡的妻子和在她怀里安睡的两个儿子，我一夜没合眼。此次一别，不知何时才是归期，我不知道如何来形容当时的心情。”

柳子明的孙子柳寅瑚（1936 年生，居住在江原道原州市）回忆起奶奶曾经讲过的事情：

“爷爷走的时候只吃了三口饭。吃早饭的时候，看到两个年幼的孩子，他咽不下东西。要去流亡是肯定的，但他对奶奶却开不了口……按照朝鲜人的习惯如果碗里剩了饭就要盖上盖子。要是放在现在那是讲卫生，可那时这是一种礼节，奶奶常说，爷爷吃了两口，要吃第三口的时候，他说什么也吃不下去了。奶奶每次提起这件事，总是哽咽着说不下去。”

现居住在首尔的柳寅瑚最小的弟弟柳寅祥（1947年生）说：

“听奶奶说，她摆好饭背着孩子到外面去了一会儿，回来后发现爷爷把饭勺插在饭碗里走了。这是什么意思？过去给死人做祭祀时把饭勺插在饭碗上，这是不是意味着自己要去死呢？当时大儿子才三岁，小儿子不到三个月。扔下年幼的孩子离开家，他心里该什么滋味呀？他没给奶奶留下一句话就走了。”

那天柳子明离家时，已经做好了与父母兄弟和妻子、孩子永别的心理准备。但他走时，却没能给父母和兄长磕头行大礼，没能拥抱一下妻子和孩子们。最后一次与家人的不辞而别，让他后悔了一辈子，痛心了一辈子。在他的内心深处，直到死也未能解开这团深深的乡愁与痛苦。

第二章　反日斗士的第一步

(1919.3—1921.4)

1. 赤子

带着离别的伤痛，柳子明离开家前往首尔，迈出了他漂泊的第一步。此时，他心如刀绞，步履沉重。故乡的青山碧水更增添了他的伤感。他觉得自己好像突然变成了天地之间一只孤独的海鸥。他暗下决心，作为一个堂堂男子汉，既然不能痛痛快快地高喊万岁，不能拿起武器与敌人战斗，那么就到京城去，联合志同道合的同志们，等风声过后再回到忠州重新组织运动。

走了一个多小时的时候，正巧一辆汽车从他身后驶来，他招手示意，好心的司机把车停下来让他搭了车。就这样他当天就到了首尔。

他对首尔不熟，于是上了一辆人力车。他给车夫看了权石熙给他写的地址，人力车夫很快就把他拉到了郑乐润的家。

郑乐润热情地迎接了他。郑乐润对柳子明早有耳闻。因为侄子郑太熙和郑石熙都是柳子明的学生。

柳子明虽然没费力气就找到了一个安身之处，但他心里还是感到很不安。虽然是这种特殊的关系，但是客人住久了总会给人家造成负担。自古就说首尔人心刻薄，何况要等日本人解除对三一运动的镇压，不知还需要多长时间，这毕竟不是长久之计。他急于找一个自救的办法。

第二天，柳子明找到了李秉澈。李秉澈居住在首尔哈洞170号，是柳子明的同乡，他在忠州普通学校上学期间住在亲戚郑云益家时，他们就是要好的朋友。李秉澈热情地迎接柳子明，并给他讲了三一运动后国内的形势，并希望他为民族独立运动携手共同战斗。李秉澈在柳子明的心里点燃了抗日的火焰。与此同时，与李秉澈的相逢成为柳子明一生重要的转折点，成为他投身抗日独立运动，与故乡和亲人生离死别的开始。

随着三一万岁运动被无情地镇压，广大爱国志士终于明白，只凭着独立宣言和独立万岁是不可能获得民族与国家独立的，只有确定远大的目标，全民族同心协力，才能实现民族与国家的独立。为此，以首尔为中心，韩南洙、金思国、洪命熹、李奎甲等制订了成立临时政府的计划，4月2日，他们在仁川万国公园召集各界代表，在附近一家安静的饭店达成共识，决定成立临时政府。4月23日，十三道的二十四名代表秘密召开国民大会，成立了以李承晚为执政官总裁的临时政府。

在此之前，3月17日，在海参崴成立了被称为大韩国民议会的临时政府，推选孙秉熙为总统，朴泳孝为副总统，李承晚为国务总理。

紧接着于4月11日在中国上海成立了大韩民国临时政府。临时政府政府机关设在上海法租界浦昌路，并成立临时议政院。各道的三十名大议员开会通过了十条临时宪章，17日发表了临时政府机构。

就在那年的4月份，上海派来的宋世浩、延秉昊[①]等到达首尔，与李秉澈会晤。李秉澈早在韩日合并后就到满洲和南京、上海等地流亡，与爱国志士广泛交流，与独立运动家延秉昊联合，决定成立支援上海临时政府的组织。5月，与赵镛周联合，在李秉澈的家里成立了青年外交团。青年外交团的目标就是收集国内有关独立运动的情报，筹集独立运动资金，通过宣传活动，宣扬独立运动。

柳子明在谈到自己成为一名独立运动家的过程时说：

> ……李秉澈那时就已经与上海的独立运动家们有联系。
>
> 当时在首尔，秘密组织运动与公开宣传运动同时进行。秘密组织有“青年外交团”[②]和“爱国妇人会”[③]，这两个组织互有联系。
>
> 青年外交团是为声援当时派往法国巴黎参加和会的韩国临时政府外交代表团而组织的。其成员有李秉澈、金泰奎和赵镛周，我也加入了这个组织。(《我的回忆》第25页)

成立当时，在青年外交团成员中，李秉澈与安在鸿任总务，金鸿植担任干事长，金演祐任外交部长，金泰圭任财务部长，李仪景任编辑员，赵镛殷（又名赵素昂）任外交特派员，赵镛周、安秉浩、柳子明等

---

① 延秉昊（1894—1963）：独立运动家，号图明，又名秉学。生于忠北槐山。1919年受三一运动的影响，组织青年外交团，积极筹集独立运动资金，为临时政府提供情报。后来接纳安在鸿，重新武装组织，以外交员的身份开展活动，后被捕入狱三年，出狱后到上海流亡。与赵素昂、金九、安昌浩等组织世界韩人同盟，韩国国民党新韩独立党。后因狙击亲日派李甲宁事件而被捕，1944年才出狱，共在狱中服刑八年。八一五光复后，任韩国临时政府归国筹备委员会接待部部长。

② 青年外交团：是延秉昊受三一运动的影响而组织的团体。主要是募集资金和为临时政府提供情报。

③ 爱国妇人会：1919年11月在平壤成立的抗日妇女团体。

任外交员。

《韩国独立运动大辞典》(李康勋编纂,东亚,1990年出版,卷二,第582—583页)是这样记载青年外交团的成立过程及其活动的:

> 延秉昊与安在鸿、罗昌宪、李秉澈等人商量祖国独立战略,决定援助上海临时政府。通过与世界各国的外交活动,在得到国际社会同情的同时,向日本政府要求祖国的独立。同年5月6日组织青年外交团,召集十多名同志,推选安在鸿为总务。他们与大韩爱国妇人会联合,筹措送往韩国临时政府的五百五十元钱,交给特派员李钟旭,同时带去了"向国际联盟会议派代表"等建议书。
>
> 同年8月29日,他们印发"国耻纪念警告""外交时报",并根据临时政府的指示,做了"独立运动参加团体调查表""被害义士调查表""房屋破坏调查表"等。

柳子明在李秉澈的介绍下,成为青年外交团十多名团员中的一员。在积极参加上述活动的同时,为了促进青年外交团与爱国妇人会之间的联系,经常与爱国妇人会交往。

为了救济三一运动后被杀害的遗属和被监禁的同胞,吴玄观、吴玄洲、李贞淑等组织了血诚团爱国妇人会,崔淑子、白性玄、金元订、庆河顺、金熙烈、金熙玉等组织了大朝鲜独立爱国妇人会。这两个组织均与上海的临时政府有联系,最终在青年外交团的工作下联合起来。

会长是金玛丽亚。她原本生活在黄海道松禾,后搬到首尔,是一名基督教徒,毕业于贞信女学校。她还考入日本日日女子学院大学部英语系。几乎是在柳子明到首尔的同时归国,后被捕入狱,7月份出狱。爱国妇人会组织分布全国各地，成为朝鲜女权运动的鼻祖。当时爱国妇人会与青年外交团一道，宣传独立思想和临时政府，努力筹集资金。爱国妇人会向上海临时政府援助了六千多元，10月，他们把檀香山朝鲜人爱国妇人会送来的两千元补助金再寄往上海临时政府。

柳子明在回忆录中回忆了自己作为青年外交团成员参加爱国妇人会活动时的情景：

> ……那年5月，我在爱国妇人会的崔淑子家里认识了林得山。林得山从上海经平壤到首尔。他把一提包平壤爱国妇人会募集的金银首饰带来给爱国妇人会的会员们看，并介绍了平壤的爱国妇女为国家独立积极开展活动的情况。就这样，首尔的爱国妇人会也募集金银首饰交给林得山，金元庆被选为爱国妇人会代表，与林得山一道前往上海。
>
> 6月，我见到了与李秉澈一起从上海回来的赵镛周。赵镛周是为了筹集二哥赵镛殷的活动经费到首尔来的，赵镛殷将与韩国外交代表金奎植一道，作为副代表前往巴黎开展活动。为了声援在巴黎活动的韩国外交代表团，我们青年外交团筹到一点钱交给了赵镛周。(《我的回忆》第25—26页)

1919年2月，金奎植已在巴黎。他成为韩国外交代表团成员是为了各种方便。他是延熙专门学校创始人恩得渥德的干儿子。他不仅精通英语，而且拥有中国国籍，到国外旅行很方便。1919年4月，吕运亨、李光洙等在上海成立大韩民国临时政府，任命金奎植为临时政府外务总长。临时政府以及所有认识他的人都天真地期待金奎植等韩国外交代表团成员，能在巴黎和会上声讨日本侵略者，表达被压迫民族的心声，得到国际列强的同情，让日本帝国主义迫于国际列强的压力撤出朝鲜。当然柳子明也是抱着这种想法积极开展募捐活动的，还积极投身到公开的社会活动中。

> 首尔的公开活动以基督教青年会馆和教堂为中心展开。群众集会大都在青年会馆举行，基督教徒在教堂进行活动。我虽然不是基督教徒，但是既参加在青年会馆举行的活动，又参加教堂的活动。有一天，我听说女演讲家权爱娜在青年会馆演讲，便赶去参加。她兴致勃勃地进行了演讲。
>
> 她的演讲内容是主张男女平等、号召妇女解放的。当一个民族处于帝国主义统治之时，主张妇女解放就是号召全民族的解放，当全国人民都在为祖国的独立和自由而战之时，主张男女平等就意味着妇女也要和男同胞一道为国家的独立而战。
>
> 当时要举行公开集会必须得到日本警察署的批准，他们派侦探进行监督，讲演时得格外小心，不能让他们抓到什么把柄。权爱娜的演讲中没有一句国家独立、民族解放之类的话，日本侦探抓不到什么把柄。但她的话里却隐含为祖国的独立和民族的解放而奋战之意。那时，人们常以隐语和反语来表达自己的意图，在报纸或参加公开集会讨论问题时，就要学会熟练运用隐语和反语。如朝鲜语学家权德奎先生在报纸上发表了题为《应该给假明国人当头一棒》的文章。安确[①]在青年会馆举

① 安确（1886—1946）：国学家，首尔出生。1916 年，担任由尹相老、李始荣等岭南地方人士组织的朝鲜国权恢复团马山支部部长，三一运动时发起马山示威游行，后到首尔。1921 年担任朝鲜青年会机关杂志《我声》的编辑，次年任《新天地》编辑。失去国权后，为防止知识分子陷入西方文明优越主义，主张发现民族文化长处，就是独立运动之路，抱着这种信念，潜心致力于国学研究。1945 年八一五光复后，他从事政党活动，不幸于 1946 年 11 月猝死。

行的公开集会中发表了《民族改造论》，他所说的“民族改造”意思就是改造亲日派和卖国贼。

我曾经参加过在教堂举行的参拜，牧师在讲台上面对被钉在十字架上的耶稣祈祷，他的祈祷中包含着保佑国家独立与民族解放之意，教徒们也祈祷早日救出那些为独立与自由战斗时被捕的同胞们。

就这样，教堂成为向朝鲜人民宣传爱国主义思想、凝聚民心的场所。在当时没有舆论自由的朝鲜社会，许多人加入教会组织。因而，那个时候比起中国和日本，朝鲜更加盛行基督教。所以西方人称朝鲜是“基督教之国”。三一运动后，朝鲜人民的独立斗争进入公开化。(《我的回忆》第 28—28 页)

在青年外交团活动的过程中，柳子明与成立首尔临时政府的临时议会接触，6 月，他以忠清北道代表资格补选为大议员。据首尔临时政府会议记录，当时忠清道代表团议员有俞正根、李奎甲、赵东浩、李正奎、柳兴湜。从此柳子明正式成为职业的独立运动家。

大议员虽然是经选举产生的，但任期却是无限的，必要时可随时参加议会的会议。地下活动是在特定的环境下所采取的临时措施。

6 月的一天，柳子明奉命前往首尔临时政府负责人之一的洪镇恩家。

洪镇恩与柳子明握手之后单刀直入地说：“这次你要去趟上海，了解一下大韩民国临时政府的组织体系与活动情况。”

4 月 23 日，在首尔以国民大会的名义成立大韩民国政府的消息，通过“联合通讯”向世界公布以来，在上海的临时政府和海参崴的国民议会等都变得左右为难。当然这不是有意识造成对立，主要是因为海内外联系不足而造成的。但这种三国鼎立的局面在国民的威信和国际关系上会带来不良影响。

在当时的情况下，首尔临时政府是无法开展活动的有名无实的政府，海参崴的国民议会是只有立法机关，而行政机关却不能发挥职能的政府。当时上海是交通便利的国际都市，因有各国的租界地，相对来说比较安全。因此，逃亡到中国各地和俄罗斯、美国等地开展独立运动的爱国人士，逐渐云集上海。

要打破这种三国鼎立的局面，急需政府的联合，因此老国民议会与首尔临时政府打算与上海的临时政府联合起来。上海的临时政府也有意联合，便派赵镛周到首尔。虽然通过赵镛周掌握了上海临时政府的大概情况，但他们认为还是应该派自己的代表，而那个代表选的就是柳子明。

洪镇恩详细交代了到上海要做的事情，然后说：

“兴湜，我给你起个名字。”

“起名？”

看到柳子明丈二和尚摸不着头脑，洪镇恩严肃而又真诚地说：

“兴湜，你已经成为一名职业的独立运动家。从现在起，监狱和死亡就是我们的朋友。为了自己和同志们的安全要用假名。我认真想了想，叫柳子明怎么样？”

“子明？”

“儿子的子，光明的明。希望你成为迎接祖国光明的赤子。”

“谢谢您。我发誓要成为迎接祖国光明的赤子。”

柳子明在他面前发誓。

从那时起，他开始使用柳子明这个假名，将兴湜这个原名埋没在历史的阴影中。后来，柳子明因秘密工作的需要，曾用过许多假名，如友槿（这是朝鲜的国花友槿花之意）、友生等。

2. 从首尔到上海

1919 年 6 月，柳子明登上了从首尔到新义州的京义线列车，终点是上海。这是他第一次离开祖国到国外。他是奉首尔临时政府之命，到上海调查上海临时政府内幕的，很快就要返回来，但在当时的环境下，也许此行会成为永远的流亡之途，生死未卜，更谈不上何时与父母、妻儿重逢。柳子明的女儿柳得橹（北京科技大学教授）谈了当时他的心情：

“晚年父亲特别思念故乡。与我们谈起他第一次离开首尔的情景时，讲到最后总是流着泪说，忠、孝都是十分珍贵的，但自古忠孝不能两全。”

与他同行的是赵镛周。他们此次从上海到首尔的目的，是为筹集韩国外交代表团的活动资金，与柳子明一起开展了募捐活动。柳子明的经费是他的学生郑石熙从家里给拿的二百元钱，他刚到首尔时，曾寄居郑石熙的叔叔郑乐润家里。

那天晚上，他在京城车站检票出站，临发车时，他望着忠州心里默默地说：

“父亲、母亲，请受小儿一拜。小儿出生在无孝子的年代，儿认为在国家灭亡，就连我们效忠的皇帝也离开了这个世界的时候，要想活得有价值就弃孝行忠，请宽恕小儿。”

泪水突然模糊了他的双眼，他咬着嘴唇失声痛哭起来。

“孩子他妈，真对不起你。我不在的时候，请你带好孩子们，好好赡养父母。拜托你了。”

他不辞而别来到京城，没想到这次又要到遥远的异国他乡。

那天晚上坐在奔驰的列车上，始终伴随着他的是那故乡的一轮明月。离开故乡的前一天晚上，融融月色洒在熟睡的妻子和孩子们的身上，在他的心底留下了永远抹不掉的光辉。也就是从那天起，月亮在柳子明的人生中有了特殊的意义。和所有四处漂泊的人一样，他也常常是举头望明月，低头思故乡。

唐朝诗人李白的“我寄愁心与明月，随风直到夜郎西”（《闻王昌龄左迁龙标遥有此寄》）就是柳子明当时心情的写照。

火车第二天晚上到达终点站新义州。当时有从首尔直达安东（今丹东）或奉天（今沈阳）的国际列车，但他们选择国内线路，因为国际列车上日本警察对朝鲜人检查十分严格。虽然当时他们身上没携带什么秘密文件或物品，但是为了以防万一，他们回避了危险系数大的国际列车，而选择了国内线路。

下车后，赵镛周直接带柳子明去了义城旅馆。主人是上海大韩临时政府的同志。赵镛周到首尔时用暗号与主人联系，然后在此住宿，那次也把暗号写给主人。旅馆主人对他们俩特别照顾，给他们让进一间安静的房间里，也没进行旅客登记。

赵镛周躺下后很快就睡着了，可是柳子明却难以入睡。对故乡和父母妻儿的思念让他心情十分复杂。过了这一夜就要离开祖国，以后的命运无法预测。那天晚上对柳子明来说是“不安的一夜”。（《我的回忆》第 29 页）

第二大早晨吃完早饭主人对他们说：

“要想安全过境就不要坐火车了。现在日本警察查得很严，步行到旧义州，或者乘船过江吧。”

出了旅馆，他们搭一辆人力车到旧义州。现在新义州成为平安北道所在地，与旧义州合为一座城市，而过去旧义州逆鸭绿江而上，与新义州相隔五里。途中，赵镛周指着新义州与旧义州之间鸭绿江的一个岛说：

“那个岛就是有名的威化岛。”

当时柳子明看到的威化岛柳树成林，芦苇茂盛。现在的威化岛已开垦成玉米地和豆地。柳子明头一次看到威化岛时正是6月末，现在每到那个季节，依然能看到弯腰在玉米地里锄地的朝鲜人。江堤与岛屿之间江面较宽，义州的人乘船来回种地。

笔者第一次到丹东是1995年，比柳子明晚了七十六年。当乘坐鸭绿江游艇，靠近当年李成桂回军的威化岛时，我心想，七十六年前柳子明到这里时都想了些什么呢？

或许柳子明也像我一样猜测，当年李成桂根本就没有北进的意思，或许从威化岛回军中他得出这样一个结论：李朝的软弱无力和屈服，欺内、暴力是最终导致朝鲜灭亡的祸根。

到达旧义州鸭绿江码头的柳子明，顺着赵镛周手指的方向向东望去，只见在鸭绿江边的一座山顶上立着一个亭子。得知这就是三角山通军亭，柳子明才知道这是高丽初期义州省将军们为了防止外敌入侵而建的断层楼阁。这时赵镛周问他：

“你知道江那边的人叫它什么吗？”

柳子明疑惑地望着他。

“安东那边的中国人叫它痛哭楼。听说壬辰倭乱时渡江避难的先祖皇帝和大臣们登到通军亭放声痛哭。脚下是茫茫的鸭绿江，他们已无路可走，在亭子里苦苦等待明朝援兵的皇帝放声痛哭。”

柳子明他们乘坐了一艘木船。朝鲜皇帝痛哭的壬辰倭乱已经过了三百年，然而朝鲜再次遭到日本人的侵略，如今是两千万朝鲜人民在痛哭，想到此柳子明心如刀绞。

据说鸭绿江因状似鸭头、江水碧绿而得名，在渡过这条江时，柳子明仿佛从水波的汹涌中听到了历史的诉说。高句丽东明成王南下时，在这条江上，成群结队的鱼儿为他搭桥过江；沿七百九十公里江水逆流而上，就是白头山天池，是檀君建立朝鲜国的民族圣山，发源于此的鸭绿江奔腾不息，记录着朝鲜民族的历史。

船到江心后，便看到了远处横贯两岸的大铁桥。仿佛在展示日本帝国主义的力量，那座铁桥悬挂在空中。那是 1911 年日本人建设的国境桥。1904 年，在日俄战争中取胜的日本帝国主义，开始了扩建军用轻便铁轨的工程。随着国境桥的建设，开通了从首尔直达沈阳的列车，全线铁路由日本人主管，对过境乘客检查十分严格。那时柳子明看到的那座铁桥就是 1950 年在六二五战争时被大炮炸断的那座桥，如今这里成为吸引众多游人的旅游景点。

过了一会儿，船便到达中国沿岸。1905 年，丹东市铁路一带成为日本的租界地。1919 年，柳子明跨过鸭绿江到达旧义州对面的中国土地，那时日本人的势力还没有扩展到这个地方，没有检查之类的关卡。他们平安地到达了中国境内，又沿江进入安东市。

柳子明回忆说：

……赵镛周会说一口流利的中国话。他带着我到安东的街上，买了一身中国衣服，穿上那身衣服于当晚乘坐去奉天的火车。

赵镛周在奉天有一位中国朋友，住进一家旅馆后我们前去找那位朋友。我们与他一起游览奉天的古迹，还逛了街。（《我的回忆》第 29 页）

奉天的古迹就是指现在沈阳以故宫为中心的繁华街。沈阳有昭陵、福陵、实胜寺、慈恩寺等不少古迹，但他们只在奉天停留一天，没有游览到更多的古迹。

在沈阳住了一夜后，第二天柳子明又乘坐火车前往营口，在营口又乘坐轮船赶往上海。

在茫茫大海上，柳子明站在甲板上，面朝东面朝鲜的方向，十分伤心。

> ……被日本帝国主义抢占国土成为亡国奴，在异国的轮船上，漂泊在茫茫大海中，我感到十分凄凉。走上这条远离祖国、没有归期的道路，落日的黄昏也显得格外悲哀。(《我的回忆》第 29 页）

然而，柳子明也下了悲壮的决心，无论到世界的什么地方，只要一息尚存，就要为祖国和民族贡献出自己的一切。

3. 年轻议员

安奇在《戴勋章的园艺学家——柳子明传》中作了这样有趣的描写：

> ……1919 年 6 月，上海法租界朝鲜流亡独立临时政府临时议会，来了一位装束朴素、带着浓厚朝鲜乡土气息的青年人。这位年青人看上去约莫二十四五岁，身躯壮实，方方的脸庞，表情坚毅，他就是来自首尔的朝鲜临时议会青年议员柳子明。

柳子明是和朝鲜流亡独立临时政府的赵镛周一道来沪的。他刚一到上海，马上就卷入到一场尚未平息的政府大论争中。（《戴勋章的园艺学家——柳子明传》第4页）

柳子明到上海时，位于法国租界浦昌路的临时政府办公楼上飘扬着太极旗，临时政府的各个机构已正式开展活动。

当时政府要员、临时议政院议长是李东宁，国务总理是李承晚，内务总长安昌浩，外务总长金奎植，法务总长李始荣，财务总长崔在秀，军务总长李东辉，交通总长文昌范。

9月11日，临时政府公布了临时宪法，改组内阁，李承晚就任总统，李东辉就任国务总理，李东宁就任内务总长。

总理因在远地未能就任，所以任命副总理为代总理。

当柳子明在异国他乡第一次看到飘扬的太极旗时，心潮起伏，感慨万千。

在日本总督府的眼皮底下，在日警的逮捕和监禁如影相随的首尔，开展独立运动只能是以严密的地下活动形式进行，挂上太极旗等于抛弃独立运动。面对太极旗，柳子明仿佛看到了祖国独立的美好未来，心中充满了希望。虽然是在异国的土地上，但他在这里看到了祖国的再生，他坚信，只要国内外的独立志士团结一致，就一定会迎来祖国光复的那一天。

柳子明与赵镛周在一起生活期间，经他介绍认识了当时居住在上海的许多爱国前辈。后来，在赵德津的推荐下，当选为上海临时议会的议员，并在议会担任秘书，当时议会内有国务总理李东辉、内务部长赵琬九、财务总长李始荣、劳动总长安昌浩、军务总长卢伯麟、警务总长金九[①]等临时政府要员和议长李东宁，申奎植、申采浩、李甲、朴赞益、洪命熹、姜泰东、吕运亨、尹崎燮、孙贞道、赵镛周、申国权、金相德、金洪涉、金保渊、崔友江等临时议会成员。

临时议员中，大部分人是从朝鲜来的，而且都是基督教徒和从国外归来的留学生、知识分子，他们主张走独立外交路线。即借助美国的势力得到国际社会的承认，争取朝鲜的独立，其代表人物就是李承晚。他们只在议会占少数席位，但在西伯利亚和东北开展独立运动，在朝鲜边境进行游击战的“西伯利亚—东北派”都主张与日本帝国主义进行独立战争，其代表人物就是李东辉。

李东辉出生于咸镜北道，曾在江华镇卫队任参领。朝鲜军队解散后，来到苏联海参崴开展独立运动。1919 年 8 月成立共产主义组织“伊尔库茨党”。1919 年 8 月就任韩国临时政府国务总长，9 月任国务总理。他主张在东北和西伯利亚组织强大的军队，与日本帝国主义展开正面战斗。他蔑视穿金边军服的军官学校的“绅士”们，也蔑视那些只会动嘴皮子的外交学校的学生。相反，他高度称赞西伯利亚和东北的开拓者们。

柳子明在回忆录中谈到李东辉时说：

---

① 金九（1876—1949）：独立运动家，籍贯安东，号白凡。十五岁时在汉学者郑文哉门下学习汉语。1893 年加入东学，成为接主，为给被日本人杀害的明成皇后报仇，杀死日军中尉土田壤亮，被捕后被判死刑，但因高宗特赦而减刑。1898 年服刑时越狱。三一运动后到上海流亡，加入大韩民国临时政府组织，历任警务总长、内务总长、国务领等职。1928 年与李始荣、李东宁等组织韩国独立党，任总裁。从此开始抗日武装活动，组织韩国爱国团。1932 年 1 月指挥李奉昌、尹奉吉等制造狙击日本天皇樱田门事件、上海虹口公园天皇生日庆典大会爆炸事件。1933 年，在南京会见蒋介石，商讨创建韩国人武官学校和对日斗争方案，1935 年组织韩国国民党，设立韩国光复军总司令部，1944 年任大韩民国临时政府主席。八一五光复后回国。1949 年 6 月 26 日在京桥庄被陆军炮兵少尉安斗熙暗杀。

1918年，他第一次从西伯利亚到莫斯科见到列宁时，列宁问他朝鲜有多少劳动者，他没有回答上来。他不懂得革命论。列宁微笑着对兹诺比耶夫说，这位同志想为朝鲜的独立献身，但他不懂方法，你要好好帮助他。

李东辉在临时政府主张的对外政策是：

"我们虽然与孙文的中国南部政府有一定的联系，但不能期望过大。与布尔什维克的结合才是唯一的捷径。"

李东辉经国务会议的同意，派韩亨权到莫斯科。韩亨权到达莫斯科后，列宁接见了他，问他需要多少独立运动资金。韩亨权要求二百万卢布，列宁答应给二百万卢布，第一次给了四十万卢布。金立因挪用韩亨权交给他的四十万卢布，被吴冕植、卢宗均枪毙。其后，韩亨权再次到莫斯科，又拿回来二十万卢布独立运动资金，1923年3月，上海召开国民代表大会，但却未能达成共识。1922年，李东辉与临时政府断绝关系去了莫斯科，1928年在海参崴去世。(《我的回忆》第43—44页)

柳子明担任秘书工作时负责议政院的日常事务，兼任文件保管和会议记录工作，对当时临时政府内部情况了如指掌。他在世界新思潮以及独立运动中出现的不同见解的影响下，预测不远的将来临时政府内部会出现分裂和对立的局面。

柳子明在临时议会任秘书期间，还在吕运亨的介绍下加入了"新韩青年党"①，并担任了半年的秘书工作。"新韩青年党"是申奎植、吕运亨、申国权等在成立上海临时政府之前于1918年成立的党派。在当时海

① 新韩青年党：1918年8月，在上海成立的韩国青年抗日独立运动团体。

外独立团体中开展了许多令人瞩目的活动。“新韩青年党”的主要活动之一就是为参加巴黎和会的金奎植等大韩外交团服务。这对柳子明来说并不是陌生的工作，他早在首尔时就是青年外交团的主要成员，还和新韩青年党的赵镛周一起在首尔开展过募捐活动。

柳子明在回忆录中写道：

> 那时上海有三百多名朝鲜人，仅在法租界就有二百多人。因此，爱国思想教育和宣传活动从各方面展开。
>
> 当时发行的报纸有《新韩独立新闻》和《朝鲜新闻》。《新韩独立新闻》由李光洙编辑，《朝鲜新闻》由申采浩编辑。
>
> 与申采浩一起创办《皇城新闻》，并任社长的朴殷植先生在上海出版了《韩国通史》汉文版，宣传朝鲜人民的爱国斗争，控诉日本帝国主义的罪行。（《我的回忆》第 32—33 页）

柳子明最尊敬和崇拜的人就是安昌浩先生和申采浩先生。早在水原农林学校上学时，柳子明就在同学姜锡麟的哥哥姜泰东那里听说了安昌浩先生。柳子明在上海与姜泰东意外相逢。姜泰东出狱后不久便到满洲，度过了十年的流亡生活。三一运动后他回到首尔，与历任李朝末期刑曹佐郎兼内务主事、驻日本公使馆参赞官、工曹判书、农商工部大臣、大韩协会会长等职的韩日合并有功之臣，亲日派东岩金嘉镇接触。韩日合并后，日本政府授予他男爵爵位，他断然拒绝。金嘉镇与自己的过去告别，毅然投身三一运动，在姜泰东等人的劝说下就任“大同团长”。姜泰东在他手下作为大同团员参加抗日运动，后在上海临时政府的联络下来到上海。

姜泰东是临时议会的议员，他对柳子明不是作为弟弟的同学，而是作为同志相待。他和柳子明的这层关系，加之柳子明年纪轻轻便投身独立运动让他十分欣赏。所以他就像老大哥那样处处给予关心和引导。柳子明也十分尊敬和崇拜这位老大哥。离开可爱的故乡和亲人，在这人生地不熟的异国土地上遇到如同兄长的姜泰东，这对柳子明来说是莫大的喜悦和安慰。他经常找姜泰东倾诉自己的苦恼，姜泰东对柳子明的成长极为关心。

柳子明到上海后不久，7 月中旬，三个临时政府经过多次反复协商，终于完成对大韩民国临时政府的“改造案”和对临时宪法的“改正案”，也就是解决上海临时政府与露领临时政府合并的方法。从 8 月 18 日至 9 月 17 日，在上海法租界长安里的民团事务所召开了临时议院第六次会议，通过了改造和接纳首尔政府法统，上海和露领临时政府实现单一化，形成大同一致的决议。并继承国内十三道代表创设的首尔政府，承认国内十三道代表为全民族的代表。就这样，获得首尔政府忠清北道代表资格的柳子明被接受为议员，开始活跃于上海临时政府。

姜泰东一有机会便给柳子明介绍一些老前辈。

安昌浩先生及申采浩先生、金翰等都是他介绍给柳子明的，因而关系更加密切。

> （他们）经常组织演讲会和学术报告会。我曾参加安昌浩先生和申采浩先生的演讲会，听他们精彩的演讲。安昌浩先生是平安南道江西人，号岛山。1897 年加入独立协会，1907 年到美国组织韩国人联谊会，创立大韩人公立协会，发行《公立新报》，宣传独立思想。从美国回到朝鲜后，与李甲、梁起铎、申采浩等人组织了秘密组织“新民会”，在平壤成立了“大成学校”，在郑州成立“五山学校”。

1913年创立兴士团[①]，为消灭各地的派别，让八道的八名代表全部参加。这个兴士团在日本帝国主义的残酷镇压下，仍然维持了五十多年。

三一运动后，安昌浩先生到上海历任临时政府的内务总长、国务总理胥吏、劳动总办等职务。他既是一位卓越的爱国志士，又是一位著名的演讲家。他那严肃的态度和洪亮的声音给人留下很深的印象。

岛山先生既是指导民族的导师，又是一位教育家。他说：

“相爱才能生存，相残只有灭亡。让我们都来学会爱，无论男女老少，两千万同胞都要学习爱，让我们两千万朝鲜民族成为一个友爱的民族。”

我的耳边至今回响着岛山先生的呐喊：

“让我们都来战斗吧，朝鲜的同胞们，团结起来，为了祖国的独立和民族的自由战斗到底。”

岛山先生的“独立运动方针”极大地调动了朝鲜民众的爱国之心，是一次十分出色的演讲。

他说：

“……谈方针之前我要讲的是我们不要忘记3月1日那天，我们高呼独立万岁那一刻纯洁的爱国之心。只要有这个纯洁的爱国心，争吵、打架又何妨。

“……让我们带着一颗真正的爱国心，忘记‘自我’，一心一意为国家而奋斗。无论是老年人、年轻人，有知识的人、无知识的人，美国佬、上海人，让我们齐心协力，只有这样，我

① 兴士团：1913年5月31日，岛山安昌浩在美国旧金山成立的民族运动团体。

们的方针才有用，否则制订千万个方针又有何用呢?”

岛山先生的演讲博得全场喝彩。那时听了岛山先生的演讲我受到很大的感动和深刻教育。

我还听过申采浩先生有关壬辰倭乱和李舜臣将军的演讲。

申采浩先生出身于忠清北道清州，号丹斋。二十岁获得成均馆博士，后来任《皇城新闻》编辑部主任，发表爱国论说，1907 年同安昌浩、李甲、梁起铎等人一起组织新民会。

1910 年他逃亡到海参崴，创办了报纸《海潮》，在上海、北京等地开展独立运动的同时，致力于朝鲜历史的研究与著书。

1919 年他任上海韩国临时政府议政院全院委员长。

丹斋先生那时常穿中国服装，白色的马褂盖着脚背，总是仰着头走路。他的脸因病有些发黄，显得很憔悴。然而讲起朝鲜历史他却神采奕奕，目光逼人，语言锋利。

据说，申采浩先生常说“儒生洗脸怎低头”，他宁愿弄湿衣服也要站直身板洗脸。

他性格很急，写字的时候，如果一个字没写好，就把整个稿子全部烧掉或一口气把它撕得稀巴烂。

他对自己的文章十分自信，在北平卖文糊口时，报馆修改了他稿件中的汉字，他便破口大骂，再也不投稿了。然而，对朝鲜历史他却不管是谁的话都洗耳恭听。

也许他的这种性格是来自亡国的愤怒吧。

丹斋先生亡国后在海参崴、北平、上海等地度过了十年的流亡生活。十年后，朝鲜的独立运动如火山爆发，在上海能与同志们聚在一起谈论壬辰倭乱和李舜臣将军，这让他激动不已，他说这是非常有意义的聚会。

……

据说，当时丹斋虽然是临时议会的议员，但他并不参加议会的会议。听说这是我到上海之前的事情。临时议会第一次召开时，选举当时正在美国的李承晚为总统，申采浩先生坚决反对。申采浩先生这样做自有他的道理。他不仅反对以上海和美国为中心的独立准备论，而且也反对徐载弼的独立外交路线。

特别是1919年3月，李承晚和郑翰景要从美国前往法国参加巴黎和会，由于护照没有批下来而未能前行。他向美国政府提交了请愿书，希望把韩国放在美国的委任统治之下。多年从事新闻编辑的申采浩先生，较早知道了这一事件，而且对“委任统治”的本质也十分清楚。因此，他坚决反对李承晚任总统。然而，临时议会的许多议员不知道李承晚向美国政府请求“委任统治”的事实，甚至有不少人根本就没听说过“委任统治”。而且当时在朝鲜的知识分子中，不少人有亲美思想。因而，议会中的大多数议员不顾申采浩的强烈反对，通过了选举李承晚为总统的决议。这时申采浩先生拍案而起，他说：“美国的委任统治和日本的殖民统治是一回事！”说着他退出了会场。

《先觉者丹斋申采浩》（任重斌著，高丽申氏大宗跃会，1987年出版）中写道：申采浩先生听有人发言说在美国的李承晚博士是临时政府总统的合适人选，他当即气愤地说道：“李承晚是比李完用[1]更大的卖国贼，这怎么行？李完用卖的是已有的国家，而李承晚打着委任统治的旗号，尚未光复祖国便阴谋策划卖国，这样的人怎么能成为我们的代表？”说完他当即退出会场。从此以后，无论是谁谈论李承晚他都说：“民族大义所不容，现在我们剩下的只有大义，只有气概，仅此而已。”他激动地说，如果没有堂堂正正的自立精神，怎么能推动历史大业。

（柳子明）是这以后到上海的，没有看到这个场面，我进入临时议会后，这一事件仍成为大家谈论的政治问题。

这个时期，李承晚只挂着总统之名，实际也未曾到上海参加独立运动，与临时议会和临时政府也没有通信往来。李承晚只挂着韩国临时政府总统之名在美国搞政治活动。1919年6月，美国上院通过爱尔兰独立同情案，也讨论了朝鲜独立问题，托马斯向上院提出了朝鲜加入国际联盟问题，结果未能通过，提倡民主自决原则的威尔逊也对朝鲜的独立问题持冷淡的态度，就连李承晚的面谈要求也被拒绝。这样一来，李承晚的独立外交路线实际上等于宣告破灭。（《我的回忆》第35—40页）

柳子明从小就崇拜申采浩先生。在忠州普通公立学校时他就拜读了

---

① 李完用（1858—1926）：旧韩末期的政治家，号一堂。1905年成为学府大臣，同年11月支持签订《乙巳条约》，并在条约上签名，被称为乙巳五贼之一。1907年成为议政部参政，把议政部改为内阁后，被统监伊藤博文推选为内阁总理大臣。1910年8月22日，作为总理大臣，任政府全权委员，与日本签订《韩日合并条约》。日本政府奖励其功劳，封他为伯爵。1911年任朝鲜贵族院会员。1920年被封为侯爵，至死卖国求荣。

申采浩先生写的《乙支文德传》，受到极大感动。申采浩先生是他心中一位了不起的爱国史学家和启蒙运动家。到上海后，他看到的申采浩先生又是一位具有敏锐政治眼光的独立运动家，因此更加尊敬他。

当时申采浩住在上海一家小旅馆里创办报纸《新大韩》。起初柳子明对这位革命前辈还有点拘束，可是申先生谈吐豪放，平易近人，很快就解除了柳子明的拘束。“两人纵谈捭阖，相恨见晚。”（《戴勋章的园艺学家——柳子明传》第 5 页）特别是申采浩先生在海参崴、首尔、上海的临时政府统一的问题上，主张继承首尔政府的法统，因此，也很自然地喜欢首尔政府以议员身份派来的柳子明。而申采浩先生自主独立、光明正大的政治主张和立场，严谨谦虚的治学作风，以及超凡脱俗的生活方式等给柳子明一生带来很深的教益与影响。

柳子明与金翰的关系也是姜泰东给牵的线。金翰在法租界的一个中国旅馆里以“我们该做什么？”为题撰写文章，不参加一般的会议。以共产主义思想和马克思主义政治主张，谈自己对韩国革命方向的看法。

金翰认为与柳子明的相见是宿命。他精通日语，可是韩国语却相对差一些，他擅长用日语写文章，自从与柳子明交往后，他的文章可立即翻译出来。柳子明对他的政治见解十分关注，而金翰也喜欢上了才智过人、正直善良的柳子明。柳子明说：“在与他接触，翻译他的文章过程中，逐渐地拜他为师，他也把我当成自己的学生。”（《我的回忆》第 41 页）

当时，日本出现了共产主义者和无政府主义者，这些思想和思潮通过日本当时出版的《改造》《解放》《批评》等日文杂志加以宣扬。山川均、堺利彦、河上肇是有名的共产主义者，大杉荣是有名的无政府主义者。此外，《批评》上还刊登了介绍西方各国社会主义学说的长谷川、大山郁夫的文章。金翰在长春和哈尔滨等地旅居较久，通过这些报纸和杂志认识了共产主义，并对其进行研究。日本帝国主义成立南满铁路会社，管理东三省的铁路，南满铁路沿线的大连、奉天、安东和长春、哈尔滨等城市都有日本的租界地，因此在这样的城市可以轻易接触到日本的报刊和图书。

在旅居上海期间，柳子明受安昌浩和申采浩的影响，对自主独立战争抱着希望，与此同时受金翰的影响，开始接受共产主义的思想倾向。他“逐渐对共产主义感兴趣，到日本书店内山书店买来《改造》《解放》等日本杂志与金翰一起看并讨论”。(《我的回忆》第42页)

虽然到上海只有两三个月，但柳子明却安不下心来。刚到上海那天，望着办公楼上飘扬的太极旗，仿佛在迎接祖国光复的那种激动的心情，渐渐地就像泄了气的皮球一样。每次召开临时政府和临时议会会议时，看到大家互相拍桌子，脸红脖子粗地争吵，他便预感到迟早会出现分裂局面。他不满李承晚的独立外交路线，更倾向于独立战争论。

恰好这时，金翰、姜泰东、李远勋等人一致认为，在目前的独立运动状态下，在远离祖国的上海，即使磨破了嘴皮也不过是纸上谈兵，只有回到首尔或东北才能开展实际工作。柳子明也决心与他们一起行动。李远勋离沪去吉林，金翰、柳子明决定回首尔，二人计划于10月回首尔，在此之前姜泰东也回到首尔，在临时政府与首尔之间起联络作用。

柳子明因为交接临时政府的秘书工作，12月份才离开上海。他完成了自己的任务，半年后重新回到祖国。上海临时政府和老的临时政府解散，决定在与各地联系方便的上海设一个合并政府。首尔临时政府的前任议员领导各级政府，原来海参崴和上海临时政府的议员一律辞退。承认在上海设立政府以后所实施的行政事务是有效的。带着政府合并的成果踏上归国之途的柳子明，已不是第一次来时那种复杂的心情了。他对祖国的独立与民族的光复充满了信心。

沈克秋（1914—2001）先生说：

“据说出发之前，柳子明去找了李东辉国务总理。据柳先生讲，李东辉那时已是五十多岁的老人，个头很高，身体健壮，肩膀宽阔，留着八字胡的样子很像个将军。他曾主张建立军队开展抗日武装斗争。听了柳子明离开的理由后，他说：‘虽然舍不得你走，不过我祝贺你终于选择了一条正确的道路啊。’”

李始荣[①]先生紧紧握住柳子明的手说：

“一定要保重身体，到首尔后去找朴南杓，他是我的亲戚，人很好，是与你志同道合的人。”

安昌浩先生给了柳子明十元人民币，让他补贴旅费。那时的十元钱是两个月的生活费，用这钱从上海到天津绰绰有余。

当时生活在中国的朝鲜爱国志士在没有任何经济支援的情况下，过着半饥半饱的生活。有些人找工作维持生计，有些人卖文糊口，还有些人教书度日。没有这些来源的人，只能靠国内的援助过一天算一天。柳子明在上海的生活费是离开首尔时郑石熙资助的两百元钱。除来中国的川资外，柳子明的生活就指望这剩下的区区之款了。他首先用这钱买了中国的长大褂。

在上海，上街穿朝鲜服装很引人注目，还会招来外国暗探。柳子明的长大褂，往往是几位爱国志士轮流穿。他用买完衣服剩下的一点钱作为生活费。幸亏那时上海食品还算便宜，在上海小街巷摊上吃碗素面，只花三枚铜板。

---

① 李始荣（1869—1953）：独立运动家，政治家。号省斋。1910 年韩国被日本吞并后，到满洲流亡。在柳河县成立新兴讲习所，致力于培养独立军。1919 年 4 月，在上海成立韩国临时政府后，任法务总长、财务总长等职。1929 年参与成立韩国独立党。1948 年，任韩国副总统。因反对总统李承晚的非民主统治，1951 年辞去副总统职务。1953 年在避难地釜山去世。

“钱不多，只是我的一点心意。希望你们这些有志青年能让朝鲜独立的日子早日到来呀。”

柳子明收下了安昌浩重如千金的十元钱。他心里最清楚不过了，自己收下这十元钱，安昌浩先生一两个月的伙食费就要减少。柳子明哽咽地说：

“先生的信任我一定铭记心中，向首尔的同志们转达您的意思，不忘您的嘱托，为民族的独立而战，为民族的独立而死。”

“谢谢你啊。即使我们看不到独立的那一天，但是大韩有像你这样的热血青年，我相信独立的那天一定会到来的。”

安昌浩先生握着柳子明的手激动地说。

4. 重返首尔

1919 年 12 月的一天，柳子明在上海码头上了轮船。他穿着一件灰色的绸缎马褂，上面还套着一件黑缎马甲，简直就像一个清朝人。离开法租界时，他前去与申采浩先生告别，申采浩先生把自己平时常穿的清服送给他做纪念。他们二人个头差不多，都身材瘦削，衣服穿在他的身上正合身。只要不开口，他这身打扮就像地道的清朝绅士。加之他在上海生活了近半年，虽然法租界大都是朝鲜人，但可以向申采浩这样的人学习汉语。他听力不错，一般的话都能听懂，只是舌头发硬讲不好。他现在才明白前辈们为什么说中国字难学，中国话更难学了。

到上海时，他乘坐的是从营口到上海的船，回去时乘坐的是上海到天津的轮船。到天津后，他在法租界的中国旅馆住了一夜，第二天，在天津北站乘坐到奉天的火车。在奉天住进了去上海时与赵镛周一起住过的那家旅馆，第二天又登上了去安东的火车。6 月份他离开首尔时坐的是新义州的轮船，到安东后改坐火车。回去时，他买的也是到安东的火车票。这是为了躲避日本帝国主义对来往于中国和朝鲜旅客的严密监视与盘查。

从天津到奉天，从奉天再到安东的这段长长的旅途，他在中国人的车厢里只能装聋作哑。别人问话的时候他竖起耳朵仔细听，然后以面部表情和手势蒙混过关。当时南满铁路的火车，中国人的车厢和日本人的车厢是分开的。日本人可以随意到任何车厢，而中国人却禁止到日本人的车厢，然而一般的日本人嫌中国人脏，只乘坐自己的车厢。这样一来，柳子明就不用担心遇到日本人了。

柳子明到达安东后，立即到朝鲜人开办的旅馆换上了朝鲜人的衣服，徒步走过鸭绿江铁桥。他终于平安到达新义州，直奔曾与赵镛周一起投宿过的那个旅店。有一面之交的主人热情地迎接了他。踏上久别的祖国土地，他感慨万千，加之主人给他做了一顿丰盛的饭菜，他仿佛回到了自己的家，心里别提多高兴了。

店主告诉柳子明，现在日本人对旅客的检查比他们出发前更严了。这是因为，9 月 2 日，在首尔火车站发生了针对朝鲜新总督斋藤实的爆炸事件。

三一独立运动后，朝鲜人民的反日情绪空前高涨。与此同时，日本帝国主义对朝鲜人民爱国独立运动的镇压也更加残酷，受到了国际舆论的谴责。日本因形势所迫，不得不改变在朝鲜的“单刀”政策，而换之为“文化政治”政策。所谓的“文化政治”表面是采取一种比较温和的做法，如原来只许陆海军大将担任的总督职务可由文官充任；废除宪兵警察制度，实行普通警察制度；允许朝鲜人办报刊；部督府使用朝鲜人官吏等。但是这种“文化政治”只是改变了统治形式而已。把原任“朝鲜总督”的军国主义头子寺内正毅撤回日本，改派文官斋藤实继任。

9月2日下午5时许，新任总督斋藤实在首尔车站二楼贵客室与前来迎接他的官员进行短暂会面后下楼，正当他与前来迎接他的日本高官一道，准备在广场上马车的时候，只听轰的一声爆炸，当场有三十七人倒下。广场顿时乱成一团。而斋藤实却很幸运，弹片崩在他的军用皮腰带上，他侥幸捡了一条命。此事发生五天后，扔炸弹的六十五岁老人姜宇奎[①]被捕，次年11月29日，老人给他的儿子重建留了悲壮的遗书，在西大门刑务所被处以绞刑。遗书上写道："吾之死若能换来年青人之觉醒，死而无憾。"

姜宇奎是平安南道德川人，亡国后在间岛和俄罗斯从事教育活动。三一运动后加入"老人党"，归国时在俄罗斯购得一枚美国制手榴弹。他特意从元山赶到首尔制造了这一壮举。

姜宇奎的义举充分展现了朝鲜人民的爱国之心，极大地鼓励了两千万朝鲜人民。而日本帝国主义加紧了对海外归来的朝鲜人及国内来往旅客的监视。

那天晚上，柳子明仿佛躺在了故乡家里的热炕头上，安然进入梦乡。第二天早晨，他乘车平安地到达首尔。

……我在首尔南大门车站下车，乘电车到父亲的朋友金老石老人居住的地方。金老石老人当时居住在亲戚金秉龙的家里。他们热情地迎接了我。那天，我在金秉龙家里留宿，第二天到李秉溆家里。李秉溆夫人十分热情地把我迎进去。她对我说，李秉溆和金学奎因青年外交团事件而被关在日本监狱里。

---

① 姜宇奎（1885—1920）：独立运动家。号日愚。平南德川出生。三一运动后，与朴殷植、金致宝等人自愿回国组织义举。他携带英制炮弹潜伏在首尔，计划炸死第二任总督斋藤实。1919年9月2日，他向斋藤实的马车上投弹，结果失败。逃跑途中被捕，在西大门警务所被枪决。

> 我又到金泰奎的家里，与他的父亲金应龙和母亲申贞均见面。金泰奎的父母对我就像他们的儿子那样，让我住在他们的家里。(《我的回忆》第 47 页)

柳子明第二天回到姜锡麟的家里。因为只有见到姜锡麟才能找到姜泰东的住处。

姜泰东见到柳子明，高兴地一下子抱住他说：

“回来啦，可算平安回来啦。我一直在等你，你让我等得好苦啊。”

他们寒暄了一会儿，一起坐了下来。姜泰东说：

“金翰现在还没有到达首尔。他从上海取道哈尔滨，路上可能要耽误些日子，不过他很快就会到的。”

说着他把话题转向朝鲜的局势。

“斋藤实总督鼓吹‘文化政治’，日本帝国主义所谓的‘文化政治’只是换汤不换药。实质上斋藤实也是预备役海军队长，和武官没什么区别。虽说宪兵警察制度改成普通警察制度，可实质上是以‘特别高等警察’制度来取代。虽说修改了教育令，但学校实行的完全是奴化教育。学校除日语外，一律不得说别的语言。所说的‘舆论自由’也只是纸上谈兵。虽然允许出版《朝鲜日报》《东亚日报》《时代日报》等朝文版的报刊，实质上却都成为他们的舆论工具。这些刊物必须经严格审阅，这怎么能反映群众的呼声呢。不符合他们意愿的报道和言论一律不得发表，这就是日本帝国主义所谓的‘自由’。‘文化政治’实质上是一纸空文。在‘文化’的美名下，使整个朝鲜变成日本帝国主义的监狱，这怎能不令人痛心哪。”

说者姜泰东，听者柳子明、姜锡麟都抑制不住内心的愤怒，潸然泪下。

姜泰东还谈到义亲王在上海流亡的事情。10月，姜泰东与临时政府联络员李种郁一道平安到达首尔，向金嘉镇转达了上海临时政府的秘密文件。其内容是请求义亲王流亡到上海，成为韩国临时政府的一面旗帜。金嘉镇与义亲王见面，把这个文件交给他。

义亲王是高宗皇帝的第三个儿子，徽堈，是顺宗的同父异母弟弟。韩日合并后，因无处发泄亡国的怨恨，整天沉溺于酒色中，过着醉生梦死的生活。与金嘉镇见面之后，他终于看到了一线希望。义亲王与大同团长金嘉镇商议，起草了独立宣言书，由姜泰东带到上海临时政府，其内容是这样的：

> 日本利用卖国奸臣合并了我国，杀我父王和母后，合并并非父王肯许。我是韩国的一员，宁愿成为独立韩国的庶民，也不愿成为日本的皇族。我愿到临时政府成立之地，为光复献出自己绵薄之力。此决心是为报父母之仇，也是为祖国独立及世界之和平。(《世界人名大辞典》1188 页)

那年的11月份，义亲王趁天黑逃出仁寺洞宫殿，在洗剑亭与郑南用商量，穿着丧服坐三等车离开首尔。不幸的是在安东县被日警发现，被押送到首尔。

柳子明从姜泰东家里出来，住到金泰奎的家里。李秉澈因与金学奎等人一起被捕入狱无法见到。金泰奎是曾与李秉澈一起组织青年外交团活动的同志。从金泰奎那里，柳子明得知青年外交团和爱国妇人会的八十多名同志于11月份被捕。爱国妇人会10月份将檀香山朝鲜人送来的两千元钱送往上海临时政府的事情在庆尚北道暴露，致使爱国妇人会和青年外交团的大部分成员被捕。得知曾经生死与共的同志们遭遇不幸，柳子明心里十分难过。

柳子明回到首尔最高兴的是金老石老人。他与柳子明的父亲是莫逆之交。老人家说朋友的儿子就是自己的儿子，从各方面对他给予关照，还瞒着柳子明给忠州写了信。柳子明的父亲接到信后，风风火火地赶到京城。

柳子明在金老石家里与父亲见面。

“爸爸，您骂我这个不孝之子吧。”

柳子明跪在地上哽咽着对父亲说。

父亲靠近儿子，右手握住他的手，左手抚摸着他的手背说道：

“自古忠孝不能两全。在这个兵荒马乱的世道，我怎么能怪你呢。儿子为光复祖国而奔波，这是值得自豪的事情啊。了不起。”

这是他们分别十个月后的相逢。可是相逢却又伴随着分别，父子俩心里都感到很不安。父亲一一见了儿子的朋友，感谢他们这段时间对儿子的关照，并嘱咐他们要像“桃园结义”的刘备三兄弟那样，保持友情，为早日光复祖国而战。

父子俩一起临时找了个住处，父亲在一个私塾里教汉文维持生活。二十六岁的柳子明已是两个孩子的父亲，可是与父亲在一起，他仿佛又回到了童年，在父亲面前撒娇，而父亲看到儿子这个样子更是疼爱有加。然而，柳子明内心深处却蒙着一层阴影，他思念母亲和大哥，思念妻子和可爱的孩子们。如果像现在这样交通便利的话，家里人也许早就坐车来看他了，可在当时这是十分遥远的路途，而且路费也是个问题。柳子明有时一天产生数十次跑回家的冲动。可是他的身份不允许他这样，他也不想因儿女情长毁了大事。

柳子明到达首尔时，由于日本帝国主义大肆逮捕，青年外交团组织完全被破坏了。当时柳子明帮助“联通制”做事。“联通制”是韩国临时政府在上海和首尔之间设立的联络通信机关，活动十分活跃。1919 年至 1922 年，在近四年的时间里，上海临时政府通过联通府和交通局以及居留民团与国内取得联系，同日本帝国主义做斗争。

柳子明直接参与联通府国内各级机关的设置工作。在首尔设总办，在道设立督办，在郡和府设郡监和府长，在面设立面监，负责联通部的工作。

临时政府为了与国内的联系，在最重要的地点安东设立了“临时交通部安东支部”，支部设在英国人肖经营的商店“利隆洋行”，那个地方是非常安全的。这样这里自然成为联通制的联络点。安东的负责人是李裕奭，首尔的负责人是李钟旭。

> ……有一天，李钟旭来找我，让我到安东联络点取回临时政府发送的秘密文件。我准备行李与李钟旭一起到南大门车站。到车站后，李钟旭把我介绍给一位列车乘务员。那位乘务员把我带到他的乘务员室，拿出一套乘务员制服让我换上。我换上衣服，打扮成乘务员，安全地坐火车于第二天上午到达安东。我与那位乘务员一起到附近的公园，脱掉乘务员制服换上便服，与他约了返回的时间后分手。然后我就到朝鲜人旅馆住下。
>
> 那天下午，我到利隆洋行见了李裕奭，接过临时政府的秘密文件，按照约定的时间来到车站，见到那位乘务员后，像来的时候那样换上乘务员制服，安全返回首尔。（《我的回忆》第 53—54 页）

柳子明大概在首尔逗留一年多的时间，为联通制工作。虽然危险时刻伴随着他，但可以说这段时光是在他独立运动生涯中最为幸福的时光。

5. 出路

10月在上海与姜泰东一起出发的金翰，在柳子明回来很久后才到达首尔。有一段时间，他与柳子明一起住在金泰奎家里，宣传马克思主义思想。不久，在首尔以金翰为首的爱国主义者结成了统一战线。其主要成员有柳子明、姜泰东、姜锡麟、金应龙、申正奎、白信荣、洪命熹、李钟旭、郑乐润、李乙奎、李丁奎、崔淑子、柳寅旭等。

当时在思想界发生了一件轰动日本知识界的事件。日本东京教授森户长男，在日本刊物上发表了《无政府主义[①]者克鲁泡特金的经济学》一文，引起日本知识界的广泛关注，成为轰动一时的新闻人物，同时也触怒了日本统治阶级，这位日本学者遭黜撤职。

此外，还有一个毕业于日本军官学校名叫大杉荣的人，公开宣传无政府主义，曾多次被捕而不屈。日本当时出版的《改造》《解放》《批评》等日文杂志，也经常刊登无政府主义观点的文章，成为思想界的一股暗流。

柳子明在首尔时，常常阅读这些杂志，在思想上引起强烈共鸣，对他们十分崇拜。他开始从金翰的共产主义影响圈里摆脱出来，倾向于无政府主义。

---

① 无政府主义：又称安其那主义。它否定一切国家政权，反对一切权力和权威。无政府主义作为一种社会哲学和政治理念，把追求个人绝对自由作为最高理想，否定一切强制手段。在韩国，以反抗日本帝国主义侵略、争取国家独立为手段，开展无政府主义运动。1922年12月，朴烈等在日本组织了风雷会（后改为黑友会），开创韩国无政府主义运动的纪元。

当时摆在朝鲜人民面前的主要任务是反对日本帝国主义侵略的民族解放斗争。我认为民族矛盾是主要的。因此我对马克思和恩格斯在《共产党宣言》中提出的有关阶级斗争的一些学说不理解或不赞成。我从这时起逐渐对无政府主义感兴趣。

……

无政府主义又叫安其那主义，是19世纪后半期在法国产生的。其代表人物就是法国的普鲁东和俄罗斯的巴古宁、克鲁泡特金。

无政府主义否定一切国家政权或强制手段，把争取个人的绝对自由与建设独立的社会作为自己的理想。为了这一理想，以暴动、个人暗杀、爆炸等手段，来消灭皇帝、君主、总统等。

当然反对所有的权力与权位，二十四小时内消灭国家机构，建立个人能获得绝对自由的无政府社会是不现实的，但在当时日本帝国主义的殖民地统治下，反对国家权力就是反对日本帝国主义，暗杀日本头子、爆炸日本帝国主义的统治机关就是反日爱国行动。(《我的回忆》第50—53页)

柳子明崇拜大杉荣，开始全面研究无政府主义，其根本动机就是为寻找在日本总督府的残酷统治下公开宣传独立运动的理论根据。当朝鲜沦亡后，民族矛盾已升到第一位。柳子明是一位坚定的爱国主义者，他在行动上与金翰合作，在思想上倾向于无政府主义，这是毫不为奇的，也是不足为怪的。朝鲜沦亡后，战争的残酷、漫长、复杂，一个小资产阶级知识分子的苦闷、彷徨，都很容易使人的思想走向极端，把无政府主义当作革命的灵丹妙药，正是这种思想基础，促使柳子明加入“义烈团”。

1920年复，在首尔成立了以朴重华为会长的“劳动共济会”。“劳动共济会”是一个具有启蒙性和改良主义性质的组织，是朝鲜历史上出现的第一个进步劳动组织，意味着朝鲜劳动阶级开始登上政治斗争的舞台。“劳动共济会”在日本帝国主义的严密监视和残酷镇压下，还不时举行集会，大胆进行反日、反资本主义的演讲。此外，“劳动共济会”中央委员申伯雨还主办了《共济》月刊。《共济》介绍各种进步的社会思潮，对劳动者进行启蒙教育。柳子明和金翰一起撰写有关劳动者进军社会的文章，发表在《共济》月刊上。还在《东亚日报》《朝鲜日报》等刊物上发表文章，就民族独立问题展开讨论。有一次，柳子明听了安确有关“民族改造论”的演讲后，在《朝鲜日报》发表了文章，驳斥安确的论点。他在文章中阐述的观念大致如下：

> 改造自己民族的主张在历史上是从未有过的，从科学上讲也是不可能的。
>
> 我们朝鲜民族是具有五千年悠久历史的文明民族，就连外国人也称朝鲜是东方礼仪之邦。
>
> 我国虽然现在成为日本的殖民地，但合并不到十年，全国人民就纷纷揭竿而起，为国家的独立和民族的解放而斗争，在不远的将来，我们一定会取得胜利。
>
> 因而改造民族论是错误的言论。（《我的回忆》第55页）

安确读了柳子明的文章后，找到柳子明与金翰共同住的地方。金翰与安确关系密切，他把安确介绍给柳子明，说要好好讨论有关民族改造的问题。

“我提出民族改造论并不是为了抹杀我们的民族精神，相反是为了提醒我们的民族不要屈服于命运，而是要正视现实，振奋精神，争取国家独立与民族解放。”

听了安确对“民族改造论”的实质含义解释后，柳子明发现他的见解与自己的想法其实是一致的。安确的“民族改造论”实质上就是主张民族解放。

1920 年冬，奉行社会主义思想宗旨的“朝鲜青年联合会”在首尔成立了。当时朝鲜革命阵营内部十分复杂，各种政治思想派别也处在动荡、转变的时期。金翰、柳子明等想在首尔实践独立运动，可是做起来并不容易。从国内的局势来讲也是不可能的。日本帝国主义的镇压是一个方面，最主要的是缺乏领导爱国活动的领导力量，而且也没有一个能够指导斗争的明确理论。

1921 年初春，柳子明十分尊敬的金应龙、金成焕、李在成三位同志，为开展独立运动分赴北京、吉林、间岛等地。那时，柳子明也准备与这些爱国前辈一道前往北京，可是由于没有筹到旅费只好作罢。就在那年的 3 月，柳子明在首尔被高等警察局逮捕关押。理由有多种，其中主要的嫌疑是在《共济》和《朝鲜日报》等刊物上发表的那些文章，以此推定他为思想犯。日本帝国主义一直观察《共济》前三期上发表的文章，从第四期至第六期，他们以没收稿件等手段妨碍和镇压刊物，并暗中逮捕主要投稿人。

审问每天进行，柳子明坚决否认一切。日警问他到没到过中国、在首尔做什么事情、与谁往来等等，他总是随机应变，说的都是与独立运动无关的事情。然而，纸里包不住火，随着对他身份的不断调查，三一运动当时的嫌疑也会露马脚。情况十分危急，在这关键时刻，金翰等人在外面积极开展营救活动。

到曾在朝鲜总督府警务局当高级特务的金泰锡出面保释，他整整被关了一个月。金泰锡是柳子明在水原农林学校时的同窗金鼎锡的哥哥，柳子明很早就通过金鼎锡认识了金泰锡。金泰锡又通过柳子明与金翰相识，秘密地从事独立运动。金鼎锡与他的同窗姜锡麟也在朝鲜总督府林务局做事，从事独立运动，他们为解救柳子明做了多方努力。

柳子明从拘留所出来后，金翰劝他逃亡到中国。然而，川资仍然是个问题。父亲担心儿子的处境，赶回家乡向家里人讲了目前的危险处境。听了父亲的话，大儿子兴洙主张尽快让弟弟到国外流亡。他认为光复祖国到海外去斗争是所有男儿的义务，他瞒着家里人卖了全家人视为命根子的水田。

柳寅瑚谈到这件事情时说：

“我们家世代相传着这样一个故事，说大爷爷喝多了醉倒在路边时，不知谁偷走了他的印章，抵押了土地。可是爷爷在回忆录中说，当时家里给了他二百元钱。那可是一大笔钱啊，是用土地做抵押的。当时，大爷爷即使对妻子也不能说为给弟弟筹二百元独立运动资金抵押了土地……一人参加革命，全家人都得齐心协力啊。”

第三章　义烈团

(1921.4—1928)

1. 在北京

1921年，柳子明前往北京，第二次踏上流亡之途。他这次乘坐的不是新义州的国内线路，而是在南大门车站买了直通中国安东县凤城的车票。凤城有一家日本经营的烟草会社，由于那个公司有许多朝鲜人职工，所以到凤城的人通过国境线时日警的监视不太严密。

柳子明万万没有想到此次一别竟是与祖国的永别。

此次一别何时归？何时才能与父母妻儿共叙离别之情？

他也不是没想过这个问题。然而，列车已经向北奔驰，他心里清楚，如果不光复祖国，他就无法再登上回归故里的南行列车。

凤城又叫凤凰城，是清朝时朝鲜使节到中国后接受检查的第一道边城门。如果追溯历史，它与高句丽有着直接的联系。

柳子明多次到中国途经凤城，此次他平安通过国境到达凤城车站。柳子明离开首尔时就决心与日本帝国主义决一死战，踏上凤城土地后，他感受到一种浓厚的历史气息，他的心脏仿佛也在随着时代的脉搏而跳动。

他在凤城车站附近闲逛了一会儿，看时间差不多了就返回车站乘坐前往奉天的火车，又在奉天坐上了开往北京的火车。

在北京站下车走出站台，他看到了金应龙——得知他要来，已前来车站迎接。在首尔以金翰为中心组织起来的同志们先后都到海外流亡，那年春天金应龙来到北京。

“很高兴见到你呀，分手时我还以为再也见不到你了呢。”

金应龙带着柳子明来到东城根附近的人和公寓。在这里柳子明又意外地兴奋起来。他见到了与金应龙一起离开首尔前往吉林的金成焕和去间岛的李在成。他们离开首尔时，柳子明因没有筹到川资未能同行，在此能与他们重逢他格外欢喜。当时居住在北京的朝鲜人共有六百多名，与柳子明有交情的当代知名人士有申采浩、李会荣[①]、曹成焕、李完植、李光、金昌淑[②]、朴崇秉、李海山、韩镇山、成俊用等。他们反对李承晚的政治路线，是与临时政府断绝关系的独立运动家。他们一致认为，独立不是外交而是战争。1920 年他们组织了军事统一促成会。1921 年 4 月 20 日，柳子明到北京时，十多个团体的代表云集北京，召开了军事

① 李会荣（1807—1932）：独立运动家，号友堂。1910 年加入大倧教。12 月，为躲避日本帝国主义的镇压到吉林省柳河县三源堡流亡。在那里成立新兴讲习所。1921 年与申采浩一道开展无政府主义运动，为扭转韩国临时政府分裂的局面，积极做调解工作。1932 年前往大连途中被日警逮捕，遭受严刑拷打，死于狱中。

② 金昌淑（1879—1962）：儒学者，独立运动家，政治家。号心山，庆北星州出生。从小学习儒学，擅长写文章。1919 年三一运动后，他流亡到中国。他带着全国儒林代表署名的韩国独立会儒林团陈情书到上海，并寄到在巴黎召开的万国和会。那年 9 月，当选大韩民国临时政府议政院议员，第二次归国筹集独立运动资金时，因第一次儒林团事件而被捕。出狱后再次到中国。1921 年与申采浩等独立运动家发行《天鼓》杂志，后来又与朴殷植等人创办《四民日报》，高举着独立运动的旗帜，组织西路军政署，担任军事宣传委员。1925 年当选为临时政府副议长。1927 年，被驻上海的日本使馆官员抓获，押送本国判处有期徒刑十四年，在大田监狱服刑时，迎接祖国解放。解放后，创办成均馆大学，担任名誉校长。1962 年去世。

统一筹备会。

……那个时候，积极地主张促进独立路线的热心派逐渐集中在北京。

那时居住在北京的有以友堂李会荣六兄弟为代表的欧洲派，他们变卖所有家产在西间岛成立耕学社和新兴武官学校[①]，为培养大批独立运动战士做出重大贡献，还有为给巴黎送长书而逃亡到上海的心山金昌淑。

友堂和心山以及丹斋是北京具有代表性的三个人物，他们掀起了民族运动与民族抗争的强大潮流。此外，朴容万、元世勋、申肃、李光以及义烈团[②]团长若山金元凤[③]和参谋柳子明等住在北京或频繁往来，日本的高级密探金达河隐瞒身份，披上了独立运动家的外衣。(《我的回忆》第 245 页)

柳子明到北京后，在金昌淑先生的家里看到了汉文刊物《天鼓》的

① 新兴武官学校：是于 1920 年在安东省柳河县三源浦成立的西路军政署所属的培养独立军的机关，李始荣任校长，李青天任教成队长，李范奭、吴光善等任教官，共培养毕业生两千多人。

② 义烈团：1919 年 11 月，在满洲吉林省成立的朝鲜抗日武装独立运动团体，由申采浩先生起草义烈团经论和纲领，1923 年 1 月发表《朝鲜革命宣言》，抨击一些独立运动家主张的文化主义、外交论、准备论等观点，提出民众直接参与革命和平等主义的独立路线。从 1926 年起义烈团逐渐接受在独立运动中传播的社会主义理论。载入韩国民族运动史册的金九、金奎植、金昌淑、申采浩等实际上起到参谋作用，还曾得到中华民国总统蒋介石的援助。

③ 金元凤（1898—1958）：出生于韩国庆尚南道密阳，号若山。1918 年到中国南京，次年 3 月到中国吉林。1919 年 11 月 9 日在吉林城巴虎门外成立义烈团，被推选为义佰。1925 年在黄埔军官学校学习，1935 年成立朝鲜民族革命党，1938 年成立朝鲜光复军，合并朝鲜义勇队，任副司令。1943 年被任命为临时政府国务委员及军务部长，光复后回到朝鲜。

创刊号。金昌淑先生在三一运动时被捕，在西大门监狱关了两年，出狱后他立即逃亡到中国。那时，他在北京大学研究政治经济学的同时，组织了革命团体创一党，创刊了机关刊物《革命》。《天鼓》也是申采浩先生与金昌淑、金正文、白炳顺等人一起创办的杂志，里面的文章几乎都出自丹斋先生之笔。1921 年 1 月在创刊号上，发表了申采浩先生的题为《新年新刊祝》的文章，文章有这样一段话：

> ……天鼓啊，一击如雷贯耳，二击震撼山河，三击义士云集，五击、六击，天鼓响起，敌人的脖子如落叶飘落。

看到这段文字柳子明兴奋不已。他明白了申采浩先生所说的天鼓就是历史的声音，民众的声音。同时，它也是“韩人”的声音，革命的声音。这正是充满梦想的“韩人”在“君国”敲起的鼓声，民族独立的进行曲，让日本侵略者战栗的战鼓声。

丹斋先生的住处除李会荣和金昌淑等几个人外，很少有人知道。柳子明也是通过李会荣才知道的。

丹斋先生在北新桥草豆胡同租了一个房子。1920 年春，他娶京畿道阳州出生的朴子惠女士为妻，在北京西城区锦什房街（西城区锦什房街现在的 21 号）开始了他的新婚生活。次年农历一月在这里生下长子秀凡。虽然生活贫寒，但晚年得子的喜悦让他心中充满了幸福。可是靠微薄的稿费和一些好心人的赞助，以及李会荣、金昌淑等人的资助养家糊口，日子十分艰难，他只好把妻子送回首尔，又过起了单身生活。

好久没有女人收拾的房间，炕上到处都是散落的纸片，丹斋先生坐在炕中央，那件中国马褂，由于好久未洗已经是油脂麻花。

一番寒暄之后，柳子明开始整理炕上乱七八糟的东西。丹斋先生摸着又黑又亮的八字胡说：

“没有女人的房间不成体统啊。内人送到首尔去了。洪命熹在帮助她。我把稿子发过去，洪命熹发表在《朝鲜日报》上，然后把稿费转交给家里人。人老了，想得也多了，越是艰难越是想老婆啊。”

柳子明看出，“年过四十的申采浩先生，常常思念在故国的夫人和孩子，内心十分痛苦”。(《我的回忆》第 58—59 页)

然而，满腔爱国热情的丹斋先生坐在柳子明的对面连连说：

“来得好，来得好啊，你终于到北京啦。现在一提上海我就感到心酸。再也不想听到他们的争吵了……李会荣他们兄弟几个让我到北京来我就来了。可是这个地方的争吵也仅次于上海，互相谩骂对方是亲日派。动刀动枪，向官方告密……所以大家都瞒着自己的住处，我不偏向哪一派，每天只看书写字。”

柳子明这才明白为何丹斋先生的住处只有友堂和心山等人知道了。

丹斋先生意味深长地望着柳子明说：

“我最近正在研究新罗和唐朝的交通史，我很想知道当初在唐朝的新罗人是否也和我们一样。似乎曾经有人企图谋害张保皋[①]。如此看来这个病是从新罗时期就已经有了……到了李朝更加严重，党争最终导致国家灭亡。我现在研究历史，研究历史也是独立斗争。”

丹斋先生在文章中阐述了自己研究历史的目的：“我想既然留下来就要继续从事历史研究工作，整理和修改过去写的见闻，也许这对后来的学者继承国家的传统有所帮助。“(《丹斋全集》第 367—368 页)

柳子明写道：

---

① 张保皋（？——846）：新罗武将，曾到唐朝徐州任武宁君小将，但看到从新罗抓去的奴婢们悲惨的境遇，气愤地辞去官职。为了消除海盗的人口贩卖活动，在威海王许可下，任清海镇大使，带领水兵，彻底清除了海盗。

……丹斋先生研究中国的古代史和朝鲜古代史。中国古代史形成了一个比较完整的体系，所以丹斋先生研究中国的古代史，以便在朝鲜古代史研究中做参考。

丹斋先生说他研究历史的目的就是为了朝鲜的独立。因此，祖国沦亡后，他流亡到中国，以病弱的身体，过着清苦的生活，为唤起民族的气概而全身心投入到朝鲜历史的研究中。

我在北平时，摩根的著作《古代社会》翻译成日文出版，在上海和天津的书店都可以买到。丹斋先生便买来摩根的著作读，作为他历史研究的参考。

丹斋先生著有《朝鲜上古史》《朝鲜史研究》等著作。

我在丹斋先生的指导下，学习了中国古代史和摩根的《古代社会》。

当时在北京的朝鲜人没有任何形式的组织团体。但志向相同的同志之间往来很频繁。尤其北京有高光寅、金相勋、金炳玉、林有栋等不少留学生。有一天，金炳玉、林有栋、高光寅等留学生借北京大学会议室组织了一次演讲大会，邀请丹斋先生和柳子明来演讲。那天在北京的朝鲜人几乎都参加了这个活动。

丹斋先生就朝鲜历史进行了演讲，分析了朝鲜亡国的原因及其过程。

“……在亚洲民族中，我们檀君族是一个十分优秀的有文化的民族。”

他的演讲是这样开头的。他在演讲中说，朝鲜民族是在世界上最先发明铁甲战舰和金属活字的文明、智慧的民族，是为东方文明的发展做出重要贡献的值得自豪的民族。我们智慧的祖先，为日本文化的开拓也做出了不少贡献；我们勇敢的祖先，不容外敌入侵，很早以前就在亚洲各地展现了我们民族顽强的精神和勇猛。我们民族纯洁无瑕的礼仪道德，让古代中国人赞叹不已，自古就被誉为东方礼仪之邦等等。

他说：

“我们理应把握主动权，这一切都是我们自己造成的……我们本是优秀的民族，拥有灿烂的文化，如今却沦落到这个地步……难道这不是令人痛心的事情吗？”（《先觉者丹斋申采浩》第 260—261 页）

他的演讲在质问中结束。

会场不时爆发出热烈的掌声。听了丹斋先生的史学观，大家似乎才明白国家倒退的历史。

柳子明以朝鲜三一独立万岁运动为背景，讲述了在俄罗斯海参崴、上海、首尔成立韩国临时政府的过程和临时议会的组织过程，以及后来这三个临时政府合并的经过，临时政府内部外交派与主战派的意见分歧和由此引发的纠纷。他强调争取独立的捷径就是武装斗争，指导武装斗争胜利的指导思想就是无政府主义。

那次演讲会成为增进在京朝鲜人之间友谊的契机，随着类似活动的经常开展，极大地促进了独立运动。

演讲会的第二天，高光寅和金相勋到人和公寓来找柳子明。他们如实谈了自己到北京来留学的过程，还就今后应该如何学习等问题征求柳子明的意见。柳子明鼓励他们说：

“你们选择到中国留学是一件好事。在国内就要接受奴化教育，怎么能学到正确的知识。在中国学习正确的历史和知识对年青人来讲就是为祖国的独立打下坚实基础。”

听说他们为了考上中国大学正学习汉语，柳子明拍了一下大腿，握住他们的手说：

“做得对，学习汉语比什么都重要。这样不仅有助于学习，而且也是开展独立运动所必需的。我也要和你们一起学习汉语，请你们多多指教。”

从那以后，柳子明便开始专心学习汉语。

> 从那以后，我开始学习汉语。中国的文字在几千年前就已经统一了，可是各地方言都不同。北京话叫“官话”，也就是标准话。那时我在曹晴蓑先生那里开始学习“官话”。曹晴蓑先生在朝鲜沦亡后逃亡到北平，长期以来在贫穷艰难的生活中学会了一口地道的中国话。曹先生以《官话类编》作为教材，每天在人和公寓里教官话。他还与同在人和公寓里的金应龙、金成焕、李在成等一起陪我游览故宫、北海公园、颐和园、天坛等名胜古迹。(《我的回忆》第 60 页)

1922 年，金应龙、金成焕、李在成等人离京去了吉林省。青山里大捷[①]后，日本帝国主义在庚申年大讨伐时，对居住在鸭绿江流域的朝鲜人进行镇压，金佐镇、洪范图等独立军撤退到俄罗斯后，遭遇黑河事变来到满洲，使满洲再次成为武装斗争的大舞台。他们以悲壮的决心走进残酷的枪林弹雨中。

他们走后，柳子明搬到了高光寅和金相勋居住的公寓。他们规定，平时尽量以汉语进行对话，还制定了相应的奖惩制度。他们每天晚上总

---

① 青山里大捷：北路军政署独立军大胜青山里日军的战斗。1920 年 10 月，以金佐镇为总司令的韩国独立军与日军展开激战，日军死伤三千三百多人，而独立军损失只有一百多人，是世界战争史上少有的战果，是韩国独立军在海外取得的最大胜利。

结当天的学习情况，没学好的人第二天打扫室内卫生，给同屋的人洗衣服。虽说柳子明那时也只有三十来岁，但与二十刚出头的高光寅和金相勋对话总是有些跟不上。因此，他常常要受“罚”，高光寅和金相勋有些于心不忍，说他们不能这样对待前辈，可柳子明却说：

“规定面前人人平等，不能因岁数大或是前辈而享受特殊待遇。为了严肃法规一定要遵守纪律。”

他总是这样甘愿受罚。

有一天，郑华岩、李乙奎、李丁奎三人来找柳子明。三一运动时，他们在首尔与梁起铎、李种乐、李种在、李种旭、姜泰东、金翰都是好朋友，一起开展独立运动，与柳子明也是好朋友。郑华岩几乎与柳子明同时离开首尔到中国，柳子明留在北京，郑华岩直接去了上海。可是，当时上海临时政府要员中“有不少人急于戴乌纱帽。特别是因财政状况不佳，办公室从霞飞路搬到西门路租房，临时政府内部逐渐涣散。散居在上海的侨胞要联合起来整顿秩序，重打基础实在有些力不从心，即使要做到也需要很长的时间”。(《祖国去向何方》第 31—32 页)

在这种情况下，共产党派的吕运亨、洪南杓，具延钦、安秉瓒、曹奉岩[①]、尹滋瑛、金万谦、崔昌植等人在上海，郑华岩、李乙奎、李丁奎三人加入共产党，经金万谦介绍参加极东勤劳者大会，为报考远东大学前往哈尔滨，途中到北京。在金万谦帮助下已办好了去俄罗斯的手续。柳子明把自己在赵素昂那里听来的俄罗斯局势讲给他们，劝他们不要一时冲动，慎重考虑。1919 年 5 月为了声援前往法国参加巴黎和会的

① 曹奉岩（1898—1959）：独立运动家、政治家。籍贯昌宁，号竹山。仁川江华出生。1919 年三一运动后组织劳农总联盟朝鲜总同盟，创建 ML 党，活动时被日警逮捕，在新义州刑务所服刑七年。1956年创建进步党，任委员长，从事政党活动，1958 年 1 月因违反“保安法”而被逮捕，处以死刑。

金奎植，到瑞士参加万国社会学大会的赵素昂[①]，利用两年多的时间巡访了欧洲各国。随后，在返回上海临时政府途中到北京，详细讲了社会主义革命后欧洲的形势与俄罗斯的现状。

> 在北京见到了柳子明，但他却极力阻止我们到俄罗斯。
>
> 他说不久前赵素昂从西欧地区回来，上海共产党与伊尔库茨克共产党有很大的分歧。因此，不管你是伊尔库茨克派介绍去的俄罗斯还是上海派牵线去的，如果被对方发现，就免不了互相残杀。弄不好就会毫无意义地死去。听了柳子明的这番话，我们又去找赵素昂证实，结果终于明白这是事实。既然已经知道共产党内部明争暗斗如此激烈，那就没有必要拒绝柳子明的挽留，执意去俄罗斯。所以，就留在了北京。这是1921年10月。(《祖国去向何方》第33页)

在柳子明的劝说下，他们留在了北京，在向曹成焕学习汉语的同时，到西洋人经营的教堂学习英语。

第二年（1922年）夏天，高光寅、金相勋和金炳玉离开北平去天津。他们这是为了学习英语。柳子明卷着铺盖卷去了丹斋申采浩先生居住的朴崇秉的家里。那年夏天，柳子明与申采浩先生住在一起，真切地感到申采浩先生待人“看似冷落秋霜，其实温暖如春”。(《先觉者丹斋

① 赵素昂（1887—1958）：独立运动家、政治家。号素昂，本名镛殷，京畿道杨州出生。1919年三一运动后流亡到中国。参加建立韩国临时政府，任国务委员兼外交部长等职，作为韩国代表参加在日内瓦举行的万国社会党大会，获得对临时政府的承认。1922年，为调节韩国临时政府内的纠纷，与金九、安昌浩等成立时事策进会。1928年建立韩国独立党，1937年作为韩国独立党代表参加韩国光复阵线。1945年八一五光复后，回国组织了国民议会，任常务委员会议长，1946年任韩国独立党副委员长。

申采浩》第257页）

每天夜里，申采浩先生不停地抽着吕宋烟写作，白天不是到少报馆去看报，就是到北京大学图书馆去查资料。少报馆指的就是无偿阅览室。丹斋先生虽然勤奋写作，但发表起来却很难，而国内的稿费要送给妻子和孩子做生活费，这样一来，他总是囊中羞涩。所以，他为了免费看报，徒步走很远的路到少报馆，还在中国的政治家、思想家，北京大学李石曾[1]的介绍下，享受免费阅读待遇。柳子明跟着申采浩先生借了光，免费到图书馆看报，与中国的革命先觉者们交往。柳子明在申采浩专心读《四库全书》和游览诸多古迹的时候，读完了新出的哲学、文学、科学等书籍。每当回忆那个夏天时，柳子明总是说，那是一个像积累百科辞典般丰富精神世界的时期。

每天晚上，申采浩先生会毫不掩饰地流露出他儿女情长的一面，与他刚强的社会形象形成鲜明反差。他眼含热泪思念沦亡的故乡，思念回到首尔的夫人朴子惠和幼子秀凡。他还反问，一个不称职的丈夫和父亲搞独立运动是不是挺可笑？他常常诵读司马迁的《屈原列传》。

> 他平生最爱读中国古代司马迁的《史记：屈原列传》，并说每当他心头苦闷时，就常常翻开《屈原列传》来诵读，每次诵毕，果然精神顿爽，苦闷也就一扫而光。柳子明每次向人追述申采浩先生这段往事时，总是深情地说：中国古代爱国诗人屈原的高尚情操，不也在申采浩先生身上再现光彩吗？（《戴勋

① 李石曾（1881—1937）：中国的政治家，著名学者，中国国民党元老。原名煜瀛，字石曾。清朝末期，到法国留学从事生物研究，1907年出版《新世纪》周报，主张无政府主义，加入中国革命同盟会，开展革命运动。后任北京大学校长。1924年至1950年，任国民党监察委员，总统府资政。后任国民党中央评议委员，成为国民党右派的元老。

章的园艺学家——柳子明传》第 11 页》)

朴崇秉对丹斋和柳子明他们就像亲人一样给予关照。可是两个大人在人家里白吃白住，这让柳子明感到很过意不去，于是秋天他就搬到了李会荣先生的家里。

当时他在北京紫禁城北面后鼓楼园租了房子。李德日在《无政府主义者李会荣及其年青朋友们》一书中写道：

> 李会荣的家是独立运动家们云集的充满爱的大家庭。到北京的独立运动家们通常都是先在李会荣的家里住几个月后再寻找新的出路。在北京时与李会荣住在一起的儿子奎昌回忆说："当时从国内到北京的有志之士们，到北京后一定要先见我的父亲，然后大部分都住我们家。"北京李会荣的家成为所有独立运动者的必经之地。如果要记下李奎昌回忆中提到的与李会荣常见的人物，那就是一本韩国独立运动人物史了。
>
> 金奎植、申采浩、金昌淑、安昌浩、赵素昂、曹成焕、朴勇万、李天民、金元凤、李光、宋浩成、洪南杓、柳锡铉、柳子明、李乙奎、郑玄燮、金钟镇、苏完奎、金景浩、韩镇山、李正烈……
>
> 此外，他们都成为韩国独立运动的路线者。金奎植、金昌淑、安昌浩、赵素昂等坚持民族主义；洪南杓、成周植等成为共产主义者；柳子明、李乙奎、李丁奎、郑玄燮、金钟镇等成为无政府主义者。这等于韩国独立运动的所有路线都是经北京李会荣的住处产生的。此外，金元凤、柳锡铉等成为让日本帝国主义胆战心惊的直接行动家。这样一来，北京李会荣的家与

所有的独立运动家结下了不解之缘。(《无政府主义者李会荣及其年青朋友们》第 84—86 页)

李会荣是曾任李朝判书的李承裕六个儿子中的老四，是李始荣的哥哥。他与李相卨既是亲戚，又是从小一起读书长大的志同道合的同志。1905 年《乙巳条约》签订的第二年，李相卨变卖家产来到龙井开办了瑞甸书塾，与吕隽、李东宁一道致力于培养反日人才。1907 年高宗皇帝被暗杀后，李会荣与李始荣在国内与安昌浩、李东宁、全德基等人秘密结社，为恢复国权而组织了新民会。新民会是日本帝国主义“吞并”朝鲜后，为在国外建立独立运动基地而周密筹建的。1910 年移居西间岛时，李氏六兄弟变卖所有的家产，携家族五十多人，流亡到柳河县三源浦，在此买房置地安了家。这引起当地居民的误解和反感，遂导致与地方官府之间的矛盾，县衙门下了驱逐令。李会荣不得不去北京向北洋政府总理袁世凯诉情。袁世凯与李会荣父亲相识，过从甚密。他得知这个情况后，欣然答应李会荣的要求，准许他们有居住权、耕作权、教育权等，并派自己的秘书胡明臣和亲信赵世雄同李会荣一起到奉天，敦促奉天督军加紧办理这一事宜。奉天督军即向柳河、通化、桓仁三个县府发了安置朝鲜难民的训示和护照。胡明臣和赵世雄还亲自去了柳河、通化、桓仁三县，召见县长，作了具体训示。这给李会荣建立基地，创办学校开展反日活动创造了极其有利的条件。李会荣在此成立了“耕学社”，还开办新兴讲习所，又将其扩建发展成为“新兴武官学校”，致力于培养独立军。新兴武官学校是 1910 年培养独立军的总部，到 1920 年闭校时共培养出三千多名独立军。这些毕业生后来大部分成为抗日武装斗争的优秀指挥员，成为青山里大捷中的主要力量。

李会荣的弟弟李始荣曾任上海韩国临时政府财务总长，早在 1919

年柳子明在上海时，二人就交往密切。从那时起，柳子明对李氏兄弟们充满崇敬之情。李会荣也是在三一运动后与李始荣、李东宁等一起来到上海的。然而倾向于外交路线的临时政府，一开始就不认可他们。

“世道已经改变了，可他们仍然以老脑筋做事，前途渺茫啊。”他这样叹息道。当年5月他从上海来到北京，而柳子明是6月份到上海的，所以没有见到。

当时李会荣在北京没有参加任何团体，只与过去好友中有自我牺牲精神的申采浩、金昌淑等人交往，致力于研究反日民族解放运动的指导思想。柳子明在他家里住宿时，李会荣已深深被无政府主义所吸引，他对柳子明像同志一样关心，像亲兄弟一样爱护。

当时李会荣的生活处境也是十分艰难的，柳子明比谁都清楚，所以住在这里他心里十分不安。当时友堂的生活情形是这样的：

> 当时友堂的儿子圭昌只有十来岁，上小学。用丹斋先生拿来的僧服做冬天的衣服穿。友堂家虽然在首尔是名门望族，但他为了培养独立军奉献出了六兄弟的全部家产，在北京期间坚持一个信条，那就是即使当了衣服也要帮助流亡的同志们。在北京上学的圭昌，假如连续几周缺勤，那肯定又是校服被送到当铺没有找回来。(《先觉者丹斋申采浩先生》第283页)

柳子明觉得，自己作为一个热血青年，连自己一个人都管不好，可是李会荣还要养家糊口，他为自己给李会荣增加了负担而感到羞愧，每天如坐针毡，恨不得马上就离开。

李会荣看透了柳子明的心思，时常亲切地安慰他：

“子明，你不要感到不好意思，为了国家独立而流亡到国外的人都是一家人，都是亲兄弟。我们的目标是一致的，你要是感到不安，那我反倒对不起你啦。”

金昌淑和申采浩每天都要到李会荣的家里来一次。李会荣、金昌淑、申采浩被称为当时北京“三伟杰”。三人中，李会荣岁数最大，而且待人处事也像个老大哥。

> 意志坚强的李会荣具有老大哥般的宽厚胸怀，而金昌淑、申采浩性格中则有斤斤计较的一面，他们似乎争当小弟……
>
> 在这种友情中，友堂、心山、丹斋领导和筹备着北京社会及整个独立运动队伍。他们以民众抗争的铁血路线，积极推进抗日运动。(《先觉者丹斋申采浩》第 280—281 页)

俗话说近朱者赤，近墨者黑。柳子明在这一代伟人中间，受到潜移默化的影响，学到了他们伟大的作风，与他们一道成长为民族革命家。同时受到柳子明的影响，李会荣、申采浩等人成为无政府主义者。

由于柳子明寄居在李会荣的家里，所以郑华岩[①] 等人也与李会荣结下了很深的交情。郑华岩在《祖国去向何方》中说，他在柳子明的介绍下认识了李会荣，从那时起，投身于友堂为筹集独立运动资金而进行的开垦事业，一度为了筹集开垦北京和天津之间的永定河岸荒地资金而东奔西走。

---

① 郑华岩（1896—1981）：独立运动家，全北金堤出生。三一运动后，投身独立运动。1921 年到中国流亡，1923 年成为东方无政府主义组织委员。后留在中国任韩中文化协会理事、南华通讯理事等，参加组建韩中战时工作队，成为第三战区工作队负责委员。1946 年任上海韩人仁成学校理事长、上海侨民团理事等职。回国后，1958 年任维护民权联盟指导委员，1959 年任社会大众党指导委员、统社党最高委员。1973 年任统一党最高委员。1974 年当选为同党常任顾问。

李德日的《无政府主义者李会荣及其年青朋友们》一书中写道:“那天，李乙奎、李丁奎、白正基、郑华岩等人来到这里。他们都是韩国无政府主义运动的领导者……李会荣与他们成为一生的同志。”(第123—124页)“李丁奎在文章中说，李会荣是通过他第一次接触无政府主义的，其实在此之前，李会荣已通过柳子明等人接触了无政府主义。”(第127页)

那年冬天，高光寅来找柳子明。他说他已经在天津安定下来学习，此次就是来请柳子明过去的。此时，柳子明在李会荣家里正感到不安，便以到天津学英语为由，要离开北京。李会荣其实早就看透了柳子明的心思，但他没有挽留。

高光寅、金相勋、金炳玉在天津的法租界租了房子。柳子明与他们同住。高光寅在天津英语专门学校学习，金相勋和金炳玉在一位美国女士开办的英语学习班学习。柳子明选择了英语学习班。

天津是中国首都的大门，是中国主要的商业城市之一。1900年八国联军占领天津后，产生了英国、俄罗斯、日本、法国、德国、意大利等国家的租界。在第一次世界大战中，德国成为战败国，中国收回了其租界地。俄罗斯社会主义革命胜利后，苏维埃政府撤销了沙俄的租界地。

在法租界除柳子明他们外，还有金政、南廷珏等十多名朝鲜人，南开大学也有朝鲜的留学生，甚至日租界也有几名朝鲜商人。

> 我到天津之前，天津的朝鲜人没有任何组织，也没有带有政治色彩的集会。我与金政商议后组织了朝鲜人居留民团，金政任民团长，我任理事会主席。
>
> 民团组织成立后，召集了纪念三一运动大会，还组织了一次带有政治色彩的集会，增进了民团的团结和爱国思想。(《我

的回忆》第 61 页）

居留民团制是 1920 年 3 月 16 日，韩国临时政府颁布的第 2 号国务院令。居留民团制是为联合海外的同胞而组织的团体，与临时政府的地方行政团体相似，在法令颁布之前，上海已经形成了居留民团，而且运行良好。然而，由于各地同胞社会的特殊性，法令不可能统一实施。满洲地区由独立军军政署代替，美洲地区以大韩人国民会取代。此外，在中国本土法令也未能实施。居住在北京的同胞人数虽然不少，但其中心人物与临时政府互不相容。

天津的居留民团也是柳子明来到之后形成的。

正巧这时，上海韩国临时政府内务总长兼国务总理安昌浩先生，从上海到东北途中在天津停留。他此行的目的是考察东北地区的朝鲜人社会，开展民族唯一党运动。天津居留民团理事会主席柳子明和民团长金政前往车站迎接安昌浩先生。第二天召集大会，邀请他做演讲。

对当时朝鲜人社会迎接安昌浩先生的情形及其演讲大会，柳子明在回忆录中没有详细记载。而在 1982 年 12 月 8 日，柳子明先生在给中央人民广播电台金亨植先生的信中回忆了安昌浩先生，从中我们多少可以了解到安昌浩先生当时活动的情况。信中写道：

……安昌浩先生别号“岛山”，所以老一辈革命家们通常都叫他“岛山”“岛山”的，年轻人称他为“岛山先生”。

岛山先生是朝鲜沦亡后著名的爱国志士，出色的演讲家，深受群众的爱戴。

祖国被日本军国主义者吞并之后，他与故乡平安道的同志们一起组织了爱国团体“兴士团”，与他们一起到美国夏威夷从事农业生产，使兴士团的同志们开始在经济上自主独立。

1919 年在上海法租界举行的群众大会上听岛山先生演讲的情景至今留在脑海中。

在当时独立运动战线中确实存在着地方派别。岛山先生被称为平安道派的领袖，但是先生坚决反对和否认这种做法。在上海群众集会的演讲中，岛山先生强调，我们的民族要紧密团结起来，争取早日获得独立与自由。那时先生站在讲台上，以他那洪亮的声音，鼓励大家“你要战斗，我也要战斗，让我们都来一起投入战斗”。他的演讲感动了在场所有的听众。

安昌浩先生是一位天才演讲家，早在十八岁的时候，他就在快哉亭举行的平壤独立协会平壤分会成立大会上做了精彩的演讲。柳子明回忆当时情景时说，安昌浩先生关于独立军的演讲，深深打动了在场所有听众的心。

可惜安昌浩在天津的演讲内容柳子明在回忆录中没有提到。但在安昌浩先生传记中，通过他当时的思想情况我们可以推测到那次演讲的内容。

……我们要获得强大的力量，就要号召全民的统一。不仅要统一武力，而且还要统一财力和智慧。我们要在疏通和统一各地团体意见的大前提下，有一个统一的觉悟。我们要丢掉过去所有不同的想法，形成一个统一的决心。（《岛山先生传》上卷第 226 页）

只要我们能够互相尊重别人的自由，那么大部分争执就不存在了。要肯定自己的同时，也要肯定别人。不能因有意见分歧而敌视对方，应该丢掉这种狭隘的思想，那么这个世界就和平了。可是我们的国家似乎自古就不能容纳与自己不同意见的人，没有雅量，总是自以为是，最终导致残酷的党争。(《岛山先生传》第352页)

因此，我们要学会爱，就像学习务实、学习力行那样，学习如何去爱。……让我们朝鲜人之间互相爱护吧。要互相包容对方的缺点，互相称赞对方的优点。可怜的朝鲜人之间再也不要互相争斗了，而同志之间就更不应该那样做。(《岛山先生传》第395页)

当时岛山先生发表了上述内容的意味深长的演讲。

2. 与若山握手

柳子明到天津落脚后，柳寅旭也从首尔来到天津。他与柳子明住在一起开展活动。他们二人不仅同姓，而且还是同乡，都是忠州人，很早以前就是好朋友。日本吞并朝鲜后，柳寅旭就去了美国的夏威夷，英语讲得很棒。因此，高光寅、金相勋等学生就常来柳子明的住处，拜他为帅学习英语，同时了解在美国的朝鲜人活动情况。高光寅和金相勋非常敬仰他，金相勋决定随柳寅旭到美国留学，于是匆匆赶回首尔筹措旅费。

金相勋回朝鲜后，有一天南廷珏来找柳子明。他和金政在成为天津朝鲜居留民团主要成员之前，曾是义烈团的团员。三一运动后到北京就读于中国青年会语学科，后来中途辍学，第二年与金元凤相遇，1922年经崔用德、李种岩介绍加入义烈团。

柳子明随南廷珏到中华旅馆，在那里见到了金元凤和梁根浩。

柳子明在回忆录中叙述了金若山来找他的经过：

> 金翰在首尔见到梁根浩后，向他介绍了我，还告诉了我的地址。梁根浩回到上海后，与金若山商量觉得有必要再次与金翰联系，于是二人一起到天津来找我。

金翰当时在首尔激进的青年运动中具有很大的影响力，由于是他特别推荐的，加之在报上看过柳子明的文章，若山对他产生好感。那次二人虽然初次见面，却像老朋友一样，推心置腹地交谈起来。

二人都觉得对方果然名不虚传，他们通过面对面的交谈，更加情投意合。金若山也和柳子明一样，是在少年时期就投身光复祖国战斗的民族主义者，后来逐渐成为“憎恨人为支配的政府与军队，把他们作为打倒对象”（《金元凤研究》第 75 页，廉仁浩著，创作与批评社出版）的无政府主义者。

他也喜欢读屠洛涅夫的《父与子》，读了托尔斯泰的所有作品，喜欢读巴枯宁、克鲁泡特金等无政府主义者的著作，知识水平与柳子明不相上下。

然而，若山是接近实践者，而柳子明则是接近理论者。1919 年 11 月 10 日凌晨，在吉林波湖门中国人潘氏的家里，金若山与俞世周、李成宇、郭庆、姜世宇、李钟岩、韩奉根、韩凤仁、金相润、申哲休、裴东义、徐成乐、权晙[1] 十二人成立了义烈团，义烈团的全称是“天下之

---

① 权晙（1896—1959）：独立运动家。庆北尚州出生。1919 年参加三一运动后流亡到满洲。毕业于新兴武官学校，1919 年加入义烈团。1924 年，作为观察员列席中国国民党第一次全国代表大会，后毕业于黄埔军官学校，参加北伐战争。1945 年八一五光复后，任武汉地区侨胞宣抚团团长和光复军第五支队队长，保护侨胞的生命财产安全，回国后病逝。

正义猛烈实行"，取其中的"正义"的"义"字和"猛烈"的"烈"字，简称"义烈团"。

义烈团自成立以来，制造了一系列破坏日本帝国主义统治机构、设施和住宅，暗杀密探等事件。例如，1920年3月，郭在骑、李成宇等十六人，为杀害朝鲜总督府等日本帝国主义主要机关的要员，制造了密阳炮弹事件；1920年9月，朴载赫釜山警察署投弹事件；1921年9月，金益相朝鲜总督府投弹事件；1922年3月，金益相、吴成仑、李钟岩等上海黄浦滩事件；等等。引起了日本军国主义者的极度恐慌，金若山的名字也从此传开了。

独立军运动以枫梧洞战斗、青山里大捷而告终。主张走独立外交路线的临时政府与帝国主义列强的斗争和内部争斗日趋激烈，从而导致力量逐渐削弱，国内培养实力运动也放弃了民族解放斗争，向改良主义转变。社会主义运动尚不明显。在这种情况下，少数爱国志士所进行的义烈团的破坏、暗杀斗争，给20世纪20年代前期的人们留下了深刻的印象。义烈团团员们被捕后，即使站在法庭上也不失英雄气概，痛斥日本侵略者，谴责法官，民众感受颇深。当时日本帝国主义怕的不是促进民族觉醒的教育运动或民众运动，而是义烈团的炮弹和子弹。为了消灭义烈团，日本帝国主义者动员了所有的力量。(《金元凤研究》第80页)

金若山见到柳子明的那个时候，由于他只有行动而缺少宣传，所以义烈团只被视为单纯搞破坏和暗杀的恐怖组织而已。柳子明认为，必须让两千万朝鲜人，以及世界所有的国家和人民理解义烈团的暴力活动中所蕴含的独立精神，表明其表面的破坏与暗杀活动，实质上是为了根除日本帝国主义殖民统治，争取国家独立与民族自由。

"当日本帝国主义所谓的文化政治，使朝鲜人民的斗志发生动摇的时候，金团长领导的义烈团强烈地激发了我们的斗志。可是，义烈团虽然展开了猛烈的斗争，可是人们并不了解义烈团，甚至不知道金团长这个人。这是为什么呢？我认为，主要是因为没有公开义烈团的纲领和目标等政治主张。从最近的报纸上看，国内和上海的共产主义团体在批判义烈团的暴力行动。上海的玄正根、尹滋荣、赵德津等就是如此。金团长应该把自己的政治主张公诸于世。”

柳子明没有绕圈子，单刀直入地谈了自己的想法。

金若山对任何事情都是淡然处之，很少激动，可是听了柳子明的话他连连感叹：

“谢谢你呀，听了你的话，我眼前豁然开朗。我今天才遇到了知己呀。”

金若山站起来向柳子明伸出手。

柳子明也愉快地握住了金若山的手。

两只大手紧紧地握在一起，一股热流传遍了他们的全身。虽然他们初次见面，但都在对方身上找到了共同点。

金若山比柳子明小四岁，虽然从年龄上讲是小老弟，但柳子明认为他是一位具有出色领导才能的人，对他十分仰慕。而金若山对柳子明渊博的知识和出众的外交才能十分钦佩，心中油然升出对老大哥的敬爱之情。

他们互相发自内心的敬仰，是以强烈的爱国心和坚强的信念以及火热的情怀为基础的。

尤其是若山受到柳子明很大影响。柳子明虽然在中国，但他经常给劳动共济会的机关刊物《共济》寄有关无政府主义的文章，自加入义烈团以来，给若山的思想形成给予了很大帮助。（《金元凤研究》第 76 页）

自那天在天津的中华旅馆见到金若山以来，柳子明便随时准备为祖国献出生命，成为义烈团领导者金若山的同志，成为义烈团的又一领导者和参谋。

那天，金若山拜托柳子明到首尔与金翰取得联系。金若山已经把恐怖活动所需的两千元资金转交给了金翰，可是炮弹还没有送到国内。金若山要他在安东设立一个适当的中转站，到首尔与金翰制订具体计划。这是柳子明参加义烈团后首次接受的任务，他爽快地答应了。

我与南廷珏一道在天津东站坐了火车，经奉天到达安东车站。我们到安东市后去了南廷珏的朋友杨氏的家。在那里，南廷珏独自回首尔，我在杨氏的家里等待南廷珏的消息。

南廷珏走时说，如果没有意外在十日之内一定返回，但是如果十天后不回来就到首尔去找金翰联系。后来，南廷珏按着约定十天之内回到安东，我们坐火车回到了天津。我从这时起加入了义烈团。

与此同时，回到首尔的金相勋在哥哥那里拿来他和我、柳寅旭三人去美国的旅费回到了天津。金相勋一边与柳寅旭做着去美国的准备，一边劝我与他们同行。可是，我已经加入了义烈团，无法与他们一道前行。

就这样，金相勋和柳寅旭为了获得美国护照去了香港，而我与南廷珏到上海，与义烈团的同志们一起开展工作。

我负责义烈团的通信联络和宣传工作。(《我的回忆》第 63 页)

金若山与柳子明的相遇是义烈团斗争史上具有划时代意义的事件。《独立运动大辞典》(卷1)中也说柳子明"流亡到中国，与革命同志携手投身抗日斗争，以义烈团顾问的身份开展活动"(第528页)。回顾柳子明参加义烈团后的活动，可以说是若山个人的精神面貌与柳子明无政府主义倾向组织特性结合的产物。把他们比作三国时代的刘备和诸葛亮也不过分，也不逊色于宋朝的宋江与吴用。如果借杜甫的诗句，他们二人的相遇就是"三顾频烦天下计，两朝开济老臣心"(《蜀相》)。

3.《朝鲜革命宣言》

柳子明到上海时，义烈团的办公室在永昌里190号。这里除几名义烈团干部外，对普通义烈团成员是绝对保密的。在逮捕、监禁与死亡如影相随的情况下，这是组织机密。义烈团成员分散居住在五个地方。金若山和柳子明等干部轮流到各个住处去住，有重要事情时在办公室碰头。

对当时的柳子明，金九在回忆中说："……李乙奎、李丁奎兄弟和柳子明等信仰无政府主义，在上海、天津等地展开猛烈的活动。"(《白凡金九自传》第273页，书文堂出版)

柳子明十分佩服义烈团成员根据组织需要随时准备献出生命的觉悟。他们毫不逊色于李白诗句中所赞美的"俱怀逸兴壮思飞，欲上青天揽明月"的校书李云。然而，他们却没有李白与叔叔李云在高阁中饮酒作诗的闲情。为了义烈团的安全，他们断然拒绝了女人的诱惑，向团长若山学习，成为禁欲主义者。柳子明也与他们一样喜欢游泳、打网球，到郊外的射击场练习手枪射击，义烈团的成员都穿着运动型的洋服，头上都上了油，每天梳理得油光闪亮。

有一天，义烈团在北京召开首脑会议。当时团长金若山住在北京前门外西河沿的中国《国报》报社社长的私宅。

金若山主持了会议。他让南廷珏朗读与金铉一道起草的义烈团《民族独立运动宣言书》。金若山在天津与柳子明见面时制定的义烈团《公约十条》对内纲领和守则，对激发团员士气和对普通民众的宣传，以及向世人阐述义烈团暴力斗争的正当性方面尚有不足，不能引起人们的强烈共鸣。于是金若山命令南廷珏和金铉起草文章，可是在会上却没有通过。其原因任重斌在《先觉者丹斋申采浩》中写道：

> 这不是民族独立的宣言，倒有点像迎合周边形势的社会主义宣言，与独立的意志背道而驰，根本无法将其作为义烈团的指导思想来讨论。(《先觉者丹斋申采浩》第 266 页）

在那次会议上“经过深思熟虑，义烈团的参谋，具有丰富学识的旅华韩国代表性的无政府主义理论家之一，社交能力出众的柳子明（原名柳兴湜）认为，申采浩是起草宣言的最佳人选”(《先觉者丹斋申采浩》第 260 页)。

“大家都知道，申采浩先生是伟大的爱国民族主义者，革命理论家，优秀的史学家。自三一运动后来到上海，我一直拜他为师。先生以宏伟的气魄，犀利的笔锋，曾写下许多战斗檄文，他的文章字字是血，泣天地而动鬼神，令人民奋起，使敌人丧胆。”

1921 年 4 月 19 日，在申采浩先生起草发表的《声讨文》上，金若山、吴成仑等义烈团的干部都签了名。因为大家对申采浩先生都崇拜已久，因此，一致同意柳子明的建议。

那时，申采浩先生在北京大学李在中教授的介绍（有的书说是由中

国人陈氏介绍）下，进入北京近郊的一座大寺庙观音寺祝发为僧。（《先觉者丹斋申采浩》第282页）

柳子明大惑不解，专程探望。他直言：

“先生怎么能出家为僧呢？这太意外了。”

身着黑色僧服的申采浩先生摇了摇头笑着说：

“其实我到这儿不是为了做和尚的，一来生活窘迫，在这里混口饭吃，攻读佛经；二是想在清净的佛寺一心撰写史著。不意僧侣社会竟同尘世一样龌龊。我正准备下山，正巧你来了。”

> 当时丹斋正潜心研究历史，但他希望当前的独立斗争能出现一个划时代的催化剂和一大转变。他与柳子明对独立运动有许多共识。他从来访的柳子明那里了解了独立斗争的现状和来找他的理由，很痛快地答应起草宣言文。
>
> 这是因为，在独立运动中他也是激进派，主张进行暴力斗争，在思想上与义烈团接近，特别是在“朝鲜独立”斗争的方法上有着很大的共性。这与他在北京初期“无政府运动”中，耽读克鲁泡特金的《相互扶助论》有着很大的关系，他甚至在狱中还在读着这本书。清末从法国留学归来，最早接受无政府主义思想的先觉人物李石曾和朱洗等人给他的影响也是很大的。（《先觉者丹斋申采浩》第266—267页）

“我作为义烈团的团员，奉组织之命来邀请先生。只有先生才能为我们写革命宣言。先生赤热的爱国之心和明确的主张，以及锐利的笔锋为天下人所称道。只有先生起草我们的宣言才会吸引广大民众。”

柳子明恳切地发出邀请。

“说得好。你们在为民族做大事，我与你们志同道合，我愿意接受你们的邀请。”

申采浩先生一口答应下来。

> 在柳子明的陪同下，到位于北京前门西河沿《国报》报社社长的私宅拜访义烈团团长若山。
>
> 若山对申采浩先生早有耳闻，知道他是著名的历史学家，独立运动的老前辈，一位彻底的民族主义者。在交谈中他发现先生并不是一位陈腐守旧的民族主义者，而是一位进步的民族主义者，对义烈团激进的武装斗争路线表示赞成，对此若山深表敬意。于是，毫不隐瞒地向他透露义烈团今后的行动纲领和斗争目标，邀请他起草一个能够成为现在和将来义烈团行动指针的革命宣言书。（《先觉者丹斋申采浩》第 267 页）

“现在我们正在上海制造消灭日本侵略者的炮弹，您要不要和我们一起去看一看？请您顺便给我们起草义烈团革命宣言。”

申采浩先生愉快地接受了这位与他意气相投的年轻人的邀请，随他们从北京去了上海。

当时金若山在上海法租界租了一个洋房，在地下室制造高性能炮弹。制造炮弹的技术家是匈牙利人马扎阿尔。第一次世界大战时他被俘押送到苏俄。释放后，由于没有回家的旅费滞留在蒙古的库伦。正巧这时，义烈团成员李太俊向金若山推荐了此人。李太俊毕业于塞夫兰斯医学专科学校，那时正在这里经营一家医院。他带着马扎尔到中国途中，被谢米诺夫白卫军逮捕。在该部队任参谋的日本人吉田在中间挑拨，给他戴上“不逞鲜人”的帽子被处刑。历经千辛万苦，马扎尔终于到北京找到了若山，被安排到上海。

他们到上海后，住在某传染病院的院长夫人——中国人赵太太的家里。赵太太一直在暗中帮助韩国的流亡志士，在经济和物质上给予很大的援助。赵太太就是在巴黎和会时去暗杀日本代表的金哲石的干妈。院长夫妇成为义烈团的同志，他们经常到位于上海曹家渡的一个英国人开办的铁厂给他们弄来必要的材料。这个厂共有三千多名工人，工程师是犹太后裔德国人马查尔（machail），他与金若山有很深的交情。他安排李乙奎、李丁奎、白正基、郑华岩等无政府主义者和团员李基然在此学习技术。在工厂里，他们制造钉子，切铁板，还切制造炮弹所需的钢铁，管理化学药品，秘密供应制造炮弹所需的物资。

申采浩在赵太太的陪同下，来到炮弹制造所。刚进大门，一位披着一头乌黑秀发的年轻女子迎了出来。那位女子说她的故乡是大邱，名字叫韩桂玉，与马歇尔生活在一起。一个美丽的东方女子怎么会和大鼻子、蓝眼睛的匈牙利人生活在一起？申采浩感到很奇怪，便问同行的柳子明。柳子明说，他们是为掩人耳目而结成的假夫妻。柳子明还向他介绍了伪装成厨师与他们一起生活的义烈团成员李东和。他们会说一口流利的俄语，给马扎阿尔做助手。申采浩看到马扎阿尔制造的用于暗杀、破坏、放火的具有强大威力的炮弹突然兴奋起来。

“民众是我们革命的大本营，暴力是我们革命的有力武器，我们要走进民众中，与民众携起手来，以接连不断的暴力、暗杀、暴动打倒强盗日本的统治，改造我们生活中一切不合理的制度，建设一个没有压迫、没有掠夺的理想的朝鲜。”

他当场所做的即兴讲话，被写进了《朝鲜革命宣言》中，宣言中宣传民众直接革命路线，强调进行暴力革命。

他们与赵太太是老交情，丹斋可以在这里毫无顾虑地起草宣言书。在他们的关照下，个把月之后，长达六千四百多字的现代文章《朝鲜革命宣言》诞生了。(《先觉者丹斋申采浩》第266—267页)

1923年1月，又称《义烈团宣言》的《朝鲜革命宣言》公之于世，并印单行本发行。上海的朝鲜独立运动者们对此宣言给予了很高的评价。当时上海有李东宁、李始荣、安昌浩、金九、金奎植、赵畹九、吕亨运、金保渊等老爱国志士，他们为了让朝鲜爱国者的子女能上学读书，还成立了仁成学校。柳子明与爱国志士有很深的感情，特别是与李东宁、李始荣、金九、赵畹九等在工作上往来频繁，给他们寄去了《朝鲜革命宣言》。赵畹九先生一口气读完了《宣言》后说：

“写得太好啦！它充分表达了我们民族的正义之心。除了丹斋谁能写出这样的文章？你说这个人是谁？”

柳子明觉得“文如其人”用在丹斋先生身上再合适不过了。就连在朝鲜《皇城新闻》编辑部工作时曾以文笔犀利而闻名的崔南善也称赞“丹斋的文章具有江河之气势”，丹斋的文章素来酣畅淋漓，一泻千里，为广大爱国志士所熟悉。

以透彻的民族主义和满腔爱国主义激情写成的《朝鲜革命宣言》，使义烈团的暴力恐怖进一步正当化。丹斋先生在上海逗留期间，柳子明受金团长委托，为先生的生活和写作创造方便条件。但在大事尚未完成的情况下，他们不能请他下馆子。现在先生要走了，他们才把他请到上海的湘馆。这个饭店是湖南风味的饭店。看到丹斋先生津津有味地吃湖南特产炒辣椒，柳子明也夹了一筷子放进嘴里。这下给他辣得闭不上嘴，眼泪直流。丹斋先生看着他哈哈大笑道：

“你这人，一口辣椒就让你流泪呀。我们的民族本来就是一个辣椒就着辣椒酱吃的民族，是一个像辣椒一样辣的民族。让我们都像辣椒一样活得有志气。”

先生幽默而意味深长的话语在柳子明的心里闪着宝石般的光芒。

申采浩先生回到北京后，柳子明经常到北京，1924年，他与申采浩先生一起加入东方无政府主义联盟。对后来申采浩先生的活动，柳子明说：

> 《义烈团宣言》发表后，先生又回到北京，专心写他的历史著作。同时，为了能读欧洲历史论著，在寓所自学英语。他以惊人的记忆力，死记硬背英语词典，不出数年，已能自如地阅读西洋的历史论著。由于经济困难，他经常为生活问题而烦恼。甚至有过这样的情况：我离开北京后，忽然传来“丹斋出家”的消息，不久又传来“丹斋回来”的消息。当时我就去北京探望他，他把“出家”与“回家”的原因告诉了我：
>
> “我是不信佛的，我只是想到清静的庙宇里去，一心撰写历史，可是一到庙宇，才知道所谓‘脱俗清静’的庙宇，只是缩小的现实社会，复杂得很，专心致志地著书是不可能的了，所以我就回来了。”
>
> 那一次我跟丹斋先生来往的时间较长。同时和台湾朋友范本梁、林炳文等交往。在台湾朋友的介绍下，我寄住在“泉州会馆”里。有一天我回寓所，在桌子上看到丹斋先生留下了字条，写着“我决定再去庙里”。见到字条后我慌慌张张地赶到他那里，他还在寓所。这可把我乐坏了，我冲着他说：
>
> “无论怎么困难，您也不能再出家！”

先生表示：

“我已经决心不再去了。”

他还表示：

“尽可能继续写完尚未完成的历史书。”

从那时起，先生把历史论文送给在首尔的友人，在《朝鲜日报》或《东亚日报》上发表。这就是丹斋先生“贫病相随暂不离”的艰难的生活过程，以史笔为武器，始终如一地战斗不懈的历史学者的品质。（沈克秋《我的回顾》第 62—63 页）

4. 失败

1923 年 1 月《朝鲜革命宣言》的发表，成为义烈团进一步提高知名度的契机。《宣言》对义烈团所采取的路线和方法的正当性在理论上做了说明，并且明确地向内外宣布自己的目标。可以说这是对临时政府内部一些外交论者批评义烈团的暴力斗争是冒险主义的警告书。（《无政府主义者李会荣及其年青朋友们》第 166—167 页）

1923 年 1 月在上海召开的国民代表大会，因韩国临时政府内的改造派与创造派之间的矛盾，未能建立一个统一的民族解放运动领导机构便中途解散了。

国民代表大会的解散给外交失败的独立运动阵营带来又一次极大的冲击。结果，只能说明独立运动并不能依靠与列强的外交或结成大规模团体，而是要靠我们自身的力量，与日本帝国主义开展面对面的斗争。国民代表大会的失败，使义烈团的路线更具号召力。（《金元凤研究》第 66 页）

那时参加国民代表大会的许多代表加入了义烈团，义烈团于 1923 年 6 月召开总会，再次探讨今后斗争的策略和行动纲领。

柳子明加入义烈团后，《义烈团宣言》发表了，无政府主义思想与义烈团的暴力活动有机结合，使金若山的威信也进一步提高。与此同时，柳子明在义烈团负责做义举的联络与宣传工作，逐渐成为义烈团里的领导核心人物。

1920 年，义烈团的主导思想是无政府主义。其背景人物就是无政府主义者柳子明。无政府主义研究家吴长焕在《韩国无政府主义运动史》中说："金元凤的义烈团在柳子明的影响下接受了无政府主义，他们的民族主义恐怖活动带有无政府主义的理论。"在北京曾与柳子明在一起活动的李奎昌也回忆说："他在义烈团任总参谋要职，在一线参加运动。"事实就是如此，当时柳子明是义烈团的主要人物。

……

20 世纪 20 年代成为全盛期。吴长焕写道："20 年代，在中国境内韩人无政府主义运动不容忽视的主要原因是，具有代表性的民族主义抗日运动团体义烈团造成的影响。"义烈团运动最活跃的 20 年代，无政府主义团体处于中心位置，而其背景就是柳子明。

1920 年初期，在上海与义烈团在一起的《阿里郎》的主人公金山也在回忆说："（义烈团）完全被无政府主义的意识形态所支配。"他在回忆中写道：

"我在上海逗留期间，二十名义烈团负责人聚集在法租界。

我没有资格成为正式团员，但是我加入无政府主义集团后，成为他们所期待的弟子，加入到他们的小活动圈中。”

金山能加入义烈团的小活动圈，是由于他加入了无政府主义者集团，这足以说明义烈团是与无政府主义有着密切联系的团体。金山的先辈，曾是义烈团团员的金忠昌在与政治学者李正植的面谈中说：“义烈团的理念就是抗日民族主义与无政府思想的基本理念。”无政府主义使具有民族主义倾向的义烈团理念更加具体化。(《无政府主义者李会荣及其年青朋友们》第136—138页)

这时，义烈团的活动资金也有了着落。这就是“列宁资金”。韩人社会党领袖李东辉派密使韩馨权从列宁那里得到了一笔资金。1920年秋，韩馨权带来二十万卢布，据说除李始荣外，其他独立运动家们都用了这笔钱，义烈团得到了四万六千七百元的资助。

1923年夏，柳子明怀着十分轻松的心情，与南廷珏一道回首尔。他们此行目的是与金翰见面，向他汇报义烈团的变化，商量今后的活动计划。

在此行之前，1923年1月12日，金翰因金相玉事件的牵连被捕，但很快就被释放了。

柳子明与南廷珏见到金翰后，商量在中国购买武器运至朝鲜事宜。然后他们又匆匆返回上海，准备好运往国内的炮弹和手枪。

自古道“射人先射足，擒敌先擒首”。“首先要给予总督府等要害部门炮弹洗礼，让敌人吓破胆子，以鼓舞我们的两千万同胞。”这就是义烈团进行恐怖活动的目的。

那年冬天，义烈团派南廷珏和朴基兴到首尔，向金翰汇报筹备情况。金翰决定在首尔派黄玉、柳锡铉去取武器。于是，南廷珏、朴基兴、黄玉、柳锡铉四人一道来到天津，只有南廷珏一人从天津去了上海，其余三人在位于天津法租界的中华旅馆等候。

柳子明听南廷珏说把柳锡铉派到这里，心里别提多高兴了。他们俩是同乡，都住在忠州市校岘洞，三一运动爆发那年的11月份，柳锡铉逃亡到满洲，比柳子明提前一年加入义烈团。

“他说到天津没有见到先生很遗憾。”

听了南廷珏的话，柳子明叹口气说：

“我也一样，真想见见他啊。通过他还能打听到故乡的消息……”

柳子明听说南廷珏一行从首尔到天津时，还到安东金雨永的家里住了一宿，十分高兴。

金雨永是日本政府的安东领事。他毕业于东京帝国大学。回到首尔后，他曾挂起“法学士金雨永律师事务所”的牌子做律师。后来被任命为安东领事。他与黄玉因职业关系而相识，二人都随时准备为祖国独立献出生命。共同的志向使他们关系更加密切。为了把义烈团的武器安全送到国内，他受金翰之命到天津时，途中带着南廷珏、朴基兴、柳锡铉等到金雨永家里介绍他们认识。金雨永和他的夫人罗惠锡女士热情地迎接了他们，给他们安排了食宿。

柳子明不仅认识金雨永，而且对罗女士早有耳闻。罗女士与爱国妇人会的金玛丽亚是好朋友，金玛丽亚因爱国妇人会事件被关在大邱的日本人监狱时，罗惠锡女士到大邱监狱里去探视，写了《金玛丽亚访问记》发表在报纸上。那篇文章给柳子明留下深刻印象，常常让他感动不已。

柳子明1982年12月8日在给金亨植的信中写道：“我虽然没有见过罗惠锡，但她与金玛丽亚、权爱娜她们是著名的朝鲜爱国妇女。罗女士的丈夫金雨永，三一运动时职业是律师，曾为三十三名独立运动代表而走上法庭辩护。”

柳子明为金若山、韩奉根、南廷珏等人准备了要带到天津去的炮弹和手枪、子弹。

> 南廷珏到上海取来炮弹和手枪转交给黄玉等人。他们四人离开天津到安东。他们在安东火车站下车，又在罗惠锡的家里住了一夜。第二天早晨，他们去车站前，罗惠锡在装着炮弹和手枪的行李上贴上了“安东领事馆”的行李签。装着炮弹和手枪的行李由高级侦探黄玉带上车，其余三人分别坐在其他车厢。他们一行安全地到达首尔。(《我的回忆》第 82—83 页)

听说武器安全运到首尔的消息，柳子明松了一口气。可是不久后，金达铉来到上海说他们都被捕了。金达铉是金翰的朋友，他向柳子明详细叙述了此次行动失败的原因。

> 他们到达首尔后没有活动经费，甚至连起码的生活费也没有。那时黄玉说，自己的朋友秦某是首尔地方法院的法官，跟他讲也许会借到钱。第二天，南廷珏和柳锡铉便找到他家，向他讲了他们目前的困境，请求帮助。这时，守候在外的两名特务将他们逮捕。后来，黄玉、金翰、金雨永、罗惠锡、朴基兴等人也相继被捕。这次行动以失败而告终。(《我的回忆》第 80 页)

对当时的这一事件，《金元凤研究》中这样写道：

从这以后，国内的破坏与暗杀斗争由金始显和新上任的新总督府警察警部黄玉担任。金始显曾经到莫斯科参加过极东人民代表大会，而黄玉则是借口到天津抓义烈团，与金若山会面后决定加入到这一壮举中的。

当时事情进展顺利，武器和人，以及表明自己主张的宣言都有了。炮弹和宣传文件由英国人肖和黄玉负责安全送到国内。这样一来，以首尔为中心，在各地就会掀起一次大暴动。可是由于义烈团内部密探金某告密，计划暴露，同志们于 1923 年 3 月 15 日被日本帝国主义逮捕，炮弹与宣言被没收。（第 60 页）

柳子明投入很多时间和精力策划的第一起恐怖行动，在即将成功之时却流产了。他失去了国内值得信赖的联络线。

从他们被捕的那天算起，一年零一个月后，日本帝国主义公布了这起案件。国内报纸整版报道了这一案件。此案的辩护律师是许宪、李仁、金炳鲁等人。当时，不仅民族律师总动员，而且还请了日本人律师。对此案的牵连者，1924 年 8 月 22 日做出了如下判决：金始显和黄玉分别判处十二年徒刑，柳锡铉十年，南廷珏八年，朴基兴七年，白永武六年，赵光、俞时泰五年，俞秉河、赵东根三年，李庆熙一年零六个月徒刑。

《韩国独立运动功勋史》中这样记录着南廷珏在法庭上说的话：

南廷珏在最后一次陈述中怒气冲冲地说："我是义烈团团员，检察官说我们的行动是职业性的，但我们绝对不是。我是因对韩日合并不满才加入义烈团的，我已经把我的生命交给了祖国。我没有募集军资，更没有募集义烈团军资。最后我要讲的是，我是为了我们民族的觉醒而活到今天的，判处我死刑也可以。我的话完了。”说完他坐到席位上。

对那次暗杀、破坏计划的失败，廉仁浩先生在《金元凤研究》中指出：“假如这一壮举成功的话，那么独立运动的版图也会改变了。义烈团进入行动阶段的大规模暗杀、破坏活动，事实上这是最后一次。”

柳子明肯定地说：“这次行动虽然失败了，但它却震惊了整个朝鲜。这是因为日本政府的外交官金雨永夫妇和京畿道警务局高级侦探黄玉也加入到这一事件中。”（《我的回忆》第82页）

此次事件发生后，日本帝国主义对义烈团的恐怖控制达到了极点。

5. 关门

1923年9月，在日本东京发生了关东大地震，损失惨重。为了稳定民心，日本政府诱导民众把愤怒的矛头指向朝鲜人。东京宪兵司令部大佐甘粕散布流言蜚语，说什么朝鲜人往水井里投毒了、在油库纵火了等等。

这样一来，东京的市民便拿起刀、竹枪、棍棒残杀朝鲜侨民，共有六千六百多人无端被杀害。他们还借此机会把日本人无政府主义者大杉荣夫妇和朝鲜人无政府主义者朴烈夫妇抓到宪兵司令部残酷杀害。

义烈团发表了控诉日本政府野蛮行径的声讨文章，要替被害的同胞报仇雪恨。金始显、柳锡铉等在首尔与金翰联手，决定破坏总督府、警察署、裁判所、东洋拓殖会、每日新闻社等日本帝国主义的主要机关，但日警事先早有察觉，将金始显等三人逮捕。与金元凤、张建相等一道为躲避追捕回到上海的金祉燮自告奋勇，担起这一重任。他是安东人，号秋岡。他自学日语，曾在尚州普通学校当教师，后在锦山地方法院做书记员兼翻译。韩日合并后愤然到上海，与金元凤、郭在翼、金始显等一道从事独立运动，1922 年加入义烈团。他是一位社会主义者，当年三十九岁。

金祉燮在日本人社会主义者秀岛广二的帮助下，躲在日本人社会主义者小林开的哥哥当船长的货轮煤仓，偷渡到了日本。12 月 13 日，他本来把目标定在帝国会议上，由于当时休会便把目标转向天皇，在皇宫正门前的二重桥投弹。他本想借混乱之机进入皇室，却失败了。他被判处无期徒刑，后减刑为二十年，最终他于 2 月 28 日死于狱中。

正当日本报纸小心翼翼地报道天皇居住圣地皇宫遭炮弹袭击事件时，柳子明收到了一封信。发信地址是长岐，打开信，发信人是金祉燮。当时义烈团的通信联络处是上海市四川路中国邮政局邮箱，钥匙在柳子明的手中。

信是金祉燮写的一首七言律诗。他本来精通汉语，在义烈团里因汉诗写得好而出名。

那首诗是这样写的：

万里沧海一粟身，舟中皆敌有谁亲。
张椎荆剑胸庄久，鲁海屈湘思入频。
今日腐心潜水客，昔日尝胆卧薪人。
此行已决平生志，不问关门更问津。

借典故写的这首诗道出了一位爱国者的心情。在最后一行中所说的关门，就是指朝鲜和日本之间的下关，是两国的关门。表达了秋岡到达长岐后没有回朝鲜，而是带着使命前往东京的心情。

关门……这对义烈团的成员而言就是一颗肉弹，是生与死的交叉路口。把同志送上一条无法预测的险途，柳子明暗地里不知流了多少泪。

6. 不屈的义士

《朝鲜革命宣言》脱稿后，申采浩先生返回北京，专心致志地写史书。然而，贫困的虐待使他满身疮痍。为了免受饥肠之苦，减少肉体的寒冷，他先后寄身于石灯庵和普陀庵等地。

听说丹斋先生再度到寺院里当了和尚，柳子明匆忙来到北京。到北京后，发现丹斋先生已经离开了寺院，去了北京的基督教牧师韩世良的家里，与心山金昌淑寄居一处。看到柳子明不远千里来找他，丹斋先生感慨万分。

申采浩先生“在与柳子明的频繁接触中，与义烈团联系密切，把日本鬼子的走狗与奸细作为处决的目标”。(《先驱者丹斋申采浩先生》第288页）心山金昌淑也积极支持和参加义烈团的活动。

柳子明是与申采浩先生一起办《天鼓》杂志时认识金昌淑的，还曾经一起在申采浩先生起草的《抗日声讨书》中签名。他对李会荣、金昌淑、申采浩三伟杰同样尊重，他们三人受柳子明的无政府主义思想影响很深。但申采浩及李会荣、金昌淑他们却是与柳子明、李乙奎、李丁奎、郑华岩等人不同的无政府主义者。

《独立运动史》第七卷《义烈团斗争史》中这样写道：

> 无政府主义运动十分活跃是在1920年以后，而我国是在1930年前后。当时是独立运动激烈开展的时候，但从其形态来看，民族主义运动与无政府主义运动没有多少区别。……其一是无政府主义运动除其自身性质外没有特殊的意义。说明在日本帝国主义统治下开展的无政府主义运动，其对象只能是日本

帝国主义。其二是，在日本帝国主义的统治下，独立运动的方法从理论上选择了无政府主义的路线。

代表前者的有李乙奎兄弟、柳子明、郑华岩等人，而后者是申采浩、李会荣等。然而，这二者却很难明确加以区分。三一运动后，正是民族主义、马克思主义和无政府主义的潮流轮番冲击独立运动战线的时候，事实上，民族领导者在思想上举棋不定。正像在前面谈到的，无政府主义和马克思主义曾经一度相互联合，后来彻底分裂，此后这两者才界线分明。而后来民族主义与无政府主义运动，在比较密切的关系中开展独立运动，所以很难明确加以划分。（第 774 页）

金昌淑在申采浩的推荐和柳子明的介绍下，于 1923 年末加入了义烈团，担负起宣传部长重任。

“三一运动后，我带着儒林志士的独立请愿书来到北京，一晃已过五年。到中国后剪去了发髻。我无视朝鲜的断发令，多留了二十年发髻，是为了表明我不是日本鬼子的臣民。到北京后，我已经把自己的全部都交给了独立运动，何况头发呢，所以我就理了发。可是至今我不清楚自己干了什么，让我也加入到你们的义烈团吧。”

李会荣、申采浩也直接或间接地参加了义烈团的活动。1923 年，李会荣组织了多勿团。多勿团是高句丽古文中“恢复故土”之意，是一个立志要从日本帝国主义手中找回朝鲜的独立团体。该组织与义烈团性质差不多，中心人物是李锡荣的长子李奎俊和李会荣之子李奎学，以及柳子明和李成春等人。据说由申采浩先生起草了宣言书，但没有保留下来。

1925 年 3 月，义烈团处决了日本帝国主义的高级密探金达河。金达河曾任中华民国国务总理段祺瑞的秘书，当时过着隐居生活，是一个十分重要的人物。他在首尔曾参加“西北学会”，刚移居到北京时，曾得到独立运动家们的信任。那时，李相在与金达河的妻妹金活兰一起前来北京参加万国基督教青年大会，暂住在金达河的家里。他把金达河介绍给金昌淑，同时把李会荣介绍给他。就这样，金达河深深潜伏在北京独立运动的根据地，并试图收买金昌淑，结果暴露了日本高级密探的身份。于是，3月末的一天下午6时许，李仁洪、李基焕袭击位于安定门内车辇胡同西口内路北23号金达河私宅，将其处决。

> 这一事件是多勿团与义烈团合作的成果。既是多勿团成员，又是义烈团成员的柳子明，是这一处决计划的中心人物，其中还有李会荣、金昌淑等人在暗处帮忙。二人对金达河的二重人格，即表面上伪装成独立运动家，而背地里却给日本帝国主义做密探的行为极为愤慨。听了他们的说明，柳子明与多勿团合作，处决了金达河。(《无政府主义者李会荣及其年青朋友们》第173页)

金达河事件后，李会荣的女儿奎淑被监禁，申采浩、金昌淑怀疑李会荣，一度内部出现矛盾，在这里一略而过。

金达河事件后不久，金昌淑为筹措独立运动资金回到朝鲜。

几天后，一位不速之客来找申采浩和柳子明。他叫罗锡畴[①]，是黄海道人，是毕业于中国河南少士官学校的军官。柳子明对他这样写道：

---

① 罗锡畴（1892—1926）：独立运动家，黄海道载宁出生，二十三岁时到吉林省流亡。在新兴武官学校接受四年军事培训，回国后成为抗日工作员，加入义烈团。1926年，为了破坏日本人为掠夺韩国而成立的东洋拓殖会社和殖产会社，潜伏在国内。当年12月28日，向殖产银行投弹，炸死日本人，随后杀死东洋拓殖株式会社职员，投了炸弹，结果未炸。他重新回到朝鲜铁路会社狙击日本人，与追击的警察交战。杀死日本警监田畑唯次后，用最后一粒子弹自决。

罗锡畴是金九先生的学生。金九先生曾是临时政府的警务部长，罗锡畴与他的同学李成春在警备部协助金九先生做事。

当时法租界共有三百多名朝鲜族人。日本帝国主义为监视朝鲜独立运动者的活动，派了许多密探。主要在朝鲜总督府和日本外务省系统的上海日本领事馆、武汉日本领事馆、南满铁路会社系统的安东、奉天、大连等城市的日本领事馆派密探。这些密探不仅潜伏在上海法租界朝鲜人经营的医院、饭店，而且还进入朝鲜侨民开办的仁成学校学生中间。因此，担任警务部长的金九先生责任特别重大，罗锡畴和李成春帮助金九先生做了许多事情，成为他的得力助手。

我在北平与丹斋先生住在一起时，罗锡畴到北京来见我和丹斋先生，表明自己的志向与决心。

“如果能搞到武器和旅费，一定要到敌人的统治中心区（首尔），和敌人面对面地斗争，决不退缩，宁愿用最后一颗子弹自决，决不受敌人的凌辱。”

他希望我能帮助他实现这个愿望。当时罗锡畴还不是义烈团成员。我对罗锡畴说：

“为了祖国的独立与自由，让我们团结起来斗争到底。”

此后，罗锡畴正式成为义烈团成员，与我关系密切。（《我的回忆》第88—89页）

那次从北京回到上海不久，义烈团的金若山等团员到广州黄埔军官学校去学习。柳子明留在上海负责通信联络。

1926年夏，金昌淑先生来到上海。李德日这样写道：

金昌淑遵守在国内募捐时的约定，“出国后立即把这笔资金交到义烈团敢死队手中，以破坏日本人的各个机关”。为此，金昌淑到上海见到李始荣和金九说道：

“现在人心已死，假如不采取非常手段，那么我们在海外的人以后就无退路了，免不了贫穷的生活。以我现在带来的资金，着手大规模的活动是很难的。给青年敢死队资金，让他们购买武器回到国内，破坏日本人的主要机关，消灭亲日富豪，重振民族志气。以后再与国内取得联系。”

金九回答：

“与我关系密切的敢死队员罗锡畴、李成春在天津，还有许多义烈团成员在那里，你与柳子明商量，首先购买武器到天津，寻找机会下手吧。”

柳子明没有理由反对。(《无政府主义者李会荣及其年青朋友们》第197—198页)

当时国内的局势与三一运动时大不相同。朝鲜人渴望独立的热情逐渐冷却。三一运动后实现独立的愿望破灭了，独立变得十分遥远。独立运动家们及其家属募捐的热情也冷淡了。独立运动不可能实现的意识在国民中传播开。(《无政府主义者李会荣及其年青朋友们》第188页）那时，金昌淑一一拜访六百多名儒林志士，动员他们募捐到了一些资金。

柳子明打算把罗锡畴介绍给金昌淑，便带着手枪和一枚炸弹前往天津。罗锡畴就在天津。

罗锡畴接过一千五百元钱以及炸弹和手枪说道：

“我早已下定决心献出生命了。”

金昌淑紧紧握着罗锡畴的手说道：

“义士的勇气将永远照耀我们的独立运动史。辛苦你了。”

丹斋先生给送来了“准备在非常时期使用的两枚炸弹”。(《先觉者丹斋申采浩先生》255 页）他知道到首尔后，罗锡畴需要妻子的帮助，于是给妻子写了一封信让他带上。

金昌淑先生回到北京，柳子明与李成春一起送罗锡畴到威海卫。罗锡畴与李成春比较熟悉这条航线，过去他们二人从黄海道的长山乘渔轮往返过多次，所以这次也选择了这条航线。罗锡畴和李成春接金九先生家属到中国时也是走的这条水路。

罗锡畴与威海卫一家中国旅馆的主人丛景海是老相识。所以我们就住在那家旅馆，并托丛景海给我们找一条船。

没有人愿意开着渔船到仁川，我们只好在威海卫等几天。

听到这个消息，金昌淑心急火燎地赶到威海卫来鼓励罗锡畴。他把朝鲜六百名儒林为独立运动募捐的钱交给罗锡畴，感到责任重大。

终于找到了一艘渔船，付了船钱，罗锡畴一人前往仁川。送走罗锡畴后，我坐火车回到上海。(《我的回忆》第 90 页）

《独立运动大辞典》(卷一）这样叙述了罗锡畴事件的始末：

介绍罗锡畴加入义烈团后，在 1926 年 12 月，朝鲜殖产银行和东洋拓殖会投炸弹炸死七人的壮举中（柳子明）起到重要作用。义烈团团长金元凤和金昌淑以国内儒林募捐的资金作为购买武器和行动的经费，起初本打算罗锡畴、李成春、韩凤根和柳子明一道参加，四人一起回国活动。罗锡畴先到山东省威海卫等同志们，由于准备尚不充分，柳子明与同志们全力以赴做准备，耽误了一些时间。罗锡畴的经费快花光了，又是年底，他怕错过了机会，心情急躁起来，于是便装扮成中国人独自回国。（第 528—529 页）

柳子明的《我的回忆》和《独立运动大辞典》所记录的有些出入，但柳子明是罗锡畴事件的策划者和指挥者的事实是十分清楚的。

罗锡畴坐着渔轮驶向茫茫大海。柳子明站在海滩上，久久地注视着像一只海鸥消失在海雾中的帆船，泪水打湿了他的手背。海水潮起潮落，而勇士们却一个个地走上悲壮的不归路。在前面等待他们的是伟大的壮举，而紧随而来的却是牺牲和监禁。走好啊，勇士们！

罗锡畴在仁川港登陆后，到中国人经营的旅馆住了一夜，第二天早晨到首尔。

1926 年 12 月的一天，一位路人拿着一封信，警觉地注视着周围走进来（申采浩夫人朴子惠的家）。

他就是罗锡畴义士。

他此行的任务就是来破坏剥削韩国的东洋拓殖会。

……

朴女士为不熟悉首尔地理的罗锡畴引路。（《先驱者丹斋申采浩先生》第 254—255 页）

那天是 12 月 28 日。罗锡畴远远跟在朴子惠女士的后面，来到南大门车站，向殖产银行投了一枚炸弹，可它却是一个哑弹。他便径直去了东洋拓殖会，先开枪打死了两个守门人，闯进总馆二楼，打死土地改良部职员。然后又扔了一枚炸弹，可仍然是个哑弹。匆忙跑到外面的罗锡畴又开枪打死两名日本人后向大路奔跑。这时日本警察闻讯追击，他向日本警察射击，又打死了一人。他隐伏在路边，沉着地向敌人射击，在瞬间就打死了七个日本人。当疯狂的敌人步步逼近时，罗锡畴用最后一颗子弹从容自决。

对离去的队员行踪大都是通过报纸获悉的。罗锡畴牺牲的消息，柳子明也是从报纸上看到的。然而，柳子明却无法接受这个现实。看到大海中驶来的船只，他常常出现幻觉，仿佛看到罗锡畴在船头向他挥手。义烈团团员的英灵，永远活在柳子明的心中，与他的心脏一起跳动。

柳子明抑制不住满腔的悲痛，发表了《义烈团宣言》。

金昌淑在自传中也写道：

“壮哉，勇士！你用一支手枪打死了众多敌人，从容就义。三一运动以来，有许多敢死队员以身殉国，却无一人死得像罗君如此壮烈。”

在华的各朝鲜人团体听到罗锡畴英勇牺牲的消息后，决定为他举行追悼大会。安昌浩参加了在吉林举行的追悼大会，并进行了演讲。日本人对此十分恐慌，动员吉林署和宪兵突然袭击追悼会会场，逮捕了安昌浩、玄默关、金李大、李关林等独立运动者和三百多名与会者。

7.“朝鲜民族革命党”

1924年4月，在华朝鲜无政府主义者联盟在北京成立。创始人有友堂李会荣、友关李正奎、九波、白正基、友根柳子明、华岩郑贤燮等人。那次会议时，申采浩先生“在北京顺治门内的石灯庵隐居阅读《史库全书》，专心于史书的撰写，柳林在成都大学读书未能参加……我们的独立运动，以当时所具备的理论作为思想基础加以促进，是为了得到全世界的响应，同时也是为了报复日本帝国主义在关东大地震时对朝鲜人的暴行”。(《祖国去向何方》第 62 页）

无联还发行了机关报《正义公报》。但只出了九期，1928 年改为《夺还》，但因资金困难还是未能坚持下去。该刊物“发扬民族主义阵营内的集团主义精神，根据自由联合的组织原则，号召所有的独立运动团体联合起来”。(《祖国去向何方》第 62 页）为确立独立运动理论做出了一定的贡献。尤其是柳子明通过报刊传播了自己独特的无政府主义思想。他逐渐成为在华朝鲜无政府主义的理论家，义烈团活动也有了新的特点。

以柳子明参加义烈团时期为起点，义烈团的活动由个人的恐怖活动升华为圣战。在此之前，由于没有明确的政治宣传，义烈团的活动只限于个人的恐怖活动，起到让日本帝国主义恐惧、鼓舞国内群众抗日斗志的作用。但自柳子明参加义烈团、申采浩起草《朝鲜革命宣言》以来，义烈团的破坏、暗杀的性质转变为朝鲜人民的抗日战争。

然而其斗争形式并无改变。这种暗杀、破坏并不能从根本上解决问题，给争取民族解放和国家独立带来直接影响。即使杀死了一个高官，但其后面还有许多能够取代他的人。从客观上讲，不能排除义烈团的行动反倒有助于日本政府内的政治派别斗争。要想彻底打破日本帝国主义在朝鲜的殖民统治秩序，必须制订一个根本的解决方案。不仅换汤还要换药。

这时，义烈团内的无政府主义运动和共产主义运动之间产生新矛盾，造成了义烈团的分裂。

无政府主义运动在亚洲地区兴起是在 1920 年年初，与社会主义运动合流。这在欧洲和俄罗斯也是如此。1917 年俄罗斯十月革命时，无政府主义者们参加革命。这是因为通过马克思主义革命，可以找到他们认为的革命的可能性。然而，十月革命胜利后，无政府主义和马克思主义运动开始决裂，其斗争开始表面化是在 1920 年左右，1922 年年初，以在莫斯科举行的极东人民代表大会为契机，矛盾更加突出。

> 参加极东人民代表大会的人并不只局限于马克思主义者。作为韩国代表参加的人中金奎植、罗容均、金始显、权爱罗、金元庆等人是民族主义者，而日本代表中无政府主义者多于马克思主义。有这么多无政府主义者参加会议的目的是为了了解俄罗斯革命的真相。因此，他们以参加会议为借口，分析革命进展，其结果……在极东，即中国、韩国、日本在无政府主义运动中，不仅完全走独自路线，而且攻击马克思主义，互相发展为敌对关系。(《独立运动史》第七卷《义烈斗争史》第 771—773 页）

那个时候，义烈团内部也出现分裂的征兆。共产主义者尹滋英组织不少义烈团团员集体退出，削弱了义烈团的力量。尹滋英是共产主义者，是义烈团的高层干部。他于 1924 年 4 月 5 号组织青年同盟会，仅在上海就召集了一百多名会员。

尹滋英和金若山的矛盾是当时共产主义者与民族主义者之间的矛盾。新兴的共产主义运动的急剧发展，使之与民族主义运动产生激烈摩擦。同时，尹滋英和柳子明处于激烈的矛盾中。那是他们思想上的差异造成的。“无政府主义通常否定一切政治组织、纪律、权威，主张通过废除国家权力机关的强制手段，实现自由与平等，正义与亲情的空想意识形态及其运动。无政府主义主张即使没有政府机构的支配，人们也可以和睦相处，以相互信任为基础。这里包含着相互扶助论的背景，也就是说人们互相帮助才会促进社会的发展。”（《无政府主义者李会荣及其年青朋友们》第 103 页）

1924 年 9 月，在义烈团内甚至发生民族主义派的义烈团团员与共产主义派的义烈团团员冲突事件，使义烈团被孤立。次年 2 月，在上海的义烈团只剩下十五六个人，因资金困难勉强维持着生计。

当时，随着共产国际运动和劳动运动的发展，中国的革命也发生了巨大变化。中国共产党在广州召开第三次全国代表大会，会议决定与国民党合作。1924 年 5 月，中国革命的先驱者孙中山[①]先生召开第一次全国代表大会，宣布了“联苏、联共、扶助农工”的三大政策，宣传国共合作，形成了共产党与国民党的第一次合作，共产党员以个人的身份在国民党内各部门参加活动。国共合作培养革命军事干部，为建立国民革命军成立了黄埔军官学校[②]。校长是国民党方面的蒋介石[③]，政治部主任

① 孙中山：中国革命的伟大先驱，广东香山人。1884 年成立资产阶级革命团体兴中会，提出民族、民权、民生“三民主义”学说。1911 年武昌起义后，在南京当选为临时大总统。1924 年，在广州召开的中国国民党第一次全国代表大会上，提出“联俄、联共、扶助农工”的三大政策，也就是新三民主义。1925 年病逝。

② 黄埔军官学校：是 1924 年中国国民党领导人孙文创办的学校。是为培养国共合作成果——国民革命军而成立的干部培养机关，校长是蒋介石，最初的党代表为廖仲恺，政治部主任戴季陶，副主任周恩来，还有许多苏联军事顾问任教官。

③ 蒋介石（1887—1975）：中国的政治家，本名中正。1924 年任黄埔军官学校校长。1926 年任国民革命军总司令，开始北伐。1927 年发动上海政变，镇压共产党，1928 年任南京国民政府主席和陆、海、空军总司令，确立党和政府支配权，满洲事变后，对日本的入侵提出“攘外先安内”的方针，企图以军阀促使国内统一。但随着“停止内战，一致抗日”的呼声日益高涨，1936 年 12 月西安事变后，被迫结束十年内战，开始了第二次国共合作。1946 年“二战”后，与共产党再次分裂，挑起全面内战。1949 年 12 月，率残部退至台湾。

是共产党方面的周恩来[①]。

由于内部分裂和资金困难而处于动摇状态的义烈团，把最后的一线希望寄托在孙文的广东政府。从 1924 年春天至秋天，团长金若山到广州。当时十多名义烈团团员在广东政府军队任大尉、少佐等职。若山通过他们，在广州试图为陷于困境的义烈团寻找一条出路。

> 1924 年春，团长金元凤来到广州，在与广东政府要人接触的同时，与在当地开展活动的杨宁、陈秉日等朝鲜青年取得联系。那年秋天，金元凤再下广州，向广东政府要员请求资金援助，还与金友作、朴太河等当地青年有过来往。(《中国朝鲜族足迹丛书》二卷《火种》第 657 页）

当时，以金元凤为首的义烈团主要人物最终选择的出路就是把义烈团的团员送到黄埔军官学校和中山大学去学习，为今后组建决战的抗日军队培养干部。金元凤为了义烈团团员的入学问题与黄埔军官学校校长蒋介石交涉，达成协议后，让每名义烈团成员与中国青年一样，在学校参加正规的入学考试，还要根据学校制定的各项规定接受严格的审查。在黄埔军校第三届到第六届毕业的朝鲜青年共计四十五名，其中第三届

---

① 周恩来（1898—1976）：中国的政治家，1922 年加入中国共产党，创立中国共产党巴黎支部，经伦敦、柏林、莫斯科回国。1924 年任黄埔军校政治部主任，1927 年，响应北伐，领导上海第三次武装起义取得胜利，同年 8 月，领导八一南昌起义。1936 年任中央军事委员会副主席，参加二万五千里长征。西安事变发生后，周恩来任中共全权代表赴西安，和平解决了西安事变，促成了抗日民族统一战线的形成。抗战爆发后，作为共产党的代表，在国民党政府所在地重庆、武汉进行统一战线工作，在处理国共关系上表现出卓越的政治、外交才能。1949 年，中华人民共和国成立后，一直担任政府总理，还兼任过外交部长等要职，解决了国内许多重要的问题。

五名，第四届二十四名，第五届六名，第六届十名。义烈团主要集中在第四届。第四届步兵科的姜平国、柳元玉、朴孝三、朴建雄、崔林、梁剑、秦义昌、李有珏、权晙、李集中、王子良、尹义镇、崔永泽、金钟、李钟源、卢日龙、李基焕、卢建等人，都是义烈团成员或者与义烈团关系密切的人。第五届步兵科的申乐、张兴和炮兵科的朴时昌，第六届步兵科的李春岩、吴相善、卢植等也是义烈团成员。

当时黄埔军官学校吴成润做俄语教官，梁林也任黄埔军校集训处教官。第四届的崔林、姜平国、朴孝三等毕业后留校任教官。

此外，黄埔军官学校武汉分校训练部教官权晙、炮兵技师李平善，第五届炮兵科的柳元道、朴太燮、朴奎、崔承延、李碧波、朴时昌等和第六届政治科毕业的陈共木、陈甲洙、王巨、关秋、赵国东、安东晚、宋旭东、柳光世等也是义烈团成员。

> 义烈团成员在黄埔军校期间受到了良好的军事政治教育和严格的训练，还参加了各种实际工作和实战。特别是北伐战争开始后，在校的义烈团成员随部队到前线参战或在后方很好地完成守备任务。第四届的大部分义烈团成员毕业后被任命为南京、武汉方面北伐军的军官，少数义烈团成员被任命为东路军的军官。（《火种》第 667—668 页）

当时国立关东大学里也有不少朝鲜青年，1926 年也有五十多名。当时国立关东大学对外国留学生大部分实行免费教育。校长秋路（音）在回忆录中这样写道：

> 民国十二年，我受国父（孙中山）的指令创建国立关东大

> 学，广泛招收安南、我国台湾，特别是朝鲜的青年入学。不仅在入学考试上提供方便，而且给予免费待遇，还提供服装和书本等。其目的就是招收更多的朝鲜青年，为朝鲜培养一大批爱国人才。(《火种》第 658 页)

> 当时，广东政府确实给亡国的、无资金的朝鲜人很多关照，使朝鲜青年逐渐云集广州。义烈团团长以及大部分义烈团成员都去了广州，柳子明留下来继续做总部的工作。“1925 年，柳子明从上海到广州，参加‘义烈团’代表会议，同年 5 月回到上海。1926 年 12 月，又由沪去广州料理‘义烈团’的事务。”(《戴勋章的园艺学家——柳子明传》第 14 页)

> 聚集广州的义烈团成员于 1926 年 1 月召开全体会议。虽然此次会议没有文字记录，但可以肯定此次会议做出了两个决定。首先决定把义烈团由不定型的破坏、暗杀组织转变为具有一定形式的政治组织。据金星淑说，他在全体会议前主张“义烈团不能再像从前那样侧重破坏与暗杀，而要使其转变成为一个政治团体，培养能够领导独立运动的干部”。这一主张在全体会议上通过。据金星淑说，义烈团干部柳子明强烈反对这一主张，没有来参加全体大会。(《金元凤研究》第 101 页)

那么柳子明是否真的像金星淑所说的那样强烈反对这一主张呢？从安奇的《戴勋章的园艺学家——柳子明传》来看，1926 年 1 月召集会议当时，柳子明确实在上海，所以才没有参加会议。而从柳子明本人的回忆录中看，不仅没有反对过的记录，而且写道“义烈团成员在黄埔军校和中山大学学习，思想水平和政治水平都有了提高”。“义烈团成员通过学习明白了以过去那种单纯的暴力活动是无法成功的，要求建立一个革命政党。所以提出将义烈团改造成革命政党。”（《我的回忆》第93页）说明当时他对这一主张表示赞同。

义烈团成立七年来，共进行了数百次的破坏和暗杀活动，参加其活动的人包括团员、同助者、相关者共达数千人。通过这种斗争形式，义烈团名扬天下，团长金元凤也出了名。可是回过头来想，通过破坏、暗杀手段得到了什么呢？杀死了敌人的头目，很快就会有人补充到这个位置上；破坏了敌人的建筑，经过修补又重新恢复原样。反之，每次恐怖活动之后，艰难保持下来的联络网就会遭到破坏，许多同志被捕、入狱或被处以死刑。虽然打击了侵略者的嚣张气焰，得到了报复的快感，却仍然没有得到国家的独立。他们不得不接受深刻的教训，那就是以这种方法是不可能将日本侵略者赶出朝鲜，促进民众觉醒，争取朝鲜独立的。

对朝鲜义烈团面临改造的政治历史背景，安奇这样写道：

> 中国革命斗争的复杂性，残酷的血的教训，在极大程度上教育了朝鲜革命者。他们清醒地认识到：“义烈团”采用的秘密暗杀和暴力手段，是不利于充分广泛、深入发动和组织朝鲜人民群众反抗日本侵略者，以完成朝鲜的国家光复和民族独立大业的。（《戴勋章的园艺学家——柳子明传》第14页）

这时，苏联代表团访问黄埔军校。在学校担任俄语教官的吴成仑担任翻译，他向苏联代表团介绍了义烈团，他们对义烈团很感兴趣，表示想见一见义烈团成员。那时，义烈团也对苏联的社会主义革命路线产生兴趣，便到苏联代表团下榻的旅馆与他们会面，并合影留念。当时将义烈团改造为民族政党的关键要素是共产国际对韩国问题的决议案。共产国际认为“韩国共产主义团体在政治、经济上的基本任务是联合工人、农民、知识分子及小资产阶级开展民族解放斗争，强调反帝民族运动的必要性”。谈到其具体的组织形态时指出，“要建设一个像中国的国民党那样的民主革命党”。义烈团对此表示赞同，接纳了这一观点。

柳子明在回忆录中说：“通过多次召开会议讨论，决定将义烈团改造成为朝鲜民族革命党[①]，通过了党的纲领，制定了政策。”（《我的回忆》第 94 页）以金若山为首，张志略、柳子明等出席会议。在那次会议上，金若山被选为最高领导者，并选出了十一名中央委员，柳子明就是其中之一。

1926 年 12 月，柳子明从上海转移到广州。郑华岩在回忆中说，独自留在上海负责义烈团联络工作的柳子明，离开上海是由于金昌洙事件。

1925 年 5 月 30 日，上海对日英总罢业后，居住在日租界，多次向日本领事馆提供朝鲜独立运动家情报的金昌洙原形毕露。为了清除这个密探，临时政府和义烈团、无联联合着手行动。

> 把处置金昌洙的场所定在他家的门口。桂泽寿、白正基、李学渊埋伏在他家附近。他的家在日租界，埋伏时不能开枪，

① 朝鲜民族革命党：1930 年在中国活动的朝鲜左翼抗日民族联合战线团体。1937 年 12 月，由朝鲜民族革命党、朝鲜民族解放同盟、朝鲜革命者联盟（又称朝鲜无政府主义者联盟）、朝鲜青年前卫同盟四个团体参加的左派抗日民族联合战线。代表是朝鲜民族革命党的金元凤、朝鲜民族解放同盟的金奎光、朝鲜青年前卫同盟的崔昌益、朝鲜革命者联盟的柳子明。该同盟最初是在南京成立的，后因日本帝国主义者占领南京，将总部移到汉口，后来又移到武昌。1938 年 10 月 10 日在汉口组织军事组织朝鲜义勇队。柳子明任指导员，成立机关杂志《朝鲜民族战线》。柳子明发表文章《朝鲜民族战线联盟的组织过程》，说明了联盟成立的背景，强调民族大团结的重要性，指出该联盟与以往统一战线运动所不同的是，它承认各个不同团体的主义和思想，在此基础上建立一个共同的纲领。

所以决定由临时政府的边某在金昌洙临下班时带着枪过来。可是时间到了边某却没有出现，此事只好告吹。边某解释说他参加朋友儿子的周岁生日宴，喝醉了酒而没能赶到，桂泽寿却认为他这是背叛，他抑制不住内心的愤怒，拔出随身携带的短刀刺其腹部，边某虽然侥幸保住一条性命，但义烈团与临时政府的关系却恶化了。(《祖国去向何方》第 68 页)

柳子明到达广州后，居住在中山大学。中山大学的前身是国立广东大学，1924 年 11 月 11 日成立。次年 10 月 17 日孙中山逝世后，更名为国立中山大学。朝鲜民族革命党成立当时，中山大学里共有五十七名朝鲜学生，朝鲜民族革命党中央委员李永俊在理科，金星淑在法学系，崔园在文艺系，张志略在医学本科。他们都在校学习。此外，金鼎锡是柳子明在水原农林学校时的同学，他在中山大学文科本科学习。因而，那时中山大学成为当时朝鲜人活动的中心。

柳子明当选为秘书，负责朝鲜民族革命党的所有事务，协助金若山负责处理与党的工作有关的所有业务。1926 年 10 月，金若山在黄埔军官学校毕业后，被任命为少尉，分配到黄埔军官学校军官团，因而党内的具体工作由柳子明负责去做。虽说在此期间义烈团总部移到了广州，但是，自朝鲜民族革命党成立，在中山大学成立了委员会之后才在广州扎下了根。

8. 厦门救世医院

1927 年 7 月 1 日，国民政府宣布北伐，同年 9 月国民革命军燃起了北伐的战火。国民革命军的总兵力是八个军，共计十万人。北伐的主要对象是吴佩孚[①]、孙传芳[②]、张作霖[③]三派军阀。当时，吴佩孚有军队十万人，盘踞在湖南和湖北、河南三省以及陕西、河北的一部分。孙传芳有军队十万人，盘踞在江苏、安徽、福建、江西等地。张作霖有军队二十万人，控制着东北三省和北京、天津及津浦铁路北段。国民革命军以不可阻挡之势猛烈进攻，10月份占领武汉，11月占领南昌，半年之内占领了湖南、湖北、福建、浙江、江苏、安徽、江西等地，并占领到扬子江流域，1927年1月，国民政府将首都由广州迁到武昌。

北伐军的骨干是黄埔军校的毕业生和在校学生。因而与黄埔军校有关的朝鲜青年几乎全部参加了北伐战争，英勇作战。“特别是北伐战争开始后，在校的义烈团团员随部队直接上前线参战或者到后方履行守备任务。第四届的大多数义烈团团员毕业后主要担任南昌、武汉方面北伐军的军官，少数义烈团团员被任命为东路军军官。(《火种》第667—668页)

柳子明谈到义烈团在北伐战争中的功绩时提到姜波，他原名叫金俊燮。是咸镜北道明川郡五东里人。三一运动后，在满洲和西伯利亚等地开展武装斗争，1926年2月到广州，在国民革命军第六军五十五团机关枪连任少佐教官。除姜波这个名字外，他还有一个名字叫姜华日。他参加北伐战争，那年11月19日，在南昌战斗中，他押着敌人的俘虏打开

---

① 吴佩孚（1874—1939）：山东蓬莱人。北洋直系军阀首领。

② 孙传芳（1885—1935）：山东历城人。中国军人，直隶派军阀。

③ 张作霖（1875—1928）：北洋军阀首领，奉天海城人。1916年任奉天督军兼省长，后又被任命为东三省巡阅使。在日本帝国主义支持下，长期控制东北三省，与皖系、直系军阀多次展开混战。1924年在第二次直奉战争中打败直系，把持北京政权。1926年出任安国军总司令，1927年杀害李大钊等二十多名共产党人，成为中华民国军政部陆海军大元帅。1928年6月，同蒋作战失利，乘火车退回东北。由于与日本帝国主义发生利害冲突，途经皇姑屯车站时，被日本关东军埋下的炸弹炸死。

进攻之路时腹部中弹牺牲，他的遗体被安葬在梅岭山下的一个村子里，并为他立起纪念碑，上面写着“朝鲜金俊燮同志之墓”。此外，在江西省南昌市革命烈士纪念馆和在北伐战争中牺牲的朝鲜革命烈士中，也特别介绍了朝鲜青年金俊燮，陈列着他生前使用过的怀表、追悼大会时的照片等。

据统计，在北伐战争中牺牲的朝鲜青年战士有十人。金若山回忆当时参加北伐的原因时说：“我认为，只有中国健康发展了，才能打击共同的敌人，与抗战路线相同的中国携手共战才是救国的捷径，因而参加了中国的北伐战争，有十名同志在华北献出了宝贵的生命。北伐战争结束后，朝鲜的革命运动开始步入正轨，我国的同志们得到了科学正规的教育，在北伐中获得宝贵的实战经验。”（《金元凤研究》第 116 页）

1927 年 3 月 24 日，国民革命军攻占南京。当晚，英、美、日等帝国主义悍然炮轰南京，打死打伤中国军民两千多人。可是，北伐军总司令蒋介石不但不反击帝国主义的讨伐，反而向驻南京的各帝国主义列强的领事馆派特使，加紧准备背叛革命。他派心腹戴季陶秘密到日本，要求日方支持他的反革命政变。1927 年 2 月，美国代表前往南昌与蒋介石会谈。4 月 12 日，掀起了反革命清党运动，对以共产党为中心的无数革命者、知识分子和劳动者进行血腥大屠杀，在南方建立中央政府，与国民政府相对立。

1927 年 4 月 12 日，蒋介石开始反革命清党运动。那时我与金若山一起在广州目睹了国民党反动军队屠杀共产党和劳动者的事实。

广州警备司令部公布了北伐军总司令蒋介石的“清党”命令，公开逮捕杀害共产党。当时广州大街上到处贴满了“打倒共产党！”的标语。

4月14日，警备司令部逮捕在黄埔军校工作的共产党员肖楚女，当天执行枪决。

晴朗的天空上顿时乌云密布。当时，我怀着悲痛的心情写了一篇文章，“昨日的朋友，今日的敌人，昨日的革命者，今天的反革命分子”。记录了时局突变的经过，把文章寄到首尔的《朝鲜日报》,《朝鲜日报》以《赤色的悲痛》为题发表了我的文章。(《我的回忆》第97—98页)

在残酷的白色恐怖下，义烈团无法再在广州进行活动了。不少义烈团成员加入了中国共产党，其身份已经公开。朝鲜民族革命党中央委员张志略已于1925年入党，黄埔军校军官中将，技术主任教官杨林也于1924年入党，在北伐战争中牺牲的金俊燮也是中国共产党员，北伐军第六军炮兵团团长李剑云也是共产党员。此外，金若山、朴建雄、吴成仑等也都加入了中国共产党。

中山大学的情况也是如此。中山大学毕业生姚伟华1964年6月9日在回忆中证实：

“1925年我在中山大学学习时，担任支部书记，与朝鲜革命者接触较多。那时中山大学有许多朝鲜学生，比如，姜世宇、李永俊、柳友相等都是我的同班同学，这些同志流亡到中国后，生活非常艰苦，支部曾动员同学们帮助他们，支持他们，为他们请求免费。那时，有许多朝鲜同志加入了中国共产党，与中国的同志一起战斗，一起生活，他们不仅努力学习汉语，而且还积极学习广东方言，后来只听他们说话很难分清他们是中国人还是朝鲜人了。这个支部的主要成员是中、韩的同志，也有一些越南、印度尼西亚、马来西亚的同志。回过头来想，那时就像一

个国际支部。”(《火种》第 662 页)

实现第一次国共合作后，周恩来同志等中国共产党的领导者，对军事工作十分重视，派优秀的共产党和党的积极分子到军校学习或者担任教官。朝鲜青年杨林受中国共产党的派遣到黄埔军校任教官，崔正武也经杨林介绍，担任学校的技术主任教官。在校内朝鲜党员的影响下，广州的朝鲜青年在中国大革命的烈火中，逐渐倾向于共产主义。“在三民主义[①]、共产主义、无政府主义、民族主义、国际主义等各种思想实践的革命大舞台上，人们开始明显倾向于新的政治知识、理念，其中特别倾向于强调依靠民众进行革命、依靠国际关系进行革命的社会主义思想。”(《金元凤研究》第 117 页)因此，蒋介石的清党运动必然会把义烈团和朝鲜青年们送上断头台。

据说，像崔正武等还没来得及从黄埔军校脱身的人，被蒋军包围。在两千多名教师、学生中，右翼分子立即站到蒋介石一边，在左翼中有些人被杀害，有些人及时躲避，像崔正武这样的地下党员暂被关在学校失去自由。崔正武躲在学校医院，躲过了镇压。

在这种紧迫的形势下，柳子明在广州根据自己耳闻目睹的反革命血腥镇压现状，亲自撰写《赤色的悲痛》《离开广州有感》两篇散文，寄给国内在《朝鲜日报》发表，表达了对蒋介石反革命政变的愤怒与批判。在文章中作者深刻揭露国民党右翼势力对革命者和无辜人民的血腥屠杀行为，也辛辣地批判其背叛孙中山的三民主义精神以及黄埔精神的

① 三民主义：是中国民主革命初期领导人孙文提出的政治主张。前期的三民主义主张民族、民权、民生主义思想。1924 年，孙中山在国民党第一次全国代表大会上重新解释了三民主义。把民族主义解释为对外反对帝国主义，对内求得民族平等；民权主义是建立一般平民所共有，非少数人所得的民主政治；民生主义以耕者有其田和节制资本为中心。孙中山设想通过三民主义的实施能够“人能尽其才，地能尽其利，物能尽其用，货能畅其流”，进而实现国富民强、天下为公的大同社会。

倒行逆施罪行。两篇文章可谓与郭沫若先生写的《试看今日蒋介石》相媲美。

金若山和柳子明准备到武汉，于 1927 年 5 月 4 日登上了从广州到上海的轮船。还有一位姓李的朝鲜革命者，共有三名朝鲜人。船里有许多曾在广州参加革命运动返回武汉的中国青年。嘀——随着一声汽笛，轮船徐徐离开码头，这时，几个月来在险恶的环境中东躲西藏的他们，脸上才开始有了一点血色。

可是船到汕头附近的海上时，遭到海盗的袭击。海盗是在广州时化装成旅客混进轮船的，海盗用手枪威胁轮船乘客，命令船长靠岸，这时等候在这里的其他海盗一拥而上，掠夺乘客的钱物。在军阀割据的中国，特别是在北伐战争中失利的各军阀的残余势力，另立山头成为土匪，以岛屿为据点成为海盗，动不动就抢劫行人，这在当时已不足为怪了。

当时我与中国人在一个船舱里躺在床上，突然在舱门口出现一个强汉，手拿手枪喊一声：

“不许动！”

正在此刻，躺在我身边的一位中国人吓得一下子从床上坐起来了。站在门口的海盗看到有人起来就开了枪。那子弹打中了我的左腿膝盖骨下面，当时我正盖着棉被躺着，不敢说话，只是把左手伸进被里摸了一下伤口，腿上流着血。

海盗们将钱物洗劫一空之后，吹着口哨下船了。

金若山坐的是另一个船舱，海盗们跑了之后，他知道我负伤了，赶紧跑来看我。当时轮船里有曾在广州参加革命返回武汉的青年们。海盗们走了之后，他们到我坐的舱里来慰问我。他们得知我是朝鲜人，便出面向船长交涉。

“他是朝鲜青年，他们为自己国家的独立斗争来到我国，遇到海盗负了伤。厦门有医院，要把他送到医院进行紧急治疗。”(《我的回忆》第98—99页)

轮船到达厦门后，船长与中国青年一道把柳子明护送到医院。厦门在鼓浪屿有一家美国人开设的救世医院。医院的外科大夫看了一下柳子明的伤口说，没什么大不了的，只要交三十元治疗费，保证两周就可治愈出院。于是船长把三十元治疗费交给大夫，金若山紧紧握着大夫的手，拜托他好好为柳子明治疗。

船长、中国青年和若山离开之后，柳子明独自一个人留在了这个孤独的岛上，在这座陌生的医院单独病房里，每到夜晚躺在床上，他的眼前便会浮现出魂牵梦绕的故乡，强烈的思乡之情常常让他夜不能寐。离开故乡已整整八年了，自1922年离开首尔便与故乡断了音信。父母是否健康？妻儿是否平安？对父母，他是不孝之子；对妻子和两个儿子，他是一个不称职的丈夫和父亲。离开家的时候，似乎光复大业很快就会实现，不久就会凯旋。可如今，光复却变得越来越遥远了，他心中一片茫然。雪上加霜的是，两周过去了，伤口却迟迟不见好转。

救世医院医疗设施十分简单，大夫的医术也不怎么样。外科大夫看上去像个游医，他连动手术取出子弹这个简单的医疗常识也不懂。他想不取出子弹就让伤口愈合。医院的护士也是一个性格暴躁的男人。他每天到病房给处置一次，态度蛮横，动作粗鲁。大夫保证治愈的两周已经过去了，可是，伤口不但未好，反倒化了脓。这时，钱已经花光了，以后的日子成了问题。

钱花光了，医院的态度立即就变了，把柳子明从单独病房转到了大病房。虽说是教会的医院，然而，上帝的博爱似乎还没有照到这里。虽然医院的名字叫救世，但也许这是美国人的上帝，所以他的手还没有伸向别的国家、别的民族。他终于明白了上帝也是讲条件的。在这家只认钱的医院里，尽管治疗方法有问题，但他不能说，只能默默地忍受。在这个南方孤独的岛屿里，他四面楚歌，夹在中国人和美国人之间，没有一个人站出来为他说话。在这里，他再次痛心地感到了亡国奴的悲哀。

有一次，护士给他伤口挤脓的时候，从伤口中出现了一点棉絮，护士用镊子把它拔了出来。那就是一块棉团包着的子弹。因为子弹打过来的时候，他正盖着棉被，而子弹穿过被子时将棉絮带了进去。

子弹取出来三天后，伤口就好了。他终于可以走出这个令人讨厌的医院了。这里有一位朝鲜留学生，柳子明住院期间他曾来看望过两次。这位留学生把柳子明介绍给在市里做生意的唯一一位朝鲜人。他说自己曾是兴士团的，在这里挂着太白山商会的牌子专门卖高丽人参，生意还不错，经常帮助来往的朝鲜人。

他得知柳子明的处境后，给他买了去上海的船票，还给了他一点路费。

9. 铁窗生涯

1927 年 5 月 4 日离开广州的柳子明，月底才艰难地到达上海。由于蒋介石“清党运动”的血腥镇压，上海也与广州一样无藏身之地。然而，义烈团成员却从广州和武汉等地陆续云集上海。朝鲜国内的共产主义者也为了躲避国内的镇压到上海来避难。因为上海遍布各国列强的租界地，所以这里成为避难的理想场所。

柳子明到上海之前，金若山去了武昌，二人没有见到。柳子明去找了李东宁先生。1919 年三一运动后，柳子明到上海时，李东宁先生就担任议政院议长，没有离开临时政府，始终不渝地为临时政府辛勤工作。柳子明去找李东宁时，他热情迎接，可他脸色很不好。几年前，他患了严重的哮喘病，本该好好休息和补养，但临时政府的工作却始终让他脱不开身。

当时柳子明去找他，不仅因为他是独立运动的元老，临时政府的长者，主要的是因为他是上海复杂的朝鲜人社会的中心人物。本来“上海是保守民族主义者们的根据地。这里不仅有民族解放运动家，还有不少单纯为事业而来的朝鲜人，保守民族主义者组织了民团，向侨民收税，经营着侨民学校——仁成学校”。(《金元凤研究》第 121 页）可是，1925 年 4 月，在国内组织的朝鲜共产党，由于日本帝国主义对朝鲜国内劳动运动和新干会协同战线运动的镇压日益加剧，陆续来到上海，此外，还有从广东和武汉等地拥来的中国共产党员左翼革命者，他们以上海为据点展开了争论。可是，李东宁先生却不管什么主义和思想，以君子风度和坚忍不拔的独立精神以及远见卓识、明辨是非的耿直性格，受到所有人的尊敬。

在上海逗留一个月期间，柳子明深受李东宁先生的影响，组织朝鲜民主革命党，负责所有的工作，革命党中央委员大部分信仰共产主义，加入了中国共产党，但柳子明仍然坚持无政府主义。因而在上海时他的思想也没有发生动摇，未介入任何派别。他像李东宁先生那样，以敏锐的头脑、坚定不移的态度开展朝鲜民族革命活动。

一个月后，柳子明离开上海到武汉。武汉位于扬子江中游，是今湖北省省会，1927 年到中华人民共和国成立之前是武汉特别市。隔着扬子江的武昌、汉口联成一市，自古就因三镇联市而闻名。从东汉末到三国时期，汉阳有却月城、鲁山城，武昌有夏口城，唐朝时统称江城。武昌与建业、临安一起被称为南京的三大都会，汉口与河南省朱仙镇、江西省景德镇、广东省佛山镇一道被称为四大名镇。

踏上武汉的土地后，柳子明脑海中首先浮现出在黄埔军校一道工作过的共产党员肖楚女。看到国民党广东警备司令部枪决肖楚女的场面，柳子明心中充满了愤怒，武汉就是他的故乡。在这里，他还想起了那些在北伐战争时流亡到武汉的朝鲜独立运动家们和义烈团的同志们。

许多朝鲜同志被编入北伐军第二军和第六军。第二军军长叶挺是共产党员，第六军军长是国民党内左翼系的爱国将领。因此，他们对朝鲜革命家们格外重用。

当时，第六军驻扎在武昌，李剑云的独立标兵营也在武昌。副营长权晙，营部的副官安东晚，此外，崔国、崔承年、杨俭等许多义烈团团员也在该部队，武汉当时成为义烈团的秘密联络处。

7 月 15 日，汪精卫以国民政府主席的名义发出了“宁可枉杀一千，不可使一人漏网”的命令，武汉的政治空气已经是“山雨欲来风满楼”。警备司令部和公安局，对共产党和具有左翼倾向的进步青年一律逮捕杀害。在这种情况下，到武汉是继续朝鲜民族革命活动的唯一途径。那时，金若山也离开上海到武汉，实际上武汉已成为义烈团的根据地。

那时柳子明住在李剑云的宿舍。李剑云是北伐军第六军炮兵独立营的营长，他的住处比任何地方都安全，而且部队生活比较宽裕，李剑云等人可以给柳子明等人提供生活上的帮助。

当时在武汉召开了朝鲜革命党紧急会议。此次会议的目的是“蒋介石叛变革命后，国民党和共产党面临分裂危机，以若山为首的义烈团成员，为防止因国共分裂造成朝鲜民族主义者与共产主义者之间的分裂”（《金元凤研究》第 114 页）探索新的出路。会议决定义烈团也积极响应当时在上海和北京的民族主义者与共产主义者之间开展的唯一党运动，努力促成独立党，并发表了《关于独立党促成运动的宣言》。

当时武汉的白色恐怖日益加剧。汪精卫国民政府也不放过对共产党内的外籍人士的镇压，只要确认是共产党便格杀勿论。在这险恶的历史关头，朝鲜的党员们加入了中国共产党暴动的行列。7月27日，贺龙和叶挺带领部队攻入南昌。在此之前，金若山等人也离开武汉去了南昌。

> 就这样，参加北伐战争的朝鲜青年，随第二军叶挺部队集中到南昌，8月1日参加南昌起义。
>
> 有一天晚上，金若山离开武汉经九江去南昌时，我也到汉口江边的码头去送他。(《我的回忆》第101页)

那时，参加南昌起义的朝鲜人除金若山外，还有朴仁、金哲江、方月城、姜锡弼、洪范基、金来俊、成俊用等。若山在起义军中被编入贺龙的部队。起义军占领南昌后，8月5日，向中国革命的发祥地广州进军。

> 蒋介石和汪精卫叛变革命，北伐战争失败后，中国共产党于1927年8月1日凌晨发起了南昌起义。周恩来、朱德、贺龙、叶挺、刘伯承等率北伐军三万多人，在江西南昌向敌人发起了进攻。经过五小时激战，歼敌一万多人。
>
> 南昌起义胜利后，建立了以中国共产党为核心的革命委员会，发表革命纲领。就这样，成立了由中国共产党领导的第一支革命军队。
>
> 1927年12月11日，在广州的张太雷、苏兆征、叶挺、叶剑英等率领劳动者和革命军战士发动了武昌起义。崔镛健、金奎光、朴建雄、张志略等二百多名朝鲜人参加了广州起义。(《我的回忆》第100页)

谈到当时在广州起义中朝鲜民族功绩时，金阳先生在《广州起义与朝鲜勇士们》一书中写道：

> 起义的主力部队教导团中，有许多朝鲜勇士，其中二营五连几乎都是由朝鲜人组成的，金奎光是党的负责人。朴永、朴根万、朴根寿、朴建雄等朝鲜优秀炮手都分配在这个营……
>
> 黄埔军校特别连里共有一百五十多名朝鲜勇士，其中第二营全都是朝鲜人，崔锡天担任连长职务……
>
> 在中山大学学习的张志略、金世永、柳宇相等全体朝鲜学生召开多次秘密会议，准备暴动。……朝鲜人李勇是广州起义第一营营长叶勇的军事顾问，从莫斯科军事学院来的炮手朝鲜人杨达夫担任广州起义总指挥叶挺的军事顾问。金山任叶挺的军事顾问兼杨达夫的汉语翻译。朝鲜人李斌是占领北伐战争重要据点，守卫此地的指挥官。崔锡天、金奎光是黄埔军校特务营教导团的连级指挥官。朝鲜人吴相伦、朴永、朴建永等单独执行任务，担任小分队的负责人。
>
> 1927年12月11日凌晨3点30分，在广州市的东北部响起了三声炮响，著名的广州起义拉开了序幕。脖子上系着红带子的两千多名红军战士，高举镰刀斧头旗，分别向攻击目标前进……

当时任第四军军医处军医主任的夏成回忆说：“张志略手提着药箱，像猛虎一样冲向枪声最密集的地方。看到他如此勇敢奔跑的背影，我心想，他是朝鲜人，却为中国人民的解放事

业英勇献身，怎能不受到人们的尊敬呢！”（《火种》第 678—682 页）

那次参加广州起义的朝鲜人共达二百五十多人，他们几乎全都牺牲。他们的遗体安葬在今广州市公园内广州起义烈士陵园里。

南昌起义和广州起义爆发时，有一天，武汉政府突然以共产党嫌疑逮捕了北伐军第六军炮兵营营长李剑云和副官安东晚，真是祸从天降。然而，雪上加霜的是这时副营长权晙率炮兵营去了湖南。柳子明暂时继续留在李剑云的宿舍里，在那里他可以带着衣物和食品到监狱里探视。可是这种日子没有持续多久。

李剑云被捕，炮兵营离开武汉，这样一来柳子明等在武汉的义烈团成员就断了经济来源。饥饿与寒冷时刻威胁着他们。因生活所迫，柳子明后来只好搬到在武汉成立的“东方被压迫民族联合会”。

“东方被压迫民族联合会”是在北伐战争的炮火中诞生的组织。1926 年 7 月北伐战争开始，同年 10 月，北伐军占领武汉。次年 1 月 3 日，武汉各界民众举行庆祝国共合作的国民政府北迁以及北伐战争胜利大会。大会宣传队在租界空地上演讲时，受英国帝国主义武装水兵的袭击，当场击毙中国海员一人，刺伤群众数十人。英帝国主义制造的这一惨案，激怒了武汉人民。

1 月 4 日，武汉举行了四十余万人参加的反暴抗议大会和示威游行。工人纠察队和示威群众冲进英国租界，驱逐了英帝国主义的巡捕，占领了租界。当晚，武汉群众在中华总工会刘少奇等人的具体领导下，召开紧急大会，决议解除英租界巡捕的武装，并建议当时国共合作的武汉国民政府，派中国军队接管租界。随后，英国政府被迫与武汉国民政府签订协定，正式交回英国租界。

英国租界收回后，原来在汉口为帝国主义服役的印度人、东南亚人都失业了。在中国共产党的倡议下，由武汉国民政府出面，成立了东方被压迫民族联合会这个国际性组织，并由武汉国民政府对“联合会”给予一定的经济补助。

> 北伐战争胜利进行时，在武汉成立了东方被压迫民族联合会，中国、印度、朝鲜的代表加入了这个联合会。加入的朝鲜代表有金奎植、李剑云和我，印度代表有沙度辛和甘大辛、毕申辛，中国代表有王涤尘、畦光录、卢贯一参加。
>
> 东方被压迫民族联合会里的印度代表们在收回汉口租界之前，在这里做巡捕，收回汉口英租界后都失了业。北伐战争期间，国民政府每月给东方被压迫民族联合会二千元补助，在这笔钱中支付印度代表的生活费。(《我的回忆》第 101—102 页)

但是这个团体内鱼龙混杂，人员身份十分复杂。有的东南亚人已被日本帝国主义者或中国反革命势力所收买，成为跟踪、窥伺革命者行踪的凶残鹰犬。日本驻武汉的领事馆四处派密探收集情报，不仅在朝鲜人中间设了密探，而且在武汉公安局内也潜伏了日本特务。

柳子明与东方被压迫民族联合会的那郎辛关系比较密切。柳子明在武汉被捕前，那郎辛经常请他到小饭馆吃饭。饭后总是把他送到住处。柳子明也是后来才知道那郎辛是日本特务。他没想到那郎辛是在汉口的日租界时被日本领事馆收买的。他有意与柳子明接近，慢慢摸清了朝鲜爱国者的动态，向日本领事馆告了密。日本领事馆为了逮捕柳子明等人，向武汉公安局送去了黑名单，逮捕朝鲜爱国者。

1928 年 2 月，居住在上海江湾的金斌到湖南去看望中国朋友，途中到武汉找柳子明。金斌也是义烈团成员，赵医生夫妇对金斌视如亲子，金斌也视他们为父母。柳子明早在上海时就和金斌一起在江湾的中国人赵医生家里住过一段时间。

他与金斌计划与汉口的同志们一道纪念三一运动。但他做梦也没有想到不幸会降临在他们的身上。

> 1928年2月27日，我和金斌到汉口去见安东晚、崔园、崔承年、韩昌烈。为纪念三一运动，我们在那儿住了一夜。2月28日早晨刚吃完饭，房门就被推开了，武汉公安局的两名警察和两个日本特务走进屋里。日本特务一一调查我们的国籍和姓名。日本特务用日语问道：
>
> “你是哪里人？”
>
> 我说：
>
> “我不懂你的话。”
>
> 然后中国警察问：
>
> “你是哪里人？”
>
> 我回答：
>
> “是福建人。”（《我的回忆》第103页）

柳子明等人没想到印度浪人那郎辛已经向日本领事馆告密。日本帝国主义视在华的朝鲜抗日势力为眼中钉、肉中刺。但在中国他们还不能轻举妄动，在清除朝鲜人的问题上讲究一些策略，妄图借刀杀人。那就是把朝鲜人诬陷为中国共产党，使之成为蒋介石国民政府清除的对象。因此，日本领事馆借武汉政府屠杀中国共产党的机会，向武汉公安局提出逮捕柳子明等共产党的要求。

那时被捕的朝鲜人共十人。柳子明到武汉公安局后才知道李知善和他的夫人孔圣礼及韩昌烈、李观海、宋旭东五人也被捕入狱。柳子明感到了问题的严重性。

他们到武汉公安局法庭受审时，来逮捕柳子明的两名特务也来到法庭。特务劝他们说，法庭调查开始就承认是朝鲜人。现在国民政府只要确认是共产党就一律杀头，要特别注意。柳子明等人早已看穿了他们的险恶用心。假如他们承认是朝鲜人，那自然就会引渡给日本领事馆，那日本就会把他们作为义烈团押送到朝鲜，那么他们就逃不出日本人的魔掌了。

> 法庭审问开始前，日本特务戴着保护我们的假面具，假惺惺地对我们说：
>
> "你们如果承认是中国人，那么就有被杀的危险。"
>
> 说完了他马上转过脸来问我：
>
> "你还是中国人吗？"
>
> 我说：
>
> "我听不懂你说的话。"
>
> ……（在法庭）日本特务要求武汉公安局将我们交给他们处理，但拿不出指控是共产党的证据。武汉公安局说只要拿出我们是共产党的证据就引渡给他们。我们被关在武汉公安局看守所。
>
> 日本特务回去后，看守所所长对我们说：
>
> "日本领事馆提出要求，把你们马上引渡给他们，但是我们的局长拒绝了，你们只要今晚在这里过了一夜，明天就把你们送到警备司令部去，那么，日本人也不敢来要你们的。"

（《我的回忆》第 104—105 页）

当时武汉公安局的看守所是用厕所改成的，中间用墙隔开，安上铁窗。里面只有四张床，先进来的人已经占了床，柳子明等人只好坐在砖地上。2 月份是南方梅雨期开始的季节，气候多变，阴冷潮湿。坐在潮湿的砖地上，不一会儿他们裤子就全湿了。看到他们拥在一起瑟瑟发抖的样子，先进来的中国人告诉他们，只要给看守兵一些钱他们就会给你租褥子，还会给你买酒。于是，他们就按照中国人的指点，给看守一些钱，不一会儿看守就给他们送来了一条褥子和一瓶酒。在看守所里租一条褥子花了六角钱，而且也不是新的，是被枪毙的人留下的。悬挂着孙中山先生亲笔题词“天下为公”牌匾的武汉公安局，枪毙的大都是共产党员。当时，柳子明想到这些东西是那些共产党员曾经用过的东西，心里十分难过，更加痛恨蒋介石的清党运动。

那天晚上，他们以一瓶酒润了嗓子，挤在一条褥子上度过了一夜。第二天，也就是他们准备纪念三一运动九周年的那天，上午，他们坐在囚车上被押送到警备司令部。到警备司令部后，中国人竟对他们格外关照，这是因为中国人和朝鲜人一样，看透了日本人企图侵略中国的野心。在警备司令部受审时，法官问他们是哪国人，他们回答是朝鲜人；法官又问为什么在公安局说是中国人，他们回答，因为那时日本特务在法庭监视，他们只能这样回答。听到他们的回答，法官似乎对他们的审问不感兴趣，并告诉他们警备司令部要对他们特别保护，让他们放心等待。他们公开对朝鲜革命者表示同情。

当时，北京和东北乃至全中国都涌动着反日情绪。中国人民已经看透了日本帝国主义企图征服世界的野心。日本内阁总理大臣向天皇呈上了“要征服世界首先要征服中国，要征服中国首先要征服满洲”的上奏书。根据以上奏书，日本帝国主义开始全面促进对中国大陆的入侵计划。1928年6月，日本帝国主义炸死了从北京返回满洲的奉系军阀张作霖。为此，张作霖之子张学良与蒋介石妥协合作，使得盯着这块肥肉的日本帝国主义与中国关系日益紧张。与此同时，1928年5月14日，赵明河义士在台湾刺死日军陆军队长的壮举，极大地鼓舞了中国人民。1928年10月，暗杀密探朴永万的义烈团成员李海鸣，在中国法庭上只受到四年的轻判，中国人民对朝鲜人公开表示同情。

在那种形势下，日本领事馆越是干涉，中国法庭对朝鲜人越是表示同情和关心。看守所的韩联和所长还腾出一个大房间安置了柳子明等十位朝鲜人。

柳子明后来在看守所副官那里得知韩联和所长对朝鲜人特别优待的理由。他毕业于金陵大学，毕业后参加了北伐军李宗仁的部队，在北伐战争的炮火中，深为共产党人和朝鲜军人的英勇精神所感动。部队进入武汉时，汪精卫正在武汉大搞清党运动。李宗仁任武汉警备司令部司令，他任警备司令部看守所所长。但是在北伐战争中受到的强烈冲击，仍然留在他的心中，从心里反对日本帝国主义，尊敬在中国战斗的朝鲜人，表现了对列强的敌忾心。

柳子明度过了六个月的铁窗生涯。每天晚上，他从巴掌大的铁窗仰望夜空中的明月，思念故乡的亲人。天上只有一个月亮，无论在世界的任何一个地方都能看到它。他仿佛看到远在故乡的妻子和孩子也在望着那一轮圆月，把深深的思念寄托在那溶溶月色中。一轮圆月升起来的时候，他的心也像那圆月一样充实起来，而那圆月变成月牙时，他的心也变成了一堆碎片。无月的夜晚，他便希望自己早早进入梦乡，在梦中见到故乡的父母、妻子和儿子，树林的沙沙声，虫鸟的鸣叫声，都拨动着他的心弦。越是思念故乡，越是迫切地希望为祖国献身，为独立而战。

可在这紧要关头，却被关在牢房，他的心情该是何等焦急啊！

虽然监狱对他们朝鲜人给予特别的关照，但在监狱里时常发生各种惨剧，让他十分难过。蒋介石的清党运动在监狱里实实在在地展开。对共产党执行枪决的事情每天都在发生。一个个年轻活泼的生命虚无地死去。关在警备司令部看守所期间，柳子明亲眼目睹三百多名共产党员被押赴刑场，执行枪决。

> 他们都是一些年轻有为的革命青年，可是为什么要遭到如此残杀？日本帝国主义的侵略使我们沦为亡国奴，从中国青年为正义、为国家从容就义的精神中，受到了深刻的教育。中国共产党员五花大绑从看守所里押出来……拉到武汉后城马路枪毙，每次我们在看守所里听到那枪声，都义愤填膺。
>
> 在看守所里，还有一件令我感到十分痛心的事情。我从《朝鲜日报》上获悉，我十分敬爱的丹斋申采浩先生同李志永、林炳文一起，被大连日本警察所逮捕入狱。林炳文是台湾人，是无政府主义者，我是1924年在北平时认识林炳文和范本梁的。我们都是无政府主义者，因而关系比较密切。林炳文当时在北平邮电局做事，居住在前门外泉州会馆内。我因生活艰难，通过林炳文的关系，有段时间住在泉州会馆，丹斋先生也是通过我认识林炳文的。
>
> 那时，我与李志永一道来北平，他通过我认识了丹斋先生和林炳文。后来他们在天津开展活动，被天津日租界的日本警察逮捕，被押送到大连的日本监狱。听到我敬爱的老师丹斋先生被捕的消息，我心中十分痛苦。丹斋先生最终死于大连监狱。(《我的回忆》第108—109页)

申采浩先生是1926年被捕的。可是日本帝国主义对其进行了三年秘密预审。柳子明在《朝鲜日报》上看到，申采浩先生因违反社会治安、伪造有价证券及诈骗等嫌疑，被大连地方法院判处丨年有期徒刑。

1929年12月12日，《东亚日报》刊登了安住裁判长与申采浩先生的对话记录：

问：当时你想诈骗国际外汇？

答：是的。

问：用来做什么？

答：想用于东方联盟的资金，首先用来发行主义宣传杂志，联合同志。

问：你不认为诈骗是一件坏事吗？

答：我们为恢复国家主权所采取的一切手段都是正当的，不是诈骗……我不感到对不起良心和有什么不对（这里“同胞”“国家”“恢复”等单词在当时报纸上都用黑圈遮住）。

问：大正十四年加入东方联盟，那时认识李弼显和安日吗？

答：没使用过日本年代，不知是大正几年，反正是距今三年前夏天加入的。

……

问：东方联盟是不是日本、中国、印度等东方国家的无政府主义者联合起来改变既成国体，建设自由劳动社会的团体？

答：以无政府主义来改变东方的既成团体，使东方国家都过上平等自由的生活。

申采浩先生在日本法庭上也没有丝毫屈服。七年后，也就是1936年12月21日，申采浩先生在旅顺监狱因病结束了自己战斗的一生，终年五十一岁。

柳子明是通过李光洙在《朝鲜日报》上发表的悼念申采浩的文章，才得知申采浩去世的消息。李光洙在文章中说申采浩是一位不屈不挠、很有骨气的人，“始终拥有坚忍不拔的意志，但缺少诗人的宽容”，还说他“奔波于北京和上海之间，结果因大不了的事情和无政府主义者一起死于狱中”。李光洙在文章中竟然把申采浩先生所从事的独立运动贬低为“大不了的事情”，把为国家、为民族献出生命的先生最后的时刻庸俗化，文章中充满了亲日派的语气。柳子明抑制不住内心的愤怒。申采浩先生是起草了三一独立运动宣言的人，是柳子明十分敬爱的师长，先生的去世让他心中感到深深的失落，同时，怒火如火山喷发而出。

当时，柳子明在南京，他挥笔创作，在南京的“南华青年联盟”的机关杂志《南华通信》发表了《悼念丹斋先生》的文章。光复后，柳子明在上海与李石、阳家骆、朱洗、郑华岩等计划出版丹斋先生的遗作，这时，中国共产党占领上海，此事便中途流产了。1981年，年近九十高龄的柳子明先生念念不忘丹斋先生，撰写了论文《朝鲜爱国史学家申采浩》，发表在中国权威杂志《世界史研究》上。他在文章中介绍了丹斋先生的爱国精神和史学研究成果，充分表达了他对这位近代爱国志士、著名的史学家、尊敬的师长无限崇敬之情。

柳子明论文的最后是这样结束的：

“朝鲜人民不会忘记这位卓越的史学家、杰出的爱国志士对自己祖国的贡献！申采浩先生的名字将永远铭刻在朝鲜人民的心中！”

柳子明失去了敬爱的师长申采浩先生，失去了信赖的同志李志永，还失去了许多中国的同志。这种刻骨铭心的悲痛伴随了他的一生。

柳子明对狱中生活的回忆并非都是坏的。他在回忆中多次提到韩联和所长对他们的关心及优待，特别提到韩联和所长断然拒绝日本领事馆要求引渡的事情，充分体现出韩联和所长对他们的保护。日本领事馆为了把柳子明等人引渡到自己的手中，策划了各种阴谋。他们以日本通讯社的名义，造谣说3月1日在武汉逮捕了十名朝鲜共产党，发送到各地的中国报社。在《湖南日报》上发表了“中国武汉公安局抓获十名朝鲜共产党员”的假报道，并拿着这个报纸作为根据来找武汉公安局。韩联和当场揭露这是谣言，使警备司令部断然拒绝了日本领事馆引渡的要求。

此外，韩昌烈夫人的故事也十分感人。她是一名医生，在汉口开了一家“博爱医院”。一起被捕的孙圣礼生病后，看守所的所长特别请她来给看病，柳子明把博爱医院作为通信联络处，与各地的同志取得联系，收看朝鲜的报纸。如果没有韩联和所长的特别关照，他们也许就会在寒冷和饥饿中痛苦挣扎，如果没有韩昌烈夫人金医生的帮助，也许生病的同志就会在狱中成为一具冰冷的尸体了。特别是在与外界完全隔绝的牢房里，如果没有博爱医院这个通信联络处，那么就不会与朴建雄等外面的同志取得联系，就不会联合开展营救活动。

通过博爱医院，上海临时政府和上海“韩国侨民会”才得知柳子明等人被捕的消息。临时政府派人到南京国民党政府提出抗议，积极进行交涉。最后派朴建雄给警备司令部送去了要求释放的公函。通过南京政府指示和武汉政府的交涉，8月28日，被关押了六个月的柳子明一行终于在武汉获释。令人痛惜的是李观海在博爱医院治疗时去世，制造炸弹的能手李知善因嫌疑大而未能获释，被捕时的十人，最后减少到八人。

日本领事馆不甘失败，继续千方百计阻碍他们。柳子明回忆说：

我们获得释放的第二天，日租界的一位朝鲜人来找我们表示慰问，他说："如果大家有困难我可以帮助。"

崔园和崔承年提出帮助解决两个人去上海的旅费。那个人回家取来了俩人去上海的旅费，打听到达上海的时间和乘坐的轮船后离开了。崔园和崔承年离开汉口时，他到码头相送。

然而却万万没有想到此人是日本的密探。他带来的钱也是从日本领事馆领取的。汉口的日本领事馆给上海的日本领事馆打电报，崔园和崔承年在上海下船后，立即被日警逮捕了。（《我的回忆》109—110 页）

得知这个消息后，柳子明等人便开始格外小心谨慎。

此后，金斌和宋旭东前往湖南，柳子明与安东晚一道去了武昌。

第四章 转折点

(1928.9—1937)

1. 在南京

安东晚是黄埔军校第六届政治系毕业生，是义烈团的成员。第六届政治系还有陈公木、陈甲洙、王巨、关秋、赵国东、宋旭东、柳光世等人。在黄埔军校期间，安东晚受到良好的政治军事教育和严格的训练。北伐战争开始后，随独立炮兵营营长李剑云参加实战并立了功。大部分参加北伐和东路军的朝鲜人都被任命为军官，安东晚也是如此。他在中国大革命的炮火中逐渐倾向于共产主义。

出狱后，柳子明与安东晚一道在武昌住了一阵子。安东晚曾是李剑云的副官，李剑云因共党嫌疑被捕入狱后，他离开了部队，不久便与柳子明一道被捕入狱。两人多方联络同志们，可是参加南昌起义和广州起义的同志都杳无音讯。而且在武汉三镇也没有找到志同道合的人。

能去的地方只有上海。可是大革命后，中国的大城市都陷入白色恐怖之中，上海也成为一座恐怖城市。借时局混乱，日本领事馆猖狂镇压朝鲜爱国志士。他们竟然在光天化日之下逮捕了崔园和崔承年。而且，这个时候法租界当局也开始敌视朝鲜人。立足于法租界的临时政府保守民族主义者改变了立场，坚决反共，而且担心接纳具有进步思想的朝鲜人会引火烧身，关闭大门拒绝往来。金九先生回忆说：“……起初抱着满腔热情和远大抱负来到上海的青年人，因经济困难而去就职或经商，起初达一千多名的我国独立运动者，渐渐减少，最后只剩下几十名。”（《白凡金九先生自传》第279页）

柳子明其次能去的地方就是北京和天津。然而，一度被称为北京三伟杰的朝鲜人核心人物申采浩、李会荣、金昌淑等同志都不在了。申采浩先生入狱。金星淑到上海来治病时被日警逮捕，押送到首尔，判处十四年有期徒刑。那时李会荣先生也搬到了天津，可他们也不能到天津去。

李会荣的夫人李银淑回首尔后一边在橡胶厂干活，一边给妓院的妓女们缝补衣服。李会荣就靠夫人干活寄来的钱维持生计，后与李锡荣合家，李会荣将父亲留下的巨额财产全部用于独立运动，最终却落得无处藏身。所以，柳子明觉得自己不能再去给他增添负担。柳子明依靠的义烈团组织现在也陷入困境，义烈团的活动处于停滞状态。在上海活动的金星淑也离开了革命一线，从事出版业，翻译书籍或写文章维持生计。金星淑曾对参加广州起义死里逃生的张志略说：“在目前白色恐怖猖狂的时候，关键是无论如何也要生存下来，为指导今后的重要工作做准备，我在这里从事理论工作和研究期间，解决你们的生活问题还是可以做到的。”从中我们足以看到义烈团在政治上和经济上的困境。

阴历七月十四，柳子明出狱，在武昌住了一个多月，转眼到了8月中旬。都说每逢佳节倍思亲，这时柳子明倍加思念在故乡的父母和妻子、儿子。因为有大哥在，他可以不必担心为祖先做祭祀的事情，可是把妻子和孩子也托付给大哥照顾，他感到非常过意不去。他常常以光复祖国大业来安慰自己，然而此时在异国他乡却如此孤独无助，他心如刀绞。他在水原农林学校时养成了一日三餐后休息一个小时的习惯，可如今，他已无法维持一日三餐，囊中日渐羞涩，一人糊口都难。而日本帝国主义的气焰却日益嚣张，民族独立势力由于内部分裂逐渐衰弱，他的心就像被撕成了碎片，异常难过。离开故乡时正是二十出头，风华正茂的年龄，如今已是三十多岁了，国家独立却还是这样遥遥无期，在他的心中，故乡成为一个永远无法回去的恐怖之地。

过完中秋节，柳子明与安东晚一起离开武昌到南京。南京有年初率炮兵营离开武昌的权晙和李春岩，他们在宪兵司令部做事。此外，义烈团的延秉昊经营鼓楼旅馆。延秉昊和柳子明已有十多年的交情。三一运动后，为了躲避日本人的追捕来到首尔时，柳子明参加的青年外交团就是延秉昊等人的“作品”。延秉昊生于忠北槐山，和生于忠州的柳子明是邻居，在故乡朋友李秉澈的介绍下加入青年外交团，曾在一起并肩战斗。柳子明担任秘书工作时，1919 年 11 月，延秉昊被庆北警察部逮捕。后来柳子明回到首尔在联通制做事时，1920 年 6 月 29 日，延秉昊在大邱地方法院被判处三年徒刑。出狱后，1922 年 7 月，他重新回到上海，发起临时策进会，后因意见不合而退出，到北京开展活动。1929 年来到南京。他与闵丙吉、尹琦燮、成周寔、申翼熙、崔用德、安载焕、金弘一、廉温东等一道组织了韩国革命党，任常务委员，积极开展活动。

延秉昊腾出旅馆的一个房间让柳子明和安东晚暂时住下来，权晙和李春岩他们寄来了活动经费。虽然他们都曾发誓为国家的独立生死与共，可是因他们曾经被捕过，担心受到牵连。在国民党中央政府所在地南京，在反革命“清党运动”策划者蒋介石的眼皮底下，他们不得不格外注意自己的一言一行。

正在这时，出现了一个可以让他们安心去的住处，那就是东方被压迫民族联合会。他们在狱中的时候，联合会迁到了南京。他们与联合会的中国代表畦光录、王涤尘，印度代表沙度辛、甘大辛、毕申辛等在武汉时就相识，他们都热情相迎。特别是印度代表，由于自己的同事——日本密探那郎辛的出卖，害得柳子明他们受苦，他们深感歉意。柳子明和安东晚搬到了联合会安排的住处，开始积极投入到联合会的工作。

柳子明首先为了使更多的同志成为东方被压迫民族联合会的会员，给在上海的同志发了信。郑华岩回忆说：

> 在南京的柳子明来信说，同志们都集中在上海，应该有个组织，东方被压迫民族联合会正在组织人员，请把名单寄来。那时我为了维持生计忙于经商，因而无暇到那里去。（《祖国去向何方》第 93 页）

当时上海的同志们生活贫穷，维持生计是个大问题。独立运动固然重要，但重要的是先要解决温饱问题。临时政府的资金已经见了底，安恭根腾出了在法租界为开药房租的三层洋房，由金斗峰夫人负责技术，柳树人负责接待工作，郑华岩等开办了冰淇淋工厂。可是他们却偏偏不走运，一向闷热的上海，那年夏天却阴雨连绵，吃掉的比卖掉的还多，结果不仅没有挣到钱，反而连本都赔了进去，弄得倾家荡产。在那种艰难的时期，柳子明要扩大发展东方被压迫民族联合会的努力只能化为泡影。

然而，他在南京却开拓了一条新的出路。可以说，南京是他人生的一个重要转折点。

> 南京为当时中国首都，与上海较近，因此到南京来的朝鲜人也比较多，还有许多中国知名人士。因此，我在南京期间，

见到了朴南波、赵素昂、李宽容、李星容、朱耀翰等朝鲜人，还见到了匡互生等中国知名人士。（《我的回忆》第 11 页）

与朴南波、赵素昂、李宽容、李星容、朱耀翰等人的交流是柳子明世界观发生一大变革的契机。

柳子明在南京见到的赵素昂是一个四十出头的中年人。他本是上海临时政府的主要领导人，1919 年 5 月参加巴黎和会到欧洲，1921 年重新回到上海后，开展了唯一党运动，旨在联合处于分裂状态的独立运动组织，到南京时已经创立了团结的民族政党韩国独立党的思想三均主义[①]。三均主义就是以政治、经济、教育的均等为基础，以建设全民族绝大多数人幸福的均等社会为核心内容的政治思想。一年后，1930 年 1 月，赵素昂与金九、安昌浩等民族阵营人士一道，创立韩国独立党。韩国独立党是拥护和维持临时政府的基础势力，是与临时政府表里如一的政党。三均主义被接纳为韩国独立党的政治理念，成为独立运动的目标，它与韩国独立党的政治理念及金元凤的民族革命党的政治理念相似，成为左翼阵营里的共同政治理念。

赵素昂的三均主义是模仿孙中山的三民主义，结合朝鲜实际而创立的理论。柳子明受朴南波委托翻译了《孙文学说》，在翻译过程中受到很大触动，他在回忆录中写道：

1928 年冬天。

---

① 三均主义：是赵素昂提出的民主主义的政治思想。提出要实现个人与个人、民族与民族、国家与国家之间的完全均等，就要在经济、政治、教育上实现均等。个人之间的均等要通过政治、经济、教育来实现，民族之间的均等要通过民族自决来实现，国家与国家之间的均等要经过否定殖民政策和资本帝国主义，禁止外来侵略来实现。只有这样才能实现四海一家、世界一元的完全平等的国际社会。

有一天，朴南波到联合会来，叫我把孙中山的著作《孙文学说》翻译成朝语。

就这样我在翻译《孙文学说》的过程中，对孙中山的三民主义有了更深的理解。三民主义由“民族”“民权”“民生”三大主义组成。民族主义是以反对外族的侵略、主张民族自由独立为主要内容；民权主义就是推翻封建专制制度，建立人民一律平等的人民政权；民生主义就是消灭一切剥削制度，建立一个在政治、经济上人民一律平等的国家。(《我的回忆》第112页)

柳子明在翻译《孙文学说》过程中，接触了朝鲜的政治家、思想家和文学家们，受到新思想的强烈影响。他从理论上分析独立运动，深刻思索着一条正确的独立运动之路。其结果就是由柳子明起草，朝鲜革命党中央委员会通过，并于次年三一运动纪念日发表的《义烈团宣言》。其内容如下：

……宣言指出，至今我们独立运动的第一个弱点就是没有把运动的基础放在劳动大众上，未能有组织地组织广大群众斗争，因此，削弱和动摇了运动的战斗性，产生了民族主义和社会主义的派别斗争，使战线陷于混乱，演出了同族相残的悲剧。因此，宣言指出“我们的革命只有以工农大众为基础，依靠广大群众的组织斗争，才能获得巩固的发展”。如此看来，义烈团正是把以工农大众为基础，组织动员他们开展斗争作为革命的统一战线。这时的统一就是意味着在联合工人、农民的基础上，联合小市民的阶级同盟，说明当时社会主义者积极主张进一步形成统一战线。这种主张联合下层人民的统一战线就意味着抛弃一直坚持的唯一党运动，表明唯一党运动只不过是形式上的右倾机会主义。(《金元凤研究》第 126 页)

柳子明完成《孙文学说》的翻译后，立即去找朴南波。朴南波写了一封信，让他把稿子交给叶楚伧。叶楚伧是当时国民党中央党部宣传部部长。柳子明带着译稿去找中央党部，把朴南波的信交给叶楚伧。叶楚伧热情地迎接他，把一个装着稿费的信封交给他。

手里拿着装有稿费的厚信封，柳子明心里感到特别地踏实，步子似乎也迈得更稳健了。他说他从未像那时那样感受到钱的魔力。虽然联合会给他解决食宿，但由于囊中空空，总是觉得挺不起腰板来。那次翻译他既挣到了钱，又学了不少新思想，同时也成为一次深刻分析韩国独立运动的契机，真可谓一举多得。

当初朴南波把翻译稿子交给他的时候，他根本就没想过钱的事儿，因为当时义烈团及所有独立运动者们经济状况都是一贫如洗。翻译《孙文学说》的稿费是一百五十元。柳子明从信封里取出五十元作为安东晚到汉口的旅费。

2. 岔路口

在南京生活期间，柳子明与袁绍先、叶正叔、章警秋、陈光国等中国人成为好朋友。那时袁绍先与弟弟袁正义一道开办了中央通讯社，叶正叔是乙巳俱乐部的主任，陈光国经营花牌楼书店。

由于柳子明与叶正叔关系密切，所以经常到乙巳俱乐部去。乙巳俱乐部是纪念辛亥革命的一个组织。因这个缘故，柳子明还经常到同样也是为了纪念辛亥革命而成立的南京贫儿院。南京贫儿院是一个专门为在辛亥革命时牺牲的革命烈士子女而设立的教育机关。院长是黄宗汉，教务主任是蔡乾九。黄宗汉是近代中国一位杰出的民主革命者，是1912年南京政府成立后任教育部长兼参谋总部部长的黄兴[①]的夫人。蔡乾九是梁启超[②]的学生，是袁世凯死后任四川督军兼署民政长的弟子蔡锷（1882—1916）的儿子。

他经常到乙巳俱乐部和南京贫儿院，在此期间接触了资产阶级改良主义运动家康有为[③]、梁启超等人的思想，通过他们与孙中山先生思想的比较，对朝鲜命运进行了新的思索。早在北京时，他就读过深受申采浩、朴殷植、李海潮、安国善等前辈们喜爱的梁启超的《饮冰室合集》，到南京后才读到梁启超的《朝鲜亡国略史》《朝鲜灭亡之原因》《朝鲜贵族之将来》《日本吞并朝鲜记》等文章，特别是曾受到康有为称赞的《朝鲜哀词五律二十四首》深深打动了他的心。

他从读第一首时就禁不住流下热泪。词中所写的事实都是自己亲身经历过的，词中所蕴含的情感就是柳子明心情的真实写照。梁启超的大朝鲜思想就是20世纪初中国人的普遍思想，而柳子明心中的感受也就是20世纪初所有朝鲜爱国志士的心情。

他想起了韩日合并后，萦绕在朝鲜三千里江山的痛哭声，想起了自己在农林学校上学时，大哥从乡下来看他，他们和亲戚郑云益一道放声大哭的情景。

---

① 黄兴（1874—1916）：中国革命家。1905年在东京与孙文等组织中国革命同盟会。1912年，任中华民国临时政府陆军总长。

② 梁启超（1873—1929）：中国清末中华民国初期启蒙思想家、文学家。

③ 康有为（1858—1927）：中国清末及中华民国初期的学者、政治家，戊戌变法核心人物。提出“能变则变，不变则亡；全变则强，小变仍亡”的主张，在同洋务派、顽固派做斗争中起到了一定的进步作用。1917年参加张勋复辟活动，旋即失败。

柳子明读梁启超的词时深切感受到，蚕食国家的腐败无能的李朝伪君子们和卖国求荣的李完用，实际上与日本帝国主义穿的是一条裤子，只有像安重根那样的义士一样，铲除这些可恶的家伙，才能够找回失去的国家。他深深感到自己选择的这条道路虽然充满险恶，但却是一条光荣的道路。

通过康有为、梁启超到孙中山的资产阶级启蒙运动以及民主主义运动史，柳子明深刻认识到要解放在日本帝国主义铁蹄下的朝鲜，就要与信仰孙中山民主主义的中国资产阶级民主主义者联合起来，而且今后解放后的朝鲜也必须建设一个自主的独立国家。

柳子明在贫儿院通过院长黄宗汉和教务主任蔡乾九认识了在这里教日语的日本教师田和民。他是日本的无政府主义者，在很多方面与柳子明有着相同的世界观。听说柳子明等人因日本领事馆指控是"不逞鲜人"，在武汉警备司令部以共产党嫌疑被关押半年的事情，他十分气愤。他说"不逞鲜人"就是日本帝国主义所说的朝鲜独立运动者，是热爱和平和自由的日本人民的朋友。在华的朝鲜无政府主义理论家和实践家柳子明与日本无政府主义者田和民结下了特殊的友谊。

1929年春，柳子明到乙巳俱乐部时，叶正叔给他介绍了一位陌生人。他就是袁绍先。他是中央通讯社的社长。他说，前一年他与在上海的一位朋友合伙投资开办了一个农场，这是为纪念在辛亥革命中牺牲的韩复炎烈士而做的纪念工作，名称也叫韩复炎烈士纪念合作农场，他们正急需农业技术人员，叶正叔说柳子明是农林学校的毕业生，于是特来邀请他去。

在斗争环境日益险恶，生活越来越难以维持的情况下，袁绍先的邀请可谓是雪中送炭，这样一来，不仅可以逃避日本领事馆的监视，同时也能摆脱眼前的生活困境。于是，柳子明愉快地答应了邀请。他这样做并不是在回避独立运动，而是认为，独立运动的最终目的就是建设一个让亿万百姓过上幸福生活的国家，因此首先要发展农业，建设一个百姓不愁温饱的国家。后来他说，他从来没有把在中国研究农业与韩国的独立运动分开来想。

柳子明没有声张，离开“联合会”去了农场。

农场位于中山门外孝陵园南侧。农场面积一公顷，还有一幢草房。他决定在这一公顷地里，三分之一用来种植桃树，其余种西瓜。南京是著名的西瓜产地，当地农民种植西瓜的技术很高。柳子明在当地聘请三位农民耕地种植西瓜，并开始移栽桃树苗。

柳子明到农场后才知道袁绍先和上海临时政府的安恭根是挚友，他在物质上和精神上对独立运动家们给予了很大的支持，因而与他结成亲密的同志关系。有一次，袁绍先从立达学园的农场订购两箱蜜蜂。那时柳子明认识了当时著名的教育家、改革家匡互生先生。

柳子明在回忆录中说：

> 立达学园的创始人匡互生到南京时从江湾带着两箱蜜蜂在南京站下车，乘坐一辆人力车来到中山门外。
>
> 我们迎接了他，他向我们交代了饲养蜜蜂的方法，他对朝鲜人住在草房里，与农民一起种地深表同情。我们农场一位叫郭炳庆的人过去曾和袁绍先一道在立达学园共事，他和匡先生关系密切。匡先生虽然一身普通农民打扮，但他却拥有伟大的思想。（《我的回忆》第114页）

匡互生，湖南省邵阳人。他是新型中学立达学园的创始人、校长。早在辛亥革命时，他带领学生参军，1915年进入国立北京师范大学，参加了学校组织的“工学会”。1919年，他参加了举世瞩目的五四运动。1918年11月11日，第一次世界大战结束。1919年，帝国主义列强在巴黎举行了和会。中国的袁世凯政府也派代表参加。然而，那次会议是英、法、美、日等帝国主义操纵的瓜分世界的会议，使弱小国家的利益受到严重侵害。会议拒绝了中国政府解除德国在山东特权的正当要求，并决定将特权转交给日本。这个消息传到国内后，激起了中国人民的极大愤怒。5月4日，北平的三千多名学生举行了示威游行，这一运动与朝鲜的三一运动相似，拉开了反帝反封建的民主主义运动的序幕。

那时，匡互生是北京师范大学的学生，他站在游行队伍的最前面高喊“打倒卖国贼！”“取消‘二十一条’！”“还我山东！”的口号。游行队伍驶向位于东交民巷的各国大使馆，受到武装人员的镇压，于是他们便掉头转向赵家楼胡同曹汝霖的住宅。曹汝霖是当时北京政府的交通总长，早在1915年任袁世凯[①]政府的外交部副部长，是在“二十一条”卖国条约上署名的代表之一。曹汝霖、章宗祥、陆宗兴又是段祺瑞[②]向日本借款和签订军事协定的经手人。因此他成为当时受到舆论强烈斥责的三大卖国贼之一。

那天下午，学生包围了曹宅。曹宅大门紧闭，学生们猛烈捶门，门打不开，这时，年方弱冠、血气方刚的匡互生先生，只身从后院翻墙跳

① 袁世凯（1859—1916）：河南省项城人。1885年由李鸿章保荐，任清政府驻朝鲜总理交涉通商事宜的全权代表。1911年武昌起义时，凭借北洋势力和帝国主义的支持，出任内阁总理大臣，掌握清政府军政大权。1912年，窃取中华民国临时大总统职位，在北京建立北洋军阀政府。1915年接受企图灭亡中国的“二十一条”，以换取对复辟的支持，1916年3月，被迫撤销帝制，6月6日病死。

② 段祺瑞（1865—1936）：中国的政治家，清朝末期袁世凯的心腹，创建北洋新军。1912年任陆军总长，1913年任代理国务总理。1916年因反对袁世凯的帝政运动辞职。袁世凯死后，在总统黎元洪手下任国务总理兼陆军总长，掌握政治实权。

进曹宅，奋勇打开大门，示威的学生如洪水般冲进曹宅，没有找到曹汝霖，却找到了正在曹宅的章宗祥，他刚从日本回国，当下被学生捉住痛殴一顿。匡互生和同学们余恨未消，在曹宅放了火，这就是“五四运动”中所谓的火烧曹家楼事件。

后来，大批军警赶到曹宅，有三十二名学生被捕，其中就有匡互生。在全国人民的声援和舆论的强烈谴责，以及北京各校学生组织的营救下，被捕学生获得释放。

> 匡互生在北京师范学院毕业后，到长沙第一师范学校任教务主任，以革命思想教育青年学生。
>
> 匡互生请来在第一师范学校读书的毛泽东[①]，任命他为师范学生实验小学的主任，一起来教育青年学生。
>
> 后来，匡互生与周为群、余君适、陶载良、张石樵等一道在上海江湾创立了立达学园。(《我的回忆》第 119 页)

立达学园的五十一名创始人中，就有 20 世纪初中国著名的科学家之一朱光潜先生。

匡互生是被时间追赶的人，总是来去匆匆。

有一次，匡互生紧紧握住柳子明的手说：

“你为祖国的独立来到中国，和中国农民同甘共苦，很了不起，我很想和你携手合作呀。”

“谢谢你。我在中国朋友的帮助下死里逃生，才有现在这样的生活

---

① 毛泽东（1893—1976）：中国的政治家、共产主义理论家。1921 年中国共产党创始人之一。作为湖南代表参加中国共产党第一次全国代表大会。西安事变发生后，树立抗日民族统一战线，将红军改编为中国革命第八军，抗击日本军。1949 年 10 月 1 日，在北京成立中华人民共和国，当选国家主席兼国家军委主席。

保障。”

那天，柳子明和匡互生虽然是初次见面，但从他的身上感受到非凡的智慧和人间情义，第一次就给他留下了深刻的印象。因为第一次的美好印象，当袁志伊介绍他到立达学园时，他一口答应下来，在立达学园当老师期间，他与匡互生结下了深厚的友谊。

3. 黎明中学

1929 年，当时上海临时政府派赵素昂为驻南京特派员，李宽容以新闻记者的身份随行。他们住在中国旅馆，拜访了中国国民政府和国民党中央党部。

柳子明十分尊敬具有强烈民主主义思想和恢复国权意志的赵素昂，对他提出的建设民族国家的纲领以及三均主义十分赞成。

虽然信仰和主义不同，但柳子明也真心喜欢李宽容。李宽容是马克思主义者。他到德国留学时学习了马克思主义，回国后担任《朝鲜日报》的记者，还参加了于 1927 年成立的“新干会”。李宽容向柳子明详细介绍了“新干会”成立的经过和目标。

> 据他解释，“新干”来自“古木新干”，古木指具有悠久历史的朝鲜民族，新干意味着朝鲜民族的新历史。当时在首尔的先进知识分子都参加了新干会。
>
> 李宽容的马克思列宁主义思想知识极为丰富。他提出在朝鲜把马克思列宁主义可以缩写成“MELISM”。M 代表马克思，E 代表恩格斯，L 代表列宁。取这三个人的第一个音，朝鲜叫“MELISM”，这样有利于宣传革命思想。(《我的回忆》第

114—115 页）

李宽容虽然具有记者的敏锐性及判断力，但由于到中国时间不长，对中国复杂的形势不能做出客观的判断。当时国民党政府尚不稳定，在广东掀起改造派反对蒋介石的运动。广西派的李宗仁和白崇禧[①]反对蒋介石，并动用武力，加之这时中国共产党在井冈山建立了根据地，在江西省和福建省发动了革命战争。李宽容认为应该把对中国形势的正确观点告诉朝鲜人民，因此让柳子明给写一篇“关于北伐战争的经过和朝鲜青年参加战争的情形，以及中国各党派之间关系的文章”。（《我的回忆》第 115 页）柳子明把自己所经历和看到的如实写出来交给李宽容，李宽容高兴地说这是一篇难得的好文章，对他表示感谢。

就这样，柳子明和赵素昂、李宽容关系更加密切。他们到南京来找柳子明时，柳子明异常欣喜，他们在南京逗留期间，柳子明积极帮助他们的工作。

后来，柳子明在朝鲜的报纸上看到李宽容在元山海水浴中不幸溺水而亡的消息后，长时间沉浸在悲痛之中。

到武汉的安东晚又重新回到了南京。1929 年夏天的一天，柳子明在安东晚的介绍下，认识了陶行知[②]，有机会与他一同访问了晓庄农村师范学校。

陶行知是当时著名的教育家之一。1913 年毕业于南京金陵大学文学

---

① 白崇禧（1893—1966）：中国军人，战略家，北伐战争时任国民革命军总司令部副参谋长，在中日战争中任军事委员会副参谋总长、军训部长等职。1946—1948 年先后任国民党政府国防部部长。1948 年任华中扫匪总司令。1949 年任华中军政长官，向共产党宣战。

② 陶行知（1891—1946）：中国的教育家，1923 年以后，投身以民族资本为基金的民间教育运动，1927 年创办新型学校晓庄学校，拥护共产党，培养革命青年。

系，第二年到美国留学。1921年，与留美归来的学生一起组织了中华教育改进社，从1927年3月起，受中华教育改进社的委托，与赵叔愚一道在距南京不远的农村晓庄成立了农村师范学校，教育农村的青年。校长是陶行知，院长是赵叔愚。该校的全称就是晓庄农村师范学校，以陶行知开创的新的教育方法教育学生。

> 这所学校的大门是向农民群众敞开的，他们随时可以进来听课。农忙季节与农民一起劳动，农闲期学习。
>
> 这所学校的教师和学生一起学习和劳动，高年级学生教低年级学生。
>
> 该校采取劳动与学习相结合，理论与实践相结合的方法。
>
> 陶行知提出对学生“六个解放”，即解放学生的“大脑”“双手”“眼睛”“嘴”“空间”“时间”。换句话说就是不采取注入式，而是实行启发式教育。(《我的回忆》第116页)

柳子明到晓庄参观师范学校时，强烈思念起故乡来。心中涌出一股冲动，那就是在故乡建一所学校，以陶行知式的教育方式指导故乡人。让父母和兄嫂、妻子、侄儿和两个孩子以及村里的男女老少都来学习。但是眼下朝鲜却被日本帝国主义强占，他失去了故乡，失去了亲人。他感到一种深深的历史使命感，一定要找回祖国，找回故乡和亲人。

回到韩复炎纪念农场后，柳子明写了一篇文章投到《朝鲜日报》。那篇文章发表在《朝鲜日报》上，不久后，朱耀翰到南京来找柳子明。他说他看了柳子明在报上发表的文章，向他询问学校的地址。

南京对柳子明来说是人生的一个岔路口。从这时起，柳子明在中国开始了他教育家的生涯。这与当时的无政府主义运动有着密切的联系。

1929年前后，在上海的中国、朝鲜、日本等国的无政府主义者开始进行有组织的运动。当时中国的无政府主义者的情况是这样的：

在中国，无政府主义者把无政府主义作为改革和打倒阻碍社会发展的封建君主制度的方法之一。中国的无政府主义者从两个方面接受这种思想。

一是以日本留学生为中心的“东京集团”，他们于1907年在东京组织了“社会主义研究会”，发行《天意》杂志，被称为“天意派”。这个集团的核心人物就是张继和刘师培。

其次是以法国留学生为中心的“巴黎派”，1907年，他们在法国组织了一个被称为“世界史”的组织，发行了杂志《新世纪》，因而被称为“新世纪派”。巴黎集团的代表人物有李石曾、吴稚辉、张静江等。

这些中国的无政府主义者在清朝时受到很大镇压，辛亥革命推翻清朝政府后，他们都成为中国政界主要人物。张继成为国民党的领导成员，蔡元培是北京大学的校长，李石曾成为北京大学的教授。然而，他们却过低评价中国传统的中华思想即民族主义，在理论性的组织化上失败。其结果，进入20世纪20年代中国的无政府主义者开始逐渐陷入低潮。（《无政府主义者李会荣及其年青朋友们》第121—122页）

东方三国的无政府主义者们的大众运动主要有两个侧面，一是农民运动，再一个就是工人运动。农民运动在福建省成立农民自卫组织民团编练处，与军阀和土匪展开斗争。工人运动在上海成立劳动大学，有组织地培养工人运动家，与共产主义在理论和实践上相对立。主要人物有秦望山、秦春培、梁龙光等，他们主动请求韩国无政府主义者的帮助。

1929年夏末的一天，柳子明刚刚种完西瓜，便收到在泉州黎明中学当教师的陈范预写来的信。他在信中说，自己因身体虚弱要回家治病，没有人代他讲生物课，他想来想去，觉得没有人比柳子明更合适，于是递交辞职书的同时，向学校推荐了柳子明，让他速来学校。他根本就没有问柳子明的意图，以一张“恐吓信”，逼他就范。

他与柳子明关系十分密切，柳子明无法拒绝他的要求。他给袁绍先写了一封信。当时袁正沉浸在头一年就获得西瓜丰收的喜悦中，柳子明要走的消息让他心里十分难过，但他知道柳子明是个人才，留在自己的农场里实在可惜，便接受了他的辞职，还为他举行欢送宴会，把拖欠的工资一分不差地计算给他，还外加路费。

> 就这样我离开了南京，经上海去了厦门。在厦门我见到了韦惠林，他也去黎明中学。我和他一道在厦门乘木船经安海到了泉州。(《我的回忆》第117页)

在如今交通四通八达的情况下，要从位于中国大陆中央的南京到中国最南端的福建省泉州也需要两三天的时间，何况当时时局混乱、战火不断的时期，到处是土匪当道，他们的南行可谓充满艰难险阻。他们只好抛弃陆路，因为从江河进入大海的水路更加快捷安全。从南京到上海过扬子江需要两天，在上海乘船到厦门如果天气好五天就可到达，然后从厦门经安海到泉州需要一天。好在柳子明到厦门不是初次。两年前，他与金若山一道从广州到上海途中遭遇海盗负伤时，曾在厦门治疗半个月，来往的船只只有英国太古轮船公司的，他这次坐的也是从厦门到上海时那艘轮船。

重游厦门，他想起了曾经帮助过他的厦门大学的朝鲜留学生和太白山商社的主人。那次他们为他买了船票，站在码头上一直挥手送他，直到看不见为止。想到此他心头一热，决定此次顺便途经厦门看望他们，表示一下谢意。

可惜柳子明在厦门没有见到他们。当时同胞们的生活就像无根的浮萍，漂泊不定。一年前，兴士团成员经营的那家太白山商社曾是独立运动家们的联络处。临时政府副议长吾山李刚也曾在此逗留，卖几斤人参维持生计，后与李基焕一起被日本领事馆绑架押送到朝鲜。为了营救他们，泉州民团义烈团的同志们，闯进停泊在泉州后渚港的日本渔船，抓获八名日本人作为人质。那起事端引发了外交纠纷，迫于日本政府的压力，南京政府动用海军陆战队相威胁。发生这一重大事件后，太白商社不得不从厦门撤出。

多亏到达厦门码头时，韦惠林到码头来接他。他是平壤人，父亲是个大富豪，是教会的长老。因此，他们兄弟几人都曾到国外留学。他聪明过人，在平壤时就已经精通朝鲜语和日语，还懂汉语。后来到中国留学，会讲一口流利的中国话，一度曾在哈尔滨的俄罗斯银行上班，又学会了俄语。他是视死亡如草芥的冒险家，是一位随时准备为国家和人民献出一切的独立运动家。他也被黎明中学聘请为教师。从厦门到泉州他还是第一次，遇到柳子明这样情投意合的伙伴他既高兴又放心。

柳子明乘木船经安海到达后渚港。该港是唐宋时期对外通商的最大港口，是“海上丝绸之路”的起点，如今这里成为通向亚洲和非洲一百多个国家和地区的贸易港。现在到泉州还可以看到唐宋时期外国人出入的古迹，如犹太人和阿拉伯人的古墓、寺庙等。是一座国际往来频繁，汇集着各国和地区文化的著名文明古城。柳子明首次踏入这片土地的时候，大街上还可以见到许多“进士及第”的牌匾，号称“海滨邹鲁”。

远在南朝时，这里是南安的土地，唐久视元年（700年），武荣州治理这个地方，景云二年（711年）设立泉州。因泉州附近有座泉山而得名。

柳子明记得泉州是郑成功的故乡，是少林寺南派的发祥地，但重要的是在当时的情况下，朝鲜独立运动与泉州有着密切的关系，因而他更加思念这个地方。

沈克秋写道：

……这里是全国出名的侨乡，差不多家家都有在南洋各国打工的人。他们的特点是挣了钱不买土地而盖房子。解放初便有一个笑话：解放军南下初来到这里，看到农村到处都是二三层楼房或大院大户的砖瓦房，他们就说这里家家都是大地主。还有一个特点是乐善好施，盖本姓祠堂和小学、中学，甚至大学。著名的华侨领袖陈嘉庚创办的厦门大学，集美学区各类学校也是全国出名的。看他们的族谱都是陕、甘等省迁来的，很可能是秦、汉、三国、隋、唐时期戍边部队安家落户与当地土著通婚繁衍起来的吧？这里村落不是各姓杂居，而是清一色的一姓聚居，因此封建族长操纵乡里的色彩很浓，是村与村械斗的温床，械斗起来都是真枪实刀，死人的事情常发生。这里有一个时期又是土匪横行的天下，少则几十，多则上百上千。（《我的回顾》第25—26页）

泉州有高高的戴云山脉和长长的陆地海岸线，是少数民族云集的地方，国民党势力还尚未在这里立足，像陈国辉、高为国等都曾是这里出名的土匪头目之一，他们后来被招安，编为地方保安部队。第一次国内革命战争时期，为了躲避国民党的镇压来到泉州开展活动，使朝鲜独立运动家和义烈团成员也在泉州落脚。

当时泉州有泉永二属民团编练处，这是一个怎样的组织呢？

> 泉永二属是指泉州府、惠安、同安、金门的四个县和永春府的永春、安溪、大田、永安四个县。
>
> 民团编练处是针对这个地方土匪多的实际，为防止他们袭击，训练青壮年保卫故乡，以自治、自卫为目标，以中国、朝鲜、日本的无政府主义者为中心组织起来的民团训练机构。
>
> 当初这个运动是从中国的无政府主义者梁龙光、秦望山等在福建南部闽南开展的农村运动发展而来的。……他们在泉州设立“宣传员培养所”，选拔二百多名中学毕业生，正式开展干部培养教育。
>
> ……
>
> 民团运动方案完全以中韩合作体制进行。虽然该民团是为中国某地自卫而组织的团体，但中国同志对我们的独立运动给予了很大支持，民团组织稳固时期，也可有效利用于我们的抗日独立运动，所以我们也积极参与。（《祖国去向何方》第 83 页）

民团成立初期的目标是十分宏伟的，可最终由于中国形势的逼迫和经济困难而变得虎头蛇尾。从开始到收场只持续了十个月。但其自立、自治、自卫的宗旨与朝鲜的独立运动者和义烈团的思想是一致的，通过这个运动，与中国、日本等国家的同志结成了纽带关系，为今后的斗争打下了可靠的基础。

柳子明代替陈范预来到这所学校，这是一所与平民学校相似的民团进步人士开办的学校。柳子明到此之前，已经有李乙奎、李丁奎、李基焕、柳树人等在这里执教，日本同志赤川肇来、岩佐作太郎也在这里。可是，柳子明到这里时，曾热衷于民团运动的李基焕因与李乙奎、李丁奎意见不合，一气之下回了上海，途中在厦门与吾山李刚一起被日本领事馆绑架。民团运动收场后，李乙奎、李丁奎也在郑华岩离开的同时离开了上海。留在泉州的同志只有几人。

那天，柳子明与韦惠林到达后渚港后，意外地见到许烈秋和柳树人来接站。柳子明对许烈秋、柳树人像亲兄弟一样，一直十分爱惜，是多年的同志。所以他特别高兴。

许烈秋是上海朝鲜人社会有名的许长老的侄子，许长老在上海太昌中学执教，是兴士团吾渊金福炯的小舅子，柳子明在上海时就认识他。而且，柳子明等义烈团的许多同志在广州时，他与崔园一道在武昌积极开展活动。1927 年 11 月，在上海举行的韩国独立党关内促进联合会上，与在广州的吴相伦、郑有林、崔秋海，在武昌的崔园和许烈秋在预选中当选。特别在武昌居住在独立炮兵营时，柳子明从崔园那里了解到许烈秋的人格与才能。

柳树人身高一米八，修长的身材，四方大脸，五官端正，特别是那双炯炯有神的大眼睛，英气逼人，别说是女人，在男人眼里也是个美男子。他出生在朝鲜黄海道金川郡合滩面梅后岱洞，是儒学者柳缵熙的儿子。他父亲十七岁时，进入首尔贞洞美国基督教培材学堂，学成返里参加义兵运动，结果失败。1912 年率眷属流亡北间岛局子街落户，并创办太光中学，自任校长。后从事传教活动，同时参加独立运动，在洪范图的国民会担任财务部长。柳树人在延吉道立二中读书时，正赶上庚申年大讨伐，他迫于形势，远走关内，在南京金陵中学继续求学。中学毕业后，进入北京朝鲜大学经济系。这时，朝鲜的第一位航空驾驶员安昌男从日本军队逃出，到中国来找安正根。安正根把他介绍给山西军阀阎锡山，柳树人作为他的翻译与他同行。因这个关系，1923年，柳树人在山西省太原阎锡山的航空队，和安昌男学习了九个月的飞行驾驶技术。可是由于阎锡山的弟弟贪污军资，从德国购买了已经淘汰的飞机，致使安昌男在试飞时坠机身亡，他只好重新返回北京。

柳子明从柳树人那里得知是谁密告了申采浩先生。在这里我们暂且不谈柳子明，先来讲一讲申采浩的事情。

1925年夏天，在柳树人的介绍下，沈茹秋认识了安昌浩、安正根、金永万、李铎等老先生。金承万那时隐居在北京西郊海甸镇。沈茹秋的弟弟沈克秋在《我的回顾》中写道：

……他们的家属都穿汉服，尤其是金承万酷似中国农民。金承万原出身于新义州富户，也是反日组织“新民会”会员，从事反日独立活动后毁家纾难，在创办半军事学校“新兴学校”时，财力上做出很大贡献。现在他们过着爱国志士的贫寒的流亡生活。不久李铎也从西迁来，小小僻静的海甸镇便成为朝鲜爱国志士蛰居之地。茹秋在与这些老先生过从中认识了金承万的三女金根昌，也毕业于通州女师。尽管茹秋是身无分文的寒士，但她一见倾心，不数月就结成夫妻。当时在北京各大学留学的或流亡在京的朝鲜青年，常去海甸和这些老先生接触，这就引起日本特务机关的注视，不时派陈国信、文时禄等走狗混在留学生中出入海甸，并对老先生们不是恫吓，就是勒索，企图引起事端。这样弄得这些老先生无以安生。茹秋、柳絮、赵世勋、安阳生等，正是血气方刚时，闻此消息，义愤填膺。……这年秋季某一天，柳絮、安阳生闻讯躲在金承万老先生的厨房里。九时许，文、陈二贼果然大摇大摆地走进金宅客屋。柳絮等先发制人，突然袭击，从他们身上搜出手枪一支，匕首一把。然后拳脚相加，二贼身负重伤，就在北京日本医院医治两个多月才出院。此事发生后，金承万一家怕再出事，搬进城内东四牌楼皮库胡同。文、陈二贼得知新址后，晚间九时闯入金宅，见到茹秋便开枪射击，茹秋中弹后冲出大门，文贼追出胡同又从背后开了一枪，但未命中。茹秋负伤入院治疗，好在子弹只是穿胸部皮下，所以十余日就出院。此事发生后，柳絮等人赶回北京到处搜寻文、陈二贼。(《我的回顾》第 15—16 页)

……

茹秋被枪击负伤后，陈国信、文时禄两个日本走狗，一时潜伏未动，树人也就回太原航空队里。可是不久二贼喊捉贼，又和叛徒金天友狼狈为奸，把李成春出卖给敌人。李成春上了金天友的当，在大哈达门酒吧间里被日警绑架解往朝鲜，被判处死刑。友人李志永为了报这个仇，在北京暗杀了叛徒金天友。不久，李志永和台湾友人林炳文、著名史学家申采浩先生等，去天津、台湾等地活动，被日警逮捕解往大连。(《我的回顾》第 87 页)

1927 年夏，柳树人重新回到北京，还到上海、厦门、福州、南昌等地开展独立运动。在上海，他与中国人毛一波一起住在法租界，日本特务与法警勾结要逮捕他，他为躲避追捕来到泉州。

柳子明与比自己离开故乡时还年轻的柳树人、许烈秋和许三才夫妇一道在黎明中学教书，这让他心里十分高兴。当时，伴随着中国大革命的失败，独立运动也遇到挫折，柳子明也感到有些精疲力竭了，而这些年轻的同志又给他增添信心。

> 黎明中学的校长是梁龙光，教务主任是吴克刚，他因病在厦门的鼓浪屿医院治疗，由韦惠林代理教务主任。
>
> 当时泉州有黎明中学和平民中学两所中学，这两所学校的经费由南洋的华侨提供。这两所学校是同一系统的私立学校，管理的机关叫董事会，董事长是秦望山。
>
> 当时泉州也有朝鲜人，柳树人和许烈秋在黎明中学，中国朋友叶非英、袁志伊和田英在平民初中。
>
> 我在黎明中学教生物，对泉州地区的热带植物进行调查和研究。其中荔枝和龙眼是泉州有名的特产，此外还有各种果树和花卉等热带植物，使我增加了不少新的植物学知识。（《我的回忆》第117—118页）

黎明中学和平民中学是厦门、泉州地区民团运动的代表人物许卓然和秦望山、杨容光等在东南亚华侨的赞助下创办的学校，致力于培养接受新思潮、反封建、反军阀统治和帝国主义侵略的革命势力。在这所由中国进步人士经营、执教的学校里，柳子明与他们结下了浓厚的感情。

从全国各地云集到这里的教师，都是经历过五四运动洗礼的优秀知识分子。他们都像柳树人、许烈秋那样既年轻又充满热情，都非常热爱在军阀混战和帝国主义横行下挣扎的祖国人民，不图名不图利，以苦为乐，全心全意为人民的命运和祖国的前途而工作。

黎明中学和平民中学董事会会长秦望山及黎明中学校长梁龙光、平民中学校长叶非英都是教师的典范。秦望山断然拒绝了国民党政府请他担任福建省政府建设厅厅长的邀请，后来不得已担任了国民党福建省党部的组织兼宣传部部长职务。因此，社会上怀疑学校经营方针会不会转向培养国民党的后备力量。然而，这所学校是不分什么主义的，始终把培养爱国者、革命者、科学家作为其办学宗旨。

这所学校，无论校舍和教学设备都陈旧不堪。校舍是利用文庙一角草创起来的。宿舍是将大殿横竖隔成的三间屋子，放上木床。虽说是亚热带地区，但宿舍四面透风，又冷又潮。“夜间是蚊子和蝙蝠的天下。那么多的蝙蝠夜夜饱餐着蚊子这佳肴，但蚊子也不见其少，虽有蚊帐，仍是乘隙而入。可以说得上是生态平衡。”（沈克秋《我的回顾》第31页）每天晚上因蚊子没法开灯。可是柳子明和别的老师一样，为了批改学生作业，只好点上煤油灯，在蚊子群聚攻击下，伏案工作到天亮。老师的宿舍也比学生的好不到哪儿去。老师们晚上备课，白天上课，还和同学们一起到厨房干活，到菜园里劳动，打扫卫生，与学生们同吃同劳动。当然这不是学校的规矩，而是大家都自觉地去做，大家在一起分不清谁是老师谁是学生。不仅免交学费，而且食宿也全是免费，由于实行的是免费教育，董事会常常是资金紧张，不能按时发放工资是常有的事情。

柳子明到此后不久，柳树人不得不离开学校。厦门的日本领事馆派特务打听学校的情报，向当地省防军第一连营长陈国辉行贿，获得引渡的许可。幸亏警备队长蔡季石知道此事后，事先透露了消息。

柳子明在黎明中学教了一个学期。1919年三一运动后，他为了逃避追捕到首尔，这是整整十年后重返讲坛。十年沧海桑田，在这段岁月里，他们为夺回被日本帝国主义践踏的土地而斗争，可是独立运动落入低潮，日本帝国主义的统治却愈加巩固，他们的魔爪也伸向独立运动的主要舞台中国。他联想起十年前在忠州公立普通中学时那些孩子们的面孔，热心地教着中国的孩子们。他像对待自己远在故乡的孩子们那样，爱护所有的学生。虽然国籍不同，民族不同，他却把自己的希望放在这些孩子们的身上。

4. 立达学园

柳子明在柳树人和许烈秋的介绍下，与平民中学的叶非英、袁志伊、田英等中国老师们结下深厚的友情。他们都是进步的民主人士，十分尊敬为了祖国的独立而到异国他乡奋斗的柳子明，与他成为亲密的同志。其中，袁志伊是匡互生的学生，立达学园物色老师时，他向自己的老师推荐了柳子明。就这样，1931 年 1 月，柳子明来到了上海的立达学园。立达学园的总部在上海江湾，高中部农村教育科在南翔镇附近的柴塘。农村教育科设有新式养鸡场、果园、菜圃、养蜂场等。农场由学生管理，收入用于购置教学设施和学生的日常生活，学生在学校一边学习科学知识，一边参加生产劳动。立达学园最大的特点是不设校长，只设一个管理委员会，分工管理“学园”的事务，大事由管理委员会讨论决定。柳子明在立达学园农村教育科教农业课和日语。

> 立达学园农村教育科以教育与生产劳动相结合的方法教育学生。学生入学时，一次性交齐三年的学费，以此作为集体生产资金。农村教育科根据当地需要，养鸡、养蜂，生产水果和蔬菜。当时上海鸡蛋供不应求，因此在江湾建起一个现代的养鸡场，请专门技术人员养鸡。（《我的回忆》第 120 页）

在学校里，学生们一边学习，一边从事农业生产。教师上课的同时，与学生一道生活和劳动。此外，还向当地农民传授农业知识，这样的教学方法源于院长匡互生的政治主张和教育理论。

匡互生毕业于北京大学天文系，在政治上信仰无政府主义，与柳子明在政治上思想一致。但他并不公开宣传自己的政治主张，而且当时的身份也不允许他宣传。特别是在湖南第一师范学校以及上海立达学园，他都是负责人，所以事事都得小心谨慎，不能把自己的政治主张强加于校内的老师或学生，因此，立达学园高中部教师中没有无政府主义者。

他与柳子明单独见面，谈论世界形势及中国的局势，交流相互的政治主张。通过交谈，匡互生了解到当时朝鲜独立运动的状况，对朝鲜的独立与解放事业给予很大的关心。当时立达学园教师的工资一律是六十元，可他亲自向立达学园管理委员会提建议，破例给柳子明每月月薪八十元，并多次表示，如果学校将来的条件好一些，很愿意给朝鲜革命者更多的帮助，以此来表示对朝鲜独立运动的支持。

> 有件事情给柳子明印象极深。“立达学园”校本部学生很多，很可能有国民党分子混在里面做情报工作。有一次，一名学生被上海国民党当局怀疑是共党分子，匡互生先生得悉此信后，立即亲自去找这位同学，给予经济资助，帮助他安全离校出走。
>
> 在匡互生先生的直接掩护下，柳子明一面在立达学园任教，一面为朝鲜的独立和光复事业而战斗。（《戴勋章的园艺学家——柳子明传》第 20 页）

柳子明到上海之前，1929 年 12 月 2 日，金若山在北京城内，与安光天、朴建宏、李任顺、李春岩、梁柏林等一道成立了朝鲜共产党再建同盟，决定不再使用义烈团这一名称。“使用再建同盟这一名称是因为义烈团已经成为主张暴力、暗杀路线的民主主义团体的代名词，因而在与国内社会主义运动结合时会成为障碍，因为他们都曾反对民主主义运动。”（《金元凤研究》第 133—134 页）再建同盟下设北京支部、满洲支部、朝鲜支部，解散了上海支部。解散上海支部是由于组织内部有共产主义或无政府主义等各门派，很难实行统一的理论和组织控制。

因此，柳子明到达上海时，这里成为无政府主义者云集的地方。尤其是李会荣从北京来到这里，白贞基也到此来治病。此外，还有梁汝周、金志刚、柳树人、严炯顺、李康勋、李永俊、罗月寒、元心昌、朴基成、郑海里、李何有、金光周等。

1927 年上海成立了劳动大学，因而这里成为中国无政府主义者的根据地。特别是李乙奎兄弟成为上海劳动大学的筹备委员，与李石曾等中国无政府主义代表人物及中国政界要人进行合作。劳动大学在上海江湾，共有五百多名学生，培养无政府主义斗士。

第二年，发生九一八满洲事变①，国民党提出攘外必先安内的政策，对日本帝国主义实行不抵抗政策，而加大对共产党的讨伐。这时，共产党和进步人士掀起了抗日救国运动。“日本帝国主义对满洲的侵略，给朝鲜人民的民族独立解放运动带来很大的希望和信心，因为，这些年来朝鲜人民一直与日本侵略者孤军奋战，现在几亿中国爱国民众成为我们的友军。民族解放运动家们从此更加积极展开抗日活动。”（《金元凤研究》第 147 页）

满洲事变后，李会荣、白贞基、郑华岩、柳子明、柳树人、李会

① 满洲事变：1931 年 9 月 18 日，由柳条沟事变引发的日本关东军侵入满洲的侵略战争。日本军为了借口入侵东北，炸掉了位于沈阳郊外柳条沟的满洲铁路，并反诬是中国人所为。以此为借口，开始从满洲铁路沿线向北满进犯。

观、李又观、白鸥波、朱烈、李何有、李达、朴基成、罗月寒等在上海成立了南华韩人青年联盟。

在成立大会上大家选举李会荣为议长，而李会荣却坚决拒绝。

“不是我不能胜任议长一职，而是因为将来领导这个组织的人是你们，所以我认为应该在你们中间选出一位来。”

说着李会荣推选柳子明为议长。年轻同志们接受了李会荣的退让和推选，柳子明说“今后请老先生们多加教诲”，欣然接受了大家的选举，担任议长兼大会负责人。排斥中央政权的无政府主义组织的首长，实际上比议长更接近对外负责人的性质。内部事情大家共同讨论处理，为避免与外部接触时出现混乱，设对外负责人。(《无政府主义者李会荣及其年青朋友们》第235—236页)

南华联盟下设南华俱乐部，发行机关杂志《南华通信》，机关杂志的印刷由李奎昌负责。

金学铁先生回忆说，制定了“我们的一切组织都以自由联合为原则”，以“建设一个绝对自由、平等的理想社会为纲领”，以“进行社会革命为目的”等十项条约，主张建设一个自由联合的社会。这些主张通过《南华通信》传播到各地的独立运动团体，许多无政府主义者云集南华联盟，与独立运动者联合，使南华联盟在上海形成韩国独立运动的新势力。

在华朝鲜人社会的无政府主义运动中心本来在北京，那是因为李会荣、申采浩先生等重量级人物在北京。南华联盟成立后，其舞台完全转移到中国南部，成为继临时政府之后新的势力，开展独立运动。(《独立运动史》第七卷《义烈团斗争史》

第 781 页）

南华联盟以暴力武装斗争和特工的方式开展独立运动，作为特工别动队，1931 年成立了特殊恐怖团体敢死队，1936 年组织了猛血团，开展斗争和活动。(《独立运动史》第七卷《义烈团斗争史》第 780 页）

当时柳子明的公开身份是上海立达学园的教授。然而，南华联盟所有行动的后面都有柳子明的影子。李康勋先生在《独立运动大辞典》中，这样记录了柳子明：

（柳子明）在上海郊外南翔立达学园任教授职务，在物质和精神上对革命同志给予大力支持。具有任何危险时刻都挺身而出的气魄和爱护同志的宽大无私的胸怀。他的聪明才智使他总是站在斗争的最前沿。1932 年，我离开北满来到上海时，柳子明几乎每天都来到我的住处亨元坊，一起吃饭，在思想上给予帮助。当年我身怀炸弹走向死亡的时刻，他仍然与我一起乘车到位于租界警戒线的津津茶房，告别时他对我说以后咱们在阴间再见。这些情景我至今难以忘记。(第 529 页）

当时，上海法租界的华光医院是四川人邓梦仙开办的，是中国无政府主义者的联络处。邓氏在日本学医时，就与日本的无政府主义者关系密切。那年的 10 月末，以中国的无政府主义者邓梦仙、王亚樵、华均实为代表，以日本同志田华民、吴世民等为骨干成立了抗日救国联盟，通过田华民开展联合斗争。李会荣担任计划委员，王亚樵负责财政部。抗日救国联盟是以破坏敌人重要机关和暗杀日本要员、清除亲日分子、进行排日宣传等为主要目的的黑色恐怖团体。

> 行动队行使自己的职责，华均实、田华民、李勇俊在上海北车站狙击有亲日行动的汪精卫，结果只杀死了他的副官。在福建泉州，当地的同志们炸毁了日本领事馆。在天津，柳基石、李勇俊等人向载着日本军需物品驶进的日清轮船和日本领事馆投了炸弹，炸掉了日本领事馆的部分建筑等。李会荣和我负责指挥行动队，王亚樵负责财政和武器供应。
>
> 王亚樵是安徽人，是中国无政府主义者之一，以在两广的西南系胡汉民、白崇禧、李宗仁、陈铭枢为背景，与十九路军关系密切。但从其所进行的政治活动来看，与其说是无政府主义者，不如说他更接近利用政治关系进行恐怖活动的流民。（《祖国去向何方》第134—135页）

在这种形势下，立达学园归南京国民政府中央教育部直接管理。这与匡互生的挚友吴稚辉和李石曾的努力是分不开的。他们当时是国民党中央委员会的委员，具有这种能力。然而，他们使立达学园的所有经费由中央教育部支出却另有打算。从政治上讲，他们是无政府主义者，这样做的目的是想把具相同思想的匡互生及其手中的立达学园变成自己的天下。果然，没过多久，立达学园农村教育科的所有教师都成了无政府主义者，立达学园农村教育科成为无政府主义者的联络场所。农村教育科教务主任陈范预与教师马宗融、罗世弥、谭祖阴、张晓天等都是无政府主义者。

这些变化离不开柳子明的努力，这些变化又使柳子明的政治活动变得比较自由。这样一来，事实上立达学园成为南华韩人青年联盟活动的根据地。他们以立达学园为中心，致力于培养工人运动者和农民运动者。在千方百计策化抗日行动同时，为培养独立运动实力也倾注了不懈的努力。

对满洲事变发生至次年 1 月 28 日上海战争期间的生活，柳子明在回忆录中写道：

> 1931 年 9 月 18 日，日本帝国主义者发动了侵华战争，继占领东三省之后，又向华北地区进攻。1932 年 1 月 28 日子夜，日本海军陆战队在上海登陆，对驻扎在上海北部的十九路军进行突袭。一·二八上海战争开始时，位于江湾的立达学园成为战争的中心，立达学园的教师和学生，在匡互生的指挥下，将重要的设备和生产工具转移到浙江省嘉兴，农村教育科放假一个月左右。
>
> 我与郑华岩、李何有一起留在上海。匡互生先生到上海看望我们朝鲜人，还带来了我的工资。得知我们的困境后，把我介绍给位于上海法租界的劳动大学校长易培基，我们得到易培基的经济援助。(《我的回忆》第 122 页)

上海劳动大学是 1927 年年初，由吴稚辉、蔡元培、李石曾、张静江等人创立的国立大学，当时很有名。在该大学执教或负责的人员都是一些知名人士。李何有的舅舅，也就是李晦观的弟弟李又观教授，后来成为韩国成均馆大学的校长。李晦观、李又观以及李何有都是独立运动家，早在泉州开展民团活动时，就与郑华岩、柳子明等人相识。

1932 年 1 月 28 日，日本帝国主义者武装进犯上海，遭到十九路军的英勇抗击。上海的教育界、文艺界、青年学生和工农大众，冒着硝烟弹雨，共赴前线，慰问浴血抗战的英勇战士。当时，居住在上海的朝鲜人一千五百多人，仅法租界就是一千多人。他们中大部分人是流亡者，还有一些是因生计流落到此的难民、求学者以及浪人。只有少数人经商或在电车、公共汽车上当车长，绝大部分人都无职业。朝鲜人在极其贫困的情况下，捐款支援前线。他们抱着一个共同的信念，就是“支援十九路军，打败日本侵略者”。傍晚到街上买东西的妇女们，捐出了她们身上仅有的一点钱，这是她们的全部财产，意味着从晚上开始就要挨饿。人民群众的爱国热情有如高山瀑布，势不可挡。上海的同志们抓住这个时机，同心协力开展活动。当时十九路军中有不少朝鲜革命者。

日本陆战队受到十九路军的猛烈反击。日本军总司令曾信心十足地说要在“四个小时之内结束战斗”。结果遭到十九路军的猛然反击，在总攻战中失败，于是被撤职调回，日本海军第三舰队的司令官野村吉三郎接替了他的职务……他们动用飞机大炮及数十台坦克和数千名步兵展开了总攻，结果在十九路军的顽强反抗下，最终还是以失败而告终。（足迹丛书三《烽火》第523页）

这时，蒋介石慌忙下令强行将十九路军调往福建，要与日本帝国主义签订屈辱的停战协定。结果“淞沪抗战”还是归于失败。蒋介石对外不抵抗、对内讨共的政策，引起进步人士的强烈愤慨，各地纷纷举行抗议活动。

由于十九路军没有听从蒋介石停战的命令，致使南京政府与王亚樵等之间关系紧张，蒋介石视王亚樵等人为眼中钉、肉中刺。

因此，王亚樵要求南华韩人青年联盟暗杀蒋介石，以扫除抗日障碍。“南青联”的白贞基和梁汝周带着暗杀任务到庐山，结果失败。“回到上海后，白贞基和梁汝周对王亚樵说，由于戒备森严，根本无法下手。但他们却对我说，如果真心想杀了蒋介石还是能做到的。……如果这样，那么中国的版图也许就会发生很大的改变。但我们不能不考虑我们的临时政府和国民政府，还有我们无联和共产党啊。(《祖国去向何方》第 137 页）那次事情失败后，王亚樵和华均实只好到香港避难。

> 20 世纪 30 年代是朝鲜独立运动史上最艰难的时期。在满洲，朝鲜人失去了居住和移居的自由，许多独立运动者和无辜的朝鲜人被捕或被杀，独立运动几乎处于停滞状态。在朝鲜，由于联通制暴露，许多独立运动家被日本鬼子杀害。上海临时政府的军务总长金熙先、朝鲜新闻社社长李光洙、议政院副议长郑仁等向日本帝国主义者投降后回到了朝鲜。致使国内与满洲之间的联系中断，在经济上失去了援助，遇到了巨大的经济困难。因此，许多人为了维持生计，由东向西分散到四处。(《我的回忆》第 125 页）

上海的局势日益恶化。当同志们为了光复祖国，告别亲人来到异国他乡，冒着生命危险开展斗争时，一些人却为了个人得失，迎合日本帝国主义势力，与独立运动背道而驰。他们把住所移到日租界，把子女从仁成学校转到日本人的学校，毫不犹豫地出卖曾经共同战斗过的同志们，只要给钱就不惜把同志们的生命作为投资资本，甚至会把祖国拱手交给他们。

在如此险恶的现实面前，金九为了进一步弘扬民族独立精神，打开独立运动的新局面，开始了义烈斗争，即李奉昌[①]刺杀日本天皇未遂事件和尹奉吉[②]虹口公园爆炸事件。

在金九策划尹奉吉虹口公园爆炸事件的同时，柳子明和郑华岩也在秘密策划恐怖行动。

中国报纸对尹奉吉的壮举大书特书，报纸上说，中国四亿人口和六百万大军以及美、英、法等国际联盟的停战会议也拿日军没办法，而一个朝鲜青年却把他们打得稀巴烂。自从这一事件后，中国南京政府正式承认韩国临时政府，并通过临时政府主席金九每月给予两千元的经济援助。从这以后，韩国临时政府离开上海法租界迁到浙江省杭州，不受法国巡捕房的保护，直接受到中国政府的保护。支持金九派的中国政治势力是中国政府复兴社，又叫 CC 团，CC 团是该团首领陈果夫、陈立夫兄弟名字的第一个字母。另一个国民政府的军事机关易行社也支持义烈团，易行社社长是蒋介石，书记是邓杰。该组织是由黄埔军校毕业的教

① 李奉昌（1900—1932）：朝鲜独立运动家，毕业于龙山普通学校。曾在日本人经营的糕点厂工作，1918 年成为南满铁道株式会社见习火车司机，在龙山一带组织锦町青年会，并担任干事，开展抗日运动。1931 年到中国上海加入韩人爱国团，受临时政府国务委员金九之命，决定暗杀日本天皇裕仁东渡日本。1932 年 1 月 8 日，日本天皇与傀儡满洲皇帝溥仪在东京郊外的代代木练兵场看完观兵式返回时，他在樱田门向裕仁扔手榴弹，结果失败被捕。在审问中他一直没有交代幕后策划者金九。当年 10 月在非公开审判中被判死刑，在市谷警务所执行死刑。

② 尹奉吉（1908—1932）：独立运动家。号梅轩，本名禹义，忠清南道礼山出生。1918 年升入德山普通学校，三一运动爆发后自行退学，在成周禄开设的乌峙书塾学习汉语。1928 年组织复兴会，1929 年组织月进会等，始终站在农村启蒙运动的前列。1930 年 2 月到满洲流亡，加入金九领导的韩人爱国团。1932 年 4 月 29 日，奉金九之命在纪念日本天皇生日天长节及上海事变胜利仪式的现场——虹口公园扔手榴弹，当场炸死日本驻上海军队长白川义则和上海日本居留民团队长河端贞次，日本第三舰队司令野村吉三郎、第九师团长植日谦吉、驻华日本公使重光葵等受伤。义举后当即被捕，5 月 25 日在驻上海军司令部军法会议预审时移送大阪，12 月 18 日转到金泽警务所，19 日被枪决。

官组成的。CC团首领陈氏兄弟曾在国民党内肃清左派和共产党，深得蒋介石的赏识，因而对义烈团这样具有进步倾向的团体是警戒的，但与金九的立场却是一致的。

在严峻的形势下，柳子明看到民族独立运动阵营内的分裂苗头，便通过《南华通迅》发表了朝鲜革命统一的政治主张。他号召，无论朝鲜独立团体还是个人，无论是进步的，还是保守的，无论你信仰如何，都要在光复祖国、民族独立的旗帜下团结起来。曾组织共产主义团体解放同盟的金奎光和朴建雄亲自到农村教育科，对他的主张表示赞同。

从金学铁先生的自传体长篇小说《激情时代》中，我们可以看到当时《南华通讯》的影响力。

> ……从朝鲜来了一位青年的消息在朝胞中悄悄传开了。自从不速之客来访之后，便有人开始给爱仁理42号徐船长寄来《前程》《独立新闻》《南华通讯》等报纸和杂志，都是朝鲜文的刊物。看到尹奉吉在太极旗下，双手举着炸弹宣誓的照片后，船长深受感动。此外，在刊物上首次看到“日本强盗”如何如何的说法后，他摇着头说：
>
> “日本不是一个人，而是一个国家呀，怎么能叫强盗呢？”
>
> 读到“美帝国主义”一词时，他也不解地说：
>
> “美国是共和国，为什么说是帝国主义？”（金学铁长篇小说《激情时代》1988年版，中卷，第130—131页）

这说明，对于1916年出生于江源道元山，在元山和平壤接受日本帝国主义奴化教育的金学铁来说，在上海发行的这些刊物是十分陌生的。

迫于形势和舆论，1932年10月12日，义烈团、韩国独立团、南青联三个团体的九名代表在上海城内民国路小东门外东方旅舍，组织了各团体联合筹备会议。可是，金九的韩国临时政府自称是在华民族独立运动总部，拒绝与“爱国团”及其他团体的联合，没有参加成立统一同盟的会议。

金九先生在《白凡逸志》中谈了当时的情形：

> 这时，朝鲜人社会掀起统一之风，纷纷议论要组成对日统一战线同盟。一天，义烈团团长金元凤特地向我求见，于是我们在南京秦淮河畔秘密见面。他告诉我他将参加统一运动，问我是否也参加。他参加此运动的动机是向中国人表明金元凤并非共产党，而我却认为这种同床异梦的统一运动不可参加，因此拒绝了。
>
> 不久以后，召开了所谓五党统一会议。由义烈团、新韩独立党、朝鲜革命党、韩国独立党、驻美大韩人独立团等团体统一组成了朝鲜民族革命党。(《白凡逸志》书文堂 1994 年版，第 233 页)

除金九的“爱国团”外，其他团体于 11 月 10 日成立了韩国对日战线统一同盟。统一同盟发表了成立宣言。它与柳子明的政治主张是一致的，就是在推翻日本帝国主义的统治，争取独立自由的斗争，关键是结成统一战线。

李会荣先生深受鼓舞，离开上海去满洲。虹口公园事件后，日本帝国主义监视更加严密，柳子明把李会荣请到南翔。柳子明执教的立达学园位于上海市郊区，是一个比较安全的地方。因此，南华联盟一直在上海。南华联盟是韩国临时政府离开上海后，留在这里的唯一独立团体，但他们的活动空间却极其狭窄。

李会荣就是为了打破这种局面而要去满洲的。他觉得，如果在百万侨民生活的满洲做出像尹奉吉这样的壮举，就会在满洲形成一个中韩抗日战线。吴稚辉和李石曾赞同他的想法，并表示与张学良联络，提供武器与资金。

就这样，李会荣冒着生命危险离开上海。早年，他带着家眷来到满洲，开垦田地，创办学校，为独立运动倾注了全部心血。而今已年近古稀的李会荣先生，仍然怀着满腔热情，立志报效祖国。1930 年 10 月前往海林方面的年轻独立运动者们重新回到了关内，那里有他的两个女儿和女婿，他很思念他们。满洲事变后，随即爆发上海事变，加上虹口公园恐怖事件，全国各地都在日本帝国主义的严密监视之下，他明知局势十分险恶，却于 1932 年年初，登上了前往大连的轮船。不幸的是 11 月 17 日，他在大连日本帝国主义的水上署去世了。

这个消息对柳子明无疑是晴天霹雳。在北京时，他受到申采浩、金昌淑、李会荣三位老独立运动家的无私关怀与帮助。对他来讲，他们三位既像师长，又像父母。李会荣先生一生最大的心愿就是看到祖国的独立，回到独立后的祖国。

临时政府和无联的同志们决定为他报仇。孑然一身匆匆离沪的先生，在大连港一下船就被日警逮捕，这说明有人事先告了密。如果不尽快清除密探，那么，我们的同志不知什么时候还会遇到不测。

通过调查证实，告密者是延忠烈和李太公。友堂李会荣动身前往满洲的前一天，到其兄李锡荣处告别，当时有两个人在场。于是对这两个人进行了调查，发现这两个人很早以前就接到了暗杀、逮捕白凡金九或安恭根及南华联盟同志们的命令。郑华岩决定将他们诱到立达学园进行处置，事先与柳子明做了交代，让他做好充分的准备。

南华联盟和南华俱乐部的青年们把他们引到立达学园。对他们说安恭根和白凡找他们有事商量。他们认为，这是掌握临时政府要员情况的好机会，便随南华联盟的同志来到立达学园。

柳子明那时在南翔立达学园教书，这里四周人烟稀少，是下手的好地方。

当时，南华联盟的严炯淳、白贞基、梁汝周等人经常到立达学园来，南华俱乐部的元心昌、李达、安有生、金光洙和兴士团的许平等二三十名青年聚在一起，讨论锻炼身体和体育运动，以及有关独立运动的计划、具体行动等问题。

把延忠烈和李太公引到立达学园的几个年轻人，在学园内的湖里与他们划船喝酒，等待夜幕降临，谎称白凡和安恭根晚上到。

天黑后，几位年轻人把他们带到学院教室内，说白凡和安恭根在等他们，他们便得意洋洋地随他们走进教室。

走进教室后，几位年轻人立即掐住他们的脖子进行审讯。他们一开始极力否认，后来终于坦白交代了。同志们愤怒至极，像他们这样背叛民族、背叛亲人的叛逆行为只有死路一条。他们在学院和车站之间的路上将这两个叛徒处置掉了。

在审讯中，从他们的嘴里得知还有一个恶劣分子。此人就是安恭根妻子的侄子李种洪，是个接近特级的密探。其实安恭根也知道他的所作所为，却没有对外人说起。我（郑华岩）决定直接与白凡商量清除他。当然安恭根也同意这么做。

但是，此人却不轻易上钩。于是，派安敬根巧妙地把他引到南翔立达学园，待他交代所有的罪行之后，对其进行了处决。由于没有等到天黑就处决他，大白天处理尸体有困难，只好把他埋在砖头里，在上面又垒上了砖。后来，砖头倒了，尸体暴露在外面，于是中国警察怀疑是共

党所为，将其尸体埋到公墓。(《祖国去向何方》第144—146页）

5. 结婚

柳子明比郑华岩大两岁。郑华岩的故乡在全罗北道金制郡月村面长华里，因而，在忠北时，他们互不相识。是三一运动把他们的命运联系在一起。郑华岩到首尔，与李正奎、李乙奎、梁起铎、李钟乐、李钟弟、李钟旭、金翰等都是好友，一起开展活动，与柳子明也是同志。然而，他们俩人相见是在北京，是1921年加入共产党后前去参加极东劳动者代表大会的路上。在柳子明的挽留下，郑华岩留在了北京，又在柳子明的介绍下，与李会荣、申采浩、金昌淑等人一道开展独立运动。

朝鲜战争结束后，郑华岩回国结束了他的政治生涯，撰写了自传《祖国去向何方》。对他的客观评价，笔者认为中国同志们的回忆是比较贴切的。所以在此摘录了20世纪90年代沈克秋对郑华岩的评价。

> 我和郑华岩先生相处的时间不算短，对他的为人待物是熟悉的。我经过多年的观察，发现了他有不少他人所不及的优点，理所当然要成为“南青联”的顶梁柱。他有丰富的对敌斗争经验，他的警惕性特别高。办事稳妥，尽可能不出纰漏。像上海这样错综复杂的国际大都市，法、英、日、美等租界毗连，敌特警宪如麻，稍不留意，就会锒铛入狱、杀头。没有像他那样敏锐的头脑，就难以生存下去。他统筹成员的衣食住行，还要兼顾“南青联”的事业和各方的联系。(《我的回顾》第43—44页）

按照申采浩先生的话说，柳子明和郑华岩是舍弃“小我”，为“大我”而结成的一个战壕里的战友。郑华岩评价柳子明“无政府主义思想理论丰富，潜心钻研农业和光复后的祖国农村建设事业。他在中国漫长的流亡生涯中，带着无政府主义的信仰，与丹斋申采浩、心山金昌淑、友堂李会荣接触，在义烈团做了许多工作”。(《祖国去向何方》第186页)

郑华岩居住在上海。他家里有妻子和儿女，在外的身份是钢笔厂的老板。家庭不仅对开展独立运动起到很好的保护作用，同时也是一个抚慰身心的温暖港湾，他经常到立达学园与柳子明商量斗争策略。

在南华联盟处决李奎锡、延忠烈、李种洪后，受金九之命，处决了叛徒玉观彬，还枪毙了曾任上海朝鲜人居留会副会长、顾问的亲日派李容鲁。在他所做的一系列义举中就有在韩国独立运动史上留下闪光一页的“六三亭”事件。白贞基、李康勋在上海六三亭刺杀日本帝国主义驻上海公使有吉明的计划，在即将行动时因暴露而失败，但其影响却是巨大的。对这一事件的始末，《独立运动史》第七卷《义烈斗争史》中写道：

> 1931年，日本帝国主义者侵占了中国东北地区，1932年进犯上海。……日本帝国主义无视国际舆论对傀儡满洲政府的指责和中国人民的抗日运动，为了侵占中国北部，计划对中国官员进行收买政策……给有吉公史四千万日元，召开日本帝国主义长官和中国高级官僚参加的会谈。……大家纷纷表示不能放弃这个绝好的机会，要做一件有价值的事情。……只好以抽签的形式选出了两个人，白贞基和李康勋被抽中。……郑华岩、柳子明等人帮助他们做准备工作，准备了两挺手枪、一个大型手榴弹、两个小型手榴弹。3月17日下午8点左右，过六三

亭到武昌271号中国饭店松江春等待有吉出现。这时说好带路后就返回的元心昌，在等待现场附近的松江春前面，因行为可疑被日本人抓获，白贞基在长崎警务所以身殉国，李康勋被判处无期徒刑，辗转几座监狱，饱受折磨和痛苦，光复后出狱。（第784—785页）

李康勋先生在自传《我与民族解放运动》一书中写道：

这一壮举最后决定下来之后，白义士和我转移了住处，柳子明同志每天早晨来和我们共进早餐。此次活动的前一天，在三和楼为白、李二人举行了送别会，大家都怀着凄楚的心情，围着饭桌坐下来，只有白义士和我却吃得津津有味。端菜的服务员看到这个样子瞪大眼睛望着我们……

3月17日，决定命运的时刻终于来到了。李奎浩同志到西城汽车公司租来了出租车，载着柳子明、吴免直、白贞基、元心昌和我到位于公共租界警戒线的南市津津茶馆。在那里，我与吴免直、柳子明告别，我们说下辈子再见吧，然后进入租界，在现场附近下车……

可是元心昌与白义士到准备下手的松江春二楼后，下来时向我打了个手势。这时，我已经预感到坏事了。但我想无论如何也得生死与共，决不能逃避。于是就上了二楼，走到他们面前刚说“今天的事情已经糟了”，可就在这一瞬间，佐伯、藤井等领事馆的十多名官员和英国警察数人高喊着向我们举起了手枪，结果我们被捕了。（第158—159页）

郑华岩和柳子明是生死与共的无政府主义者，亲如兄弟。每次到南翔来时，郑华岩总是劝柳子明再组织一个家庭。他说，离开故乡已经十多年了，现在我们无法回到日本帝国主义统治的朝鲜，而且祖国的独立也遥遥无期，所以一定要考虑再婚。

柳子明在艰苦的流亡生涯中，从没想过再婚的事情。当年，他就像平常一样，似乎下个星期天还会回去，没打声招呼就离开了家。妻子多年来一直独守空房，每天期待着丈夫突然开门走进来。在没有丈夫的婆家里，她默默地抚养着两个年幼的孩子。现在他怎么能背叛妻子和孩子们呢？他觉得这是一个不可饶恕的罪过。

但这并不等于他不渴望异性的怀抱。离开家时刚刚二十出头的健康男人，在漫长的流亡生涯中不思念女人的柔情，这是不太可能的。

> 一天二十四小时蜷伏斗室，消磨时日，亦非易事。在这样的环境下最难熬的有两件事：这就是“食”和“色”。孟子这样的圣人也毫不回避地说“食色，性也”，何况是凡人。头等是挨饿经常威胁着折磨着这些流亡者。两餐不济是常事，挨饿最好的办法是静卧在床上呆望着天花板，干吞着自己的口水来润喉，不然就和别人大谈“吃经”来暂时忘掉挨饿的折磨，也是一种画饼充饥的好办法。肚子里有了点油水，就又想和女人温存。他们都是青壮年，正在血气旺盛之时，说什么铁石心肠，不近异性，那不是唯物主义者，只是理智在不断地警告自己，约束着自己罢了。这两件事交叉折磨着这些年轻人。要想吃饱饭，就得有个职业。在敌特如麻的上海滩上，动不动就会暴露目标，有职业也不敢求呀！何况这些流亡客都是半吊子华语，到哪儿去找职业？柳树人在福建泉州黎明高中任教时，那里都

是自己的同志，说得上是最安全的了吧？可是厦门日本领事馆收买这里的军阀头子陈国辉要逮捕柳树人，树人还算命大，是警备队姓蔡的队长，得知这个情报，立即派人通知树人逃命，这就是现实。“色”更是危机四伏，在上海解决问题最简便的办法是嫖妓女。这些人哪有闲钱去当嫖客？上海的妓女，高级的轮不到他们，低级的有“野鸡”，偶或经济允许可以去嫖一下解解渴。可是这种女人满身是性病，谁去碰她们倒八辈子霉。敌人也利用流亡者的这种心理，往往用美人计来当诱饵，稍不注意就会上钩锒铛入狱，这样的实例不是没有的。总之他们面前的陷阱重重，稍不留意，就会粉身碎骨。保持民族气节，谈何容易？（沈克秋《我的回顾》第44—45页）

这是当时在上海南青联活动的沈克秋先生的直言告白。笔者读过独立运动者们的许多回忆录，而谈到“食、色、性”的只有沈克秋先生。他告诉人们世界上无论多么伟大的人物，他首先是一个具有七情六欲的人。

有一天，郑华岩带着一位陌生的女人来到立达学园。她个头矮小，鹅蛋形的脸庞，白皙的皮肤，是典型的东方美人。但是，当时生活处境艰难，无依无靠。

柳子明一眼就认出了她。她叫刘则忠，是柳子明在武昌时认识的。

后来，柳子明到泉州后又重返上海，安东晚也来到上海。有一天，安东晚在上海的街头上偶然遇到她。那时她正在上海街头徘徊。安东晚不能视而不见，他想到了柳子明，想让柳子明和她结婚。一开始，柳子明还没有想过结婚，因为他在故乡有妻子和孩子。妻子十八岁嫁给他，二十刚出头就送他出了远门，至今她仍翘首以待。虽然他们不是自由恋爱结婚，谈不上是天上的比翼鸟、地上的连理枝，但他从来没有想过抛弃糟糠之妻。

当时，柳子明把自己的宿舍让给刘则忠住，自己搬到收发室里，打算如果有合适的地方就送她走。不过，改变柳子明想法的是柳树人寄来的一篇文章。那就是沈茹秋的《间岛调查实录》。

柳树人在黎明中学执教时，由于日本领事馆指使收买军阀头目陈国辉逮捕他，他不得已离开泉州到北京，与沈茹秋一道去了北间岛。沈茹秋认为要光复祖国不能坐在关内说空话，应该到东北去斗争，柳树人也有同感。

在上海成立南青联的会上，柳子明见到柳树人，在他那里得到沈茹秋的文章。在这里沈茹秋详细记录了对间岛朝鲜人现状的具体调查资料。沈茹秋的政治主张使柳子明产生共鸣。翻开书，他在《序文》中，就已经被这位热血青年的爱国精神所吸引。

> 本书之叙述目的，可谓有三点：第一，在巩固中国之东北边防；第二，在抵制日人于东三省政治经济教育之侵略；第三，在使华侨韩侨各得其安居乐业之所。此三者，相互有不可分离之关系，不可偏废而解决者，而第三者既为本文之目的，又为达到第一第二目的之方法。何以言之，韩人若在中国良善得法之统治下，得与华人平等享受公民之权利，则日人之侵略行为无以施展，而东北之边防，不求固而自固；否则韩人成为日人侵略满蒙之先锋与工具，东省前途之危险，实有不堪设想者在……（《延边调查实录》第 1 页）

满洲事变后，东三省掌握在日本人的手中，因此，沈茹秋的政治主张也许在东三省已经过时，但对居住在关内的朝鲜人来说却是及时的。

就拿上海来说，日本领事馆称未入中国籍的朝鲜人为自己的“臣民”，对中国政府施加压力，千方百计加以妨碍。要想在关内摆脱日本人的魔掌，放心地从事抗日活动，加入中国籍是一个十分迫切的问题。既然日本人以保护自己的“臣民”为借口，在朝鲜人居住的地方设立日本领事馆，那么入华籍也是阻止侵略的一个方法。

沈茹秋在结束语中强调“欲求延边不亡必先有具体方针，欲求有具体方针必先设置特别区域”。在这里所说的具体方针就是要朝鲜人获得中国公民权，特别区域就是指日本帝国主义以保护自己的“臣民”为借口，把势力扩大到间岛四县。

柳子明在沈茹秋的文章中深受启发，以南青联的名义给张学良写信交涉，其内容是向中国政府暴露日本侵略行径，要求朝鲜人获得公民权，与中国人民一道抗日。1932年9月，他找到匡互生，匡互生又说服吴稚辉和李石曾。他们都是中国无政府主义者的代表人物，李石曾爽快地答应了无联的请求。就这样，终于与张学良取得联系。对南青联写给张学良的内容及其交涉结果，郑华岩后来回忆道：

> 我们通过李石曾向张学良交涉，围绕当时的政治形势，强烈谴责日本帝国主义占领朝鲜半岛的强盗行为和侵略大陆的罪恶行径，诉说韩国独立运动家的苦衷，以及我们的同志在满洲开展活动的经过，强调今后要同日本帝国主义开展斗争，我们的同志和侨胞手中必须有武器。此时，张学良正对日本人炸死其父亲的阴谋及对他本人的态度极为愤慨，他表示考虑几天后给予答复。
>
> ……
>
> 可是，这事却没有实现。……蒋介石不想与日本发生正面

冲突，与日本签订《塘沽停战协定》，事实上承认了满洲国，使事态发生了很大变化。

由此，张学良也失去了实权，中国各地的学生举行了声势浩大的示威游行和请愿活动。由于国民政府消极抗日，张学良要向我们提供武器的承诺化为乌有。

刘则忠小姐在宿舍期间，他们从没在一起住过，也没有过分亲热之举，更没有什么婚约。可在外人看来，他们俨然是一对夫妻。在同事们的热情撮合下，柳子明终于向她妥协了。他说，起初他并不爱她，可是在后来患难与共的生活中，逐渐对她产生了爱。他决心接受刘则忠可以说是受《间岛调查实录》的影响。如果与中国人结为夫妻，那么就是半韩半华的身份，同时可以提高中国政府的信任度，得到保护。他请郑华岩、安东晚、许烈秋等上海的亲密同志和学校的老师一道吃了一顿便饭，以此代替了婚礼。这是他离开故乡的第十五年，也就是1933年。从此，柳子明结束了他孤独漂泊的生活，投进了女人温暖的怀抱，并走上了一条教育者之路。

6. 沈克秋与《我的回顾》

笔者写《柳子明评传》完全得益于大学时的恩师金炳珉教授。早在20世纪80年代，金炳珉教授便在平壤的金日成综合大学研究申采浩先生，后来自然对柳子明发生兴趣。为此，他曾多次到关内，通过柳子明的女儿，会见一些与柳子明有过交往的人，做了大量的采访工作。可是，金炳珉教授自2001年起担任延边大学校长以来，由于公务繁忙，抽不出时间来著书，便把此重任交给了我，由他负责编审。他委托我时说，有一位老人对柳子明比较熟悉，并给了我电话号码，此人就是沈克秋。可当时由于本人太忙，未能及时与他取得联系。后来，到了9月底时，我终于有了闲余的时间，便给沈克秋先生家里打了电话。然而，令人惋惜的是，沈克秋先生已于2001年4月离开人世。他是与柳子明一起走过抗日年代的唯一生存者。他的去世给笔者带来深深的遗憾。庆幸的是沈克秋先生留下了一部遗著《我的回顾》。我向他的儿子沈仁泽提出出版的要求，拿到了这本珍贵的遗稿。下面，笔者在此书中摘录一些与柳子明有关的部分和他的中国朋友们与朝鲜人共同斗争的内容加以简要叙述。

沈克秋先生原名容澈，1914年12月9日出生于朝鲜咸镜北道吉州郡长白面合浦洞。是父亲沈能淑和母亲吕氏的第二个儿子。大哥是先母所生，从二哥沈容海起是吕氏所生，老二容海与老三容澈相差十年，中间有两位姐姐。1919年，他们一家渡过图们江来到和龙县五道沟，也就是现在的和龙八浦江农场安了家。后来又搬到虚乃城。虚乃城是渤海时期有名的地方，位于现在的和龙市八家子镇下南村，与著名的渤海遗址德府古迹西古城和海兰江仅隔四公里，村子的最东面就是贞孝公主墓遗址。沈克秋先生十五岁时随二哥沈茹秋到北京香山慈幼院上学。

香山慈幼院是孤儿院，实际上不限于孤儿，五湖四海无依无靠，失去学习机会的儿童多来这里，婴儿教保园（初生弃儿），幼儿园、小学、中学初高中等职业学校。

……在男子初、高中有五六位朝鲜同学，其中有一位是电影明星金焰的弟弟金刚。

……有一次，安昌浩同友人一起来到慈幼院给朝鲜学生演讲，地点是理化实验室。……安昌浩要来演讲，所以全校的朝

鲜男女学生都参加。(《我的回顾》第 20—23 页)

沈茹秋的弟弟沈克秋到北京后，开始与哥哥的朋友柳基石、朴观海等独立运动家们接触，第二年即 1930 年，认识了柳子明。那是在香山慈幼院上五年级时，学地理课需要中国各省地图册。于是便给在察哈尔省宣化师范当老师的柳树人写了信，不久后，地图册从上海寄来。那时，中国多出三个省份，一个是热河省，省会在承德，一个是察哈尔省，省会在宣化，一个是西康省，省会在康定。原来柳树人委托在上海的柳子明弄来的。他与柳子明的相识是从信中开始的。

当沈克秋小学毕业后要跨入中学大门的时候，以王明为首的党内知识分子，大刮“左倾”盲动主义之风，煽动中学生“打倒熊希龄”。熊希龄一气之下勒令停办中学部，中学里的朝鲜族学生往南京跑，有的投奔金九临时政府，大部分投奔金若山的义烈团。学校把无路可走的沈克秋安排在原青龙桥中学部新设的毛巾厂里当学徒工。柳树人得知这个消息后，让正在北京平民大学读书的弟弟柳基文把沈克秋接到北京，然后他亲笔给叶非英老师写了介绍信，给他拿路费，送他到福建泉州平民中学。

柳子明、柳树人等人都曾在泉州当过老师，叶非英、伍禅等无政府主义者也在此当老师，因此沈克秋思想上发生了深刻的变化。

老师叶非英看到树人的介绍信，便把我安排在学生宿舍里。老师和学生在平民中学是亲如兄弟姊妹，使我很快摒弃了师道尊严的隔阂。五四运动时期正是世界各种思潮冲决中国数千年封建礼教堤坝的时代。(《我的回顾》第 26 页)

叶非英老师曾参加过广西平江起义，在“农民讲习所”担任过教师。他组织“华北农村教育步行参观团”。到达上海后首先参观了立达学园，可那时柳子明到南京出差没有见到。他应袁绍先先生邀请，与安东晚一道去韩复炎纪念农场指导果树栽培。当初，他是通过袁绍先认识匡互生的，与他们成为同志。柳子明往返于这两地之间，解决一些技术上的难题。

参观团到别处时，沈克秋决定留在农村教育科等柳子明回来。叶非英也相信柳子明，便放心地把他留在这里。

柳子明在沈克秋到达十天后才回到立达学园。

> 十来天后，他从南京农场来到立达，我和他谈了自己的希望，他说：“你来得太晚了，中央军校已经开学一个多月。”等了一会儿他又说：“这样吧，暂去上海住一段时间再说吧！”这样，第二天他带我到上海“南华青年联盟”住处。他们住在南市华界打浦桥附近一家木匠铺的二楼。与法租界仅隔一条路。他选择这样的地点，是以防万一的打算，一旦发生情况，就可以逃进租界。法租界当时是各国流亡者的避风港，因为任何国家的执法人员在法租界不能任意捕人。“南青联”住在华界贫民区，只是贪图房租的低廉这一点上。“南青联”已进入日迫西山的地步，成员中的不少精华不是被敌人杀头，便是被敌人抓去投狱判刑。剩下的有三个在中央军校深造。所以只有李达、朱烈、李何有，还有姓孔的青年，他是首尔人。（《我的回顾》第 43 页）

> 这以后，生活稍为宽裕，我们搬进法租界，开始出版油

印刊物《南华通讯》，我俩又成了出版刊物的搭档了。那时这个刊物的主要撰稿人是柳子明先生，柳树人从河南开封也寄来一些文稿，篇幅不够就由何有翻译日本书籍里有关无政府主义的论述。刻钢版由我专任，油印机、蜡纸、油墨主要由我负责去采购，那时公共租界四马路是书店如林的街市，文具店包括日本文具店。我就跑到这里采购印刷品，因为日本的比中国先进，而我又是汉化的人，从语言、行动等敌人很难看出我是高丽棒子。又过几天，何有陪金光洙先生到我住处，金先生告诉我刻钢版的一些技巧。……金光洙先生当时在一所弄堂中学任教，抽暇写些作品发表在首尔《东亚日报》等文艺副刊上。光复后，他回首尔写作品比较多起来了。这个刊物尽可能一个月出一期，油印、成册、付邮，我和何有一起干。第二年秋季我因肺部不适到河南柳树人处。第二年春天我又回上海市郊南翔继续出版这个刊物。(《我的回顾》第 45 页)

沈克秋在柳树人和柳子明的关怀下，参加了反日运动。他在上海“南青联”时就与柳子明及其他的同学和弟子们同甘共苦，其中有李何有、金吾山、李达、金言等朝鲜独立运动家，还有不少中国人。他在《我的回顾》回忆的几位代表性的人物有：

陆圣泉老师。他在平中时，教过我们班的代数。他毕业于上海劳动大学。圣泉老师在劳大时专攻理科，实则他对文理两科造诣都很深。圣泉老师在平民和立达学园时，都担任理科教员，但到文化生活出版社后专搞文学工作。他的散文和翻译都为文艺界所称道。我在上海时经常到文生社向圣泉老师借些文艺作品，多是西欧古典翻译名作。那时，他把出版业务，从审稿、编辑、付印、校对，以及与作者的联系，全担在自己身上。(《我的回顾》第67—68页)

陆圣泉在福建泉州平民中学时，柳子明在黎明中学，柳子明到达立达学园后，他后来也来到立达学园教书，他和柳子明一样是无政府主义者。

……后又在抗日中期在上海郑华岩先生和郑明远合伙创办的文心自来水笔厂日夜相处。明远的哥哥在上海法租界开当铺。他毕业后有一段时间和哥哥住在一起。成家后，大哥便在南市一个偏僻的贫民区给他开了一家小当铺。……要说起三四十年代活动在上海的朝鲜政治流亡者，不能不首先提起郑明远深厚的国际友谊。郑明远是广东潮州人，他毕业于立达农村教育科第四届，与李采臣、陈启舟、李朝宗是同班同学，他和朝鲜流亡者之间的来往早在学生时代开始。他原名桂圆，后改为明远，很可能以为原名有点俗气，才改用富有哲理的名字。……那个年代，朝鲜的流亡者，多居住在上海法租界，他们的生活朝不保夕。他们没有衣着就去找郑明远，而他总是跑到他哥哥的当铺里弄来几套质地很好的西服来相送。他自己却从来不穿西服。……那次暗杀日本驻华大使有吉明未遂留下的炸弹和手枪，便由郑明远保管在他哥哥的当铺里。这种事情是会担很大风险的，要是巡捕房发觉，其灾祸是不堪设想的。……更可贵的是，这些被捕而走向刑场的流亡者，由于敌人对朝鲜流亡者的情况已了如指掌，所以往往是侃侃而谈，表面上是向敌人揭发，实际上是向敌人炫耀流亡者的不凡气概，至于对中国的友人一个也不说，特别是像郑明远这样的人物只字不提。所以，朝鲜流亡者一个一个走向断头台，或判处无期徒刑，可是郑明远保管弹药的事情，敌人一直是蒙在鼓里。

在日本帝国主义的统治和战争的炮火中走来的郑明远，却在中华人民共和国成立后，含冤死去。其祸根就是当年为朝鲜人暗藏军火的事情。他当初所做的是国际反日统一战线的行动，只要向组织交代清楚就可以了。可是郑明远不了解党的群众运动的实质。1953 年，镇压反革命运动兴起，有些人说他给韩国人窝藏军火是反革命行为，给他戴上了反革命的帽子，置他于死地。

（陆清远）抗日战争初期来到泉州，并在民生农校担任过教学工作。他的父亲是上海有名的小儿科中医师。他父亲在世时，家里生活比较宽裕。……有一个时期，他的家就成了朝鲜流亡者书信往来的转递站。(《我的回顾》第 77—78 页）

李何有、金吾山、李达、金言等朝鲜独立运动家以及中国人郑明远、陆清远都是立达学园的毕业生。他们毕业后，为了打击共同的敌人，推翻日本帝国主义的侵略，在炮火硝烟中为救国而并肩战斗。在他们的身上集中体现了在抗日斗争中结成的中朝人民的战斗友谊。

谈到中朝人民之间的友谊，郑华岩举了华实钢笔厂的例子。

华实钢笔厂的名字是吾山李金刚取“华岩实体钢笔厂”之意起的名字。

华实钢笔厂不能由我直接经营，便由中国同志郑继远担任厂长，日本同志吴世民任技术顾问，沈茹秋的弟弟容澈装扮成中国人负责事务与财务工作。

……沈茹秋是毕业于北京民国大学的秀才……他们兄弟俩都是无政府主义者，与柳基石、郑泰东、吴南基等一起参加独立运动。他们反倒说不好韩国话，而汉语说得却十分流利。与此同时，精通世界语，为无政府主义者与中国运动和西方运动的国际交流做出了贡献。(《祖国去向何方》第 187 页）

匡互生先生是中国出名的教育家，又是“五四”运动的先驱，曾在湖南师范主持教务时，与毛泽东主席建立深厚的友谊。在立达时，他和柳子明先生建立了国际友谊。(《我的回顾》第 48 页）

“一·二八”战争结束后，匡互生不顾个人安危和劳累，几次到法租界来，了解和过问柳子明及其他朝鲜同志的战时生活状况，多次给他们送钱送物，给朝鲜革命者物质上的无私援助。

“一·二八”事变后，匡互生的政治态度更加明朗，他曾多次和柳子明推心置腹，娓娓长谈，表露自己坚决地走抗日救国的道路的决心。

1933 年年初，匡互生患肠癌。这位爱国主义者拒绝住帝国主义者开设的医院，病情日益严重后，住上海中南医院抢救，经多方治疗，毫无起色，最后做了肠切除手术。手术后，柳子明连忙赶到医院去看望匡互生先生，当他刚迈进病房，匡互生在病床上挣扎着给柳子明打招呼，用微弱的声音说：“柳先生，我只怕再见不着您了……”

柳子明凝视着匡互生先生苍白的面容，深深下凹的眼窝，轻轻地抚摸着他瘦削的手，不由得心如刀割，热泪夺眶而出。

安奇的《戴勋章的园艺学家——柳子明传》中写道：

> 这位坚强的朝鲜汉子，在听到双亲不幸去世的噩耗时，把悲痛和眼泪在心中埋葬和流淌，而现在，面对亲同骨肉、朝夕相处、忧喜与共的中国革命志士，亲密的战友，将被癌症这个恶魔夺去生命时，再也无法控制自己的感情，痛哭失声……（第 22 页）

1933 年 4 月 22 日，匡互生在医院去世。这位中国人民爱戴的爱国志士，中国进步的教育家、改革家、实干家，结束了他伟大的一生，享年四十三岁。

匡互生先生去世后，立达学园的全体师生举行追悼大会，将他的遗体安葬在立达学园，并立纪念碑。

匡互生先生去世后，立达学园由匡互生在湖南长沙第一师范学校执教时的老同事，刚从德国返回上海的沈仲九先生继续主持。可是第二年，福建省政府主席陈仪把沈仲九调去任自己的顾问，这样一来，立达学园农村教育科就由陈范预负责。

有一天，匡互生生前好友张性伯来到农村教育科。他是国民军驻南京第一师师长胡宗南的参谋。立达学园成立初期，曾给予很大的帮助。胡宗南和张性伯都是具有无政府主义思想的军人，他们驻南京期间，开垦青龙山荒地，建立农场，自行解决粮食。他们希望自己的部队能够为国家减轻一些负担，少给百姓添麻烦。柳子明受匡互生先生委托，亲自去指导农业生产。张性伯说，他此次来就是想把农场交给柳子明和陈范预来管理。他的部队到西安换防，他希望把农场作为农村教育科的实习农场。陈范预让柳子明带着学生去经营青龙山农场。

> 1934年，我带着三年级学生金言、平智盛、方施先、李毓华、郭得庆到青龙山，与他们同吃同住同劳动。
>
> 当时，朝鲜民族革命党负责人金若山在青龙山南侧搭起帐篷，组织军事训练班，对朝鲜青年进行军事训练。（《我的回忆》第123—124页）

义烈团于1932年9月召开第六次代表大会，通过《关于中朝合作建议书》，并向中国国民政府提出“应该把中国找回失地（满洲）和朝鲜的独立以及日本的社会革命联系起来看”，只有打倒日本帝国主义，才能实现东亚三国的永久和平。（《金元凤研究》第154页）

这个建议让蒋介石动了心，并得到力行社的支持与援助，使金若山办起了革命干部学校，于1932年10月20日举行开学典礼，该校的全称是朝鲜政治军事干部革命普通训练班。地点在南京郊外江宁镇汤山的善寿庵。

这里距柳子明的青龙山农场不远。柳子明到农场落脚后，便去找金若山。他们惊喜地拥抱在一起。金若山邀请柳子明给即将毕业的第二期学员演讲，柳子明一口答应下来，来到培训班给学员们演讲。金学铁先生在《激情时代》中描写学生们“穿着各式各样，大部分穿的是西服，打领带，留长发，但他们中也有穿胶鞋、布鞋，头戴毡帽的。从咸镜北道、平安道到庆尚道、全罗道，总之朝鲜八道的方言在这里都可以听到。还有一些学员是从寒冷的北间岛和太平洋彼岸的美国来的。年龄大都在二十至二十七八岁之间，长相、口音、穿着各异”。（第263页）

> 金若山首先做了报告。金若山的口才并不怎么样，但语气中却有一种魔力，深深地吸引着我们，让我们自然地服从他。（《最后的分队长》第78页）

而柳子明说话却如青山流水，紧紧地抓住学员们的心。柳子明说：“你们为国家和民族拿起武器准备与日本帝国主义斗争的行为，让我深受感动和教育，不久的将来，我也要与你们共同携手战斗。”他还向学员讲述了朝鲜义烈团和民族革命党革命斗争的经过。（《我的回忆》第124页）他还说，在中国和朝鲜把日本侵略者赶出去，光复祖国，这是我们的最终目的，为了实现这个目的，就要拿起枪杆子，与日本帝国主义斗争。日本帝国主义以武力把朝鲜变成自己的殖民地，因此，武装斗争是实现独立的唯一出路。三一运动的教训正在于此。指望着帝国主义列强赶走日本帝国主义，这是十分幼稚的想法。我们的独立要由我们自己去实现。日本占领中国领土建立了满洲国，他们日益膨胀的野心向全世界预示着自己的灭亡。抗日斗争已不是我们孤立的斗争，它是代表中朝两国人民共同利益的斗争。要战胜日本帝国主义，就要有一支比日本帝国主义更加强大、更加先进的军队。你们学习现代化的军事知识和灭敌本领，人人要争当将军，重振朝鲜，把朝鲜建设成一个富强的国家。他最后希望学员们向义烈团和朝鲜民族革命党的先辈们学习。他说，我虽然已经四十岁了，但不久后也要和年轻人一道参加斗争。

柳子明在青山龙生活了整整一年。他在立达学园的最后一年是在青龙山度过的。学生们在青龙山结束实习毕业后，他重新回到农村教育科。然而，等待他的却是一个坏消息。

匡互生先生去世后，日本特务曾冒充有无政府主义思想的新闻记者，到江湾来找柳子明，柳子明当时正好不在江湾，才避免了一场灾难。

柳子明向沈克秋这样描述了当时的形势：

> 日本特务其人数之众多，伎俩之狡猾多端，真是骇人听闻；潜入之深，也达到无孔不入、无缝不钻的程度。凡是铁路、银行、株式会社、教育、文化机关，只要有群众活动的场所，都布着他们的特务，就是穷乡僻壤，有朝鲜人憩息的地方就不会放过。……子明师说敌人的特务人数三倍于流亡者的人数。这些特务研究流亡者的心理特点，以此制定他们的行动方针：如流亡者需要活动经费，他们就引诱他们去袭击银行等金融机构，让他们袭击成功，然后引长线钓大鱼。沿路让这些逃跑者充分暴露流亡者们的网点，台湾也好，大陆也好，让他们尽情逃跑，最后还是落入他们的陷阱。流亡者们往往是长期过独身生活，很需要异性的安慰。于是敌人多用美人计让流亡者们上钩。像上海这样的城市，较出名的本民族妓女、交际花，都成为敌人的耳目，稍不注意，就成为自投罗网的灯蛾。敌人又利用流亡者好功近利的心理特点，给你提供各式各样的假情报，诱引你上当受骗。以上这些陷阱使流亡者前后无为地牺牲生命的也不少。(《我的回顾》第 138 页）

柳子明身边常常是危机四伏，不知何时何地就会出事。因此，他行动特别小心谨慎，尽量不与外人接触。正在这时，陈范预离校进京，立达学园农村教育科无法继续办下去了。

1935 年 5 月，柳子明怀着依依不舍的心情离开了立达学园，前往南京。柳子明在立达学园度过了五年的生活。在这不短的岁月里，他一边做“南青联”的工作，一边在匡互生的支持下，从欧洲和东南亚引进各种珍贵花卉，开拓了一片又一片果园，嫁接桃、杏、苹果等各种水果，不断开发出新的品种。这些实践和农业科学研究，为柳子明教授长期留在中国从事农业科学研究打下可靠的基础，创造了有利的条件。

几十年过去以后，立达学园仍然以美丽的记忆留在柳子明的心中。他一直忘不了立达学园和匡互生先生。他回忆说：

> 1933年春，匡互生先生因肠癌在上海中南医院去世，终年四十三岁。他在极度困难的环境中，为祖国和人民的教育事业奉献出自己的一切。他从不考虑个人的地位和生活。匡互生先生虽然去世了，但他的教育思想却是永存的。(《我的回忆》第122页)

7. 巴金[①]和罗世弥

柳子明与巴金是在华光医院认识的。该院院长是四川人邓梦仙，也是无政府主义者，从1922年起，就与柳子明有了交往。当时，柳子明在天津参加了义烈团，开始信仰无政府主义。巴金也是无政府主义者，原名李尧棠。巴金的名字是取集产主义无政府主义代表人物巴枯宁的头一个字“巴”和共产主义无政府主义者克鲁泡特金的最后一个字“金”组合而成的。他信仰无政府主义。柳子明认真拜读了巴金翻译的克鲁泡特金的哲学著作《论理学》。无论是此书的译者——中国的无政府主义者巴金，还是读者——朝鲜的无政府主义者柳子明，都深受此书的影响，形成了早期的思想倾向，以此为基础，信仰相同的主义。他们一见如故，很快就成为知己。

---

① 巴金（1904—2005）：原名李尧棠。中国当代著名作家。曾任中国作家协会主席。代表作有《家》《春》《秋》等及《巴金全集》（共二十六卷）。获意大利“但丁文学家”称号，获得诺贝尔文学奖提名，国务院授予“人民作家”荣誉称号。

华光医院位于上海法租界巡捕房的对面。由于邓梦仙的思想倾向，医院逐渐成为中国无政府主义者的联络场所，同时也成为与日本无政府主义者进行通信联络的地方。后来，巴金在法租界成立文化生活出版社。这样一来，不是他去华光医院，就是邓梦仙到出版社，这两个地方成为无政府主义者的大本营，柳子明经常轮番到这两个地方与他们见面。

柳子明结束一段流浪的生活后，在立达学园定居下来。在此期间，他通过小说进一步了解了巴金的思想，巴金则通过柳子明的政治理论，联想起朝鲜独立运动家们的形象。此外，通过别人，他们间接地了解对方的人品及罗曼史。

柳子明通过柳树人认识了巴金，而柳树人则是通过沈茹秋认识了巴金。

> 1925 年，巴金在北平认识了一位任《国风日报》副刊编辑的朝鲜青年沈容海，在沈容海的介绍下，在北海沿同兴公寓一起生活。与沈容海在一起时认识了朝鲜青年柳树人，通过沈茹秋和柳树人了解到朝鲜的无数爱国者正在同日本帝国主义进行斗争。因此，巴金说："理解了朝鲜人民艰苦英勇的斗争，对朝鲜人总是抱着崇敬的心情。"（《我的回忆》第 159 页）

将柳子明与巴金紧紧连在一起的是巴金的弟弟李采臣，和巴金的亲密朋友女作家罗世弥，以及她的丈夫马宗融。

> 后来，1930 年至 1935 年，在立达学园农村教育科期间，我和巴金成为好朋友。那时，巴金在上海从事文艺创作，他的

弟弟李采臣在立达学园农村教育科学习，巴金的好朋友马宗融和罗世弥与我住在同一个宿舍。(《我的回忆》第 156 页）

罗世弥笔名罗淑，四川省简阳人。1929 年她赴法国专攻文学，1933 年回国。马宗融是四川省成都人，早年留学日本，参加过反对袁世凯的示威游行，被强行遣返回国，1919 年到法国进行勤工俭学，后在国际联盟和政法大学任秘书，与罗世弥相识，恋爱结婚后一同回国。马宗融任上海复旦大学的教授，罗世弥在立达学园执教。

柳子明在《我的回忆》中，以《罗世弥与钟龙涛之死》为题，专门谈了罗世弥。

我与马宗融、罗世弥不是一般的朋友，我们思想一致，斗争目标一致。加之过去我们曾经在一起工作，同住在一个宿舍里，因此感情十分深厚。

1933 年，在立达学园农村教育科工作时，我就认识了他们。那时，罗世弥与马宗融一起从法国回到上海，在立达学园农村教育科担任社会问题课老师，马宗融任上海复旦大学教授。他每周回一次立达农村教育科，与我们一起度过愉快的一天。他还给农村教育科的学生做过关于社会问题的演讲。

那时，马宗融、罗世弥与我们夫妇同在一个宿舍生活。他们的女儿小美生于法国，法语讲得比汉语还流利，小美聪明活泼，十分惹人喜爱。罗世弥很爱女儿，她说，我的女儿就连哭泣的声音也是那么可爱。

罗世弥是与马宗融、巴金一起活动的社会革命斗士，他们拥有共同的思想和信念，热爱祖国和人民，为正义和真理而斗争。罗世弥以罗淑的笔名发表小说。从1936年起，发表了《生人妻》《橘子》等作品，受到文艺界的瞩目与读者的好评。

……

1934年，罗世弥离开立达学园农村教育科，在上海法租界从事文艺创作时，我每周去罗世弥的家拜访一次，罗世弥和马宗融总是热情地接待我。我们经常在一起度过愉快的一天。（第149—152页）

同年，吴朗西和伍禅创办了文化生活出版社。出版社的总编是立达学园的老师，作家毓成天（笔名毓鑫），李朝琮任校对，此外，还有生物学博士朱洗、化学博士徐晃宇、吴金堤等人参加。柳子明在泉州和南翔立达学园曾和他们一起共事，加之他们都是无政府主义者，心心相通。出版社位于法租界，每到星期天，柳子明就同夫人来到租界，与罗世弥夫妇一起到出版社交谈。

吴朗西经营出版社后，立即给在日本的巴金写信，让他回国担任编辑工作。巴金接到信后归国，在出版社以自己的名义出版《文化生活丛书》。该书成为文化出版社的畅销书。

罗世弥一家和柳子明一家曾是邻居，关系非常密切。柳子明曾对罗世弥夫妇说："也许远亲不如近邻这句话就是指我们两家说的。"罗世弥的丈夫马宗融与巴金是在法国留学时的患难之交，因而罗世弥一家和柳子明一家与巴金亲如兄弟。位于法租界的罗世弥家和文化生活出版社以及立达学园的柳子明宿舍，总是成为他们相聚的场所。

郑华岩先生在回忆录中说："文化生活出版社是以思想研究为目的而成立的财团，拥有许多涉及各专门领域的书籍和资料，中国的同志们常在这里收集有关无政府主义以及其他思想的资料，互相交换意见，研究讨论，发表见解。”

沈克秋经常到文化生活出版社，与中国代表性的无政府主义者们接触，并把他们与柳子明、郑华岩等朝鲜无政府主义者做比较，对中国的无政府主义者的概况做了如下描述。

> 我对无政府主义是进入社会之后，耳闻、目睹、思索、对比中逐渐产生一种看法的。世界是千变万化的，尤其在自然科学日新月异的今天，真是三日不见刮目相看。可是这个主义是一成不变的。有人批评它是一个时期的“思潮”，是否如此？还待学者考证。不过有一点是，它确实不具备这一思想的条件，它也没有显眼的方针政策，没有严格的组织纪律，更没有不同时代和时期应变的策略原则。中国的无政府主义者又有中国土特产的特色，具有儒、佛、道等教的感染特色，最有代表性的人物便是刘师复。他制定了不少清规戒律。孙子认为“治国，平天下”，首先要“修身，齐家”。“无”字号的先辈们很重视这一点。我的老师杨春天说得上是“目不旁视”的圣人。他从来都是从家到校，又从校到家，不沾是非场的人。他从学生时代开始坚持素食，认为杀生是罪过，烟酒更是不沾唇。……他们很重视人与人之间的“友谊”，很像过去江湖人物之讲“义气”，这与他们的人道主义有关吧？我在这里举几个实例：吴稚辉是无政府主义者，又是国民党党员，有一次，他送孙子去德国留学，他自己扛孙子的铺盖步行到轮船码头，他认为坐人力车是罪过。又有一次他去南京开会坐的是四等火车车厢。记者见到，问他为什么不坐一、二等车厢，他幽默地说：“如有五等我要坐五等呢。”又有一次记者问他：“你是不

是无政府主义者?”他回答:“我死了磨成灰仍是无政府主义者!”……巴金也有戒律，他见到自己的好友当国民党官，他便和他断交。我又听到一些“无”字号老前辈说过这样的话，“我算不得无政府主义者”或“我不是无政府主义者”，这应该是老实话。他们过去信仰过或与无政府主义者接触较多，而且建立密切的友谊，但并不相信这个主义。……如说有影响的话，那就是“自由散漫”……(《我的回顾》第29—30页)

当时，中国无政府主义者中，与柳子明等朝鲜无政府主义者有交往的人在文艺界中有巴金，在军队里有胡宗南和张性伯，产业界有吴朗西，教育界有叶非英，政界有吴稚辉、李石曾，科学界有朱洗。

当时，“左翼文联”对巴金进行了“围剿”。以文学作为投机工具的“左翼”作家，攻击巴金的目的就是打倒鲁迅。他们骂鲁迅是巴金的保护伞，其实巴金是鲁迅十分爱护的文学青年。然而，当时具有文学良心的人，并没有与这样的小人同流合污，而是全心全意致力于文学创作。罗世弥就是其中之一。

罗世弥于1938年在成都分娩后，因产后受风不幸去世。她去世后，巴金、李健吾、李烈文、靳以等发表了悼念文章，还整理出版了《罗淑全集》，收录了她的《生人妻》《橘子》等八篇小说和三篇随笔。

巴金在《忆友人罗世弥》一文中写道:

罗世弥是一个平凡的人，甚至在她的外貌上也看不出一点锋芒。她写过文章，但她的文笔并不华丽，那里面有的只是一种真实朴素的美。她不喜欢表现自己，她写文章也不愿意让朋友们知道。她把她的热情隐藏在温厚的外表下。许多人说她是一个贤妻良母型的，却很少有人知道她是社会革命斗士。在我们这一群人中，有时因意见的分歧会损害友情，个人的成见妨碍到事业的发展，然而她把我们大家团结在一起，她的客厅仿佛成了我们的会所。

巴金的文章中，还谈了罗世弥与柳子明之间同志式的友谊。

她有一种吸引力，把许多朋友拉到她身边，而且使他们互相接近了解，一个朋友被人追缉得最厉害的时候，他到上海来总是她和她的丈夫款待，他就住在他们家里。或者她替他转送信件。那个朋友也是我的朋友，艰苦的环境使他的头发在几个月内就完全变成了白色，但是他的精神却并没有衰老。

在这篇文章中，巴金没有点柳子明的名字，因为不能点。当时日本帝国主义者时刻都在追捕柳子明。所以他不能写出名字，用头发全白来指柳子明。

巴金这样回忆了柳子明头发变白的情况：

我还记得四十几年前他被日本人追缉得厉害，到上海来，总是住在马宗融的家中。几个月里他的头发完全白了。那一家的主妇就是后来发表短篇小说《生人妻》的作者罗淑。（巴金《创作回忆录》1981 年香港版，第 63 页）

正如巴金所说，柳子明的头发一夜之间全白了。巴金的回忆是在 20 世纪 70 年代末 80 年代初。柳子明也在回忆录中谈了自己头发全白的事情。其中谈到巴金的创作故事十分感人。

巴金从少年时期就与朝鲜革命者有密切的往来。据他讲，他从小就听过朝鲜人民痛苦与斗争的故事，安重根击毙伊藤博文的故事使他很受感动。因此，安重根成为他少年时期崇拜的英雄。

……

20世纪30年代，法租界生活着数百名朝鲜人，朝鲜无政府主义者有组织地开展活动。上海日本领事馆为了监视朝鲜爱国者的行动，张开特务网，还知道我在立达学园。所以，我所有的行动都特别小心翼翼，因而立达学园农村教育科的学生说我是“神秘人物”。特别是因我头发早白，人们称我是“白发青年”。同情我的学生说，大概深受日本帝国主义压迫，生活太艰苦，所以成了白发青年。当时巴金的弟弟李采臣在农村教育科学习，听了这样的话就讲给巴金听。巴金把从弟弟那里听来的故事小说化，1936年6月发表短篇小说《发的故事》。巴金在小说中，把罗世弥的思想性格和我的“白发青年”特征结合起来，讴歌罗世弥的国际主义思想，赞扬朝鲜革命者的斗争精神。这篇小说中金的原型是我，铭的原型就是罗世弥。

巴金在小说中写道：

这一次看见他，最先映入眼帘的就是那一头白发。单说是白发，也许不恰当，那颜色是灰白的；在灰白色中间偶然显露出了几根青丝，这要经过仔细的注视才看得清楚。这使我想到一年前留在那个头上的表现着青春与活力的颜色。

我知道他们那种人的生活和我们不同，他们的思想、感情和我们也有些差别，在他们什么事情都是可能的。说几种语言，带几种武器，跑几国的土地，这在他们更是很平常的事情。

“你还记得吧，六年前在北京××公寓里我们几个人闲谈，我那时正和铭谈恋爱，你劝我结婚，朴却表示反对。他说我和铭是两种人，我们在一起生活不会有好处。你当时还责备他不该有国家观念。我后来不顾他的劝告和铭结了婚。但现在我才知道朴是对的。”他又发出了一声叹息，就站起来，走到窗前，站在那里，眺望下面的街景。

他又一次搔他的头发，忽然用力拔了几根下来，他默默地玩弄它们，过后又憎厌地把它们掷在地上，他自言自语地说：

“……我的头发并不是那时变颜色的。这只是两个月以前的事情。有一天晚上，我们在一个农家里开会，那地方被围着了。我们不知道来的人有多少，我们的人却只有五个。我们和他们打了一个晚上，天亮的时候就剩下我一个人，子弹也没有了。我翻过墙逃出去。有三四个人跟着追我。我跑了一里多路，后来就躲到高粱林里面。外面时时有枪声和人声，他们在到处搜索我。我听得见他们的呐喊声。我不敢动一下。我不吃一点东西，连一口水也不喝。我也不觉得饿渴了。我整整躺了两天两夜，后来知道他们去远了，我才带爬带走地出来，慢慢地走到一个相熟的农家里住了一天。那家的主人已经认不出我来了。我的头发就是在那两天里变白了的……”

……他说罢，又微微一笑，就大步走出了房门。

……我在人行道上痴呆地站了片刻，然后沮丧地慢步走回家去。我充满了无可奈何的情绪，低着头在房里踱了一会儿，忽然看见了他先前拔下来掷在地板上的那几根头发，就俯下身子去拾了起来，把它们看了半晌，然后珍重地夹在一本书里面。

金以后果然不会再来，他一定是回到那边去了。我最近还没有得到他的消息。(《我的回忆》第 156—163 页)

20 世纪 30 年代，抗日战争时期，巴金的创作中有不少朝鲜革命者的影子。他与柳子明等同志接触，获得了文学创作的素材，获得强烈的创作冲动。1938 年至 1944 年间，他创作的“抗战三部曲”第一部《火》中，就有一部分柳子明和上海朝鲜爱国者的影子。

陈丹晨在《巴金评传》中这样写道：

作品还描写了朝鲜爱国青年的苦闷。朝鲜已经亡国三四十年了，朝鲜人民对日本侵略者的残暴统治有着更深的认识，更长时间的体会。因此，朝鲜的爱国志士进行抗日活动已经有了相当一段历史。当日本帝国主义扩张到侵华的时候，他们就很自然地和中国的抗日活动站在同一条战线，共同进行战斗。他们不能忘却他们的民族正在遭受残暴蹂躏的耻辱和仇恨，他们的人民的生命还不如一只蚂蚁。“亡国奴”悲惨生活情景时时在折磨这些流亡到中国的朝鲜青年的心。他们是刚强的，他们坚持战斗，但是也有一些青年怀疑他们正在进行的宣传工作的作用，怀疑中国军民用血肉同使用新式的精良武器的敌人的搏斗的作用，于是就用暗杀的手段去寻求安慰。(第 207 页)

柳子明是这样评价巴金的：

巴金是读者最多的作家，也是老师最多的学生。他常对我说，法国的卢梭、雨果、左拉、罗曼·罗兰，俄罗斯的普希金、陀思妥耶夫斯基、托尔斯泰、高尔基，英国的狄更斯，日本的夏目漱石、武者小路实笃、有島武郎，中国的鲁迅等都是他的老师。

他还说，最重要的老师就是生活。所以，他经常到各地旅游。曾到过法国，两次去过朝鲜，日本也去过四五次，还到过欧洲的几个国家。

巴金之所以能成为现代先进的作家，其根本原因就是他具有正确的思想。他从不把自己的幸福建立在别人的痛苦之上，爱祖国，爱人民，爱真理，爱正义，为大多数人牺牲自己。正因如此，他的作品中总是体现出崇高的思想，因而也拥有广泛的读者。(《我的回忆》第 158 页)

他的每篇作品都是真实生活的记录，是有血有肉的东西。早期的《呐喊》还登载过朝鲜民族革命党的《告中国同胞书》，号召在华的朝鲜人参加东北义勇军或者华中华南的抗日军队，两个民族携手合作打倒日本帝国主义，并且警告朝奸不良分子投日从敌的叛逆行为，将以严正的革命的规律来处断一切。后来的《烽火》还介绍过中朝两国青年联合刊印的一种四开的抗日报纸。这都说明《烽火》与朝鲜革命青年的抗日活动也有联系。(《巴金评传》第 183 页)

柳子明在抗日斗争最艰苦的时期与巴金并肩作战。他说，在斗争中通过巴金的人格及其创作，认识到了与中国人民的血肉联系，看到了中国的光明未来。

第五章　激情时代

(1937.7.7—1945.8.15)

1. 朝鲜民族统一战线联盟

1937年7月7日晚12时，驻扎在北平宛平城附近的日本侵略军，借口一个士兵失踪，要进宛平城搜查，并要求中国撤出当地驻军。这些无理要求遭到中国军队拒绝，日军便炮轰宛平城和卢沟桥。驻扎在卢沟桥的中国军队第二十九军三十七师一一〇旅团奋起反击。这就是中国历史上重要的“卢沟桥事变”。这一事件标志着中国全面抗日战争的开始。

卢沟桥是距北京西南十五公里左右的一座桥。早在1901年，因《辛丑条约》，日本军在卢沟桥南侧丰台铁路驻扎军队，事变当时驻军共达八千多人。满洲事变后强占东北的日本帝国主义，虎视眈眈地盯着华北地区，妄图把魔爪伸向华北地区。位于北平西南平汉线的卢沟桥，是连接北平与内地的唯一门户，是一个战略要地。

侵占卢沟桥后，日本帝国主义又占领了北平和天津，8月13日又进犯上海，11月11日完全占领了上海。

7月17日，蒋介石在位于南京近郊的丽山宣布抗战，8月下旬，共产党将三万多名红军改编为国民革命军第八路军，向华北挺进。9月22日，国民党宣布国共合作。至此，抗日民族统一战线成立。10月2日，共产党将南方各省红军游击队改编为新四军，到华中战线抗战。

柳子明在南京遭遇中日之战。他于1935年5月离开上海，在南京建设委员会东流农场工作。

> 当时，中国国民政府成立了建设委员会。吴稚辉、李石曾、张静江等国民党中央委员们担任建设委员会委员，建设委员会下设农村富兴科，郭颂铭担任科长。……东流实验农场场长由郭颂铭兼任。（《我的回忆》第132页）

柳子明在东流实验农场担任园艺技术指导。在郭颂铭的手下工作，对养蚕和种植葡萄进行了许多研究。后来，柳子明成为中国首屈一指的葡萄专家，这与郭颂铭的指导是分不开的。郭颂铭从法国留学归来，留学期间专门学习养蚕技术，由于在世界著名的葡萄之乡学习，自然对葡萄栽培感兴趣。他在东流实验农场建立养蚕室，种植了许多桑树和葡萄。柳子明盖起温室，从日本引进了花卉观赏用植物，扩大了园艺生产。毕业于立达学园农村教育科的李有和也到东流农场拜柳子明为师，从事研究工作。

中日两军在卢沟桥发生冲突的消息传来之后，形成国共合作和统一抗战……中国形势急转直下，各地的朝鲜独立团体开始纷纷云集南京。柳子明来到南京，郑华岩等把活动舞台转移到福建、云南，分散的朝鲜无政府主义者联盟这时来到南京，以金星淑、朴建雄为中心在上海组织的朝鲜民族解放运动者同盟也于1937年8月来到南京。据沈克秋回忆，最后离开上海的南青联的同志有郑华岩和李何有、金言、金作声和他。

除郑华岩和他去了福建，金言兄弟等大部分同志都去了南京。当时独立运动者们为何要把南京作为目的地呢？

南京是六朝古都，曾是洪秀全太平天国之都天京，因战国时期楚国时有金陵邑，因此又叫金陵。从1927年起成为国民政府的首都，因此大家觉得这里比较安全，认为国民政府再无能也不会把国家的心脏让出来。此外，离北京和上海较远，战争的烽火不会轻易波及这里。换言之，认为这里是中日之战中的安全地带。

然而，这却是大家的错觉。“君看六幅南朝事，老木寒云满故城”（唐朝诗人韦庄的《金陵图》）。在上海战争中，日军获胜后便侵犯南京领空，开始炮轰南京。

> 上海战争对中国越来越不利，日本鬼子对南京的炮击日益严重，在我居住的会青桥家里，傍晚敌人不时在上空骚扰，警报解除后，我昏昏欲睡，睡梦中突然听到空中传来的炮击声。
>
> 我惊叫着起来，发现自己没死，同住者首先从泥土中钻出来，后面的墙壁倒塌了，外面有不少尸体。
>
> 到处是火光冲天，天空就像一个红地毯。过了一会儿，天亮了，我到马路街母亲的住处时，看到街道上到处是尸体和伤者。（《白凡逸志》第312页）

随着日本飞机不时进行空袭，南京也进入了战时状态。东流农场的上空也有日机在盘旋。农场挖了防空洞，只要警报响起就钻进防空洞里。由于不时响起的空袭警报，一天要进出防空洞几次，睡不了一个安稳觉。

柳子明把家属交给学生李毓华，送他们到湖南省邵阳的钟涛龙处避难。钟涛龙是匡互生的学生，而且与他同乡，都是以“宝庆辣椒”“雪峰蜜橘”而闻名的湖南省邵阳人。他毕业于立达学园高中部，毕业后与沈仲九先生一道去德国留学归来，在上海发行一个叫《立达通讯》的杂志。匡互生先生去世后，沈仲九任福建省政府顾问时，将他带到泉州，安排他在《福建日报》任编辑。

“1936 年 12 月 12 日发生西安事变时，我因特殊事情去泉州。”（《我的回忆》第 159 页）那么，柳子明的“特殊事情”是什么呢？ 1932 年上海事变后，驻太昌的十九路军换防到福建省泉州，在那个部队服役的李铉根、朴綦成、陈铭枢等也随部队去了泉州，李铉根在泉长中学任教，泉长中学是泉州和长春出身的人士成立的育英财团，校长是与南京政府关系密切的人物。此外，吾山李刚在泉州开药房。

那次，柳子明到福建日报社看望了钟涛龙和范明成，他们之间谈论的话题就是“西安事变”。

“西安事变”是 1936 年 12 月 12 日，爱国将领杨虎城将军发起的兵谏。12 月 4 日，蒋介石为了强迫张学良[①]和杨虎城镇压抗日救国群众运动和红军而来到西安。张学良和杨虎城早已察觉。东北军师长白凤翔和卫士营营长孙铭九接到命令后，率一个营的兵力突然袭击华清池，活捉了蒋介石。当时有一位叫李辉的朝鲜人排长，亲身参加了逮捕蒋介石的战斗，他是此次战斗中唯一的一名朝鲜人。事变后，张学良和杨虎城被叫到南京。随着蒋介石报复的日益加深，李辉为了身边的安全，于 1937

---

① 张学良（1901—2001）：中国军人，政治家。东北军阀张作霖长子。1928 年其父被日本人炸死后，开始支持蒋介石的国民政府。1935 年带领旧东北军，作为西北剿匪副司令到西安包围中共根据地。1936 年 12 月，发起西安事变，软禁前来督战的蒋介石，提出停止内战，一致抗日的主张，促使抗日民族统一战线的形成（第二次国共合作）。因这一事件被剥夺指挥权，被判十年监禁。第二次世界大战后，1949 年与国民政府一道移送台湾软禁，1990 年 6 月 1 日，在他九十岁生日时，被解除软禁。

年1月到延安，做了武亭的部下。

在上海时，柳子明与郑华岩等一起在南青联开展活动，曾通过李石曾与张学良联系，请求经济援助和武器供应。虽然这件事情中途流产了，但这并不是张学良的问题，而是由于蒋介石的卖国投降主义。

西安事变后，中国共产党派周恩来、叶剑英等与蒋介石进行谈判。听到这个消息后，柳子明感到中国的民族抗日统一战线不久就要形成，抗日战争已经迫在眉睫。

这以后，钟涛龙辞去报社的工作，与苏抱樵一道建起自生农场。柳子明回到南京后，与金若山等人为成立民族统一战线做舆论准备。

中国的局势发生急剧变化。西安事变后，1937年2月15日，国民党恢复了孙中山的“联俄、联共、扶助工农”的三大政策。西安事变促进了抗日民族统一战线的形成，促成了第二次国共合作。后来发生了卢沟桥事变，抗战时期到来，拉开了抗击日本帝国主义的序幕。

在战争的炮火中，柳子明无法把家属带在身边。因此，他把妻子和孩子送到自认为安全的地方邵阳。钟涛龙和苏抱樵，他都是通过匡互生认识的，所以，他可以把家人放心地交给他们。

此次分别不知何时才能再相逢。战争是无情的，日本帝国主义的炮火是不长眼睛的，历来在残酷的战争中生还的人有多少呢？但则忠却明白，丈夫是下了悲壮的决心的，做着牺牲的准备走进炮火中。丈夫当初到中国来，并不是为了找一个妻子过日子，在他的心中祖国高于一切。

则忠背着只有两岁的儿子小明，一步一回头地离开柳子明。小明是她与柳子明结婚后生下的孩子。对她来讲，柳子明首先是老师和救命恩人，其次才是丈夫。当初自己孤独无助时，是柳子明收留了她。她和柳子明一样，开始也不懂得什么是爱，只是作为生活的伴侣走到一起。但是几年的夫妻生活，让她产生了爱，现在她再也离不开他了。

柳子明何尝不明白妻子的心情呢。他与故乡的夫人一别就是二十载，他心里一直想找机会把她接过来，可是一直未能实现。现在，与第二位夫人也很难说能够再相逢。此时，柳子明把妻子和孩子看得比自己还重。可他的心里，还有比妻子和孩子更珍贵的，那就是祖国。为了找回失去的祖国，十八年前，他告别父母和妻子、儿子，离开故乡忠州。而此时此刻，还是为了光复祖国大业，他不得不让第二位夫人和孩子离开他的身边。

随着“嘀”的一声长鸣，载着妻子和孩子的轮船，徐徐离开码头，柳子明久久地伫立在那里，目送着亲人远去，直到轮船完全从他的视线中消失他才转过身。那时，柳子明的心情就像当年李白酒后离开金陵时吟的诗句“请君试问东流水，别意与之谁短长”。(《金陵酒肆留别》)

送走妻子和孩子后，柳子明又过起了光棍的生活。他每周都要从东流农场到南京市去一次。义烈团和民族革命党代表金若山和解放同盟代表金奎光、前卫同盟代表崔昌益、朝鲜无政府主义者联盟代表柳子明等，经常在一起讨论在华朝鲜民族战线联盟方案。

《金元凤研究》中这样写道：

> 随着一致抗日的呼声日益高涨和国共统一战线的形成，在华朝鲜人当中一致团结运动也日益高涨。由于日机不断的空袭，到处弥漫着恐怖与紧张的空气。在这种情况下，民革党与解放同盟、革命者联盟等三个团体的十五名代表召开会议，就成立民族统一战线问题展开讨论。
>
> 会上，民革党认为，民革党本身是由各党派解散后组成的党，提出主张扩编民革党的方案。可是其余的两个党坚持继续保留两党的主张，结果民革党让了步。(第 210 页)

主张扩编民族革命党的就是金若山。早在六年前，他便受蒋介石的直接指挥，在南京城内华路江怡然禅林寺院里建起了朝鲜政治军事干部革命学校，还送一百多人到中央军官学校接受培养，还与国民党 CC 团有联系，是当时许多朝鲜年轻人的偶像。

> 若山到位于南京郊外的丽山去找蒋介石，讨论中朝之间的合作方针，请求支援。国民党已不必在乎日本人怎么样了，于是 1937 年决定在中央陆军军官学校对朝鲜人学生进行军事教育。这时，金九也开始招集年轻人，可大部分年轻人都跟随了金若山。据曾任北朝鲜人民军副总参谋长的李相朝讲，他为参加中日之战在广东省与金昌万等人一起去了南京，先到了金九领导的临时政府。但由于政府人员老化，不具备让青年人参战的条件，只好与其他青年一道投奔了金若山。(《金元凤研究》第 208 页）

当时，民革党金若山各方面条件均占优势，因此，他试图借机将其他党派归属到自己的手中。他说："在无群众基础的中国关内，由于理念与思想的差异分裂成几个党，这样势必会造成力量的分散。"他以此为由，主张各党派通力合作。但由于柳子明、金星淑等同志的强烈反对，此项提案没有通过。他们认为，把共产主义、民族主义、无政府主义等不同思想的人组成的各党勉强联合起来，这本身就会造成分裂。这样，所谓统一的党就会成为各集团分派斗争的场所。因此，只能在承认目前存在的各党和团体的前提下，制定一个各方都能相互容纳的共同纲领，在此基础上组织联盟，这才是可行的。最终，金若山接受了其他同志们的主张，组成了朝鲜民族统一促进会，要求致力于统一战线运动。

> 中日战争爆发后，当时保守民族主义者巨头金九派努力扩大势力。他致力于除金元凤派之外的各民族主义团体之间的团结，联合韩国国民党、韩独党、朝鲜革命党以及夏威夷的六个团体，于1937年8月成立韩国光复团体联合会，并发表了联合宣言。（第211页）

日本帝国主义占领上海后，将侵略的矛头直接指向国民党政府所在地南京。随着形势的紧迫，中国政府把重庆作为战时首都，各机关开始陆续撤离南京。南京人心惶惶，当时南京政府居住着一百多名朝鲜同胞，朝鲜革命党为了减少牺牲，决定将老弱病残和妇女儿童撤离到重庆。

> ……撤离南京时，我们弄到了两艘木船，逆长江而上，前往四川重庆，在水上生活了两个多月。
>
> 我们被日本帝国主义抢占了国土，在异国他乡的流亡生涯中历经千辛万苦，而这个时候则是陷入极度的困苦中。冒着严冬刺骨的寒流，与长江巨浪搏斗，加上鬼子的飞机每天在头顶上盘旋，一百多人挤在两艘木船上，晚上睡不好，白天吃不饱，那种艰难的情形难以用语言来形容。而庆幸的是，男女老少就像一家人和睦相处，齐心协力，克服所有的困难，没有丢下一个人，全部安全到达目的地。（《我的回忆》第134页）

促进会撤离南京后，有段时间柳子明仍然留在南京。在中国，国共合作开始，进入全面抗战时期，民族统一战线促进会认为不能放弃与金九领导的韩国民族革命党和赵素昂领导的韩国独立党以及李青天领导的朝鲜革命党的合作，主张一定要说服他们，形成大同团结。这个任务便落在了柳子明的身上。柳子明是韩国临时政府初创时期的议员，那时还一直拥有议员资格，而且与金九有很深的交情。此外，他是能够在共产主义者和民族主义者之间自由往来的无政府主义者。

金九派把避难处选在长沙。他们认为，要想养活一百多名男女老少及家属，就要到粮食价格便宜的地方，此外，他们还考虑到长沙水路便利，以后有可能与香港进行往来，这样活动起来就方便了。

柳子明留在南京，继续做说服金九派的工作。与他一起留下来的同志是李毓华。他把师母安全送到邵阳后，匆忙返回。

当时，金九派也是由三个党组成的。有以李青天、柳东烈、崔东旿、金学奎、黄学秀、李复源、安一清、玄益哲为主的朝鲜革命党；以赵素昂、洪震、赵时元为核心的朝鲜独立党；以李东宁、李始荣、赵畹九、孙秉祖、金凤俊、严抗燮、安恭根、杨墨、闵丙吉、孙逸民、赵成焕为主，金九为核心的韩国国民党。他们都是民族主义者，三党联合成立光复阵线。他们虽然主义不同，但都抱着打败日本帝国主义的坚强信念，都有为争取祖国独立这一共同目标而战的决心。他们逐渐开始接受柳子明的建议。金九认为，为了祖国的光复迫切需要统一，但各团体的统一是时代赋予的严肃问题。因此，必须与在中国内的各党和团体以及美国夏威夷的同志们交换意见，目前暂时还是困难的。

日本帝国主义占领上海后，12 月 3 日到南京，在局部地区与国民军交战。柳子明在隆隆的炮声中离开南京，乘火车前往武湖。同行的有李有何，他们在武湖下车后，又改乘去汉口的轮船。

12 月 9 日，日军开始进攻南京，12 月 13 日，南京沦陷。日军在中华派遣军司令松井石根和第六师团长谷寿夫的指挥下，利用一个半月的时间，进行了人类历史上空前的惨无人道的大屠杀。他们用机枪扫射，用刺刀刺，放火，剖开孕妇之腹挑出胎儿，挂在刺刀上，挖人的眼睛，切下耳朵……《东京日日新闻》在一个“突破杀人纪录”标题下，刊登了一幅日本军队用军刀砍中国人头颅的照片，据说杀人最多的日本士兵连续杀了一百零六个人。日本军在南京集体枪杀或活埋者达十九万，此外，杀死后埋葬的尸体十五万。在南京大屠杀中死伤的中国国民总数达四十多万人，其残忍性令人发指。就连一名纳粹分子也对其残忍性表示震惊，他在给法西斯的一份报告书中称日本军是“野兽集团”。二战结束后，远东国际军事法庭对刽子手松井石根处以绞刑，谷寿夫引渡到中国处刑。现在南京有一座侵华日军南京大屠杀遭难同胞纪念馆。

柳子明到达汉口后，立即召集各党代表会议，终于宣布成立朝鲜民族战线联盟。宣言中指出的联盟目的有三。“一是要结成包括朝鲜国内以及国内全民族革命家在内的民族统一战线，形成民族战线要以此为出发点；二是要形成中朝民族联合战线，为了帮助抗日的中国，需要韩中两个民族的团结，朝鲜人为了与中方有效地结合起来，需要有一个体现朝鲜民族的整个革命势力的组织；三是为了直接或间接地参加正在展开的中国抗日战争。”（《金元凤研究》第 212 页）

朝鲜民族统一战线联盟的理事长由金若山担任，柳子明负责宣传部，手下人员达五十多人，人员最多。政治部由民革党的韩斌负责，手下人员四十多名。经济部由李春岩负责，人员十名。“结成民族战线后，国民党外交部的王凡生和 CC 团首领陈果夫资助了三千元。这个数目对在战争中财政十分紧张的中国政府来说也是一笔不小的支出。”（《金元凤研究》第 212 页）柳子明曾在《我的回忆》中谈到“与金奎光一道在孤儿院编辑宣传刊物”。（《我的回忆》第 136 页）那个宣传刊物就是朝鲜民族战线联盟的机关刊物《民族战线》。该杂志“广泛宣传自己的存在，

宣传有关建立全民族统一战线，建立中韩两国民族统一战线，促进武装斗争等文章”。（《金元凤研究》第 213 页）

柳子明作为朝鲜民族战线联盟的理事，主要负责联盟的宣传工作，具体负责《朝鲜民族战线》的创办工作，故与金奎光一起担任主编，夜以继日地写稿、审稿以及约稿等。在这期间，他写了很多颇有影响力的文章，不仅写政论，而且还要写随笔、纪实文学等，其主要作品有《朝鲜民族战线创刊词》《朝鲜革命轶事》《国民党大会的历史意义》《朝鲜情势一斑》《欢迎世界学联代表团》等多篇文章，在这些文章中，作者深刻批判了日本帝国主义对朝鲜的侵略和掠夺以及发动对中国侵略战争的滔天罪行，也阐明了组织朝鲜民族抗日联合战线的伟大意义和历史使命，同时也号召在“抗日救国，全面抗战”旗帜下，积极参与中国抗日斗争。文章观点明确、情真意切，在中韩人士中产生积极影响。

2. 朝鲜义勇队

> 日本军占领南京之前，蒋介石国民政府首脑机关转移到重庆，此外，部分机关转移到武汉。国共两党在汉口成立抗日统一战线军事委员会政治部，国民党方面任命陈诚为政治部部长，共产党方面任周恩来为副部长。周恩来在当时武汉是一位备受瞩目的人物。（《激情时代》下卷第 56 页）

共产党代表周恩来、叶剑英、董必武、邓颖超、郭沫若[①] 等居住在

① 郭沫若（1892—1978）：中国著名的诗人、剧作家、史学家。1925 年到广州任国民革命军北伐政治部秘书长。1937 年卢沟桥事变后，到上海投身抗日战争。1949 年，中华人民共和国成立后，任中国科学院院长、人民代表大会常务委员会副委员长。

汉口八路军办事处。政治部是“西安事变”后，迫于全国舆论不得不建立国共合作的新机构，受国民党中央政府军事委员会的直接领导。政治部下属有四个厅，由第三厅直接领导朝鲜民族战线联盟。

第三厅厅长是郭沫若。他不是作为政治家，而是作为一名作家和诗人而闻名遐迩。他在周恩来的领导下，负责抗日宣传中的文化战线工作。军事委员会政治部与朝鲜民族战线联盟的关系，是在郭沫若与金若山的频繁接触中形成的，与在联盟内负责宣传与联络的柳子明，进行具体的宣传业务往来。

政治部十分重视第三厅的工作。副部长周恩来对郭沫若强调宣传工作的重要性时说：“……可不要把宣传工作看太菲薄了。宣传应该把重点放在教育方面去看。我倒宁肯做第三厅厅长，让你做副部长啦。不过他们是不肯答应的。老实说，有你做第三厅厅长，我才可考虑接受他们的副部长，不然那是毫无意义的。”第三厅还设有宣传文化服务处，有从各地流亡来的爱国青年们，虽然待遇十分低，但他们却踊跃参加。战线文化服务处将官方和民间团体制作的各种宣传品送到前线妥善分配。

> 当时，前线迫切需要的是两种东西。一种是伤病员缺乏医药，另一种就是精神缺乏食粮。前一种我们可以让慰劳总会经办了，后一种是须另想办法的。不仅一般的书报，狭义的所谓的精神食粮不能到达前线，就是一般的宣传品也大成问题。照道理说，这应该是后方勤务部主办的。再说小一点，也应该由政治部总务的总务处主办。然而他们却偏偏不办。他们所要照顾的是腰包，而不是脑袋呀！
>
> ……因此在一次又一次的宣传汇报会上，我便提议了组织战地文化服务处，负责把一切精神食粮和宣传品，设法运到前

线，推荐何公敢来主持这项工作。(《洪波曲》第 90 页)

朝鲜义勇队政治上倾向于左翼，接近共产主义并不是偶然的。第三厅的主要领导者都是共产党员，因为在当时中国社会，共产党代表进步势力。特别是政治部下属有“金奎光夫人杜君惠建起的战时孤儿院，收容和教育在战时失去父母的孤儿和流浪儿”。

武汉市是国共两党抗日民族统一战线的指挥部所在地，在日本军占领之前是抗日战争的首府。为支持中国的反法西斯战争，国际援助物资和武力也集中到武汉。不仅是朝鲜民族战线联盟，其他国家的共产主义者、无政府主义者、民族解放运动家、国际主义者，为了争取世界的和平，参加反法西斯斗争云集这里。金学铁先生这样描述道：

船长这年夏天在武昌见到的外国人当中，印象最深的就是法国进步报刊的两位记者——扎克理和奥理伯，还有日本作家鹿地亘夫妇。他们是日本帝大毕业生，是反对帝国主义侵略的进步作家，由于当局的迫害，夫妻一起流亡到中国。与他们俩人的相逢，对船长来说是非常有教育意义的。参战以来，在船长的眼里日本人全都是恶魔和杀人狂，恨得他咬牙切齿。可是，眼前的这两位日本知识分子，却因反对侵略战争而受到迫害，站到了我们这一边！他们，还有许多朝鲜义勇队都是如此，如果不打败日本帝国主义者，就无法回到祖国故乡。同是天涯沦落人，共同的命运把他们联系在一起，使他们成为同志和战友。(《激情时代》第 51—53 页)

到达武汉后，柳子明派李毓华到邵阳把妻子和儿子接来。即使是战乱时期，也不能无限期地把妻子和孩子寄托在别人家里，他不想给患肺病的钟涛龙增添过多的负担。他在孤儿院附近找了一个房子。那时，朝鲜民族战线联盟的许多同志们与家属一起住在武汉，在战争炮火中与家属生死与共。

在《金元凤研究》中廉仁浩先生这样描写了当时在武汉的朝鲜人状况：

当金九等临时政府人员向西避难时，若山和民族战线在南京沦陷前后，转移到武汉。在中央军官学校特殊培训班金洪日的率领下，于1938年6月2日到达汉口，第二天进入武昌的一个中学。这所中学被用来做民族战线的总部。

可是支持崔昌益的四十九人，对若山的路线不满，于1938年6月10日发表声明后集体退党。第二天，他们从武昌转移到汉口，另成立“在武汉青年战时服务团”。……9月，战时服务团改为朝鲜青年前卫同盟，具备了一个政治团体的规模。前卫同盟为了获得支援，与在汉口的中国共产党组织秘密接触，却遭到拒绝。共产党正致力于与国民党结成坚固的统一战线，不可能同意前卫同盟这样的单独行动。（第216页）

政治部第三厅厅长郭沫若对朝鲜同志的战斗精神深表钦佩，同时对朝鲜民族统一战线联盟内出现的这样的分歧表示遗憾。他在文章中写道：

朝鲜义勇队起初属于政治部第二厅，受姜择管辖。后来从武汉撤退时，暂由卫戍司令部政治部管辖。但是，我们可以间接地指挥他们。虽然对其组织形态不甚了解，但他们的思想十分复杂，这是朝鲜朋友共同的缺点。他们有许多小的集团，不管什么时候都很难统一。然而，他们都是带着亡国的悲伤流亡到中国从事抗日的，他们在心理上与其说是帮助我们，不如说是在尽自己的天职。因此，他们的爱国心比起深受买办教育影响的我们中国人要强烈得多。所以，义勇队的朋友们虽然受姜择、夏忠汉等的控制，但在爱国行动的表现上，却摆脱了任何枷锁。（足迹丛书《决战》第 312—313 页）

1938 年 7 月 7 日，金元凤向国民政府递交了建立朝鲜民族统一战线联盟武装队伍的计划案。此计划案是根据朝鲜民族统一战线联盟的“联合国外各地的民族武装部队，创建统一的民族革命军”的纲领提出来的，把中央军校的一百多名毕业生作为建军的人员基础。同时，认为这样对重新联合退党的前卫同盟是有利的。日本国际主义战士青山也通过中国国际研究所所长王焕生向政治部的陈诚部长提出了关于创建朝鲜人抗日武装队伍的方案。陈诚把“青山方案”和政治部的意图转达给军事委员会委员长蒋介石。此时，国民党已对日宣战，蒋介石也不必看日本的眼色了。他认为，公开武装朝鲜人，利用他们熟悉日语、具有强烈爱国心、战斗经验丰富的特点，对收集敌人的情报是十分有利的。于是，于 1938 年 8 月 12 日，蒋介石批准了报告书。报告书中提出建立朝鲜人抗日武装“最高指导委员会”，就这样成立了以政治部秘书长夏忠汉为主任的“指导委员会”。这个委员会由政治部代表四人和朝鲜民族统一战线联盟的代表金元凤、金奎光、金学武、柳子明四人组成。

朝鲜义勇队正式成立的前三天，周恩来和郭沫若前来看望朝鲜青年，并发表了祝贺演说。金学铁这样描写了当时的情景：

> 朝鲜义勇队正式成立之前，中共代表周恩来和无党派人士郭沫若先后来进行演说。周恩来讲了刚刚发生的张国焘反党事件，郭沫若则讲了自己第一次到日本时，坐火车经过半岛的事情。
>
> 还和周恩来一起拍了新闻纪录片，这个影片几天后上映。第二次见郭沫若时，他穿了一件带着中将阶级章的军服，所以印象不太好。（金学铁著《最后的分队长》，1995 年版，第 187 页）

1938 年 10 月 10 日，朝鲜义勇队在武汉正式成立。在此之前，前卫同盟再次加盟朝鲜民族统一战线联盟，义勇队以军校毕业生为主，共有一百多人。“成立仪式那天，不仅是朝鲜人，还有中国的许多军政要人参加。这天仪式内容之一是为队员们授予一枚徽章。上面用汉语写着朝鲜义勇队五个字和一行用英语写的 Korean volunteer。”（《金元凤研究》第 219 页）

“国民政府军事委员会政治部副部长周恩来参加了成立仪式，就东方被压迫弱小民族的解放做了重要讲话，政治部第三厅厅长郭沫若还朗诵了自己写的诗。朝鲜义勇队总队长金元凤在答谢词中表明了朝鲜民族对日本帝国主义的刻骨仇恨，表达了义勇队指战员要与日本侵略者战斗到底的决心。”（《决战》第 306 页）

朝鲜义勇队编为两个支队。“参加这天成立仪式的队员中，只有一位女队员，可谓万绿丛中一点红，她的名字叫金炜，是在中国电影界被誉为‘影帝’的朝鲜人著名电影明星金焰的妹妹，当年芳龄二十三岁。后来，女队员增加了不少，但这天的成立大会上，只有她一个女队员……若山为第一支队和第二支队分别授予一面军旗。队员们站在那面旗帜下宣誓，以昂扬的斗志，表示为民族解放事业奉献全部忠诚。”（《激情时代》下卷第 64—65 页）

“金若山当选为义勇队队长，并选出六名指导员，由六人组成的指导委员会相当于参谋部。民革党的李春岩、解放同盟的金奎光、前卫同盟的崔昌益、无联的我当选为指导员，政治部也派了两名指导员。”（《我的回忆》第 135 页）

10 月 13 日晚 7 时，武汉各界代表在青年会礼堂举行盛大的庆祝朝鲜义勇队成立文艺演出。武汉歌舞团、三八女子歌舞团、汉口后援会宣传大队、汉口抗日协会、儿童保育院、儿童救济协会、童子军等团体演出了文艺节目。青年会礼堂上挂着“团结中华民众，打倒日本帝国主义！”“拥护东北中韩抗日联军！”的横幅，七百多名观众前来祝贺。

朝鲜义勇队在武汉隆隆的炮声中成立，成立后立即投入了战斗。当然中国军事委员会承认的朝鲜人部队并不是战斗部队，而是辅助中国抗日战争的部队。但部队的指战员绝大多数是在黄埔军官学校和朝鲜革命干部学校等各军事、政治学校受到专门教育和训练的人才。朝鲜义勇队可以说是一个将官部队。金若山说：“不能小看我们的力量，朝鲜三千万民众都是我们的力量，不，全中国四亿五千万同胞都是我们的力量。”朝鲜义勇队的队员们个个既是军事指挥员，又是政治家，是熟练掌握朝、汉、日，甚至俄语和英语的知识分子，而且大都是参加革命时间较长的革命家们。就拿柳子明来讲，他既是一位哲学家，又是一位农学家和独立运动家。因此，义勇队的队员虽然仅有一百多名，但是交给他们一个排或者一个营，他们都会是一个高素质的指挥官。

然而，国民当局的士兵都是抽签强行征来的乌合之众。加之，在部队里，长官和士兵的关系就是指使和被指使的关系。尽管是战争的非常时期，可长官们却整天吃喝嫖赌，尽情享乐。士兵们不愿意为这些腐化堕落的长官去送命。仅从伙食上讲，长官们要比士兵们高级得多。而在义勇队里，无论是队长还是士兵，都是同吃同住同劳动。上下级的关系是同志式的关系。金学铁先生对国民党军和义勇队的生活做了这样的描述：

> 事实上军党司令部和师团司令部的汽车每天都到后方城市去采购物品。在军团司令部，就连事务官和徐船长这样的卫级军官，也是顿顿六菜一汤。与朝鲜义勇队相比，简直是天地之别。朝鲜义勇队是把土豆、豆腐、菠菜、肉全都放进锅里一起煮，做成一锅杂汤，盛在一个大盆里，放在地上五六个人围在一起吃。这就是朝鲜义勇队的伙食，这就是我们民族解放战士的伙食。他们无愧于自己贫寒的同胞，每天风餐露宿。转到军团司令部后，船长想起当地农民以地瓜为主食的情景，心里感到很不舒服。孩子们手里拿的像饼干似的东西，仔细一看原来是晒的地瓜干！（《激情时代》下卷第 80 页）

如此腐败的军队怎么能和百姓沟通呢。百姓在日本帝国主义屠杀中悲惨地死去，国军的横行霸道，也几乎把百姓逼上绝路。对他们来讲军队犹如恶魔。

满洲事变后，轻而易举打败中国军队的日本军，把与中国军队的战斗视为儿戏。日本曾经流行这样的漫画：在日本军的攻击下，中国军队吓破了胆，在高高的城墙上面举着雨伞当降落伞往下跳。虽然有些夸张，但中国军队的确是溃不成军，节节败退。

然而在武汉攻击战中，日本军却出乎意料地付出了沉重的代价。对武汉保卫战曾有这样的记录：

保卫武汉三镇的战斗持续了四个多月。日本帝国主义以二十五个师团的一百万武力进攻武汉。国民党统府早已打算抛弃这座城市，疏散了市民，转移了工厂。日本军三面围攻武汉。这样一来，国民党党政军要人争先恐后地撤退。职位高的坐汽车从陆路上逃，职位低的就从水路上逃。

一百名义勇队员参加了保卫武汉的战斗。他们由于没有警备队员，只好把自己盖的白被子拆下来制作漫画、标语，继续做宣传工作。没有吃的，他们就卖掉衣服，饥一顿饱一顿地继续开展活动。他们在街头、剧场、车站、轮船上做宣传鼓动工作，号召武汉人民投入抗日斗争中。(《金元凤研究》第221—222页)

我们在政治部的统一领导下，发行中文、日文、朝鲜文的宣传刊物，贴宣传标语，召开群众大会时，还派代表参加。

……义勇队撤离武汉时，在三镇的街道上，贴上了许多反对侵略战争的日文标语，在撤离途中也积极向中国人民宣传抗日。(《我的回忆》第135—136页)

郭沫若在自传《洪波曲》中，高度评价了朝鲜义勇军在保护武汉战争中的战斗精神。

日本租界更仿佛是一片墓地，这里原本预定炸毁，居民们都老早搬完空了。但惹人注目的是在街道的墙壁上，或在马路的正中，用沥青粗大地写着日文的标语："士兵在前方流血，财阀在后方享乐"，或"士兵的血和生命，将军的金质勋章"。这些还是我昨天拟好的文句，而今天已经爬上了墙壁，爬上了水塔，横陈在马路的当中了。

这是应该向朝鲜义勇队的朋友们致谢的。他们在这快要撤守的前几天被动员起来，担任了这项工作。根据三厅所颁发的"对敌标语口号集"和临时由我所拟具的若干条，尽可能在汉口市涂写。就靠这些朋友们的认真工作，就我所亲自见到的，他们的的确确是把汉口全市造成一座精神堡垒了。

这话倒并不是我一个人在这儿故意地夸夸其谈，而是有着事实的根据的。后来我们根据俘虏的口供，得知敌人在占领武汉后，特为这些标语大伤脑筋的。他们整整花了三天工夫来洗刷那些标语！但写在街头的尽管洗得干净，印进脑子里的未必被洗得干净。

我的车子经过后城马路的时候，写标语的人还在继续着工作。他们三五成群地有的扛着沥青或油漆，有的扛着梯子，勤勤恳恳地在那儿争取时间工作。

我得承认，这是我最受感动的一幕，然而也是我最感惭愧的一幕。那些都是朝鲜义勇队的朋友，明明白白地没有一个中国人在里面。我们中国应该是有不少懂日文的人才的，留学过日本的学生，起码总怕有几十万吧？然而在这武汉临危的时候，替我们写对敌标语的，却只有这些朝鲜的朋友们……（第179—181页）

3. 孤傲的海燕

1938年10月25号，日本侵略者占领武汉之前，朝鲜义勇队兵分两路撤退。第一支队向南撤退，经长沙、衡山、衡阳、零陵到广西省桂林。第二支经洛河到延安。

柳子明与队长金若山同行。李春岩、石正、金奎光、朴建雄等在一起。离开武汉前夕，柳子明把妻子和孩子交给带领孤儿院的孩子去重庆的杜君惠。那时，不能随朝鲜义勇队活动的妇女和儿童都到重庆去避难。

10月25日从武汉出发，12月3日到达桂林。对这段近四十天的撤退历程，柳子明回忆说："我随义勇队第一支经长沙到衡山活动。政治部也从武汉撤退，在南岳召开会议。敌机每天进行空袭。因敌机轰炸长沙发生大火后，我随义勇队步行到衡阳，在那里住了一段时间后，从衡阳乘坐木船经湘江到零陵，在那里又步行到冷水滩，在那里乘坐火车第二天到达桂林。"他对这段经历写得很平淡，可这短短的几行文字中却浓缩了艰苦的行军路程。用什么来形容这段艰难的历程呢？这不禁使人想起唐朝诗人高适千年前的诗篇《燕歌行并序》："边庭飘飖那可度 / 绝域苍茫更何有 / 杀气三时作阵云 / 寒声一夜传刁斗。"

金学铁先生是当时第一支队的队员，与金若山、柳子明走的是同一撤退路线，他在《激情时代》中做了详细的描述，生动地再现了当时充满艰难险阻的路程，下面摘录主要片段。

徐船长所属的第一支队经由岳阳河幕阜山前线进军时，在江汉关附近坐轮船。幕阜山是湖南省和湖北省的省界，是敌军

> 从国道到长沙的必经军事要冲。船长最后一个要上船时，一位拄着拐杖一直望着他们的白发老人，摇摇晃晃地走到他面前，用嘶哑的声音说：
>
> “你们走了……我们怎么办?”老人的一句话，让船长感到无地自容，不知如何回答才好。此时，他觉得自己很卑鄙，不顾百姓死活，只顾自己逃命。(第66—67页)

也许当时朝鲜义勇队的所有队员都是带着这种惭愧的心理撤离的，当然柳子明也不例外。这是金学铁先生的化身徐船长的心情，也是金学铁和柳子明以及所有义勇队员们撤离武汉时的心情。

> 到达南江桥后，发现武昌到长沙的国道一片混乱。
>
> 白天，低空飞行的敌机不放过每一个车辆，所以白天只能披上伪装网躲避起来，到了晚上，便倾巢出动。数百里的路上，军用车辆的车灯形成了一个不夜城。其中一些伤病员，拦住卸完弹药返回的军用卡军。他们要搭车，可司机不让上车，他们互相争吵不休。
>
> 可令人惊讶的是，那么多的弹药不是卸到一个指定的场所，而是卸在从前线幕阜山的方向到后方平江的国道两侧。
>
> “那是为了边退边用。能把那些都用完了撤退就好喽。”
>
> 听了队长朴孝三的解释，我们都愣住了，甚至感到有些悲伤。
>
> 兵力相差实在是太悬殊。(《最后的分队长》第195—196页)

> ……路上有许多被遗弃的空房子，因为人们避难时无法

> 带走它们。住宿的时候，船长所在的分队被安排在一个无主的纸物店里。走进店里，发现里面的财产，也就是纸物都留在里面，只是走了人。门上本来是上了锁的，可是不知谁给撬开了，在里面住了一夜。地上铺了一层白纸代替被褥，看到洁白的纸上留下了许多黑脚印，船长仿佛看到了一个被蹂躏践踏的少女的裸体，心里十分难过和怜惜。(《激情时代》第70—71页)

朝鲜义勇队不是战斗部队，而是一支宣传部队。对他们来讲，纸张就是武器，为了多印一张传单，他们视纸如金。因此，他们对铺着白纸睡觉的国民党十分气愤。

> ……参加幕阜山前线战斗的朝鲜义勇部队队员们撤退后，留下了许多传单。大部分内容是向日本士兵做反战宣传的，对日本士兵来说是无害的礼物，但日本军官们却为此大伤脑筋。传单上写着“调转枪口对准你们的长官”等内容。(《激情时代》第96页)

幕阜山战斗后，朝鲜义勇队的全体队员在南江桥街集合开始进行行军。南江桥是屈原投江的汨罗江支流上的一座桥。经过那座桥时柳子明想起了屈原，并强烈地思念起申采浩先生来。申采浩先生生前每到心情郁闷的时候，就与屈原的冤魂对话，战胜流亡生涯的艰难。他吟咏屈原的诗篇，学习屈原的情操，最终像屈原那样，为了国家和民族，坚定不移，顽强不屈地走完了自己的一生。

……不知是第三天，还是第四天到达黄华市时，只见远处的长沙天空烟雾弥漫。朝鲜义勇队的队员们不知是怎么一回事，都瞪大了眼睛。又走了一段路，才遇到了逃难的人们。只见男女老少拎着大包小包，失神地拥出来……

“那，那大火是怎么着起来的?”

“……宪兵和保安队……提着石油灯见着什么就烧什么……”

拥有两千万人口的长沙市是湖南省首府，是一座具有悠久历史的富饶城市，如今它却变成了一片火海。那情景只能用“触目惊心”这四个字来形容……长沙市的市民们做梦也没有想到一夜之间会招来如此灾难！……

悲剧和喜剧似乎是拧在一起的两股绳，伟大的军事战略家蒋介石阁下想让出长沙，所以把这里变成一片焦土。只可惜日本强盗不知蒋介石的一片苦心，在数百里外的通城安营扎寨，根本就没有理会长沙。只有敌人中了计，才能造就出20世纪的库图索夫啊！由于陈诚错误的战况报告和急于成为伟大战略家的蒋介石的虚荣心，使好端端的一座城市变成了一片废墟。长沙是被誉为粮仓的湖南省粮食集散地。两周后，朝鲜义勇军重新回到长沙市时，一堆堆像小山似的粮堆还在冒烟！以长沙市民的血泪写成的悲剧与蒋介石判断失误造成的荒诞剧交织在一起，永远留在中国的战史上。

重返变成一片废墟的长沙时，朝鲜义勇队很奢侈地从衡山乘船沿着清清的小湘江而来。……与朝鲜义勇队同行的另一条船上是郭沫若领导的抗日演出队第八队的队员们。朝鲜义勇队都是接受正规训练的军人，无论是行军还是宿营，都是秩序井然，可那个演出团的朋友们却做不到。吃饭的时候，由于他们没有备用的餐具，只好向同行的船伸手求助……

朝鲜义勇队重新回到长沙时，只见废墟上已经开始了重建工作，敌人的炮机投下了纸弹——传单，弄得长沙大街小巷纸片飞扬。百姓们一窝蜂似的去抢传单，警察大喊大叫阻止群众，踢一脚这个，踹一脚那个，简直乱了套。船长捡了一张一看，原来是宣传放弃抗日容共政策，日、满、支三国共同建设新秩序，共同防卫，反共反苏内容的传单。

朝鲜义勇队只好留下来帮助重建工作……针对这一实际，第一支队召开会议，集体讨论传单战役问题。(《激情时代》下卷，第 98—106 页）

朝鲜民族战线联盟和朝鲜义勇队总队撤到桂林。中国抗日战争的第四战区桂林成为民族战线联盟和朝鲜义勇队总部所在地。在位于桂林市东面的七里岩附近借了两间民房住下。

“桂林山水甲天下”的说法古已有之。清清的漓江水，稀奇古怪的岩石，高高的山峰，巨大的自然岩洞……这些美丽的资源，那时还没有开发成旅游资源，那里成为天然要塞。又深又宽的岩洞成为天然防空洞和避难所。因此，战区的许多学校都转移到了桂林。

柳子明没有想到在这里意外地与巴金相遇。上海战争爆发后，巴金就来到了桂林，住在东江路七星岩附近，经营文化生活出版社，和朝鲜义勇队是邻居。因此，柳子明一有空就去找巴金。

当时，巴金正在收集罗世弥的作品，编辑《罗淑全集》。在巴金这里，柳子明才得知罗世弥不幸去世的消息，心情万分悲痛。他离开立达学园的第二年，1938 年，罗世弥在成都分娩后因产后风离开人世。巴金告诉他，罗世弥去世后，她年幼的女儿每天哭着要妈妈，她的丈夫马宗融忘不了她，每天沉浸在思念与痛苦中。柳子明翻开巴金桌子上的罗世弥作品，不禁潸然泪下。他想起了当年在立达学园时，世弥夫妇与他们夫妇的情义。巴金在《罗淑全集》后记中，描绘了当时与柳子明在一起谈起罗世弥时的悲伤心情。

> 一个在危险面前从未战栗过的异国流亡者，在我桂林的寄寓中看见了世弥的手迹，谈起她的事情，他只说了两三句便埋头揩拭眼泪，一颗热烈的广大的心，把许多人牵引到她身边，这一颗心永远把许多朋友结合在一起，我和那位朋友苦痛地、感动地说着：
>
> “她不应该这样地死去……”
>
> 我们又说：“她没有死。”
>
> 是的，“一个真正善良的人的纪念永不会死的。”我们都相信克鲁泡特金的话。而且世弥留给朋友们的印象不只是善良。
>
> 静静地安息吧，我们大家敬爱的友人，你已经尽了你的职责了，你的美丽的人格将是大家鼓舞的源泉。唯一的可以补偿失去你的损失（只有在现今我们才能够了解这损失）的方法，便是各人在事业上的努力。我们只要努力下去。（《罗淑全集》后记）

桂林山水无处不美。其美丽的山水吸引了多少文人墨客，英雄豪杰。

然而，柳子明和所有的义勇队员们却无心欣赏这美丽的景色。这时柳子明才深深感到风景是用心去看的，而不是用眼睛。

虽然桂林远离前线，是一个比较安静的地方，但由于突然拥入的大批人流，使大家的生活状况十分艰难。毕竟美丽的山水不能当饭吃，那时最重要的是解决温饱问题。在尚未开发成旅游资源的名胜，人们虽然生活在美景中，却免不了贫困。桂林山多如林，陡峭险峻，在巴掌大的地方产出的粮食，就连桂林人自己吃都不够，而如潮般涌入的人们，使桂林更是难上加难。加之全国各地都在打仗，物资供应远远跟不上。

朝鲜义勇队总部发行机关杂志《朝鲜义勇队》，主要刊登在各地战区活动的义勇队的消息。同时，开展对日军朝鲜人战俘的教育转化工作，还同中国军队一道访问战区，以慰问和演出等形式进行宣传活动。由于柳子明在义烈团时就负责宣传工作，因此，义勇队的宣传和联络工作自然就落到了他的肩上。

朝鲜义勇队的金若山、李春岩、石正、金奎光、朴建雄、朴贞爱和我在桂林活动。日本无政府主义者鹿地亘也来到桂林，与朝鲜义勇队取得联系，有时还在一起开会。鹿地亘在政治部第三厅厅长郭沫若的领导下，向日本战士做反侵略宣传。据鹿地亘讲，在武汉保卫战中，为了教育感化被中国军队俘虏的日本军，政治部在湖南省常德地区建立了俘虏集中营，派他去做反侵略宣传。可是，在日本军眼里，鹿地亘是一个叛逆者。因此，鹿地亘就和俘虏们一起生活，认真给他们讲侵略战争给日本人民造成的危害，俘虏们渐渐地认识到了侵略战争的罪恶，消除了敌对情绪。日本俘虏们给他讲起了自己在战争中所经受的痛苦，告诉他在长沙一带有无数的日本军战死。(《我的回忆》第 137—138 页)

鹿地亘是日本的反战作家，在帝大时曾与冯乃超是同届毕业生。他与夫人一起来到上海，可是在日本帝国主义的迫害下，不得不去香港避难。由于生活艰难，曾托郭沫若给找一份工作。当时第三厅组织工作中，由于对敌宣传的需要，郭沫若向陈诚打了报告，征得同意后，聘请他们夫妇为政治部设计委员会设计委员。他们任第三厅第七处的顾问，与朝鲜义勇队有了密切的关系。

金学铁对当时所做的各种宣传活动作了如下记录：

> 决定在柳阳剧场的舞台上上演一幕话剧，还像前一年秋天在汉口演出时那样，由徐船长写剧本，李正浩任编导，编排了一幕小话剧《胜利》，以朝鲜义勇队在幕阜山前线的活动情况为背景。陈庆生这次二话不说担任了坏蛋的角色，使角色分配问题顺利解决……
>
> 演出比在汉口第一次演出时多少有了点进步，但还是不尽如人意。尽管这样，第二天，地方报纸也许是出于礼仪吧，勉强还称赞了几句。就此李正浩给编辑部写了通讯，《朝鲜义勇队通讯》转载了这篇报道……（《激情时代》下卷，第142—141页）

《朝鲜义勇队通讯》每期都是以整版介绍各地区朝鲜义勇队的英雄事迹。该杂志出版后，立即发送到朝鲜义勇队的各个分队。而且编辑部除了编辑杂志外，还印制针对日军和日军内朝鲜籍战士的传单，以及他们投奔到抗日部队时所需的通行证之类的东西。所有的传单都以韩文和日文、中文三种语言文字印刷。此外，还为到敌后工作的同志们精心伪造必要的敌占区身份证和“良民证”等。

义勇队作为政治攻势的一部分，以朝文和日文大量印制“告日本士兵”“告朝鲜同胞”等传单。随后，将这些传单通过地下联络网散发到敌占区。可当时，由于根据地内无印刷设备，只好进行原始的石版印刷。虽然印刷十分粗糙，但其产生的效果却是神奇的。许多朝鲜青年和学徒兵们看过那些印刷粗糙的传单后，纷纷冒着生命危险投奔到抗日部队。(《激情时代》下卷，第215页)

1939年年末，朝鲜义勇队第三支队创立。第三支队的部分干部和队员是由日军归顺者组成的。据1940年2月的统计，朝鲜义勇队总队第一支队、第二支队、第三支队加起来总共三百一十四人。(《朝鲜族足迹丛书》中《决战》第395页)

桂林是朝鲜义勇队的总部所在地，是朝鲜义勇队的指挥中心。从这里向各支队传达新的指示精神，下达新的任务，派出新的干部和队员。2001年9月20日，笔者开始执笔时，再次向金学铁先生确认与柳子明分手的时间。金学铁先生说那是1939年深秋，与他有书信往来是在朝鲜光复后，中华人民共和国成立几十年后的1980年。他说柳子明是他的直接领导。那次与金学铁先生一起离开桂林的人有沈正云、赵晓庆、尹志令、关键、冯中青，此外，还有一个人。总部调他们七人到第二支队。

每次同志们离开桂林时，总部的同志们都要为他们举行简单的欢送会。大家例行公事地讲完话之后，便一起唱《朝鲜义勇队军歌》。

巍峨的长白山，气壮山河
我们的热血在心中沸腾

为了三千万民众的生存和自由
同志们啊，让我们团结在同一旗帜下
像铜墙铁壁
打碎残暴的日本帝国主义
啊，我们是三千万大众的前卫

朝鲜义勇队就是唱着这首歌冲向前线，就是唱着这首歌在枪林弹雨中勇猛作战。朝鲜义勇队自成立那天起至 1940 年，在两年左右的时间里，转战六个战区，十三个省，参加了无数的主要战斗。朝鲜义勇队在每次的战斗中，都表现出英勇机智。有一次，国民党军的营长战死，朝鲜义勇队队员指挥全营继续战斗，一位国民党连长冲进敌人阵营后负伤倒下，义勇队员们冒着生命危险冲进枪林弹雨中救出了这位连长。此外，在战斗期间，培训了六万多名对敌工作干部，印刷传单五十万份、标语四十多万张，散发到前线和后方。教育感化敌俘虏五十多名加入到义勇队，培训七十五人，审讯一百二十二人，翻译敌人文件九十五万字。

在与柳子明的交往过程中，巴金认识了朝鲜义勇队，对朝鲜的爱国主义者十分崇敬。他在自己的作品中热情地歌颂了他们。1981 年 9 月在香港出版的巴金的《创作回忆录》(第 62 页) 中这样写道：

……我想谈几句关于朝鲜人的事。因为《火》第一部中讲到朝鲜革命者的活动，而且小说以朝鲜志士英勇战斗和自我牺牲作为结束。我在这之前还写过短篇小说《发的故事》，也是怀念朝鲜朋友的作品，我小时候就听见人讲朝鲜人的事，谈他们的苦难和斗争，安重根刺杀伊藤博文的事迹给我留下了很深的印象，他是我少年时期崇拜的一位英雄。

巴金在《创作回忆录》第63—64页继续写道：

……从几个朋友的口中我也了解了一些他们的流亡活动和抗战初期的一些活动。我就在《火》的第一部写了子成、老九、鸣盛、永言这班人，和他们惩罚朝奸的壮举。在小说里子成忆起朝鲜民歌《阿里郎》。据说从前朝鲜人到我国满洲流亡，经过阿里郎山，悲伤地唱着它。我1938年第四季度在桂林的一次诗歌朗诵会上，听见金焰同志的妹妹金炜女士唱这首著名的歌曲，我十分感动，当时正在写小说的这一章，就写了进去。我以前对它毫无所知，却能够把歌词写进小说，甚至将歌谱印在发表这一章的《文丛》月刊上，全靠一位朝鲜朋友的帮忙。这位朋友姓柳，是园艺家，几十年来在一些学校或者农场工作，为中国培养了不少园艺人才。他在当时的朝鲜流亡者中也很有威望，我在上海、在桂林、在重庆、在台北都曾见到他。今天我还没有中断和他的联系。

巴金是20世纪中国的一代文豪。然而，巴金和柳子明却是人生的挚友，巴金通过柳子明了解了朝鲜的独立运动家们，把他们的斗争生活写成小说，抗日战争时期感动了数万中国读者的心。小说中主人公的献身精神，鼓舞中国人民投入到抗日斗争中。朝鲜的独立运动家们、朝鲜义勇队的事迹在中国大地上，谱写了抗日战争的新诗篇。1940年，当时在八路军一二九师三八五旅团政治部工作过的唐平周这样回忆了朝鲜义勇队：

有一天，刘伯承、邓小平同志意外地下达了命令。说朝鲜同志的一支队伍要来我们的驻地，速派人迎接。……旅负责人派一个连去执行这个任务。旅团的政治部也忙着准备迎接他们。我们部有一位叫蔡国繁的朝鲜同志任敌工干事，他听说自己的同胞要来，比谁都激动……

由朝鲜同志组成的队伍，是由毕业于黄埔军校或沿海地区大城市读大学的年青骨干组成的朝鲜爱国者团体。……他们到抗日根据地……决心打败日本鬼子，逐渐跨过鸭绿江去解放自己的祖国。……

朝鲜义勇队的同志到达的那天，我们部队举行了盛大的欢迎仪式。……我们和朝鲜的一百多名男女队员们亲密地坐在一起鼓掌、喊口号、唱歌，共叙友情。(《朝鲜族足迹丛书》中《决战》第318—182页)

在抗日战争中，许多朝鲜义勇队的同志们献出了宝贵的生命。仅在金世光、金学铁同志负伤的郝家庄战斗中，就有尹世柱、陈光河、胡有白、韩继涛、文明哲、张文海等十多名同志牺牲。柳子明失去了亲密的战友石正。

在悼念朝鲜同志的大会上，当时八路军参谋长叶剑英（1897—1986）和萧三同志发表了讲话。现将当时《解放日报》(1942年9月20日）发表的悼念文章摘要如下：

朝鲜义勇队自1938年10月10日成立以来，四年如一日，在各个战场上，组织抗日民众，开展对敌宣传。特别是在湖北的通山和昆山，湖南的石山，广西的昆仑山，华北的各战斗和反扫荡的战斗中，这支部队的同志不分刀山火海，前面的人倒下去，后面的人跟上来，以视死如归的大无畏精神战斗和工作，狠狠地打击了敌人。给那些受日本军和傀儡军奴役的士兵和农民、朝鲜居留民指明了斗争的方向，有力地支持了八路军、新四军的行动。作为反法西斯斗争阵营里的一支新兴力量，这支部队为反法西斯斗争做出了重要贡献。(《朝鲜族足迹丛书》中《决战》第 371—372 页)

我们中朝两国人民是世代友好邻邦。……这种深厚的民族友爱之中，还有主要的政治大前提，那就是我们两个民族都是为了反抗同一个敌人——日本帝国主义。在这一前提下，中朝两国人民结成了牢不可破的兄弟般的战斗友谊……

朝鲜同志们在中国各战场上流的鲜血，染红了东方各民族解放斗争的大旗……（萧三《悼念为正义献身的朝鲜同志》，《朝鲜族足迹丛书》中《决定》第 373—374 页）

抗日战争时期的朝鲜义勇队就像高尔基《海燕之歌》中那孤傲的海燕，在乌云翻滚、电闪雷鸣、波涛汹涌的大海上勇敢地飞翔。

4. 大家庭

中日战争开始后，日本向中国投入了二十四个师团，一百万以上的兵力。然而，战局却越来越不利于日本，他们渐渐感到消灭中国军队、推翻国民政府并不是一件轻松的事情。在这种形势下，日本对抗日根据地进行扫荡的同时，对国民党政府要员展开诱引战术。首先上钩的就是国民党副总裁、中央政治委员会主席、国民党参政会议长汪精卫。他是继蒋介石之后的中国第二号大人物。1938 年 10 月，占领广州和武汉后，大规模的中日战争暂时进入对峙状态。这时，国民党的反共势力唯恐错过时机又开始抬头，国共合作关系出现分裂。蒋介石指责汪精卫卖国行径的同时，默认汪精卫傀儡政府与日本军对华北地区共产党的讨伐，企图走“曲线救国”之路。1939 年，柳子明与金若山、朴贞爱一道离开桂林，经贵阳到重庆。那时朝鲜民族战线联盟与眷属留在重庆南岸鹅公堡孙家花园过集体生活。石正、尹蛟云、崔友江、崔一、金洪舒、金白渊、朴南波、李永俊、李达、金相德、韩一来、韩锦云、金奎光、朴建雄等一起开展活动。(《我的回忆》第 138 页)

与金若山他们一道，柳子明等人抛弃桂林将总部转移到重庆的重要理由，就是要将朝鲜义勇队变成一个不属于中国任何一个党派的、代表朝鲜民族的独立自主的部队。廉仁浩先生在《金元凤研究》中解释了其理由。

> ……我们只是中国的外交对象，而不是中国的一个党派，我们不想过问中国内部的一切问题，这样对我们是有益的。……我们要面向全世界，全世界都是我们革命工作的战场，不能只靠中国一个地方，因此运动的中心应该设在与联合国各国直通的重庆。(第 246 页)

此外，与金九等人表示愿意与民族战线联盟合作的态度也是有关系的。离开南京的金九带领其眷属经汉口到长沙，八个月后离开长沙，到广州停留三个月后，重新去了柳州。他在柳州待了几个月后，又去了綦江。金九在柳州成立了韩国光复战时工作队，开始进行反日宣传和招募人员活动。这时，金若山派柳子明前往柳州，协商朝鲜民族联盟统一战线与韩国临时政府统一的问题。因双方对具体问题有分歧而未能达成协议，实际上为日后互相联系创造了良好的开端。

金九与金若山结成统一联盟是一项十分迫切的工作。在福建省建阳，金九派去的金文镐和金若山派去的李苏民，做招募从日军里逃出来的朝鲜籍士兵的工作，可是他们难以互相协调开展工作，所以派柳絮前往，后来郑华岩也去“千方百计做和解工作”。（《祖国去向何方》第 214 页）

当国共合作以及抗日烽火遍及全国各地时，朝鲜革命阵营内却仍处于分裂状态，这实在有些说不过去，统一刻不容缓。正当金九和临时政府对其支持者 CC 团的首领陈果夫感到失望时，发生了韩独团体内李云汉枪击金九、玄益哲、柳东悦、李青天事件，促成了统一局面的形成。

就这样，金九主动带着统一的问题来到了南岸。

第三是提出各团体统一的问题。现在大家族已得到安置，跟美洲也取得了联系，于是便着手团体统一的工作。

我为此拜访了鹅公堡的朝鲜义勇队与革命党本部，他们的党魁金若山正在桂林，由尹琦燮、成俊甲等干部为我举行了欢迎会，在那个宴会上，我提议所有的团体统一起来，成立一个民族主义的单一党，大家一致赞成，于是进一步决议邀请柳州与美洲、夏威夷的各个团体一并参加。

他们赞成统一，但是说金若山是共产主义者，如果我与他合作，他们就要与我断绝关系。我就与金君商议，结果由我与他联名发表宣言，题为“民族运动才是祖国光复所必需的”。柳州国民党则回信说回重庆后讨论决定。（《白凡逸志》第 325—326 页）

重庆位于四川省东南部扬子江和嘉陵江交汇处。三国时，重庆称巴，四川省成都为蜀，出现了巴蜀这个地名。公元1189年宋光宗先封恭王，后即帝位，自称“双重喜庆”，于是在其中选择“重”字和“庆”字，重庆因而得名。南京受到威胁后，重庆在历史上第一次迎来了都邑的喜庆，而对重庆的人来说，却没有比这更大的不幸。那是因为，重庆本是一个只有几万人口的小城市，但自中央政府迁到此地后，沦陷区的官吏与难民云集于此，因此一跃成为人口超过百万的大都市。无论怎么兴建房屋，还是不能够完全满足需要。所以在夏天，露天居住者达几十万人之多，所有一切都供不应求，社会治安一片混乱。

朝鲜人把綦江作为安置地。韩国独立党系的主要人物就居住在郊外的土桥，民族战线的成员主要集中在南岸，双方的人员及家属达四百多人。好在大家在中国政府的关照下，可以过集体生活，过得也比较宽裕。可是就像古代魏、蜀、吴三国鼎立时期那样，英雄割据的时代在朝鲜独立运动家们中间再现。

韩国临时政府在綦江开展工作，金九、李东宁、李始荣、赵皖九、闵丙吉、赵素昂、金奎植等人在那里。

那时，韩国临时政府和朝鲜民族战线联盟的统一问题尚未得到解决。为此，朝鲜民族革命联盟派我和石正作为联盟的代表，临时政府派赵皖九和严恒燮为代表，共同协商统一问题。由于双方意见分歧，统一会议暂时终止，双方决定再做进一步研究。

临时政府有韩国独立党，金九先生是独立党的主席。

我于1919年在上海被选为临时政府议员时，就认识金九和临时政府的要员们。我虽然与他们分开很久，但始终没有忘

记临时议员的职责，拥护临时政府。(《我的回忆》第 139 页)

当时，金九明确表示自己的主张，他在《白凡逸志》中写道：“我认为各党派如仍保留自己的组织，即使联合在一个统一机构里，仍是图谋自己小团体的发展，反而会增加摩擦，既然社会主义者不再反对民族运动，而目前海外的运动应致力于恢复国家主权，争取民族独立。”(第 247 页)

在双方的努力下，1939 年 5 月，金九和金元凤在綦江发表了致同胞的公开书。“双方承认过去不能联合的错误，讨论有利的国际形势，阐述日本的罪恶，阐明自身的政治原则，希望所有的韩国人联合起来。在公开书中主张的方式是解散现在的所有组织，树立新的独立的单一党。单一党是民革党建党以来若山一贯主张的路线，在此终于与金九达成一致，联合起来。”(《金元凤研究》第 225 页)

1939 年 8 月 27 日，在綦江终于召开了七党代表大会。七党各党派的代表有，韩国国民党代表赵畹九和严恒燮，韩国独立党的洪震和赵素昂，朝鲜民族革命党的成周实和尹世胄，朝鲜革命者联盟的柳子明和李何有，朝鲜民族解放同盟的金星淑和朴建雄，朝鲜青年前卫同盟的沈益熙和金海岳等。会上“民族战线方面的解放同盟和前卫同盟还是主张民族的力量不是个人本位的单一党，而是应该成立像中国的二次国共合作那样的团体本位的联盟形态。他们认为，若山提出的单一党的主张已经过时。这时，崔昌益主张去满洲，带着义勇队青年中跟随自

己的十八名先从西安出发。解放同盟和前卫同盟因不接受自己的主张，便从会议中退出”。(《金元凤研究》第 26 页)

一个月后，召开了解放同盟和青年前卫同盟缺席的五党会议，成立了全国联合战线协会。同时，在成立新党问题上也达成一致意见，但在党务和政务问题上分歧严重，于是若山退出了党，结果导致统一会议化为泡影。

綦江不仅远离城市，而且与重庆也有距离，因此战争时期也比较安全。日本军飞机虽然轰炸了重庆，可綦江却连飞机的影子也没有见到。不过，由于城市太小，无法找到可容纳临时政府的活动场所和家属的房子。金九决定在綦江北岸的树林里建设新村，委托柳子明起草建筑计划书。要想获得中国政府的资金援助，就要拿出一个详细的报告书来。

统一会议之后，柳子明与严恒燮搞到一个测量仪，到綦江北岸去测量建筑基地，起草了“建筑设计书”，把它交给金九后回到重庆。

金九先生带着那份建筑计划书去找中国政府请求援助建筑经费。中国政府拨款筹建经费两万元。(《我的回忆》第 140 页)

在《白凡逸志》中可以看到，临时政府“在綦江将近一年，来到土桥东坎两年。在此建了三栋房子供大家族居住。而在党政军机关服务的同志及其家属则住在重庆”。(第 337 页)那三栋房子就是以柳子明起草的建筑设计书得到中国政府拨款盖起的房子。

1940 年新年伊始，日本帝国主义对国民党实行怀柔政策，以汪精卫傀儡军队为首，加大对共产党抗日根据地的讨伐，同时强行让朝鲜人大举迁移到华北地区，以达到破坏国共合作，以中国人治中国人，让朝鲜人牵制中国人的目的。

据1940年的不完全统计，当时北京、天津有朝鲜人十万名，河北省石家庄地区三万，新乡八千，山西省太原五千，山东省青岛和济南一万人，整个华北地区朝鲜人达二十多万人。

此外，日本帝国主义在朝鲜国内强行征兵，把朝鲜青年派送到华北战线。

针对这种形势，金九在柳州组织了韩国青年战地工作队。战地工作队离开重庆经青岛到达西安，在当地中国军队的协助下深入到敌后。他们对敌军进行反战宣传，敌军内的朝鲜人开始投奔战地工作队。那年3月3日，韩国独立党、朝鲜革命党、韩国国民党联合成立韩国独立党，9月将临时政府所属的战地工作队改编为韩国光复军。

从1939年开始，重庆成为朝鲜独立运动家的集合地，四百多人聚居在一起，在抗日救国这一共同的目标下开展活动。可是一直没有形成一个团结的大家庭，直到1944年9月，朝鲜革命各党派才形成统一。柳子明在回忆录中写道：

> 1944年9月，我在重庆参加了朝鲜革命党派的统一会议。当时重庆的朝鲜革命团体分立为两大集团。一方面是韩国临时政府、韩国独立党和战时服务队，另一方面是由朝鲜民族革命党、解放同盟、前卫同盟、朝鲜无政府主义者联盟联合起来的朝鲜民族战线联盟和朝鲜义勇队。
>
> 统一会议是这样进行的：
>
> 临时政府召开临时议会，提出统一方案后，经全体议员充分讨论，决定在韩国临时政府的领导下建立韩国光复军，将原

来的朝鲜义勇队改为“韩国光复军”隶属的第一支队，战时工作队为第二支队。委任李青天为光复军总司令，金若山为副司令，李范奭为副参谋长。

临时政府主席为金九，内务部长赵畹九，外交部长金奎植，财政部长李始荣，教育部长赵素昂。

临时政府议长为洪命熹，议员有尹峙燮、成俊容、金若山、金奎光、金相德、李然浩、林斗焕、闵石麟、朴建雄、崔友江、柳子明等。

朝鲜革命党各党派在临时政府的领导下实现了统一，这是朝鲜独立运动史上具有历史意义的一件大事。

与此同时，在重庆成立了“中韩文化协会”，中国方面任命孙科为理事长，朝鲜流亡独立临时政府教育部长赵素昂为副理事长。孙中山先生的夫人宋庆龄女士出席了成立大会。

中韩文化协会的成立，表明中国政府已公开承认韩国临时政府。

可是，在这喜悦的时刻，令人感到痛心的是尊敬的爱国主义者石吾李东宁先生在綦江病逝，金九先生的母亲、李达、李永俊、朴贞爱同志也相继去世。他们为了朝鲜的独立在海外经历各种艰难困苦，顽强奋战，然而他们却没有等到胜利的那一天，他们会死不瞑目。(《我的回忆》第 104—165 页)

5. 前夜

战时首都重庆是一座不安宁的城市。如潮般涌入的难民，由于找不到工作，很难糊口。整个城市到处都是乞丐，较场口成了公开卖淫的场所。强盗和小偷比比皆是，而且日本人的空袭不断。朝鲜人虽然在中国政府的援助下暂时不愁吃穿，但却无法摆脱内心的不安。对当时重庆朝鲜人的生活情景，金九先生在《白凡逸志》中叙述道：

> 粮食实行配给制，所以在配给所前面总是排起长蛇阵，经常发生打架吵骂的纠纷。可是因为我们同胞另外呈报人口名单，所以一次可以领到全体的粮食，再雇人载着粮食挨家挨户地分送，因此非常方便，甚至连扫院子汲水也请用人来做，不仅重庆市内的同胞如此，住在郊外土桥的同胞也另立韩人村，维持着中国人中产阶级生活水平。虽然偶尔也有不满意的时候，但一般都能维持秩序，而且很安全地过集体生活。
>
> 我自己在重庆可以说是背着临时政府过逃难的生活，只能抽空吃饭睡觉。日机轰炸重庆渐渐加剧，临时政府搬了四次家，第一次在杨柳街的办公室经不起轰炸，迁到石板街，而这个房子又遭到炮击，连衣服也全烧光了，所以再迁到吴师爷巷，这房子本是被炸塌后再修建的，但不能作为办公室，就改成职工宿舍，第四次迁到莲花池，有房屋七十多间，房租一年四十万（法币），全由蒋主席补助，所以临时政府直到离开重庆，用的还是这些房子。
>
> 重庆连续遭到轰炸，生命与财产受到极大损失，我们死难的同胞中有申翼熙的侄儿和金荣麟的夫人。
>
> 这两位同胞死在轰炸最激烈的时候，当时曾发生过一个防空洞有四百多名或八百名同胞窒息而死的事件。就在这一次，我曾目睹搬运尸体的情形，就像装运货物一样把尸体扔到车上，开车后车子晃动时尸体坠落下来，开车的不愿意再麻烦，

就勒住尸体的脖子绑在车后拖着走。尸体不分男女，都是衣服破碎，连肉都裸露出来，这是他们生前在洞中争先恐后互相挣扎的痕迹。

失去亲人的人们在痛哭悲泣，而去防空壕收尸的人却搜走了尸体身上的金钱饰物，立成暴富。发生这一惨事的地方就在妓女最多的较场口，所以死者大多是私娼。

……重庆的气候对健康非常不利，极易引起呼吸道疾病。七年间，我们的同胞死于肺病者有八十名之多。从 9 月份起开始至翌年 4 月止云雾弥漫，难得看见太阳，而且又是气压很低有洼地，因此，地面上的恶臭不散，空气十分污浊。我的长子仁儿也成为这种气候的牺牲者，葬在重庆。（第 332—334 页）

1939 年秋，柳子明也在重庆痛失三岁的女儿，她死于吐泻。统一会议流产后，若山来到朝鲜义勇队活动的敌后，临时政府迁到重庆之前，从根本上说谈不上是一个革命团体，甚至有人把它比喻成韩人的同乡会。(《金元凤研究》第 273 页）那时，议会可以说有名无实。临时政府的议员偶尔也在政厅聚会，可是谈的却都是不着边际的空话，分派、互相谩骂成为家常便饭。

柳子明正如金九所说每天就是“吃完了睡觉”。这时远在福建的粟同给柳子明写信。他与陈范礼在一起，他希望柳子明也到福州一起共事。当时福建省政府主席是陈仪，顾问是沈仲九，他们都是与柳子明有交情的人。

1941 年 3 月，柳子明决心离开重庆去福建。安奇用“在重庆时柳子明迫于生计”来概括他离开重庆的理由。柳子明在《我的回忆》中也谈了他离开的理由，也说“当时生活在重庆的一百多名朝鲜人，仅靠中国政府资助的一千元经费生活，日子过得十分艰难，加上物价日益上涨，越来越难以维持生活”。（第 141 页）但从金九的文章中看，生活贫困并不是他非走不可的理由。他说“不知抗日战争何时才能结束”。（第 141 页）他在谈到生活艰难的后面加上这样一句，笔者猜想他可能是另有原因。但这只是笔者的猜测而已，已经没有可靠的资料去证明其原因了。

柳子明离开之前，曾去找金九先生。金九先生和柳子明是 1919 年认识的，三一运动后柳子明来到上海临时政府。当时，朝鲜流亡义士在上海的法租界组织了临时议会和临时政府，金九是临时政府的警务部长，柳子明是议会的议员兼秘书。当时居住在法租界的朝鲜人共有三百名左右，而日本帝国主义从朝鲜总督府警务局、上海日本领事馆、日本外务省、南满铁路分公司等抽调到上海交通沿线的特务达数百人，他们的监视与破坏时时威胁着朝鲜人的安全，流亡者如果不拧成一股绳很难生存下去，在那种险恶的条件下，金九在上海生活了十三年，柳子明也有大半的时间在上海度过。虽然他们的信仰不同，但他们的个人友谊却一如既往。他经常到金九家里去，金九也常常对柳子明说心里话。“记得有一次，我到先生的寓所，谈起他流亡之前的一些往事，这就自然而然勾起了先生对青年时期的一些回忆，当话锋转到二十岁时在朝鲜打死日本特务的事件时，在一旁的先生的母亲也插进话来，大家谈得很兴奋。”柳子明对金九的母亲怀有特别的感情。对离开故乡父母的柳子明来说，金九的母亲就像自己的母亲一样，而金九的母亲也像对儿子一样爱护柳子明。金九的母亲和爱人一直受到日警的监视，是金九的学生，也是柳子明义烈团的成员罗锡畴和李成春，把她们从黄海道带到中国。

金九的母亲是怎样来上海的呢？先生的家在朝鲜黄海道信

川郡。在上海临时政府时，金九的亲密学生罗锡畴和李成春，从黄海道长山半岛雇渔船到山东登陆，然后坐轮船到上海。后来他们二人再从上海经过威海，雇渔船到黄海道长山半岛，然后回家乡接金九的母亲和夫人来到上海。罗、李二人回到家乡，先与先生的母亲约好离家的时间，离家的前一天，她们婆媳俩把衣裳晒在屋门口，以示主人在家，乘敌探不备，大清早化装离去，同罗、李二人一起到长山半岛，再乘渔船浮海到威海。

……她对儿子和孙子的要求是很严格的。金九年纪那么大，威望那么高，但在母亲面前又是一个孩子，唯命是从。(《高风亮节的金九先生》)

到重庆后，金九和母亲一起生活在南岸，他的母亲就是因水土不服而去世的。柳子明参加了葬礼，他说，就像失去了自己的亲生父母那样悲伤。他获悉故乡的父母和大哥已经去世，但他却不能前去看望。唐朝诗人孟郊在《游子吟》中写道："谁言寸草心，报得三春晖。"假如能报得寸草孝心，他不至于如此心痛欲裂。那时，还很难预测抗日战争何时才能胜利，那时抗战胜利还显得十分遥远，柳子明无法去弥补心头的遗憾。这个时候，他一直像母亲一样尊敬的金九母亲又离开了人世，这更增添了他心中的悲哀，在他的心中留下永久的遗憾。

柳子明前去与金九告别，金九伤感地送他，送给他二百元钱做路费。福建军区师长李良荣因公务来到重庆，回去时与柳子明同行。在临时政府面临经费紧张的情况下，柳子明觉得自己作为议员，即使帮不上什么，也不能收下这个钱，他坚决拒绝，可金九却一定要他收下。他说，以柳子明起草的"建筑设计书"申请到了中国政府的建筑资金，这不是什么辛苦费，就把它作为备用金收下吧。不管怎么说，现在不是单身一人，带着妻子和孩子出远门，口袋里没钱怎么行，到福建落脚也需要钱，议会有急事要回来也需要钱。柳子明收下了这笔钱，也收下了金九先生火热的心。

柳子明带着妻子则忠和五岁的儿子小明以及出生不到一百天的女儿上了路。失去尚未断奶的长女后，精神几乎崩溃的妻子，生下次女后才恢复正常。次女的诞生给失去长女的柳子明夫妇带来莫大的喜悦。柳子明给女儿起名叫得橹。有“获得船橹”之意。多年来，他就像在狂风巨浪中漂泊的一叶小舟，艰难地划着桨驶向目的地……这是一个象征着希望的名字。对这个名字的来历，沈克秋先生有他自己的理解。

> 子明师一家这时正在南京，他们不得不杂在军民大撤退的洪流中西撤，好不容易在一只民船中得到一席之地，才捡回一家人的生命，柳师就是为了纪念这场灾难，给自己的小女儿起名为“得橹”。
>
> ……实则这名字里包含着一家人一生难忘的时代烙印。子明师以一个亡国奴的民族良心和一个科研人员所负的时代使命，在动乱的战争年代，把它们始终联系在一起，开辟他独特的前进道路。(《我的回顾》第 48 页)

福建军区师长的专用车是吉普车。师长李良荣坐在前排，柳子明一家四口人坐在后排。行李放在后车厢里。行李也不过是几本书和几件衣物以及婴儿的尿布而已。

李良荣（1908—1965）是福建洞安人，黄埔军校首届毕业生。毕业后参加过北伐战争，是当时国民政府军的师长。李良荣和柳子明虽然初次见面，但李良荣早闻柳子明大名，对他十分尊敬。李良荣到中央政府来出差，住在吴克刚的宿舍。柳子明在吴克刚的介绍下与他见面，交谈时发现李师长是自己学生的丈夫。柳子明在泉州黎明中学当老师时，班里有一位长得端庄秀丽的女生李爱莲，十年后，没想到她已成为师长夫人。此外，李良荣军官学校毕业后，曾一度在上海江浤劳动大学读书，是沈仲九和李又观的学生。所以，那次他的福建之行是沾了朋友沈仲九和李又观以及学生李爱莲的光了。

那时，福建和泉州没有直通的公路。四川、贵州、湖南之间隔着险峰峻岭。吉普车在山路上行驶。正如诗人所说："上有六龙回日之高标，下有冲波逆折之回川。"蜀道的险峻自古流传。因此，唐朝诗人李白在《蜀道难》中感叹道："噫吁嚱，危乎高哉！蜀道难，难于上青天！"现在柳子明走的那条路仍然是"青泥何盘盘，百步九折萦岩峦。"（李白《蜀道难》）

> 第一天，我们离开横卧重庆和贵州之间大娄山岭，夜晚经过92湾和贵州的吴江，在桐梓住了一夜之后，第二天越过娄山关，经遵义在湖南藏江住了一夜，第三天，从黔阳的安沤和雪峰到洞口，在那里停留一夜之后，第二天到邵阳，休息了一天。（《我的回忆》第142页）

苏抱樵和钟龙涛住在邵阳。他们在邵阳北面建起自生农场，正在进行柑橘实验。1937年春，柳子明在东流实验农场时，钟龙涛曾托他给弄一些柑橘苗木。那时，柳子明从日本购进了五个品种，亲自到自生农场帮助种植。五年过去了，这些柑橘已经结出了果实，味道也不错。

他们非常热情地迎接了柳子明一家。在那个兵荒马乱的年代里，几年后能够活着见面很不容易，他们都十分激动。钟龙涛和柳子明自那次因柑橘苗木见面后，五年来这是第一次。两位农业科学家见面之后，省略了许多不必要的寒暄，直接到农场各处去看，谈论农业科学研究的事情。

四年前，中日战争爆发后，柳子明的妻子带着两个孩子寄居在钟龙涛家里达半年多。那时，钟龙涛的妻子和刘则忠亲如姐妹。这次见面，她们抱在一起又哭又笑。女人和男人不同，她们通宵达旦地谈着各自的生活琐事。

> 第二天，我们离开邵阳经衡阳到耒阳。次日经茶陵和江西的莲花，在福建的光泽住了一夜，次日，经南平到沙县，去找沈仲九顾问。(《我的回忆》第142页)

沙县距省政府所在地福州一百五十五公里，山高水深，到1934年还有共产党的苏维埃政权。抗战爆发后，省政府直属机关转移到安全地带，省政府干部培训班在此成立。该培训班的主任是胡琓如，她就是沈仲九的夫人。因此，沈仲九来到沙县与妻子团聚。20年代初，沈仲九在福建省时与沈茹秋、柳树人是朋友。1977年4月11日，柳树人在给沈克秋的信中说："1925年9月，'上海民众出版社''民众半月刊宣言'的发起人中就有沈茹秋。其他人有陈怛、健民、仲九、三木、培心、惠林、芾甘、禅林、吕千、索非、一波、种因、剑波等人。其中九个人我都认识。"沈仲九30年代在上海劳动大学任教授。与同在大学执教的李又观关系密切。而沈仲九又是立达学园匡互生的朋友，1932年一·二八战争时，柳子明还到劳动大学避难。培训班还有两个与柳子明颇有交情的人，一个是立达学园农村教育科毕业生李德洪，另一位是武汉警备司令部看守所所长韩联和。

他做梦也没有想到会在这里见到韩联和。1927年，韩联和是当时武汉警备司令部司令员李宗仁的直接部下，武汉看守所的所长。这个时候本该挂上一官半职，可没想到却在这里从事培养年青人的工作。柳子明被武汉警备司令部逮捕时，要不是韩所长，当时柳子明也许就会引渡到朝鲜，被判处死刑。每每想到此，柳子明心里就直冒冷汗。至少日本帝国主义会判他这个义烈团的中心人物无期徒刑，也许至今会在狱中服刑。

久别相逢的他们聚在一起愉快地谈了一个晚上，第二天上午，去了福建省战时所在地永安。这个地方在沙县还要走四十多公里地。明朝景泰三年，取“永远安定”之意，设立了永安县，是官府躲避战乱的宝地。中国由于幅员辽阔，山高水深，人迹稀少，道路险峻，因而有许多世外桃源似的地方。抗战爆发已经四年了，可是在一些没有电和收音机的地方，百姓竟然不知发生了战争。正如唐朝诗人李白在《山中问答》中所写：“桃花流水窅然去，别有天地非人间。”不知从何时起，躲避乱世的人们，在这里祖祖辈辈耕种土地，在鸡鸣犬吠声中，生儿育女，繁衍生息，在这里过着太平盛世般的生活。在永安，只要出了县城所在地，在深山峡谷中就有一些这样别有天地的村落。但是，由于福州被日本侵略者占领前夕，省机关纷纷涌到这里，他们平静的生活完全被打乱了。

军事指挥部在南平。福建省政府主席陈仪也住在南平。

我成为福建省农业改进处农业实验农场园艺系主任。农业实验场在永安市附近，这个实验场没有农艺系和园艺系，农艺系的主任是王仲彦，实验场负责人姓郭。

在园艺系，粟同与李毓华与我一起做事。

农业改进处的宋增渠处长十分支持我的工作，将园艺系扩大为园艺实验场，并把农业实验场搬到大湖地区，与新建的福建农学院合并。

我负责园艺实验场，补充了实验场的设备，扩大了实验项目。我们将水田改为果园，还建起了温室大棚。（《我的回忆》第 143 页）

福建省与台湾海峡遥相对望，位于中国的最南端，海岸线长，因亚热带海洋性季风气候，园艺植物十分丰富。主要农作物有水稻、地瓜、柑橘、香蕉、橄榄、茶叶、茉莉花。此外，还有数十种蔬菜。可是园艺系实验场成立之前，不仅对园艺植物的研究是一片空白，而且对植物根本就没有进行调查，因此，柳子明只好从对园艺植物的调查研究着手。

漳州是柑橘类优良品种椪柑、文旦柚等的原产地。中国江南地区自古盛产橘子。楚国诗人屈原的《橘颂》，使橘子成为充满情感的水果。

此外，漳州还有菠萝、龙眼、荔枝、芒果、柚子等，特别是水仙享誉国内外，出口到许多国家，国外科学家对水仙的栽培技术很感兴趣。德化的山茶花品十八学士、六角争春、绿牡丹等出口到日本，日本学者称它们为山茶花的稀有品种。

所以我让粟同到漳州，向专门从事水仙栽培的农民学习专门技术，并将其技术发表在《福建农业》杂志上……

我们福建园艺实验场从漳州引进椪柑、文旦柚、香蕉、菠萝等品种，在德化引进山茶花进行实验性栽培。

国外的园艺学者称中国为“园艺之国”。中国的农业科学技术在两千多年前就已达到相当高的水平。从西汉农学家氾胜之的《氾胜之书》到崔实的《四民月令》，王祯的《农书》，贾

思勰的《齐民要术》，徐光启的《农政全书》，王象晋的《群芳谱》等古代农业著作世界闻名。(《我的回忆》第 144 页)

到永安落脚后，柳子明给在上海的同志们写了信。当时上海有柳树人、郑华岩、沈克秋等许多同志。在给沈克秋的信中，柳子明说上海的生活一定很艰难，让他到永安来，在农业实验场干活吃饭是不成问题。他说，沈克秋还很年轻，希望能与他一起从事农业研究。沈克秋给郑华岩看了信，郑华岩说这也不错。那时，沈克秋在郑华岩办的钢笔厂做会计。沈克秋后来说："如果那时我听从子明师的话，后一段个人经历又是另一套了。"(《我的回顾》第 52 页)

可以说，永安的生活对柳子明的一生具有重要的意义。福建实验农场为他从一名抗日斗士转变为农业科学家打下了坚实的基础。在这里，他阅读了许多农科书籍，在园艺植物丰富的南方进行各种实验，积累了许多宝贵的经验。如今漳州的特产水仙花、片仔癀、天宝、香蕉、荔枝罐头、荔枝酒等，当时在实验农场已经开始开发了。

在永安，他的生活依然十分疲惫。栽培橘子时，他多么希望能把它们献给远在数万里之外的故乡亲人啊。栽培花卉时，离别的遗憾变成滴滴泪水落进花丛中。假如能与故乡的亲人们通信，得到他们的消息，那该是多么大的安慰啊。可是，他却不能，他寄不出去。当时，日本帝国主义数百次巨额悬赏他的头，他不能公开写信。过去，来往的同志们曾给故乡捎去他的信儿，也带来家人的消息，可现在这条路也堵死了。柳子明时时安慰自己"命是上天安排的"，大概命中注定他不能回家。他希望自己死后魂归故里，与故乡的花卉一起开花结果。

在永安，他的生活仍然贫寒。贫寒没有摧垮他，可疾病却夺走了他怀里的孩子。由于南京的气候和水土不服，1940 年 8 月，五岁的儿子小明死于恶性疟疾。“忧伤促使人早衰，当爱儿的小身体在他的怀里逐渐变得僵硬、冰冷的时候，他的头发全变白了。然而，一个有政治抱负的、坚定的爱国主义者和国际主义者，在精神上、道德上是不可能轻易被摧毁的。柳子明从血泊中依然站起来。他坚信反法西斯的正义力量，一定会得到最后的胜利。”（《戴勋章的园艺学家——柳子明传》第 26 页）柳子明夫妇又在心中筑起了一道坟墓。即使在当时的医疗条件下，疟疾也不是不治之症，但由于战争，医院被破坏，药品不能供应，一般的疾病也会夺走人的生命。曾在上海立达学园农村教育科一道工作的陈范礼，也在柳子明去福州的那年，因肺病住在柳子明的宿舍里治疗，却没有什么起色，于是到武夷山疗养所去休养，可是第二年的夏天还是离开了人世。孩子们由于免疫力比成人低，一旦得了病就会无力地死去。说到底，小明的生命就是被日本帝国主义夺走的。有多少个孩子、大人死于疾病、饥寒，又有多少无辜的生命死于日本帝国主义的刀枪下啊！日本帝国主义在中国犯下的滔天罪行，是永远得不到宽恕的。

小明的葬礼除了柳子明夫妇外，另有两人参加，那就是柳子明在立达学园从教时的学生，即李毓华和栗同。葬礼后，李毓华写了一首题为《献给小明弟弟》的诗，发表在《韩国青年》上。其诗全文如下：

献给小明弟弟

毓 华

六年前你诞生在中华民国的南京
你带来无限的喜欢
安慰了你那白发的阿爸和母亲
朋友们都万分地庆幸，因为你是那么的
忠厚，聪明，和善，沉静

当东方弱小民族联合向共同的敌人开始全面的
反攻
你就走遍了中华民国的苏、皖、赣、鄂、湘、川、黔、闽
想不到你就走完了人生的旅程
放弃你未来全部的责任
我们拿出了所有的热情
可是还温不暖你那脆弱的心灵
好！你且作了我们的先行
你不必哭丧着脸，为这暂别而伤心
去吧
亲爱的弟弟——小明
祝你安宁

一九四〇　八一七　永安下岭

通过诗歌能够看到独立运动斗士生活的艰辛和痛苦。诗歌表达了对小生命的无限的爱心，同时，也表达了送走小生命时的无限痛心和哀思。李毓华是柳子明先生的学生，自从立达学园学生时期开始一直跟随到台湾，是他格外信任和爱护的学生。1937 年抗战爆发后，南京将要失陷，形势万般地紧迫，柳先生要离开南京，并要前往武汉参与朝鲜民族战线联盟的组建活动。此时，柳子明先生委托李毓华把他的夫人和两个孩子，即小明和小妹送到在湖南邵阳的好友钟涛龙家。柳子明到武汉安顿后，也是由李毓华到邵阳把全家接到武汉的。柳子明和李毓华，既是师生关系，又是同志关系，更有“父子”般的深情。20 世纪 90 年代后期，九十高龄的李毓华回忆柳子明先生时曾说道：“柳先生为人非常厚道，对同事、对学生都真诚相待，尤其是对学生关心备至，在农业方面，也

是非常优秀的园艺、花卉、葡萄专家。师母也贤惠、热情、好客，我们学生都崇拜柳先生，柳先生经常叫我们到他家一起吃饭。我想在这世界上再没有像柳先生那样的好人，在我的心目中是一位‘圣人’。”

失去子女的悲伤，在柳子明的心中留下了永远难以愈合的伤口。1980年5月26日，柳子明在给吉林的沈克秋的信中说：“收到来信，才知道树人兄遭到意外的打击（失去儿子）。我前天写信去安慰他了，这是无可奈何的事，我也在抗日战争时期，三年间丢失一男一女，那一点痛苦是永远忘记不了的。”子女死后时时刻刻都在刺痛着父母的心，让父母痛苦一生。所以自古就说先于父母死是子女不孝之中的不孝。

1941年夏天，日本占领福建，在进攻古田的同时，开始袭击永安。福建战线的中心转向闽江以北。园艺实验农场也挖了防空洞，一有飞机轰鸣就钻进防空洞里。

> 陈裕新的儿子陈学知毕业于长沙农业专门学校，在福建园艺实验场与我一起工作。
>
> 陈参谋长是湖南人，知道匡互生先生曾在湖南第一师范学校和上海立达学园工作过，与沈仲九顾问也是至交，也知道我是朝鲜人，与沈仲九关系密切，他对儿子陈学知说想见我一次。
>
> 听陈学知提起这事儿，1942年夏，李良荣在古田打败日本侵略军后，我与陈学知一道前往南平去见陈裕新参谋长。陈裕新参谋长带我去省政府主席办公室会见陈仪主席。（《我的回忆》第145—146页）

陈仪是浙江省绍兴人。他毕业于日本陆军大学，参加过辛亥革命，曾任浙江省督府军政司长，国民革命军第九军军长，在上海驻军很长时间。1932 年一·二八时，与日军抗战，但因蒋介石发出撤退命令便来到福建，担任福建省政府副主席兼保安司令。

> 我决定在南平住一夜，然后与陈学知到古田去见李良荣。次日早晨，我与陈学知一道乘坐木船沿闽江而下，到水口镇下船后，沿陆路步行，于当日下午到建西区古田县。那天，我们前去李良荣的住处拜见了他。（《我的回忆》第 146 页）

柳子明去看望李良荣师长的前夕，李良荣在守卫古田的战斗中取得辉煌战绩。日本在古田战斗中惨败，撤退到福州。他打败了日军凶狠野蛮的进攻，杀伤众多敌人，稳定了福建政局，这使他一跃成为具有传奇色彩的人物。因为他是自己学生的丈夫，又是自己所熟悉的人，所以柳子明深为他感到自豪。

> 李良荣夫妇热情地迎接我们，详细向我们谈了战争的经过，表达了愿为祖国贡献一切的决心。他们在自己的住处接待了我和陈学知，还让我们住在他那里。（《我的回忆》第 147 页）

古田是距福州八十多公里的小县城。唐朝开元二十五年（737 年），派谢能等人去开垦这块古地，因而得名古田。这是一个具有悠久历史的古城，有不少名胜古迹。李良荣派专人陪柳子明和陈学知游览。他们游览了唐朝的极乐寺、著名的幽岩寺、宋朝的吉祥寺塔等寺院和塔，还参观了朱熹的蓝田书院旧址。其中给柳子明留下深刻印象的是蓝田书院。站在这个朱熹曾经教书的古院里，他想起了父亲。韩国是朱熹之国，小时候，柳子明在儒学家父亲教书的书堂里，学习了朱熹的《伦理》《孟子》。

他们受到两天热情款待后回到了永安。那年的秋天，福建省政府和军队做了人事变动。陈仪主席被任命为中华民国中央政府行政院秘书长，赴重庆上任，顾问沈仲九也离开福建。沈仲九离开福建之前，来到柳子明居住的永安，与他住在一起畅谈了几天后才离开。刘建绪上任新主席，程星龄被任命为秘书长。

程星龄是湖南人，1926 年毕业于福建大学。他曾在福建省安汉等县任县长。程星龄是经沈仲九介绍来找柳子明的，讨论福建园艺实验农场主任工作交接事宜。

这不是因为柳子明工作上有什么失误，也不是上换下调，而是他主动提出辞职的。

> 1941 年 12 月，我收到在重庆的复旦大学教授马宗融的信。他在信中说，回侨救国协会委托复旦大学培养十名农业技术人员，到广西桂林开垦山地种田，让我到桂林指导他们农业生产技术。他还随信寄了二百元路费。(《我的回忆》第 148 页)

马宗融在信中问柳子明意下如何，可汇款单几乎与信同时到达，“逼”他去桂林。马宗融认为桂林农场没有柳子明是不行的，说明他对柳子明的信任。所以，他在征求意见的同时，寄来了旅费。马宗融是罗世弥的丈夫。他们夫妇与柳子明夫妇曾是邻居，亲如兄弟，所以他完全可以给他寄“威逼书”。在当时，农场的工作不是某个人的事情，它也是抗战的一部分。委托复旦大学开垦山地的回侨救国协会就是抗日战争爆发后，为组织回族支援抗战而成立的组织。其团体的委员长白崇禧，当时是国民党军事委员会副参谋长，军训部副部长。马宗融和马松亭是委员。白崇禧对回侨救国协会特别关心是由于他本人就是回族，马宗融和马松亭也是回族。

回侨救国协会当初并没有想到培养农业技术人才到桂林办农场，这都是马宗融的设想，而使之变成现实的是白崇禧。他向回侨救国协会提议，在复旦大学招收回族青年，指导农业技术，然后派他们到桂林开荒种田，亲自去实践。他把农场地点选在桂林的第一个理由是，当时巴金在桂林，书信往来频繁，那里的政局比较明朗。其次，白崇禧是广西临桂人，在他的故乡建农场，会获得白崇禧的欢心，就会获得政府可靠的财政支援。白崇禧只在协会挂了个名，日常事务都由委员们去做。但最后的决定权还在白崇禧的手里，白崇禧的一个签名，就会有巨资移动。

总之，这是一件十分重要的工作。因此，柳子明把“园艺实验场的工作移交给技术员张会玉后离开永安，经南平、平泽、南丰等地和广东省南雄到达邵关，下了汽车后又改乘火车，五天后到达桂林”。(《我的回忆》第 148 页)

> 我去桂林后，马有荣、马江廉、杨明礼等十名回族青年到了桂林。我们根据白崇禧的指示，在桂江沿岸的大圩、大安潜经村建起了农场，潜经村是白崇禧的故乡，一个村子全姓白，信仰回教，村里人都把农场看作是自己的农场，在各方面都积极配合。
>
> 我们首先建起了草房，全体人员都在一起过集体生活，聘请当地有经验的两位农民，在新开垦的地上种植了西瓜、玉米，获得了大丰收。(《我的回忆》第 149 页)

1942 年 5 月，柳子明夫人刘则忠生下了第四个孩子，是个男孩儿。柳子明给他起名叫展辉，展翅的“展”，光辉的“辉”，寄托着父母对子女的一片希望。一个人光辉的一生，就是要带着时代的使命感，为国家和民族而献身。他希望朝鲜父亲和中国母亲的血肉结合生下的儿子，长大后打倒两国人民共同的仇敌日本帝国主义者，为国家辉煌的未来做出自己的贡献。

那时，柳子明还不曾想到在他们这代人的身上能够实现抗日战争的胜利。当时就连毛泽东也说抗战的胜利是很久以后的事情，还写了著名的《论持久战》。那时的人，都认为抗战是一代接一代的持久战。

1942 年，湖南省邵阳的钟涛龙和苏抱樵在桂林的七星岩北面建起了一个种植柑橘苗木的自生农场分场。由他们的朋友张学知来管理农场。柳子明既要管理灵枣农场，又要管理自生农场，忙得不可开交。加上身边还带着家属，身上的担子更加繁重。所以，他搬到了桂林东江的七星岩附近。他把女儿得橹送到东江幼儿园，妻子在家照顾儿子展辉。他白天到灵枣农场去干活，晚上下班后到自生农场指导工作。到灵枣农场距离比较远，困难不少。但因离巴金的文化生活出版社很近，所以一家人得到不少关照。

那时巴金正在恋爱，未婚妻萧珊对则忠亲如姐妹，从各方面给予关照。萧珊本是上海爱国女校高中部的学生，是巴金的崇拜者。巴金的每篇新作她都必读，然后写信谈自己的读后感，表达仰慕之情。1937 年 8 月 13 日，日本侵略军占领上海时，她参加青年救国团，在伤兵医院做护士，在那里她与巴金相遇并相爱。她在爱国女校毕业后，考入西南联合大学。大学毕业后她来到桂林，帮助巴金做出版工作。罗世弥的作品就是她收集和编辑的，此后巴金的每一部作品她都是第一位读者和编辑。为了巴金的文学创作，她献出了自己的一切。1944 年 5 月，巴金和萧珊在谈了八年恋爱后，决定离开桂林到贵阳旅行结婚。巴金和萧珊离开桂林时，托巴金的弟弟李济生向柳子明夫妇转达他们结婚的消息。

在桂林经营自生农场分场时，钟涛龙和柳子明的感情日益深厚，柳子明曾两次到邵阳去见钟涛龙和苏抱樵。

> 一次在钟涛龙家里住了一天，在自生农场待了一个星期，指导柑橘栽培技术。八年前，我在南京东流农场时，受钟涛龙先生之托，写信给日本广岛长春园种苗公司订宫川、龟井、井关、尾张以及华盛顿脐橙五种柑橘品种，种在自生农场。那时，柑橘已经开始结果了，味道也非常好，发展前景不错。
>
> 第二次是1943年冬，摘橘子时，苏抱樵写信让我去衡阳见他们。那时，他为了给衡阳市场供应更多的橘子，让我来帮助寻找一块适合种植橘子的地。我与苏抱樵一起到衡阳市郊湘江沿岸去寻找，但没有找到一块合适的地方。我与苏抱樵一起到邵阳去见了钟涛龙。那时钟涛龙因肺病正在家里治疗。
>
> 我回到桂林不久，便接到钟涛龙去世的消息……
>
> 与钟涛龙十年的友情，我永生难忘。（《我的回忆》第154—155页）

1943年夏天，灵枣农场基本上建成，柳子明便准备动身去重庆。一来到重庆，他就去看望南岸孙家花园的朝鲜民族战线联盟的同志们，商量若山与金九合作问题，二来向马宗融详细汇报农场工作进展情况。

抗日战争爆发后，马宗融离开上海到广西大学任教，当时在重庆他还积极参加进步文化活动。柳子明在回忆录中谈了当时的情况。

对马宗融来说，世弥是他生活和工作中不可缺少的伴侣，可世弥却不幸去世了，见到老朋友，他抑制不住内心的悲伤。

我向马宗融汇报了灵枣农场的工作情况，在回侨救国协会的宿舍里住了一夜，第二天，与他一起去见白崇禧汇报农场的工作情况。

那时，沈仲九先生也在重庆，担任行政院秘书长陈仪的顾问，那次我也拜见了他。

我还到重庆南岸的孙家花园去见朝鲜民族战线联盟的同志们，然后回到桂林。(《我的回忆》第 153 页)

那时，金若山与夫人朴车正一道在重庆生活。朴车正历任义勇队妇女队长等职，参加朝鲜民族解放运动。她待人一向和蔼可亲，热情地迎接柳子明。她患有关节炎等多种疾病，看上去气色很不好。柳子明回去后不久，10 月份她就去世了。

1942 年 5 月，朝鲜义勇队光复军第一支队成立。从那时起，金九的临时政府才正式活跃起来，特别是与民革党结合后，成为一个“决心以肉体实现独立，以鲜血拯救民族的团体”。(《金元凤研究》第 273 页）金若山为把临时政府变成朝鲜民族解放的总领导机构而四处奔波。金若山认为，临时政府不仅没有得到国际社会的承认，而且也没有得到中国国内共产党和国民党的正式承认，应该尽快摆脱这种局面，早日成为一个能够堂堂地代表朝鲜的流亡政府。在三一运动后，成立临时政府，开展独立斗争不能只停留在表面上。即使在这种状态下迎接了独立，回到国内也不可能理直气壮地建立政府，会卷入国内各党派势力斗争的混乱局面中。

回到桂林后，1944 年 7 月，柳子明再次离开桂林赴重庆，参加朝鲜革命各党派的统一会议。雅虎《百科辞典》中记载，柳子明在“大韩民国临时政府第五次改宪之前，与赵素昂、崔东旭、申永三等七人任宪法起草委员工作”。那时，巴金和萧珊在重庆市民生路开始了新婚生活。

> 我到他们家里祝贺他们新婚时，巴金带我到重庆有名的菜馆请我吃饭。那天，在座的还有著名的戏剧家曹禺，他们在一起谈论着文学艺术。
>
> 我还与巴金一道到北培的复旦大学马宗融住处住了一夜，第二天返回重庆，到位于沙坪排的互生书店，会见了吴朗西和柳静。(《我的回忆》第 163 页)

光复前，柳子明走遍中国大地，投身抗日斗争，培养学生，从事农业科学研究，交下了许多中国朋友。在中国，他不仅有前辈、上级、老师，还有许多同事和学生。但其中与他生死与共的朋友并不多。1933 年至 1943 年十年间，他失去了最亲密的朋友匡互生、陈范礼、罗世弥、钟涛龙。晚年柳子明回忆自己走过的一生，念念不忘与他们的友谊。他说：

> 他们都为祖国，为人民，为发展文化教育事业，在艰苦的抗日斗争岁月里，献出了自己宝贵的生命。他们留下的业绩将会永存，他们崇高的精神永垂不朽。(《我的回忆》第 155 页)

6. 光复

1944 年以来，抗日斗争进入新的时期。在太平洋战争中，日本遭到英美联合部队的攻击，接连惨败。日本疯狂抢占中国大陆，一口咬下位于东南亚的关岛、缅甸、越南、中国香港、新加坡、菲律宾、印度尼西亚等国家和地区，但还未等他们吞下去，又得一个个吐出来。但日本帝国主义不甘心失败，企图逼迫蒋介石政府，为操纵中国大陆做最后的垂死挣扎。

从1944年6月至10月间，日军攻战长沙、衡阳、桂林、柳州、南京等地，11月攻打贵州，12月2日，占领独山，随着形势的变化，蒋介石政府准备逃亡到印度尼西亚的雅加达，弄得人心惶惶。

柳子明在重庆开完会回到桂林时，日本军已占领了衡阳。中国军队英勇抗击日军，经过四十多天的激烈战斗，最终撤退到邵阳。不久后，日军又开始进攻桂林。然而，号称中国战时文化中心的广西省桂林，这时已根本无军队防守，而日寇兵分三路合转进犯，桂林全城陷入一片混乱之中，四川省重庆的长途客车上，堆积如蚁，到处人山人海……人们焦灼的神情中，含着求生的渴望。

> 湖南朋友夏明钢和李军九、张学知等也纷纷离开桂林。夏明钢听说福建省政府派车转移桂林市的福建省银行，便把这个消息告诉了我。我给在永安的粟同打了电报，告之我的紧急处境。（《我的回忆》第166页）

形势急转直下。柳子明夫妇俩，一个抱着儿子，一个牵着女儿的手，在桂林汽车站观望了半天，却无计可施，只好失望地走开。在这拥挤的人群中，大人都很难挤进去，何况还带着两个年幼的孩子。难道就这样坐着等死吗？柳子明决心就是走也要走出桂林。于是，他回到家，尽量减少行李上路。就在这时，他接到了粟同的回电：

随福建省银行的专车速来福建永安。

这可真是雪中送炭。柳子明带着电报前往福建银行。银行说已经接到省政府秘书长程星龄的电报，便二话不说约柳子明 家随他们 同离开桂林。第二天，他们乘坐福建省银行的车，冲破敌人包围，走上了避难之路。

到达永安后，柳子明才知道事情的前因后果。原来，粟同接到柳子明的电报后，到省政府找程星龄谈了他的情况。他到福建上任后，在沈仲九的介绍下，来找朝鲜独立运动家、园艺学者柳子明。当时柳子明去桂林时，沈仲九就很为他惋惜。

那时，在程星龄的眼里，柳子明不仅仅是一位农学家，还是一位出色的“朝鲜政治活动家”（程星龄在柳子明《我的回忆》前言中所言），对他十分敬佩。听说他遇到了危险，程星龄立即命令，无论以什么样的方法，无论以什么样的代价，也要把他接过来。这时，粟同正好接到当时作为战时保险措施而设在桂林的福建省银行转移的消息，便亲自给银行行长拍了电报，命令将柳子明安全接过来。

我们经广西、广东、江西、福建境内的几个地区，五天后到达永安。粟同、李毓华到车站迎接我们……

第二天，我与粟同一起到省政府会见了程星龄秘书长，谈了桂林的情形和路上经历的事情。

程星龄秘书长让我去做康乐新村第二村筹备工作，带我到省政府主席办公室，把我介绍给刘建绪。（《我的回忆》第166—167页）

程星龄是国民党党员，是孙文三民主义的忠实信徒。到福建省上任后，他坚决执行国民党和共产党的联合统一政策。为福建省政治、经济、文化教育的发展，大胆起用进步人士，实行节约爱民政策，在全省赋谷中每年节约储存的粮食达数百万斤。福建省政府从中拿出四百万斤用来收容无依无靠的战争孤儿，那个孤儿院就叫康乐新村。

他们决定把能够让孤儿健康快乐成长的新村第一村设在建宁县，第二村在福安县。总管处设在永安，程星龄亲自负责，任命柳子明为第二村主任，任命原福建省连江县县长谢真为第二村筹备处总务组组长，柳子明协助其工作。

福安县是近一百二十公里外的小县城，因宋朝理宗御笔题写“敷锡五福，以安一县”而得名福安。康乐新村第二村决定建在福安县溪柄乡。

永安至福安的陆路需经福州。可福州却落入日本人的手中，柳子明和谢真只能绕过险峻的山路，上路之前，柳子明把妻子和孩子安顿在福建省园艺场宿舍。

> 我和谢真在永安乘坐木船经四县到南平，在那里休息了一晚，次日，在南平换船到水口，在那里步行至古田，在那儿住了一夜后，次日又翻过崇山峻岭到达永安。
>
> 永江是谢真当了几年县长的地方，所以他对地形很熟，当县长时一起工作的同志们还在那里工作。
>
> 谢真找好了我们休息的旅馆后，便去找以前的同事。那天晚上，他们请我们到菜馆吃饭，讨论康乐新村的问题。
>
> ……
>
> 第二天，我和谢真一道经罗源和宁德在下白石乘船经赛岐到福安，与县长胡邦宪商议康乐新村建设问题。(《我的回忆》

第 167—168 页）

笔者在此章节中引用和强调柳子明在《我的回忆》中叙述的路线，主要有两个理由。其一是想保留当时的交通路线，以后无论谁研究柳子明，都可以沿着柳子明走过的路线去寻访；其二就是展现当时斗争的艰苦。从哪个地方到哪个地方，途经何处，虽然只是简短的一句话，但笔者希望通过它强调其中所包含的艰险，希望读者也不要忽略这一点。

胡邦宪县长接到省政府的指示后，做好准备等待柳子明和谢真。他把原福安县县长高诚学所占的溪柄乡果树园作为康乐新村的建设基地。县长向柳子明和谢真汇报情况后，为他们举行了欢迎宴会。第二天，带他们去了溪柄。溪柄乡的干部们听说他们要来，出来夹道欢迎。柳子明不习惯政界的官礼，觉得很不自在。同时，他也深深感到自己所从事的工作的重要性，有一种沉重的责任感。

省政府拨给他们二百万赋谷，作为康乐新村第二村的经费。这些赋谷由省内各县政府的田粮处管理，因此，康乐新村要直接与各县政府打交道。由于柳子明和谢真到福安途中，经由东安、沿江、永德、水口等县城，已与那些县的政府事先讨论了工作，所以，工作一开始他们给予积极配合。

溪柄乡把原镇茶叶加工厂让出来作为康乐新村的办公室和宿舍使用，把原溪柄乡小学作为儿童教养院。儿童教养院物色了管理员、医务人员和会计、办事员等。工作有了眉目之后，谢真便出去筹集现金。在当时战争时期，由于粮食作为军粮大批调拨，各县市粮食都非常紧缺。县田粮处官价粮和私营粮商的粮价有很大差额，倘若用人不当，就可能出现贪污自肥。为此，谢真亲自出马征粮。

这样一来，新村的大小事情都得由柳子明一人安排决定。他从早到晚忙得团团转，人手十分紧缺。负责管理日常事务的人，得经常到各县去跑。虽然各县市送来孩子们，但新村的人还得亲自去做战时孤儿的招集工作。成立一年后，孤儿增加到六十多人。

安奇这样写道：

> 他对收容抚育中国难童，倾注了深厚的国际主义的真诚之爱，工作细致入微，尽心竭力，从来不知道什么是“休息”。
>
> 康乐新村第二村所在地溪柄，风景秀丽，难童的校舍和“新村”的农场，是没收已被镇压的原福安县县长高诚学的房舍、田园。
>
> 农场是难童的生活基地，柳子明在农场建立了果园、菜圃、羊圈、猪舍、竹林等。还办起了加工农产品的水磨，生产管理周密，秩序井然，数不清柳子明为创业度过了多少不眠之夜……
>
> 要他负责“新村”工作期间，真正做到廉洁奉公，财务一清二楚，厘毫无差……
>
> “新村”还配备一男一女两位青年教师，教难童们读书识字……
>
> 柳子明看到收容的难童，健康状况好转，学习日益长进，内心有说不出的快慰。(《戴勋章的园艺学家——柳子明传》第28页)

程星龄谈柳子明在抗日战争最艰苦的日子里立下的功绩时说：

> 1941年5月，我到国民党福建省政府就任。那时，他任福

建省农业改进处技正兼永安园艺实验农场场长，从事农业技术工作。1944年，柳子明教授在福建省政府办的“康乐新”战争孤儿收容所工作。他崇高的革命道德和对中国抗日斗争的满腔热情以及为战争孤儿收容工作所付出的献身精神，令我十分敬佩。(《我的回忆》前言)

当蒋介石政府丢掉战时首都重庆，准备逃到雅加达的时候，战局急转直下。在欧洲战场上，德国战败，接着是日军节节败退。美军经过东南亚海域，直逼日本本土，苏军对广东军发起全面进攻。1945年8月16日，在广岛投下原子弹，两天后，长崎又遭到原子弹轰击。8月9日，新四军和八路军进入大反攻。8月15日，日本天皇宣布无条件投降。9月2日，在停泊于东京湾的美国墨索里尼号军舰上，举行了日本在战败投降书签字仪式。至此，受日本帝国主义长达三十六年殖民奴役的朝鲜人民，终于迎来了祖国解放，中国人民八年浴血奋战取得了胜利。

光复的消息传开，全国沉浸在一片喜悦中。人们走上街头，高呼万岁，燃放鞭炮，欢呼胜利，可是柳子明却失神地站在那里。正如李贺在《致酒行》中写道：“我有迷魂招不得，雄鸡一声天下白。”柳子明简直不敢相信这个事实，这个消息来得实在是太突然、太意外了。

他想张口呼喊万岁，可瞬间泪如泉涌，失声痛哭起来。

离开故乡二十六载，他的愿望终于实现了。

这是他曾经多么盼望的时刻呀！

为了这个瞬间，他献出了一切。

作为子女，他失去了对父母的孝，作为丈夫和父亲，他失去了对妻子和子女应尽的义务。而且，还失去了申采浩、金昌淑、李会荣等敬爱的老师，失去了罗锡畴、金志燮等无数的好同志，还失去了罗世弥、钟涛龙等中国的朋友，甚至失去了在漂泊中艰难诞生和成长的爱子和爱女。安息吧，被埋在异国他乡的同志们，你们的鲜血不会凝固，它将永远流淌在中国和朝鲜的大地上，流淌在柳子明的心中。

柳子明切身感受到，胜利带给人的并不都是喜悦。在争取胜利的艰难过程中，留在心中的一个个令人痛心的回忆，再次深深刺痛了他的心，让他感到无比难过。献出半世纪的人生，他得到的却是胜利的悲哀。

第六章　漂泊的一生

1. 一叶扁舟

日本军占领福州后，因水路受阻，开始从陆路向北撤退。自发起满洲事变以来，十四年间日本军疯狂杀害两千多万无辜的中国人民，可如今已经看不到他们往日那野兽般的凶恶了，士兵们倒背着长枪无力地走在街道上，显得那么凄凉和可怜。然而，多年来中国的老百姓却被日本军的嚣张气焰震慑住了，见到日本人还是感到十分恐慌，纷纷躲着他们。

往往战败的军队比胜利的军队更加可怕。自从日本人神圣不可侵犯的偶像——天皇跪在联军脚下投降的那一刻起，日本军便彻底垮了。到处传来日本败将们在某地放火烧掉村子后集体自杀等等危言耸听的传闻。

为了以防万一，柳子明带着战争孤儿及其家属加入到避难者的行列中。他们乘船经北岸到上白石。他们把船停在码头准备再观察一下形势后动身，正好这时传来消息，已经可以安全返回。于是他们又顺原路回到了溪柄。

回到新村后，他就接到了来自永安的一封信，写信人是郑华岩。他在信中说大家正动身去上海，让他随后过来。信中还说，现在祖国已经光复了，该回去建立一个独立的韩国政府等等。

抗日战争时期在福建活动的朝鲜流亡者有不少。在泉州，吾山李钢开了一个药房，1939年年初在建阳，郑华岩在中国军的支持下组织了中韩合同游击队。郑华岩组建这支游击队时，曾写信征求柳子明的意见，当时柳子明在桂林，他回信明确阐明自己的支持态度。中韩合同游击队的主要活动是帮助被强制征到日本军的朝鲜人逃脱。郑华岩回忆说："……帮助被强征到日本军的韩人学生兵逃脱工作全面开展以来，参加人数达几百人。在这项工作中，高庆东部队和柳子明立达学园的中国青年岳国华、金言等的功劳很大。"（《祖国去向何方》第225页）

> 此外，以芜湖为中心，柳树人组织了战时工作队。柳絮一直与我一起开展独立运动，与我们工作队密切联系，执行任务。（《祖国去向何方》第225页）

后来，柳絮的工作队成为光复军第五支队，后又重新改编为第二支队，李范奭做他的部下。但是，郑华岩的中韩合同游击队与战时工作队指挥体系不同，直到光复前一直在福建活动。郑华岩的信让柳子明感到虎尾难放。在异国他乡为国家独立和民族解放而战斗的同志们，如今将像凯旋的将军回到祖国，而柳子明却像被人拉住了脚。光复的喜悦只是瞬间的。他虽然为光复后的祖国未来而担忧，但他知道自己目前的处境，暂时还不能回到祖国。为此，他感到十分遗憾。

当时柳子明未能与上海的同志一起回国有诸多理由，但主要有两个方面。

对其中的一个理由，柳子明曾在生前讲过，当时他不想再和风雨同舟十多年的中国妻子刘则忠和女儿得橹、儿子展辉分别。战争把一个韩国男人和南京女人结合在了一起，多年来，他们同甘共苦，走过了艰难的岁月。他对刘则忠爱惜有加，而刘则忠对柳子明也是十分敬仰。她以女性和母性的全部爱来温暖这颗受尽折磨的心。虽说她是一个富商家的金枝玉叶，可自从与柳子明结合以后，她克服各种难以想象的困难，从一个弱女子变成一个坚强的女人。尽管这样，如果柳子明不在身边，她带着两个年幼的孩子还是很难生活下去的。在钢铁男儿也难以生存的岁月，她一个女人家要生存下去该是多么地艰难啊。

同时，他又强烈思念远在故乡的妻子和儿子们，恨不能立即飞到他们的身边。他觉得实在愧对韩国的妻子，她十几岁的花季便嫁给了他，还不懂得什么叫生活便成为两个孩子的母亲，而且在没有丈夫的婆婆家里一守就是三十多年。他忘不了这个仅仅因为拜过天地，便几十年独守空房等待他的女人。如果说思乡之情让一个男人的心里装满了泪水，那么一个等待丈夫归来的女人心里该是盛着多少苦水呢？与则忠结婚时，他曾暗暗自责，但那时他无法回去，他有理由安慰自己。可如今祖国解放了，他可以回去了，这使他更加思念起故乡的妻子和孩子们。

他不能丢下中国的妻子和孩子们一走了之，也不能抛弃故乡的结发之妻和孩子们。最好的办法就是带着中国的妻子和孩子回到祖国去。可是，这需要时间啊。让刘则忠到一个陌生的、言语不通的国度里，与一个未曾谋面的女人共同拥有一个丈夫，谈何容易呢？

其二就是政治上的原因。韩国的统一并不是依靠自身力量形成的，而是借助了外部的势力。重庆的韩国临时政府在战争期间，也没有起到领导民族解放运动的作用。此外，根据雅尔塔协定的原则，在国内民族党派首脑会议上，成立一个全国统一的临时政府。也就是说在掌握朝鲜半岛的外部势力干涉下，成立自己的过渡政府。以三八线为界，朝鲜半岛被分为南北两个部分，以南为美国的版图，以北为苏联的版图。日本帝国主义殖民统治的结束，使朝鲜半岛夹在了美国和苏联这两大帝国主义和共产主义势力对峙的统治圈中。

而这期间，李承晚只是挂着总统的美名，实际上从未到上海参加过独立运动，与临时议会和临时政府也没有任何通信往来。李承晚只是挂着韩国临时政府总统之名，在美国从事了政治活动而已。1919 年 6 月，美国上院表决爱尔兰独立同情案时，提出了朝鲜的独立问题。托马斯把朝鲜加入国际联盟问题提交到上院，结果被否决。曾提倡民主自决原则的威尔逊也对朝鲜的独立问题持冷淡的态度，就连李承晚的面谈要求也被拒绝。这等于李承晚的独立外交路线宣告破灭。

可是，1945 年日本帝国主义无条件投降后，美国让李承晚做了南朝鲜的大总统，使其成为自己的傀儡。李承晚曾提出的“委任统治”得以实现。(《我的回忆》第 40 页)

柳子明从事独立运动初期就反对委任统治。申采浩先生认为“美国的委任统治与日本帝国主义的殖民统治是相同的”。柳子明的观点与申采浩的主张是一致的。

他认为，韩国在美国的势力范围之内，在中国从事过独立运动的同志们，在李承晚的委任统治下大部分无立足之地。同时，他也不赞成朝鲜的共产主义。在中国从事抗日斗争时，他与金若山在许多方面意见一致，成为亲密的同志，但对其左倾思想也并不完全赞同。为了抗日这个大目标，他认为尽量求同存异。如果借申采浩先生的说法，那就是为了“大我”而牺牲“小我”。

2001年9月23日，笔者在执笔这部传记时，通过金学铁先生的儿子金海洋，向正在静静等待死神降临的金学铁先生问起柳子明。金学铁先生的儿子金海洋在那天的日记中写道：

> 谈到了柳子明先生。
>
> 和柳子明先生是南京花露岗时期在一起的。他和金元凤先生都是我的老师，也是无政府主义义烈团的元老。解放后，柳子明先生陷于南北朝鲜都不能去的困境，一直在湖南农学院研究植物，直到去世。十三年前，我们还有书信往来。(《延边文学》2001年第11期，第37—38页)

那么，他当时南北朝鲜都不能回去的原因是什么呢？这是因为柳子明是无政府主义者。他不是一位普通的无政府主义者，而是在华朝鲜人无政府主义者的代表人物。

革命胜利后，俄罗斯也曾残酷地处决了许多过去的老同志、无政府主义者，而无政府主义者也无法容纳任何政党或个人的独裁。

不久后，福建省政府康乐新村总管处发来电报，让他们把福安县第二村的六十名儿童送到永安。儿童教养院的高则英把孩子们带到永安，移交给康乐新村总管处。

在溪柄乡柳子明已经完成了他的工作，于是便带着家属去了永安。到永安后，他感到中国的政治形势已不容乐观。重庆接到蒋介石的电报指示，以共产党嫌疑逮捕了到重庆的福建省政府秘书长程星龄，并把他关进监狱里，后来福安县田粮处处长钟宪民也以共党嫌疑被捕，许多国民党内的进步人士像他们一样不断遭到国民党反动政权的政治迫害。这意味着国共分裂又重新开始，预示着对外战争已转向内战。

抗战八年期间，中国共产党以惊人的速度发展。抗战初期，共产党员总共只有四万名，兵力也不过五万人。然而，到 1945 年，党员总数达到一百二十一万名，军队一百二十万人，民兵二百六十万人，控制着东北和华南的大部分地区。而且中国共产党已经在全国人民心中树立了崇高的形象。共产党已发展成为一股不容忽视的政治力量。

蒋介石邀毛泽东到重庆进行和平谈判，暗地里却下了"扫荡"的命令。经过四十三天的谈判，于 1945 年 10 月 10 日签订了《双十协定》。可是第二年 6 月，国民党反动派却公开撕毁停战协议，宣布内战。

根据蒋介石的"扫荡"命令，国统区的许多共产党员和进步人士因共党嫌疑而被捕入狱或惨遭杀害。而程星龄和钟宪民也被卷入到这股恶浪中。柳子明是外国人，虽说不会有共党的嫌疑，但其命运也难以预料。

这时，在上海的郑华岩给他来了一封信，信中说，他在李石曾的支持下，与李何有一道，在中国的巴金、毕修杓、张城伯、徐晃宇等同志的帮助下，正筹备成立朝鲜学典馆和申采浩学舍，他邀请柳子明来沪与他一起促进这件事情。其实，柳子明心里也非常想做这件事情，他希望通过朝鲜学典馆，把世人了解甚少的韩国文化宣传到世界，通过申采浩先生学舍，研究申采浩的思想。同时，在对中国文化和历史的研究中找到自己。但是，经过深思熟虑他决定还是放弃。

随着祖国的光复，柳子明决心在政治上退出一步，专心从事农业研究。他希望在园艺资源丰富的中国南方多搞一些研究，回到祖国后开办农场，培养农业人才。可是，假如回到上海，那就免不了会卷入到宗派斗争中。朝鲜的政治家们虽然大部分已经回国，但由于上海是一座国际大都市，特别是朝鲜的政治家们留下的影响依然存在。

正如郑华岩在信中所说，在日本帝国主义统治时期那些妨碍独立运动的；对日本人阿谀奉承的；为隐瞒韩国人的身份而送子女到日本人学校的；当独立运动家们过着饥寒交迫的生活时，他们却吃喝嫖赌，过着奢侈生活，却从未向独立运动资助过分文的；不择手段向日本帝国主义提供情报的间谍……这些乌合之众，日本投降后，一夜之间都摇身一变成了爱国者。以柳子明的性格是绝不能容忍这种人的。他不想卷入到同族的争斗中。

1945 年 9 月至 1946 年 3 月，这段日子柳子明一直是如坐针毡。他想回国吧，中国妻子还没有充分的心理准备；想去上海吧，又怕卷入到政治斗争中；想留在福建吧，可是那些一直成为他坚强后盾的政界要人们又都被抓走了。

正像李白在《独坐敬亭山》中所言："众鸟高飞尽，孤云独去闲。"孤独地留在中国的柳子明，当时就像在一片茫茫大海中漂泊的一叶小舟，随时都有被淹没的危险。

2. 台湾合作农场

日本人从福建撤退后，福建省政府从永安回到福州。而康乐新村仍在永安，因此柳子明仍留在康乐新村工作。

有一天，台湾省政府给他发来信函。他抽出信纸，一行行熟悉的笔迹立即映入眼帘。原来信是沈仲九写来的，他是福建省秘书长陈仪的顾问，后来陈仪提升为中央行政院秘书长，沈仲九也随他到重庆。1944 年到重庆时，柳子明去找沈仲九，还和他一起拜访过陈仪。可是本该在重庆的沈仲九却在台湾给他写来了信。

日本从台湾撤退后，将在台湾的所有权限都移交给国民党。蒋介石任命陈仪为台湾行政长官公署署长，让他率人马去接管台湾的事务。因此，沈仲九作为署长顾问也一同去了台湾，沈仲九一动，与他如影相随的粟同、李有和、袁国钦等也去了台湾。日本帝国主义者对台湾进行了长达半个世纪的统治，政治、经济、文化、教育等机构都以日本人为中心。日本人撤退后，各个机构只剩下了一个外壳。因此，各部门都急需大量人才。

柳子明决定去台湾。战争刚刚结束，无论是韩国还是中国，政治安定都需要一定的时间。他决定这期间到台湾去静静地从事研究工作，等待时机成熟后再说服妻子回国。

1946 年 3 月，柳子明把康乐新村的工作移交给袁继业，随即携家眷经福州去了台湾。乘坐台湾轮船离开马尾港时，柳子明又一次沉浸在对故乡的无限思念中。每换一个地方他心里都非常难过。别人都回国了，可他反倒去更加遥远的海岛，他感到眼前一阵发黑。思乡之情犹如这茫茫的大海无边无际，可这漂泊的心情用什么来形容呢？夕阳落入大海中，海上升起了一轮明月。举头望明月，低头思故乡。多年来，这似乎已经成了习惯，对他来说，月亮代表着故乡。此时，柳子明的心情就像这波涛起伏的大海，久久难以平静。

第二天，他们在基隆港上陆，乘坐省政府的专车来到台北市。台北市因位于台湾的北部，所以叫台北。台北原名叫大加蚋，是原台湾的土著族喀达格兰族居住的地方。大加蚋是取其音翻译的地名，分析其字意，有豹脚蚊和苍蝇多之意。也许这里一年四季气候温暖，空气潮湿，草木旺盛的缘故，蝇蚊特别多。台湾归属中国大陆是在明朝万历四十二年（1614 年），那时叫天兴州。十年后的 1624 年，荷兰殖民者强占台湾。1661 年，与清朝对抗的南明延平郡王郑成功[①]，接受荷兰通事何延斌的

① 郑成功（1624—1662）：明末抗清名将、民族英雄。明朝复兴运动的中心人物。1650 年，他接过父亲的海上权，寻找机会收复本土。1661 年，清军基本扫平大陆，清廷遂下达沿岸五省百姓向内地迁移的迁界令，以切断郑成功与大陆的联系。郑成功为扭转战局，坚持抗清斗争，决定收复台湾作为抗清基地。1662 年 2 月，郑成功收复了台湾，五个月后病逝。

建议攻打台湾，同年3月23日，他率三百五十艘战舰和两万五千名大军从金门出发，经过台湾海峡，在今南安平登陆，赶出荷兰军队。第二年2月11日完全收复台湾。因此，只要提起台湾人们自然就会联想起郑成功来。

现在到台南市，当年郑成功登陆作战的鹿耳门，已成为名胜古迹。新竹市还有“郑氏家庙”，在这里可以看到郑成功一家的族谱。郑成功的故乡在福建省泉州，柳子明在1929年曾在泉州黎明中学当老师，这使他到台湾后别有一番感受。

台湾是中国第一大岛。台湾山脉的主峰玉山海拔三千九百五十米，一年四季是冰山，台湾热带、温带、寒带均匀分布，是一块宝地。植物种类达四千多种，位居世界第一。台湾本岛和澎湖列岛及其他附近岛屿加起来达三万六千平方米，其中森林面积占一半。台湾是中国森林面积比例最高的一个岛。据当时统计，台湾的森林面积达一百九十六万公顷，木材储藏量达一亿八千立方米。

台湾的森林都是原始林，树龄最长的树木是一棵枝繁叶茂的枞蜂树。台湾大学林学部的标本室里陈列着树龄达四千多年的枞蜂标本。这些珍贵的树种很难从海拔几千米高的山峰上采伐下来，因此才幸免于难，作为天然植物园保留了下来。如果没有这样的森林，处于台风地带的台湾，就不可能种植农作物，人们也不可能生存下去。

能在这样天然的土地上研究园艺学，是柳子明的幸运。他打心眼里感激沈仲九把他带到这块宝地。

柳子明在沈仲九为他安排的宿舍里放下行李后，就匆忙到长官公署去见沈仲九，同时拜见了陈仪署长。陈仪热情迎接柳子明，让柳子明以专员的身份在长官公署农林处技术室工作。

在长官公署的各机关有不少柳子明的熟人。首先，沈仲九的夫人胡琬如任台北女子学校校长，那所学校里担任国语老师的杨春川，也是立达学园农村教育科毕业的，此外，与柳子明一起创建康乐新村的总务组长谢真担任大东县县长，粟同和李有和经营水果加工厂。

更让柳子明感到高兴的是程星龄也在台湾。蒋介石把自以为留在大陆危险的重要“政治犯”都转移到台湾拘禁起来。陈仪作为行政长官前来上任时，张学良、程星龄等被秘密转移到台湾。

柳子明委托沈仲九探望程星龄，没想到探视很快就得到批准。柳子明与妻子一起到台湾警务处看望关押在这里的程星龄。程星龄虽然被关押在看守所里，失去了自由，但待遇还不错。柳子明只是说了一些安慰的话，程星龄反倒为他担心起来，说他到这人生地不熟的地方一定会有不少困难。他称赞柳子明对中国的抗日战争和农业科学研究所做的贡献，劝他一定要回到解放后的祖国，与父母兄弟幸福地生活在一起。他还对刘则忠幽默地说，你丈夫离开祖国到中国生活了三十多年，你也得到韩国生活那么些年才是，这样中国才有面子嘛。程星龄是第一个体谅柳子明的心情，劝说他的妻子去韩国的人。

程星龄对柳子明的探视一生怀着感激之情。他在前言中写道：

> 1945 年，我以“异色分子”的罪名，被蒋介石叫到重庆受监视，后来被送到台湾监禁起来。1946 年，柳教授应沈仲九的邀请来到台湾，从事农业技术工作。他听说我被关押在这里，立即到我被关押的长官公署警卫团来看我。在狱中受尽折磨的我，受到极大的感动和鼓舞。(《我的回忆》前言)

柳子明回忆了他到台湾立足的情形：

日本帝国主义统治台湾五十多年期间，农业、林业、制糖厂、樟脑加工厂、水利灌溉等方面都取得很大发展。据统计，当时台湾的制糖产量年均达一百五十万吨。樟脑厂留下二十余名日本技术员整理日本帝国主义统治时期的技术资料，由我来负责这项工作。有关台湾森林资源的技术资料本来都集中在台湾拓殖会社，我与日本技术员一起做了半年的整理工作。

台湾拓殖会是日本的资本家们为了掠夺台湾的土地，剥削台湾人民而组织的联合团体。台湾拓殖会社在台湾占有二十万公顷土地……

……

日本因粮食不足，每年从朝鲜征收二百万吨粮食，在台湾也征收粮食。台湾的水稻原种是籼稻，因不合日本人的口味，日本人对其进行了改良。

台湾大学教礒永吉博士兼任台湾农业实验所所长，他对籼稻和粳稻进行杂交，培育出新的稻种台湾稻，在培育这一新品种的过程中，又产生了许多品种。

日本帝国主义占领台湾期间，在高山上的天然水库日月潭建起发电站，并在主要下游潭水河等修筑了水库，扩大了二十公顷耕地。这些耕地都归台湾拓殖会所有，长官公署接收了这些耕地，将其归为公有地。

如何合理地耕种这二十公顷耕地成为一个重要的问题。在沈仲九的提议下，决定建设合作农场。农林处技术室把建设合作农场的问题作为一项重要课题进行研究，由我负责这项工作。(《我的回忆》第173—174页)

那时，世界上以合作形式经营农场的有丹麦的农业合作农场、意大利的农业合作农场、捷克斯洛伐克的合作农场、社会主义苏联的集体农场等。柳子明到台湾大学去查找这种模式的资料进行研究，在《台湾日报》上发表了题为《农业建设和合作农场的使命》的文章，后来在柳子明编辑发行的《台湾农林》杂志上也发表了《合作农场和农业合作的多种模式》的论文。在这些研究的基础上，提出了比较接近台湾实际情况的《合作农场组织方案》，交给农林处处长赵连芳和地政局局长沈时加。

建立和管理合作农场是地政局的工作。局长沈时加召开地政局干部会议，讨论柳子明起草的方案，柳子明参加会议，对自己的方案进行了详细的说明。与会的专家和行政人员对他提出的方案给予了充分肯定。不久后，这一方案得到上级的批准。

这次会议之后，在地政局所属新设了合作农场管理所，任命柳子明为主任。农林处技术室的工作已经够他忙的了，加上兼任合作农场管理所主任，柳子明每天更是忙得不可开交。他给合作农场管理所的每个干部分配任务，让他们下到地方，扎扎实实地推进合作农场的建设工作，及时进行督促和监督。

柳子明在《合作农场组织方案》中提出，将在 1947 年建设二百个合作农场，再利用五年时间建设五百个合作农场。随后，在各县组织合作农场联合会，在各县合作农场联合会选举代表，组织全省合作农场联合会。这是一项宏伟的规划。以合作农场联合会为基础，各种农产品加工和其他农村产业也将以合作联合的形式加以发展。

可是，令人惋惜的是第二年春天发生了一起重要事件，致使这一计划中途流产。这就是中国历史上著名的二二八事件。

事件的始末是这样的。

在日本帝国主义统治时期台湾就设立了专卖局，对烟、酒、樟脑的交易与出口进行垄断经营。日本投降后，长官公署接管专卖局继续开展这些业务。当时台湾不能生产烟和酒，供应市场的烟酒都是从上海购进的。上海的商人借此机会，从上海返运烟酒，偷税漏税擅自销售。因此，专卖局人员经常到台北市场进行检查。

1947 年 2 月 27 日，专卖局的一位工作人员在市场巡视时，发现一位老妇人在经销未上税的香烟，于是将其没收。那位老妇人大喊大叫着与专卖局的人员理论，这时，市场上的商贩们蜂拥而上，围着专卖局人员，把被没收的烟抢过去还给老妇人，强烈要求取消专卖局。惊慌之余，那位专卖局的人员开枪，致使一名市民死亡。

第二天，台北市的商人们成群结队拥到专卖局门口，高喊“取消专卖局！”的口号，这就是二二八事件的导火线。在那天的示威中，又有三名市民被枪打死，多人负伤。这激起了全台湾人民的愤慨，最终发展成为爱国民族运动，引发武装暴动。在短短的几天内，示威群众控制了台湾的大部分地区。国民党政府设立处理委员会，在稳定示威群众的同时，动员军队进行镇压。3 月 8 日，在全台湾进行了大规模的逮捕与屠杀。与此同时，这一事件迅速波及全国，得到共产党和进步人士的支持与声援。国民党政府受到舆论的强烈谴责。

起义被镇压后，当局追究责任，将台湾长官公署署长陈仪调到浙江省政府任主席。其后，被解除软禁的程星龄担任台湾行政公署参议，不久后又被任命为湖南物价调节委员会主任到长沙工作。从此以后，台湾长官公署改为省，委任陈诚为台湾省省长。陈诚被公认为是蒋介石的接班人，是蒋介石的亲信。那时，大陆内战正打得激烈，国民党的讨共计划并不像当初想的那么顺利，局势一片混乱。这时，台湾又出了这个乱子，让蒋介石颇伤脑筋。所以，他派陈诚这样的重量级人物去收拾残局。

陈诚是中国当代传奇式的人物。当时，柳子明在自己的学生杨春川那里听了陈诚的一段故事后很受感动。

杨春川是柳子明在立达学园时的学生，是台北女子大学的老师。那所学校的校长是沈仲九的夫人胡琓如，这所学校的学生大都是国民党政府要员的子女。有一天，陈诚的孩子做错了事，杨春川以一名教育家的良心，冒着被解雇的危险，对他进行了重罚。第二天，杨春川被叫到陈诚的家里。虽然已经做好了被革职的心理准备，但走进这个威严的官邸，杨春川心里还是怦怦乱跳。可是陈诚非但没有责备他，反而称赞他做得对。他说，教书育人是教师的天职，不管是谁的孩子，只要有错就应该给予纠正和处罚。

这位台湾省内的最高权力者，就是以这种彻底的精神，治理了军队和政府，使二二八事件后动荡不安的台湾局势逐渐稳定下来。省政府各部室的人员，也以陈诚这种正直的精神为榜样，积极开展工作。假如官员的不良行为反映到陈诚那里，那么第二天就会被“革”。

听了杨春川讲的故事，柳子明想，假如国民党的官员们都以这种精神治理社会，那么就不会不得民心了。

长官公署改为省政府后，农林处成为农林厅，徐庆重任厅长。就这样，由陈仪和沈仲九提议、柳子明具体策划的创建合作农场工作只好暂时停下来，但柳子明继续从事对农业的研究。

> 我在农林厅技术室编辑《台湾农林》，在此期间，我发表了《台湾农业机械化实验与现实问题》《再论农业机械化问题》《台湾的香花植物》《农业建设与生产技术》《合作农场与农业合作的各种形态》等论文，与台湾大学教授王厥明、汤文通，南京金陵大学教授胡昌識等通过《台湾农林》进行学术交流。（《我的回忆》第 177 页）

当时生物学者朱洗在台湾大学任教授，匡互生先生的女儿匡达人做助教。他们都比柳子明先到达台湾。朱洗是当代著名的生物学家，也是具有代表性的无政府主义者。他的故乡在福建省临海，在法国获得生物学博士。他是法国昆虫学家帕浦鲁的学生，主要研究甲虫类和蟾蜍。他不靠国民党或政府的帮助，一直潜心研究，他的理想是为人类的福祉工作做贡献。他在上海时，与巴金一道在文化生活出版社任编辑，与柳子明是很谈得来的朋友。他总是郑重地对待任何事情，为人正派，拥有严谨诚实的学者风范。与柳子明有许多相似的地方。他们虽然只见过几次面，没有过多的交流，但彼此却像相识已久的老朋友，命运让他们相逢在台湾。特别是对匡互生的女儿匡达人，朱洗和柳子明都对她像女儿一样倍加爱护。而匡达人也仿佛见到了自己去世的父亲，十分敬重他们。此外，马宗融也到台湾大学任教授，可以说，柳子明与巴金、罗世弥、马宗融一生结下了不解之缘。

不久后，农林处技术室主任朱江湖离开台湾。柳子明接替他任技术室主任，兼台湾农业实验所所长。原台湾农业实验所所长是汤文通，他兼任台湾大学教授，在大学里指导水稻栽培。台湾大学和台湾农业实验所相邻，柳子明和教授们一起，将教学与实验研究结合起来，取得了许多研究成果。

3. 东方学会

1949 年，国共两党战势发生划时代的变化。共产党取得辽沈、淮海、平津三大战役胜利，占领了东北、华北的大部分地区和华中的部分地区，为取得全国的胜利打下了基础。连连惨败的蒋介石，于 1949 年再次提出与共产党举行停战谈判。但毛泽东发表了《将革命进行到底》的文章，说我们不能像寓言中的农夫那样，可怜被冻僵的蛇，用身体温暖它，结果被它咬死。

陷入困境的蒋介石辞去总统职务，推出李宗仁为总统，提出要以扬子江为界统治南北。然而共产党却乘胜追击，于 4 月 23 日攻打南京，解放了南京。

在共产党乘胜追击、国民党节节败退的形势下，郑华岩和许烈秋来到台湾。郑华岩曾在上海创立朝鲜学典馆和申采浩学舍，活跃于上海的朝鲜人社会。他得到中国政府财政负责人陈立夫和陈果夫的好友李石曾的支持，接管位于上海愚院路的韦惠林住宅，将学典馆搬进去。李石曾还为他们提供资金，使他们在研究上取得了一些成果。可随着共产党进入上海，形势发生很大变化，上海的侨民团、仁成学校、中韩文化协会、爱国妇人会等相继解散。那些得到国民党支持的人回到了韩国，追随共产党的人，忙着准备去朝鲜，可郑华岩却来到台湾。柳子明问他为什么不回到韩国，他摇了摇头。1946 年 5 月 10 日，韩国举行总统选举的第二天，郑华岩从韩国回来。他对韩国政局很失望，说柳子明选择台湾做得对。金九已经不是过去的独立运动家了，现在他成为一名政治家，而金奎植似乎脱离政治，充满了学者的味道，国内无政府主义思想运动由默堂梁熙锡成立了自流学院，开展宣传活动，把搞政治的自由看成是无秩序的，全盘给予否定。同时，在上海时勾结日本人，处处与独立运动作对的奉命锡、金某等亲日走狗，摇身一变成为爱国者，也出来搞政治，演出一幕幕闹剧，让他实在睁着眼睛看不下去。

柳子明也有同感。他一开始从事独立运动时，就不喜欢李承晚。后来，柳子明在回忆金九的文章中这样写道：

可是美帝却悄悄把李承晚抬上飞机送到南朝鲜来，让他去实现早在1919年他就提出过的由美国“委任统治”的“美梦”。李承晚只带来一个美国夫人，是一个光棍司令，他为了排斥金九一派的政治势力，尽量拉拢过去为日本统治服务的走狗来担任军事和警察骨干，因此，政权实际上落在日本老走狗们的手里。（柳子明著《高风亮节的金九先生》，《世界研究动态》1980年第10期）

许烈秋与郑华岩一起来台的目的是见梁祖辉，整理他在上海经营的公司。梁祖辉是梁龙光的亲侄子，是柳子明在上海立达学园时的学生。梁龙光是1927年曾在福建省泉州与郑华岩一起搞过民团活动的人，与柳子明一起在黎明中学当过老师。梁祖辉让他把生活所需的物品和到台湾做生意所必需的物品整理后邮寄过来，由他负责安置。

1949年5月27日，共产党占领上海。郑华岩乘飞机来到台湾。飞机是韩国派往上海的领事申国权与中国政府交涉后得到的。乘此机的有郑华岩夫妇和两个孩子以及申国权夫人及女儿共六人。两天后，申国权接到韩国方面可以离开上海的批复后，才来到台湾。

在机场迎接郑华岩一行的是柳子明夫妇和梁祖辉夫妇。梁祖辉经营旅馆和温泉场，他把他们接到旅馆住下。解放后，郑华岩等同志在上海创办的朝鲜学典馆和申采浩学舍、仁成学校侨民会等都已消失在历史中。柳子明感到十分痛惜的是，郑华岩等人在上海收集的申采浩先生的遗著未能够整理出版。在学典馆和申采浩学舍里收集的所有资料都丢在了上海的一个角落里，只来了人，这怎能不让他感到痛心呢。

随着中华人民共和国的成立和蒋介石政府逃到台湾，台湾朝鲜人数量剧增。到台湾后，申国权被辞去了领事的职务，由李鼎邦继任，派闵石麟为台湾领事，金东祚为参事官。闵石麟和柳子明关系十分密切。“从 1919 年上海成立临时政府至 1945 年韩国临时政府在重庆开展活动的各革命党派回到南朝鲜之前，我与闵石麟一直保持密切关系。所以我也参加了台湾省政府主席陈诚欢迎朝鲜驻台领事的会议。闵石麟还与夫人一起到我的宿舍里交谈。”（《我的回忆》第 179 页）此外，韩国驻华大使申锡雨，在共产党解放南京时，在广州也与国民党政府一道来到台湾，在台湾，除大使馆人员外，还有不少很久以前就到此定居的朝鲜渔民和商人。仅基隆市就居住着几十户渔民。虽说有一个代表他们的侨民组织，但人心涣散，有名无实。加之由于他们到台已久，只有大人会说朝鲜语，孩子们根本就不会讲朝鲜语。相反中国语和日本语讲得却十分流利。不会说朝鲜语在台湾生活是毫无障碍的。他们与大陆来的中国人说中国话，以获得好感，而见到台湾本地人就说日语，也就是见风使舵。

> 台湾人信任日本人，却不信任中国大陆人。这是日本统治台湾以来，彻底进行洗脑教育的结果。
>
> 坐人力车时，如果说日本话，就只收该收的钱，但是如果说中国话，那就要抬高价钱。问他们为什么，他们说大陆来的中国人总是爱讨价还价，如果不说高了，就收不到该收到的钱。
>
> 到市场去时，只有中国人带着自己的秤去，因为他们不相信商店里的秤。（《祖国去向何方》第 290 页）

为了改变这种现状，为他们树立民族自豪感，闵石麟、郑华岩、柳子明等在台湾的朝鲜人代表，决定开展民族教育工作。为此，他们重新组织侨民团，就像在上海时成立的专门培养朝鲜人子女的仁成学校，在基隆成立朝鲜人学校，开始教育他们说本民族语言。这时，传来一个好消息，说蒋介石政府准备成立一个中、日、韩联合的文化团体。中国政府方面的代表是白崇禧、张励生，台湾本地代表是蔡焙火，朝鲜人代表是柳子明、闵石麟、郑华岩，日本人代表是日本投降后，中国政府为台湾产业建设而留下的三名日本学者。会上，提议团体的名称为“中－日－韩文化协会”，但遭到朝鲜人的坚决反对，他们不能容忍把受了三十六年殖民统治的仇敌日本的名字放在前面，于是最后决定改为“东方学会”。它既代表着东方三国，又不伤民族感情。

> 学会的宗旨是通过对三国文化等方面的研究，巩固三国的民间外交，维持纽带关系。
>
> ……
>
> 我们经常召开会议，还制定工作计划，决定运营方针。
>
> 九人聚在一起开会时，就会看到各自的民族性。由于这个会议并不代表国民全体或政府的某个人，所以，我们和中国人都会当场做出决定，而日本人却不同。他们认为，即使是一个小小的民间团体，但也是一个国际机构，原则上要听取本国同志们的意见，所以他们总是要求给予一定的时间考虑。（《祖国去向何方》第 286 页）

学会的所有经费由中国方面承担。当时韩国使馆经济很拮据，连大使馆人员的生活也难以保障。台湾领事以韩国送来的那点钱是无法开展外交活动的，所以不得已通过柳子明向他的学生梁祖辉借了一千美元。

成立东方学会，对中国人既有单纯学术性的一面，同时，似乎其中还另有目的。就是说，他们考虑到假如台湾被共军占领，拥有这样的国际机构，就会安全一些，可以到韩国或日本去。当然不是以难民的身份，而是作为学会的一员，以产业视察或文化交流的身份前往。（《祖国去向何方》第286页）

以上是郑华岩对国民党当局成立东方学会目的的一种猜测。从当时台湾的形势来看，完全有这种可能性。

中国大陆完全掌握在共产党的手中。所以当时很多人认为，国民党政府被赶到台湾后，共党有可能攻进台湾，美国有可能让蒋介石政府逃亡到美国。随后又传闻蒋介石坚决拒绝，这是因为他顽固坚持收复本土的信念。美国为了防止东南亚落入共产党的手中，派七舰队驻守台湾海峡。蒋介石来到台湾后，对共产党开始了全面的扫荡。国民党浙江省政府主席陈仪，为和平解放浙江省，向上海战区司令汤恩伯建议，联合起来和平解放上海和浙江省。可是汤恩伯却向蒋介石泄露了陈仪的秘密计划。蒋介石率卫队到浙江省逮捕了陈仪，带到台湾后枪毙。20世纪80年代，中国政府查清了陈仪这桩公案，追认陈仪将军为革命烈士。与此同时，蒋介石每天都在搞军事演习，为收复本土加紧开展外交活动。那时，朝鲜人杨俭在蒋介石的国民党军司令部做军事特务工作。他在黄埔军校学习时，就与柳子明是关系密切的同志，在台湾时经常到柳子明的宿舍里来，给他讲韩国和中国的局势。据杨俭透露，蒋介石与大韩民国总统李承晚在庆尚南道马山的著名军港镇海湾举行秘密会晤，决定美国军队和韩国军队联合攻占朝鲜后，通过朝鲜渡过鸭绿江，进攻东三省和北京、天津。这就是所说的“第二战场”。（《我的回忆》第178—179页）

由于政治局势不稳定，台湾的经济日益衰退。本地的资本家和大陆来的富商们，开始悄悄地把资金转移到国外。同时，严重的物价暴涨和经济混乱席卷台湾岛。

> 当时台湾的经济状况十分困难。我在台湾每月工资二百元，到1950年，用五个月的工资，也难买到一个月的口粮。如果没有朋友的帮助，我们一家四口很难生存下去。
>
> 庆幸的是在上海立达学园时的学生梁祖辉在台湾开了南光公司，经营服装面料，他每月给我们接济生活费，还送来许多布料，所以我在生活上没有受到困难。(《我的回忆》第181页)

当时柳子明相当于国民政府经济部长的顾问级别。由于农林长官是台湾生人，北京话讲不好，因此，柳子明帮助他处理事务，几乎代替了他部长的职务。像他这样高职位的人以每月的收入难以维持生计，那百姓的生活就可想而知了。

1950年1月1日，韩国驻台大使馆大使申锡雨，在大使馆举行了辞旧迎新宴会，邀请在台的朝鲜人代表参加。居住在基隆的渔民代表也参加了，柳子明和郑华岩也出席宴会。

> 在聚会上，申锡雨说目前台湾的政局非常危急，英国大使馆和美国大使馆已经通知自己的侨民尽快离开台湾归国。他说，韩国的国民最好也快点离开台湾回国。
>
> 郑华岩和我当场向领事馆申请回国。居住在基隆的渔民们，几十年前离开朝鲜，到台湾从事渔业，在朝鲜他们已经没有家了。所以他们没有一个人申请回国。(《我的回忆》第180页)

柳子明在新年宴会上申请回国，是因为有了妻子刘则忠的同意。则忠说，刚到台湾后，她和丈夫一起去看望被软禁的程星龄，那时，他劝她和丈夫一起回韩国，程星龄的一番话使她回心转意。她终于开始反省自己，这些年来只为自己着想，而没有体谅离家几十年的丈夫的心情。她想通了，到韩国要把丈夫的前妻当作姐姐，把丈夫的孩子作为自己的孩子，与他们和睦相处。

可是提出回国申请后，柳子明才发现自己的原籍在南京。刚到台湾时，台北市登记户口，实行"五家联保制"，那时，柳子明把自己的籍贯写成了南京，没想到这随便写上的籍贯让他们一家在台湾整整等了半年。因为这草率的一笔，使柳子明永远没能回到日夜思念的故乡，在异国他乡度过了一生。

4. 归国路

从台湾到韩国的路有两条。一条是从基隆乘船经日本到韩国。另一条路是经香港到韩国。

柳子明和郑华岩决定选择第二条路线。可是经过香港要带着韩国领事馆批准回国的旅行证取得英国驻台湾领事馆的批准。柳子明拿着韩国领事馆颁发的归国旅行证到台湾警务处要求办理离台手续。

"你在法律上是中国公民，如果不取消中国国籍，就不能离开台湾。"

警务处的回答，使柳子明明白了是自己的一时疏忽造成了这种麻烦。为了取消中国国籍，办理韩国国籍，柳子明在国民党政府的内政部和外交部奔波了半年。他磨破了嘴皮，软硬兼施，最终获得韩国国籍，那时是1950年6月。他再次到台湾警务处要求办理出国手续，可这时台湾与大陆之间的交通已经完全中断了，一般的中国人是不能离开台湾的。只有台湾的外国人才可以，警务处故意迟迟不给柳子明办理出国手续，并不是因为他的夫人是中国人。柳子明是著名的农业研究家，对人才匮乏的台湾政府来说，他要回国不能不说是一个损失，但也没有理由阻止他回国，于是以种种借口阻止他。

半年后，他终于获得了英国驻台湾领事馆的批准，可以取道香港回国。这时已经是 6 月中旬。柳子明要离开台湾，农林厅厅长徐庆重亲自为他举行了欢送宴会，邀请了上海立达学园时的朋友粟同、粟保国、李有和、王学明等。他们相约以后再重逢，并合影留念。没想到这一别竟然成为永别，更没想到香港之行去的不是韩国，而是中国大陆。

1950 年 6 月 24 日，柳子明一家四口和郑华岩一家四口共八人，乘坐从基隆到香港的船。旅费是梁祖辉给垫付的，他给柳子明一千美元做路费。如果不是他的帮助，柳子明和郑华岩是不可能离开台湾的。

算了算离开故乡已经三十年了。离开时是血气方刚的青年，如今却已是年近花甲的老人。感叹岁月无情又有何用呢，想到永远见不到父母了，他心如刀绞。

现在他回到故乡，妻子和故乡的山水会一如既往地迎接他，而故乡的人和两个儿子却会问他客从何处来。就像李益在《喜见外弟又言别》中所写的："问姓惊初见，称名忆旧客。"想到故乡有几十年来独守空房等待他归来的结发妻子，他的心早已飞到了故乡的家。他无法想象妻子不在的故乡，也不敢想象。

柳子明把归心似箭的感情紧紧地系在船头，他坚信，只要船不沉没，他就一定会回到魂牵梦萦的故乡。

英国轮船行驶了两天一夜，于 6 月 25 日下午 5 时到达香港码头。下船后，他们两家人到东方旅馆。

1839年，英国强迫清政府签订《南京条约》，将香港变成他们的租界。那时，香港百分之九十八以上还是中国人。可是由于一个多世纪的殖民统治，城市环境和氛围都已经英化了。街道干净整洁，走进旅馆，穿着白色衬衫、打着领结的服务生，彬彬有礼地接过他们手里的行李。一位漂亮的服务员小姐接待了他们。她接过他们的护照看了一眼，带着抱歉的表情说，朝鲜半岛发生了战争。

怎么会发生战争？

她看到柳子明一行还不知道情况，便告诉他们今天凌晨三八线发生了战争。她告诉他们房间号码后，把钥匙和一份《香港晚报》一起递给他们。

他们放下行李后，急忙打开了报纸。只见第一版上刊登了今天凌晨朝鲜军越过三八线，朝鲜半岛燃起战火的报道。过去以三八线为界，民主主义和共产主义一直处于对峙状态，在军事分界线发生武装冲突是常有的事情，所以他们对女服务员的话并没怎么在意，没想到形势如此严峻。

> 第二天早晨，我到街上买了一张报纸。那时香港报纸的政治倾向可分为三类。《大公报》和《文汇报》倾向于中国共产党，《华侨日报》倾向于中国国民党，而《香港晚报》则持中立的立场。他们对朝鲜战争的态度也各不相同，我每天都买来《大公报》看。（《我的回忆》第183页）

战争形势似乎偏向于朝鲜。6月28日，朝鲜军占领了首尔，进攻速度势不可挡。就像前一年，中国共产党乘胜追击国民党军队南下一样，似乎过不了多久，整个朝鲜半岛就会成为共产党的天下。

他们每天心急如焚。我们从郑华岩的回忆录中，可以看到他们当时的心情。

> 人的命运真的是那么奇特吗？我们到达香港的那天，发生六二五韩国动乱。香港只是经由地，不能久留。我们无法进入正在打仗的祖国，也不能在香港久留，也许这就叫进退维谷吧？让我们实在感到茫然不知所措。
>
> ……
>
> 早知如此，不如就留在了台湾。我们很后悔，可是谁能料到会这样呢……要回国了，出来时已经与中国的朋友和侨民们告了别，怎么能再回去，而且以我的脾气，绝不会这么做。我拿定主意，不如就这样滞留在香港。（《祖国去向何方》第292—293页）

柳子明留在香港进退两难，不知如何是好。如果是单身一人，他真想就这么回到韩国去，可现在他身边有妻子和孩子，他不能再把他们带入到战火中。如果回去了不等于飞蛾投火，自寻死路吗？刘则忠与柳子明结婚十六年来，大部分时间都在战火中逃难。柳子明本想这次回到祖国后，在故乡从事教育工作，教书育人，过安安静静的生活，可这一切都化为泡影。

> 那时，我妻子刘则忠的二姐刘尚志在广州爱群大厦做电话室工人。则忠在旅馆给爱群大厦打了电话，告诉她我们离开台湾在香港。刘尚志第二天来到香港把则忠和两个小孩子接回广

州，我搬到九龙正光化工厂宿舍住。

正光化工厂的主人是赵定毅，我在上海立达学园时，他在那里当会计。我在台湾时，他担任专卖局的会计主任。二二八事件后，专卖局成为起义军的重点攻击目标，他便离开台湾到香港经营正光化工厂。(《我的回忆》第 184 页)

在赵定毅的帮助下，柳子明住在工厂宿舍里，与郑华岩一道拜访了在香港的熟人。那时，李石曾、陈望山等人住在香港。李石曾与毛泽东在湖南师范学校时是师生关系，与周恩来是留法时的朋友。中华人民共和国成立后，毛泽东和周恩来多次派人想把他接到北京，但他没有去。他不想过问政治，退出政界，安度余生。

朝鲜人柳仁燮、洪淳宽等也在香港做生意，还有一些朝鲜派来的情报人员。申基然、安美生等人随朝鲜情报人员回到朝鲜。在朝鲜担任要职的人员中，有许多柳子明认识的同志。从太行山去的朝鲜义勇队的同志们，光复后大部分都回到朝鲜。

从战争形势来看，朝鲜军连连取胜。李承晚政府撤退到釜山，人民军长驱直入，韩国军节节败退。据说，美国要出动第七舰队，但柳子明认为，朝鲜半岛的形势已经明显趋向于朝鲜。国民党政府不是也曾得到美国的支持吗？光复后，蒋介石和毛泽东进行和平谈判时，国民党无论从装备、军队数量还是实力上，都远远超过共产党，而且背后还有美国的支持。可是，还不到三年，就被赶到了台湾，现在能否保住台湾也很难说。他判断朝鲜的局势与中国形势大同小异。

柳子明劝郑华岩同他一起先回到中国大陆。由于战争，眼下不能马上回国，先到中国大陆去，等到战争结束了再回国。可郑华岩拒绝了柳子明的建议，他说他不想到共产国家去，朝鲜战争也不会轻易地以共产党胜利而告终。他还说，柳子明在湖南有弟子可以依靠，而自己只能成为负担，他要留在香港。

> 赵定毅说，中华人民共和国成立后，他回故乡湖南，见到了以前的朋友们。程星龄担任湖南省政府副省长，夏明钢任农业厅厅长，李军九任财政厅厅长。
>
> 于是，我给程星龄副省长写信，告诉他我离开台湾到香港的消息。程星龄给赵定毅寄来聘书和亲笔信，让我月初到湖南大学农学院任教授。(《我的回忆》第 184 页）

二二八事件后，陈仪离开台湾，任浙江省政府主席。程星龄也被释放回到湖南。可是，1949 年 5 月 17 日，当解放军解放武昌、汉阳和汉口，向湖南挺进时，国民党湖南省政府主席程潜和第一兵团司令陈明仁，在程星龄、夏明钢、李军九等人的提议和协助下，于 8 月 4 日发动了反蒋统治的起义，和平解放了长沙。这就是中国现代史上的“湖南八月和平起义”。

对当时的情况，程星龄回忆道：

> 1950 年 6 月末，柳教授归国途中经由香港时，听说我在湖南省政府工作，便立即给我写了信，我向湖南大学推荐了他，欢迎他到湖南大学从事教育工作，随后给他寄去了聘书。(《我的回忆》前言）

1950 年 7 月 20 日，程星龄副省长给柳子明的信全文如下：

昨日接到湖南大学校长李达一信，当未及挂寄，今晨即奉到七月十四日上电。湖大拟聘先生为教授。农林厅方面今已商定，拟请先生担任技术工作。湖大待遇不错。我意先生还是到湖大为好。如不嫌待遇低，想做实际研究工作，农林厅方面欢迎。希即来长沙。李达校长信前附上，并请先回信。我定明日去阳工作，可能两三旬方能返长沙。先生抵湘时，如我未返，请持介绍信与湖大当局面谈。农林厅夏明钢厅长与先生面谈。如夏明钢不在长沙，可以持介绍信找李毅之副厅长面谈。

此致

敬礼

弟　星龄　七月二十日

接到程星龄的信后，柳子明给广州的妻子打了电话。妻子与其姐姐一道来到九龙，不管三七二十一就拉着柳子明要回大陆。于是，柳子明乘船去了广州，郑华岩因不能回韩国而留在旅馆里。

郑华岩在回忆录中谈起了与柳子明分别的惋惜。

柳子明湖南有弟子可以去那里，可是我不能去，而且也不想到共产国家去。结果柳子明去了湖南，我暂时还留在香港，观察国内的战况。

我与柳子明是三十年生死与共的同志，分别时心里很难过。后来，偶尔也有过书信往来。他在信中说，他在湖南教育部门工作。(《祖国去向何方》第 293 页)

在台湾一同踏上归国之路的柳子明和郑华岩，在香港却选择了不同的归国路线。柳子明选择的路线是香港－中国内地－故乡，而郑华岩选择的仍然是当初计划的路线，从香港到釜山。结果，1954 年，郑华岩终于从香港踏上了归国之路，而柳子明则留在了中国大陆。正如唐朝诗人韦应物在诗中所写："归棹洛阳人，残钟广陵树。"（《初发扬子寄元大校书》）是啊，今朝一别，何时才能再相逢呢。这正是柳子明当时心情的写照。他像诗人一样感叹着自己漂泊不定的身世，回国的艰难，以及与亲人相见无期的遗憾。

5. 朝鲜战争

这时，位于忠清北道忠州郡利柳面永平里的柳子明一家，充满了节日般的喜庆气氛。永平里百分之七十左右的人家姓柳，柳姓相当集中地聚居在一起。从曾祖父那辈算起，村子里就有二十多户亲戚。柳子明的父母虽然已经离开了人世，但他的妻子膝下如今也是儿孙满堂。大儿子基熔娶卞氏之女卞钟元为妻，生育五个子女。

全家最高兴的还是柳子明的夫人李兰英。自从丈夫二十六岁离家出走，她一直独守空房，如今已近花甲之年。细细算来，丈夫离家已经三十一年零三个月了，这是一个多么漫长而艰难的岁月啊。就算一个人的一生能活七十岁，那在她的一生中已经不可能再有第二个三十年了。过去的三十年带走了她的青春年华，带走了她的中年时光，在接近人生暮年时，他们才要相逢。这怎能不让她悲喜交加呢。

自从丈夫去流亡以来，日本警察不时到家里来搜查，而且两次烧了他们的房屋。当时说火灾是因爆竹引起的，但柳子明的孙子柳寅瑚至今持怀疑态度。

"大概是 20 年代吧，叔父还是由奶奶带着的时候，爆竹落在柴垛上起火，连房子也烧了。过去的爆竹就是放点火药受到冲击后发出声响的那种，它能引起火灾吗？我怀疑是日本走狗为了杀害家属而故意放的火……现在事情已经过去几十年了。那时因为没有证据，所以就相信了奶奶的话。不过我觉得这是奶奶怕传出去遭到报复而编的借口。”

总之，无论火灾是怎么引起的，家藏什物及房子全都被烧了。其实，当时由于生活贫穷，家里也没有什么值钱的东西，要说有，也就是结婚时带来的柜子，没什么可惜的，但让李兰英感到十分难过的是失去了丈夫曾经留下的东西。起火那天晚上，她从睡梦中惊醒，赶忙摇醒大儿子，抱起小儿子冲出了房门。可是放下孩子后，她又转身冲进了大火中，从里面抱出了丈夫留下的几本书和自己结婚那天穿的嫁衣。

她从火里抢出来的东西只有这些。丈夫在学校当老师时带在身上的那把日本剑，她怕日本警察搜走，藏在了篱笆墙里。由于一直放在外面，被风雨侵蚀，刀鞘已经烂掉，刀刃上都生了锈。如今，柳子明的孙子柳寅祥将其视若珍宝，他给笔者看了这把剑。他说：

“这是爷爷曾经用过的，您看，已经生锈了。其实，一想到这是日本帝国主义的军刀，就恨得咬牙切齿，但是，想到这是爷爷曾经用过的东西，又觉得它十分珍贵。”

李兰英把书和剑当成丈夫的替身，常常与它们交谈。她以一个女人羸弱的身躯，撑起了丈夫不在的家，独自抚养了两个儿子。本来大伯哥家的生活还好一些，可大伯哥押了地契给丈夫拿了独立资金，他们家的生活也勉强糊口。大伯哥对家里人说，他喝醉后，小偷偷走了他身上的名章，把地给卖掉了。但凭着女人的直觉，大伯嫂知道这是为了掩人耳目。丈夫没和她商量一句就把农家视为命根子的土地给卖了，她心里十分不满，可又不能明说。

公公婆婆在世的时候，李兰英常常得到他们的安慰和关照，心中还有个依靠。然而，他们却都早早地离开了人世。这样一来，她更是心无寄托了。虽然娘家只隔十里地，家里还有哥嫂，但她是出嫁的外人，总是要看嫂子的脸色。

柳寅祥说：

“奶奶不让我们到太奶奶家里久留。听说过去爸爸和叔叔小的时候，有一次跟着奶奶到太奶奶家里过祭祀，让她的嫂子给骂了几句。其实也不是故意的，只是因为小孩子们淘气偶尔说了几句。可是奶奶却十分生气。她说，孩子他爸不在，你们也不能随便骂他们啊，以后不来就是啦。虽然她的嫂子不是成心的，她却十分伤心。每次我们去太奶奶家的时候，她都反复嘱咐千万不要待得太久，早点回来。奶奶生性刚直，一辈子只认一个理儿。”

李兰英出身两班家庭，从小学习纺织和礼仪法节。出嫁后，作为一个儒生的妻子，她全心侍候丈夫，就像朝鲜所有儒生的妻子那样，她以妇道精神，度过了一年又一年，克服了一道又一道难关。尽管日子穷得响叮当，常常是吃了上顿没下顿，但她从来没有向别人伸过手，独自抚养了两个儿子。可是，她却未能像同村的堂兄弟家那样，让孩子们去上学。当然生活困难是一个方面，但最重要的是在日本帝国主义统治下，独立运动者的子女是不可能去学校读书的。因而，基熔和基滢没进过学校大门。后来，村子里终于建起了一个简陋的私立小学，他们兄弟才免于文盲的命运。那个年代，由于肚子里有了点墨水，基熔在村里当过先生，还在面里做过差事。

柳寅祥说：

“别人以为奶奶没有让子女读书，其实不然。那个时候像我奶奶那样千方百计让子女读书的人也是不多见的。即使少吃一顿饭也要给交上学费。她过花甲时，不让操办，什么都不要，二哥生病躺在炕上，我们担心他死，都不想去上学，可她硬是把我们打出家门去学校。虽然已经光复了，但当时以我们家的条件，要上中学那是想都不敢想的事情。那时，奶奶常常是饿着肚子给我们交学费。她让我们把课文贴在天棚和墙壁上，躺着时看着天棚背，侧身时看着墙壁背。奶奶常常对我们说，作为爷爷的孙子，怎么能不好好读书？从来没说过不让我们读书。”

她常说，贫穷不是罪恶。在日本鬼子的残酷镇压下能够活下来，这都是天意。独立运动者的家属要有三代人过苦日子的觉悟，独立运动者们把自己的全部财产全都献给国家，甚至宝贵的生命，以救国为天职，作为他们的子孙，就算以草根树皮充饥，也要读好书。要想白手起家，至少要付出三代人的努力。你们是革命家的后代，做人要正直……她常常是这样教育子孙的。

6月25日早晨，也就是柳子明乘坐轮船在茫茫大海中驶向香港的那天，李兰英穿着出嫁时穿的那件韩服，把头发梳理得一丝不乱，走进后院。她把儿媳端来的饭碗放在酱台上，在接另一个碗时，她脸色不悦地说道：

“换碗，没看见有缺口吗？”

她又讲起了那个讲了无数遍的故事：光复那年，被抓到日本当劳工的朝鲜人坐船回国时，船突然沉没了，大家都成了水中孤魂，而只有一个人死里逃生。他就是一日三餐在一个没有缺口的干净碗里盛上饭向七星神祈祷的那户人家的。每次看到盛饭的碗不干净，或者有缺口，她总是习惯性地提起这件事情。

听说丈夫要从台湾坐船回来了，可是儿媳的粗心大意让她很不快。柳子明在告之归国消息时说他在台湾乘船到香港，在香港再乘船到故乡。

“精诚所至，金石为开。如果家里人诚心诚意地祈祷，老天爷也会照应离家在外的人。”

她反复念叨着这些说过无数次的话。

自从丈夫离开家后，她一天也没有落下，每天向七星神祈祷。丈夫离家那天只吃了那么两口饭，肚子 定很饿。想到此，她更是虔诚地做着这件事情。她觉得，如果一天不供奉七星神，那么出门在外的人就会饿肚子。

“奶奶直到去世之前，一直每餐为爷爷盛上一碗饭。她自己做不了时，就让妈妈去做。对妈妈说，给你公公盛上一碗饭，妈妈问她为什么这么做，她说，这样出门在外的人才不会挨饿。”

2002 年 9 月 30 日，笔者在元山见到柳寅瑚时，他提起奶奶向七星神祈拜的事情，解释道：

“从我国的传统风俗来讲，家里最重要的就是酱台。酱坛子里似乎装着生活的全部滋味。大酱、酱油、辣椒酱等，过去都是装在坛子里保管的，而且粮食也放在缸里，所以把神供在酱台上。过去的老人把石子儿洗干净后铺在地上，然后在上面砌一个台子，把酱坛子放到上面。女人们每次去那里的时候，都要把酱坛子擦拭得干干净净，这已经成了习惯。大概因为在那里供了中央神、家庭神的缘故吧……以现在的观点来解释，就是一种精神信仰吧。就像信教的人信奉耶稣和释迦牟尼那样，我们供奉七星神也是如此。诚心供奉，也就变成了一种信仰。每天早晨给出门在外的人盛上一碗清水、一碗饭，双手合十，向天祈祷，然后家里人再拿过来吃。50 年代，我当兵那时，我们家生活还很困难，每天多盛一碗饭也不容易。可是，即使全家每天吃没有一粒米的菜团子或稀粥，也没有停止供七星神。六二五动乱时，我父亲离开了家，奶奶就让我母亲每天给父亲盛上一碗饭，我当兵后，又让我妻子也这么做。冬天拜七星神时，碗里的水就会结上一层冰，这个时候，她绝不会让你去破冰，而是把手放在上面融化它，然后才把它倒掉。她说，只有家里人心诚，出门在外的人才会心安。”

敬完了七星神，她把满满的一碗米饭，细嚼慢咽地全都吃了下去。要是往常，她会和孙子寅祥一起吃，只有那天例外。她仿佛在与丈夫一道完成漫长的水上旅程。柳寅瑚推测，大概因为爷爷离开家时是空着肚子走的，所以担心他回家路上也饿肚子，她才这么做的。随后他又肯定地说，那天的早饭不是奶奶吃的，而是给爷爷吃的。

吃过早饭，她牵着小孙子寅祥的手，到被烧的老房子前面的榉树下，眺望着村口外。因为丈夫走的时候她没有送他，她心里一直很歉疚，当年年轻的郎君，如今已变成半百的老人，她怎么能坐在家里等候呢。还有，当年与丈夫一起生活的房子全都烧没了，现在搬到了别处，所以，她一定要在老房子前面等他回来。

“小时候，奶奶对我们说，那个榉树是文化柳氏的树。起火时那棵树在房子烟囱的后面。小时候我们还在那棵树上吊上绳子荡秋千玩呢，以后树老了，也就枯死了。”

柳寅瑚回忆着往事，一时哽咽得说不出话来。

在那棵枝繁叶茂的榉树下，奶奶就像一尊望夫石立在那里。过往的村里人与她打招呼，她只是点点头，目光向着远处。四岁的柳寅祥望着奶奶问道：

“奶奶，爷爷什么时候回来呀？”

“是啊，该回来了……”

“奶奶，想爷爷吗？”

“当然想啊。”

“奶奶，爷爷回来后，真的用无声手枪打死他吗？”

“干吗要打死他呀？”

“不是奶奶说的吗？要用无声手枪打死爷爷。”

“……这孩子，说说还不行嘛……”

奶奶一改往日的温和，有些烦躁地说。过去，她向孙子们谈起爷爷时总是说：“等爷爷回来了，奶奶就用无声手枪打他。”在这无期的等待中，她的心，也像这座被烧掉的房子一样变成了一把灰，难免会说出这样的气话来。可是年幼的孩子们却担心奶奶真的会这样做。

夏天的太阳已经落山了，可是爷爷没有回来，却传来了发生战争的消息。那些兴致勃勃准备迎接独立运动家的村里人，也顿时都泄了气。大家都惶恐不安地关注着战线的消息。第一天，广播里说朝鲜军凌晨越过了三八线，可遭到国军的反击。第二天说，朝鲜军进攻到了何地，而国军又把他们击退到何处。可是第四天却说，朝鲜军已经占领了首尔。人们这才知道广播一直在骗人，纷纷准备去避难。

这天，在首尔上中学一年级的寅光（1934 年生）慌忙跑回家来。他是随在首尔开米店的基滢叔叔去首尔的。年过三十仍放不下读书欲望的基滢，为了读书，带着侄子去了首尔。他租了一个店铺经营米店。那时粮食十分紧缺，哥哥从乡下给他送米，他白天卖米，晚上到夜校去读书。可是战争爆发后，政府和国军仓皇逃亡，炸掉了汉江大桥，一粒不长眼的炮弹落在米店里。基滢本想到京城里既挣钱又读书，一举两得，然而，战争却打破了他美好的梦想，让他一举两失。

村里人忙着逃难。当时官公署宣传说，朝鲜军来了之后，男人要抓去当兵，女人要被强奸，富人和日本帝国主义时期做过一官半职的人一律杀头。

柳寅祥回忆说：

“听说光复后，朝鲜清算日本帝国主义很彻底。可是李承晚政府却没有彻底清算日本帝国主义统治三十六年的残渣。可以说在日本帝国主义的统治下，还是过着‘殖民地生活’。那些曾经在日本帝国主义统治下作威作福的人，仍然过着那种日子，在日本帝国主义时做过警察的人仍然做警察，官公署的职员们还是老样子。我们家，因爷爷搞过独立运动，不能去就职，过的不是一般的苦日子。如果说我的爷爷从事过独立运动，人们就挖苦说，是你爷爷搞独立运动，又不是你，有什么值得炫耀的。总之，非常蔑视独立运动家的子孙。”

忠州警察署准备撤退时，对保道联盟[①]的人员一律逮捕或当即处决。独立运动家徐正基就是因反对这一做法与警察署长发生冲突，结果被警察署长一枪打死。

保道联盟是1949年从事左翼运动转向的人组织的反共团体。全称是“国民保道联盟”。《百科辞典》中解释道：“1949年，加入人数达三十多万人，仅首尔就有两万多人。主要以思想赤色者为对象，几乎是强制性的。由于地域性的割党制，许多不具备这种思想的人也被登记。”

柳寅瑚说：

“那时有个保道联盟，区长代替你去盖章。里长替你去说，如果让你参加保道联盟，区长就带着章去给你盖。事实上许多不是的人也参加了。警察动刑让他们承认，打得非常狠。徐正基到警察署为他们辩护，说你们为什么打这些无辜的人，他们有什么罪。因此，警察非常恨他。六二五撤退时，警察说有事要调查，把他带到忠州，与政治犯一起关在警务所里，一起公开处死。”

为了预防左翼思想者与人民军串通，政府先下手为强，对保道联盟实行残酷镇压，这就是六二五战争中最早在全国范围内进行的杀害民间

① 保道联盟：1949年由朝鲜左翼分子组织的反共团体，全称是“国民保道联盟”。六二五战争爆发后，政府和警察开始撤退时，对他们一律进行拘留或裁决，导致六二五战争期间发生民间人集体被杀事件。

人事件。这给那些不知不觉中被保道联盟登记，又稀里糊涂被作为政治犯而处决的家属种下了仇恨的种子，成为在朝鲜人民军占领地发生对左翼势力报复杀害事件的导火线。

徐正基之死也给柳子明一家带来一片乌云。徐正基和柳子明都是具有无政府主义思想的人物。在忠州策划三一万岁运动，后来到中国流亡失败，十二年的狱中生活没能改变他的意志。光复后，他隐居在农村，回避政治，过着安静的田园生活。他有自己的人生信条，不想在李博士的下面做事。他与柳子明住在一个村子里，十分爱护和关心柳子明的子孙。柳子明的儿子也视其为父亲一般的长辈，经常找他唠一唠父亲，倾诉思念之情，求得一片安慰。

徐正基的死使柳子明一家受到极大冲击。基熔对李承晚政权仍然重用日本帝国主义走狗，而对独立运动家们不给予相应的待遇十分不满。他怀疑这是借战争之乱除掉心患，处死了徐正基。

警察和青年团全都夹着尾巴逃跑了，每隔一夜，都会出现一些空房子。有时看到有的人家一天到晚烟囱里不冒烟，过去一看人早已走了。许多人家都出去避难。

没过多久，便传来隆隆的炮声。基熔兄弟劝母亲也去避一避，可母亲坚决反对。柳寅瑚回忆道：

“她老人家说，你爸爸就要回来了，怎么能让房子空着呢。你们带着家人走吧，我在家里等着。那时奶奶的那个犟劲，就是八头黄牛也拉不动。作为儿子我父亲不会不等即将回来的父亲，更不会丢下抚养他的母亲去避难。所以我们一家没有去避难。”

人民军终于来到了村里。基熔的堂兄中最小的兄弟跟随人民军走了几年，此次他也一起回来。日本帝国主义时，他曾到日本留学，是彻头彻尾的左翼思想者，按柳寅瑚的话说就是“共产主义骨干分子”。光复后，他来往于南北之间，战前离开家，成为一名人民军军官回到村里。

“父亲的堂兄，我的堂叔，他们兄弟七人，都是从日本留学归来的知识分子。人民军来了之后，他们都做了官。让我父亲做了面上的副委员长。无论是过去还是现在，有点学问的人都会有用的。他当过老师，日本帝国主义时还在面里做过差事，在村里，父亲也是数得着的人物。而且与堂兄弟们关系很好，所以，管他是什么思想，认为哥哥日本帝国主义时受了不少苦，现在该享受一下，所以任命他为面里的副委员长。”

据柳寅瑚介绍，在那个战乱的时代，父亲还做了官差，但从未和别人红过脸。因此，三个月之后，当朝鲜军撤离时，村里人劝他和家里人一起留下来。可他担心万一国军回来后遭到报复，便对妻子和母亲说到外婆家里去躲几天，背着行李就走了。

“奶奶哭了。妈妈坐在那里什么也没说。我们几个兄弟都呆呆地看着。弟弟妹妹都太小，不知道父亲要走，我那时上中学一年级，对那天的情景至今记忆犹新。九二八收复后，正是香瓜成熟的季节。地里的香瓜早已熟透了，可是我们兄弟几个都舍不得吃，留给爸爸回来后吃。结果都烂在了地里。”

据柳寅瑚讲，父亲那天去了太奶奶家，但怕连累他们，只在门口与他们道了别就走了。父亲是和一位人民军同行的。从父亲走后的第二天起，酱台上又多了一个饭碗，与爷爷的并排放在一起。

第七章 农学者之路

1. 戴勋章的园艺学家

到达广州后，柳子明一家住进了广州爱群大厦，这是刘则忠的姐姐刘尚志特别关照的。陈洪友、叶非英、柳树人等同志闻讯前来看望。他们都是抗日战争时期与柳子明共命运的无政府主义者。

其中，朝鲜人柳树人抗战时期放弃教育工作，在皖南组织了韩侨战地工作队。他伪装成商人、伪军将领进入敌后开展活动。他说服在南京大学留学的朝鲜留学生和敌军中的朝鲜士兵以及在敌区机关工作的朝鲜人和商人等，投奔战时工作队。据说抗日战争时期投奔他的朝鲜人达三十多名。抗战胜利后，他还创办《中韩友好月刊》，那时他居住在广州，经常来往于香港经商。

柳子明在广州逗留一个月。在此期间，中国报纸整版报道朝鲜的胜利消息，说朝鲜人民军已经推进洛同江，占领了韩国的大部分地区，只剩下釜山了。柳子明希望战争快快结束，尽快回到家里。作为无政府主义者，他并不太信仰共产主义，也不崇尚资本主义。光复祖国才是他的政治理想，也是他人生的最高目标。他认为，光复后治理国家是别人的事情，他决心回到祖国后，做一名教育工作者，从事农业研究，培养下一代农业人才，安静地度过余生。此时，他最大的愿望就是能够生活在统一后的祖国，最后死在故乡的土地上。

1950年9月，柳子明到湖南省长沙。周国之初，长沙之鳖远近闻名。诸侯为了讨好成王，争先恐后把“长沙之鳖”作为方物上供王宫。西汉时，建立长沙国，在地理上可以说是把中国大陆分为南北两个部分的中腰，在军事上占有重要的位置。因此，抗战时期，蒋介石还采取了火烧长沙的战略。

柳子明随朝鲜义勇队来到长沙时，长沙是一座正在燃烧的城市。蒋介石放火烧了长沙，可是日本军却没有中计，于是蒋介石又命令重建长沙，朝鲜义勇队当时参加了重建工作，柳子明还清晰地记着当时的情景。

程星龄、夏明钢、李军九等同志前来迎接柳子明一家，并设宴款待了他们。席间，他们谈起了蒋介石逮捕监禁程星龄的事情来。程星龄笑着说，日本投降后，蒋介石以共党嫌疑逮捕我做得一百个对，可是在台湾释放我又是一百个不对，这不等于放虎归山嘛。

湖南大学校长李达同志参加了宴会。他是一位马克思主义哲学家，中国共产党的主要创始人之一。早在1920年就已是中国共产党的前身上海共产国际主义小组的一员。第二年他在中国共产党第一次代表大会上被选为中央委员会宣传部长。1923年退党，全国解放前夕重新入党，担任湖南大学校长。

第二天，柳子明到湖南大学上班。校长李达把柳子明介绍给副校长李鼎新、农学院院长李凤荪等人。

湖南大学总部是在公元976年北宋时期创立的岳麓学院的基础上，于1924年新成立的大学。大学里设农学院、自然科学院等。农学院分为农政系、昆虫系。昆虫系主任是李凤荪，农政系主任是卢爱知。柳子明负责的农艺系里有周汝沆、周成汉、胡笃敬等教授，柳子明担任主任职务，并指导果树栽培学。

柳子明重返讲台后不久，战争形势发生急剧变化。联合军已在仁川登陆，向南推进的朝鲜人民军成了瓮中之鳖。战火已经波及隔着鸭绿江的中国大地，中国也向朝鲜战争派了志愿军。

1950 年 10 月 8 日，毛泽东以中国革命军事委员会主席的名义发布了“给中国人民志愿军的命令”。在“抗美援朝，保家卫国”的旗帜下，各地都开展了轰轰烈烈的政治运动。

> 1950 年 10 月的一天，湖南大学有重要集会，人们从四面八方拥向学校中心广场，人很拥挤，但秩序井然。人们的脸色都分外庄重，广场上笼罩着严肃的气氛。中共湖南省委书记黄克城，向湖南农学院全体师生，作了关于抗美援朝、保家卫国的政治动员报告。
>
> ……
>
> 湖南大学农学系，有两位大学生首批批准光荣入伍，他俩襟前戴着鲜红的大红花……（《戴勋章的园艺学家——柳子明传》第 32—33 页）

安奇在描写这一场面时，把柳子明的心情写得很英雄化：“这一景象，使柳子明无比激动”，“柳子明作为一名朝鲜爱国知识分子，激动得心潮澎湃”。她以这些老一套的“革命”描写，概括了柳子明当时的心情。

然而，当时柳子明的心情是十分复杂和矛盾的。

其一，朝鲜形势的剧变使他十分矛盾。如果美军已逼到鸭绿江，那么朝鲜军队就会撤退到中国，在这种情况下，中国只能派中国人民志愿军跨过鸭绿江进入朝鲜。朝鲜半岛成为资本主义和共产主义决一胜负的战场。谁能保证朝鲜战争不会成为第三次世界大战的前兆呢。他突然想起了郑华岩在香港时说的战况有可能发生改变的话。对柳子明来说，归国路已经完全被堵死了。犹如“吴楚东南坼”，中国和朝鲜半岛有可能成为敌对国，那国境通行就会禁止。他后悔自己应该像郑华岩那样，继续留在香港等待回国。柳子明也像杜甫在《登岳阳楼》中所写“戎马关山北，凭轩涕泗流”。

其二，朝鲜半岛成为国际战场，柳子明为妻子和孩子们的安全担忧。战争是残酷的，子弹不会绕着柳子明的家人飞，而且故乡忠州位于军事要冲。他甚至想也许朝鲜军队进攻韩国的战争初期，他的亲人已经遭到不幸，他心里感到十分恐慌。

其三，望着被选为志愿军的学生，柳子明内心十分悲伤。连中国都在派军队，那么处于战场中的南北朝鲜的百姓就更不用说了。柳子明留在故乡的两个儿子都已经三十多岁了，正是战时的军龄。故乡在韩国，也许两个儿子早已加入韩国军走向战场，现在作为志愿军走向战场的自己的学生，说不定会和自己的孩子举着枪战斗。没准儿子会死在自己学生的枪下，或者自己的学生会死在儿子的枪下，这是谁也说不准的事情。

战争的烽火燃烧了整整三年，造成了没有胜负的同族相残的结果。三八军事分界线成为比要塞更为森严的国境线。似乎命中注定柳子明此生只能身为他乡异客。韩国成为敌对国，就连通信这条路也被堵死了。离开台湾时，他通知家里几天之内就会回到故乡，可是由于战争失去了联系。本以为战争结束后就能回去，可是如今归期却是那样地渺茫。就像在日本帝国主义统治时期等待光复那样，只能是渺茫地等待着统一的那一天。而如今一晃已到花甲之年。就像李贺在诗中所写“天若有情天亦老”(《金铜仙人辞汉歌》)，怎能阻止岁月的流逝呢。

1952年9月3日，吉林省延边成立了朝鲜族自治州。在全国范围内给朝鲜人提供了一个自由选择国籍的机会。同事们劝他加入中国国籍。可柳子明却一口回绝了。作为一个朝鲜人生活在中国，他丝毫没有什么障碍。既能当教授，又能做系主任，图什么要换国籍呢？

在台湾的时候，不就是因为改了国籍，办归国手续耽误了半年的时间吗？那时，要不是这个事情，他早在战争爆发前回到故乡去了，现在大概已经生活在韩国。当时，他觉得不能再有第二次失误了。

就这样，柳子明作为朝鲜人留在了中国。但他让中国妻子和两个孩子保持中国国籍。与此同时，在给两个孩子上户口时，把女儿登记为朝鲜族，男孩子登记为汉族。1977年10月19日，他在给沈克秋的信中幽默地写道：“我热爱祖国（朝鲜），也热爱中华人民共和国。我一家四个人，只有我一个是国际友人，儿女和外孙都是中国人民。”

对柳子明来说，朝鲜并不意味着三八线以北。他心中的祖国是整个朝鲜半岛。他心中珍藏的祖国从来没有分裂过，他一生热爱统一的朝鲜。柳子明是20世纪二三十年代朝鲜民族无政府主义者的代表人物，他的目标是建立一个无论是强者还是弱者都互相帮助、互相爱护、互相扶助的世界。

解放后，留在中国的南青联的人员只有柳子明、柳树人、沈克秋三人。其中两个人是朝侨，只有沈克秋是中国的少数民族朝鲜族。

在中国，拥有朝鲜国籍的人成立了在华朝鲜人协会，柳子明也成为其中的一员。朝侨协会总部在北京，由朝鲜民主主义人民共和国驻北京领事馆直接管辖。朝侨协会最初的负责人是沈炳燮，是北京外贸大学的系主任。

1954年，朝鲜代表团到中国访问时，到长沙专门访问了湖南农学院。实际上他们是来见柳子明的。代表团团长是康良煜，随行人员中各有一位农业博士和医学博士。学者们之间是很容易沟通的。康良煜团长问柳子明有没有意向到朝鲜来。战争使朝鲜变成了一片废墟，首先要解决温饱问题就亟待发展农业。柳子明说，他本人当然很想回朝鲜去，但还得征求妻子的同意。

其实，这只是柳子明对来自祖国客人的礼节性的回答，可朝鲜代表团回国后，把柳子明的回国问题摆到重要议事日程，通过外交部郑重地向中国政府提出来。在激烈的朝鲜战场上，中朝人民以鲜血凝成了深厚的友谊，只要是对朝鲜的发展有利，中国就会全力支持。因而，中国政府同意柳子明归国。1957年，朝鲜驻华大使馆向柳子明发出通知，让他立即准备回国。接到通知，柳子明一时呆住了。在韩国，他有许多同志和学生，虽然暂时中断了联系，但要落脚也不难。可朝鲜对他来讲是一个陌生的地方。他也听说了金科凤和金若山等人在朝鲜任要职。柳子明和若山金元凤的友谊是十分深厚的。后来，柳子明只要一有机会就打听他们的消息。1983年4月3日，柳子明给居住在延吉的金学铁先生的信就证明了这一点。

……到大使馆讨论朝鲜南北统一问题，那时，据大使馆二等秘书金真英同志讲，由于金科凤和金元凤犯了反对朝鲜劳动党和朝鲜民主主义人民共和国社会主义建设计划的严重错误，依法受到严处，但不知道他们具体受到什么处罚。

昔日的同志变成了敌人，一块疆土，一个民族分裂成两半，互相敌视。到平壤虽然从地理上距离故乡近了，但从心理上故乡变得更加遥远了，这样等于完全放弃了归乡之梦。

与此同时，他又感到欣慰的是，当时中国正在搞反右斗争，湖南大学也正搞得热火朝天。许多过去的老同志因一句话就被打成右派，不是挨批斗，就是被赶出讲台，动不动就“下放”到遥远的地方。柳子明是朝侨，本与中国的政治无关，但反右派斗争却没有将他排除在外。国家的政策或法律只是记在书本上的，实际上却没有遵守。看形势，如稍有不慎，就有可能成为“人民之敌”被赶出学校。这个时候回国无疑是安全的。

然而，人生却不是以自己的意志为转移的。他开始做回国的准备，给中国的朋友们都写了告别信，通知他回国的消息。给巴金也写了信，告诉他“我接到驻华大使馆的通知，将要回国”。在信中，他谈了自己的惜别之情。在上海的巴金接到柳子明的信后，也怀着依依不舍的心情给他写了回信。朝鲜战争使巴金与朝鲜结下了特殊的感情。朝鲜战争时，巴金曾两次到朝鲜战场，每次去都与志愿军总司令彭德怀在一起，体验战斗生活，还与朝鲜的高级领导人见面，结下深厚的友情。他还亲自体验了朝鲜的民俗风情。当时，巴金作为中国人大代表活跃在中国政界。巴金在回信中谈了他的惜别之情，希望他回国后为祖国建设多做贡献，同时为增进中朝友谊起到桥梁作用，并让他给寄一本朝鲜辞典。他想学习朝鲜语，亲自看朝文书籍，以便更好地研究朝鲜。

柳子明做好了归国的准备，在等待最后的通知。1957 年 6 月 20 日，柳子明又接到了朝鲜大使馆发来的第二次通知。通知说“湖南农学院向中国高教部提出请求，你再留中国服务若干年”。

对当时的心情，柳子明在 1977 年 10 月 19 日给沈克秋的信中写道：

1957年春季，大使馆给我回国的通知，当时反右斗争已达到高潮，我也参加运动，但也要准备回国，准备差不多都做好了，定于同年7月20日由长沙动身，走上回国之路。那时心情非常激动的。但在6月底再接到大使馆的通知说：中国高教部通过外交部，要求把我留在原单位再做几年的工作。因此让我暂不要回国。这样，三年又三年地留着了。

他信中所说“三年又三年”是指中国每三年给朝侨办理一次旅证延长手续的政策，如果不及时办理延长手续，就等于在中国非法居留。1982年，八十八岁高龄的柳子明在北京女儿的家里，“由于外侨临时旅证过期，因此于6月3日离开北京，第二天回到长沙”。（1982年6月19日给沈克秋的信中）

虽然有诸多不便，但同时可享受许多待遇。首先在生活上有特殊待遇。改革开放前，所有的物品都实行供给制，使朝侨的待遇要比中国公民优越，生活比较宽裕。柳树人1976年3月11日写给沈克秋的信中说：“最近从苏州到上海，供应比过去减少了，肉人均每月一斤。可是，因为我是朝侨，可买到七斤。”

其次，在政治上受到特殊待遇。“文革”期间，打倒知识分子的时候，因为他是“国际友人”，可以不参加运动。“农学院领导教我不要参加运动。所以我成为唯一的闲人，两派的红卫兵都对我表示保护。”（1978年1月11日给沈克秋的信中）柳树人看到延边的沈克秋在信中说，在延边，像金学铁这样的持有朝鲜国籍的人也被关进了监狱，便回信说：“我在苏州，‘文化大革命’期间，还没有受过朝侨所受到的歧视和迫害，总算平稳地过来了。最近几年以来中朝关系好转后，当局对我的

态度也异常客气，每逢节日公安局常常来家慰问。”（1976 年 2 月 26 日给沈克秋的信）

每年的元旦，在湖南农学院的柳子明教授都会收到寄自平壤的礼物。礼物用鲜红的丝带束着，最上面端放着金日成主席亲笔签名的贺年片或书籍等。礼品有朝鲜革命根据地万景台——金日成主席诞生地的浮雕；有反映朝鲜国内建设风貌和朝鲜人民工作和生活情形的画册；还有朝鲜著名歌唱家最新的录音唱片。此外，每天送《劳动新闻》。朝鲜大使馆还为朝侨下达学习任务，让他们把感想写出来寄去。1982 年 10 月 27 日，柳子明给北京中央人民广播电台金亨植先生的信中写道：

> 最近，金日成主席成功结束对中国的访问回到平壤。接到朝鲜驻华使馆领事部向朝鲜在海外的公民发出的通知“学习伟大领袖访华时的讲话，并向大使馆汇报学习体会”。我为了写学习《劳动新闻》感想，好长时间没有写回忆录了。明天，我把汇报寄到朝鲜驻华大使馆后，准备继续写回忆录。

柳子明每年也给朝鲜写三封信。一封是庆祝元旦，祝朝鲜各项建设事业蓬勃发展；另一封是 4 月 15 日，祝贺金日成主席寿辰，祝福他健康；再一封是 10 月 10 日，庆贺朝鲜民主主义人民共和国国庆节。

1978 年 11 月末的一天，朝鲜大使馆给柳子明发来急电。

> 湖南农学院的柳子明教授，接到电报后，12 月 2 日到北京朝鲜驻华大使馆。

柳子明与妻子刘则忠一同前往北京。他们估计可能是大使馆紧急召开有关朝侨工作的会议。八十四岁高龄的教授没想到一件在他的一生中留下美好记录的大事在等着他。因为是大使馆让他去的，他也不好追问是什么事。

列车到站后，他们一出站口，只见大使馆的专用车已经在等候他们。大使馆的工作人员，热情地把他们接到宾馆用餐，然后把他们送到房间说：

“老爷爷，您一路辛苦了，洗完澡好好休息一下吧。明天早晨我们再来接您。”

安排好之后，工作人员就离开了。

第二天早晨，还是那位工作人员按时来到这里，与他们一起就餐，然后把他们带到大使馆。

全明洙大使热情迎接柳子明夫妇。

“祝贺你们。金日成主席为教授颁发了朝鲜民主主义人民共和国三级国旗勋章。到会场去吧，大家都在等着呢。”

那天就是1978年12月3日。全体大使馆人员和朝鲜中央派来的人员以及在中国的朝侨协会的干部们参加了受勋仪式。全明洙大使朗读了金日成主席的命令，给柳子明等获得勋章的人员胸前挂上了国旗勋章，献上了鲜花。表彰柳子明在农业科学研究方面做出的卓越贡献。

柳子明教授回到家后，立即向在江苏省苏州师范学院的柳树人教授转达了这个消息。听到这个喜讯，柳树人也抑制不住内心的喜悦之情。1980年5月，他在写给沈克秋的信中写道：“柳子明兄最近给我一封信，述及赴北京之事，他接到朝鲜大使馆的电报，要他到北京，于是由则忠嫂陪他到京，住在他女儿家里。朝鲜政府颁发一枚勋章给子明兄。说在各个岗位上有成就的人，这次都领到了。子明兄在科学研究上名闻中外，当之无愧的。”

这是祖国对离开故乡六十载，在异国他乡为国家独立奋斗了三十载，又为农业研究奉献了三十载的柳子明给予的第一份荣誉。

这枚勋章，在他的胸前闪耀着夺目的光芒。

他成为一名戴勋章的园艺学者。

2. 园艺学者之路

1951年，中国实施大学全面院系调整。这样，湖南大学将农学院分离出去，成立湖南农学院。从此，柳子明作为湖南农学院的教授，连续在这个学院里辛勤工作和战斗了三十多个寒暑。

安奇写道：

> 在成绩面前，这位白发如银、修养有素的朝鲜学者、革命老人、国际主义者经常在想些什么、做些什么呢？
>
> 学习，不断地学习……
>
> 探索，不断地探索……
>
> 让农业科学园地，万紫千红，群芳争妍，让勤劳勇敢的中国人民，生活得更美好。这是多么崇高，又多么朴实的愿望。
>
> 在湖南农学院的校园里，经常出现一位为人们所熟悉的白发老人的身影，他身穿着自己妻子缝制的棉布质料的中国式中山装，手上提着一个小书包，里面装着笔、本子、修枝剪。他从容、稳健地在葡萄架下和温室里巡视，哪个枝条该修剪了，温室里哪天该浇水，温室的温度应当控制到什么程度，他都细细观察着，对比着，实验着，记载着，思考着……
>
> 朝阳数过他的脚步，月亮知道他的辛勤。他平静地、不声

不响地劳动和工作，通过栽培、对比、分析、实验，把从中国农业古籍中得到的知识，自己亲身实验得来的经验和知识，从向老农、果农那儿请教、交流所得到的传统经验与知识，融会、消化、总结、整理，然后编成教材传授给学生。

他在治学与教学方面有独特的风格。科学家的品质是朴实无华的，他从不危言耸听，也不像政治家那样口若悬河，他平凡得像个老农，语调平静，讲课时简明扼要。但有一点是非常重要的，你听他讲课一定要全神贯注，不要听漏了任何细节，因为每句话里都渗透着老人多年来科学研究实验的心血。按照他所讲授的栽培方法，原原本本、准确无误地去做，就一定会获得成功。

柳子明教授旅居中国六十四年。他治学、科研所涉猎的范畴极广，从果树、花卉、温室栽培到农业考古；从农业发展史到现代科学技术……

博学，来自勤奋。

这颗充满智慧的头颅里，充满伟大的国际主义友爱；宽阔的胸怀里，容载着多么巨大的政治热情与科学抱负。

发掘和学习伟大的、古老的中国这些珍贵的、丰富的文化古籍，弄清它的来龙去脉，做到“古为今用”，这就是国际友人柳子明教授的夙愿。

他怀着极大的兴趣和友好感情，投身于中国农业古籍浩瀚的海洋，辛勤地记下了大量的笔记、摘录，中国古代农业的文献，丰富了他编写的教材，并引导他的科学实践。在散见的柳子明教授在农业方面的专论、文稿中，引经据典，处处可见，真正做到了“古为今用”。而对中国古代农业的深入研究，为

> 他后来探讨“世界水稻的起源和发展”这个十分重大的农业科学课题，提供了基本条件。(《戴勋章的园艺学家——柳子明传》第 33—34 页）

在湖南农学院执教的三十多年间，他培养的学生达三千多名，与孔子的学生数不相上下。“名师出高徒”大概说的就是柳子明和他的学生吧。他的学生成为全国各地农业战线的骨干，成长为知名教授、学者、研究家。他的研究成果为中国现代农业科学的发展写下了光辉的一页。

程星龄作为一名教育家，对柳子明的卓越成绩做了如下评价。

> 柳教授治学严谨。为继承和挖掘中国古代农学遗产倾注了全部心血，以理论与实践相结合的学风，亲自培养我国年轻的农学者。三十多年来，他以辛勤的努力，培养出三千多名学生，其中许多人已成为知名的农学者、园艺家、教授。他们永远不会忘记柳教授的谆谆教导。柳教授为新中国建设全心全意培养人才，为中朝两国人民的友好历史写下了新篇章。(《我的回忆》前言）

柳子明对葡萄和柑橘、水稻的研究具有划时代的意义。下面举几个实例加以说明。

“中国是园艺的母国，花卉的故乡。”

这是柳子明教授常说的一句话。这是他几十年研究得出的结论。

他把栽培果树、蔬菜，种植花卉，园林设计等技术统称为园艺。

从湖南农学院创立时起，到 1966 年“文化大革命”开始止，柳子明先生先后讲授过耕作学、果树学、蔬菜栽培学、花卉园艺等课程。

安奇写道：

讲义旁征博引，内容极为丰富，既引述了中国古代花卉栽培史，也考证了世界花卉的种源和发展，对中国珍贵的花卉牡丹、山茶、梅花、杜鹃、菊花、兰花的叙述更为详尽。

“名师出高徒”，当年受业于柳老的湖南农学院花卉专业的毕业生，分散在全国各地，成为花卉园艺方面的得力骨干。

“文化大革命”前，湖南农学院的花卉温室是很有名气的。

从花卉温室设计，到指导建造，柳教授都付出了很多心血。他长于温室设计，可以说是别具匠心，实用价值很大。

湖南农学院的花卉温室，曾从全国各地引进菊花，多达一千多个品种；山茶花的品种也很多，还有名贵的牡丹、芍药、玫瑰、兰花、月季、茉莉、杜鹃等。颜色艳丽的花卉，有如五色缤纷的彩蝶，徐徐飘动，温室内外，香气浓郁。花卉温室的面积不算很大，却凝聚着这位可敬的国际友人、园艺学家在中国五十多年来花卉栽培繁育的经验结晶。

……

早在1951年，长沙市政府园林处曾举办过一个花卉学习班，敦请柳子明教授主讲花卉学。这个学习班的学员，是湖南省最有经验的花卉工人。柳子明为花卉学习班讲学长达七年，风雨无阻。他不顾年迈和工作繁忙，热情地把自己的知识传授给学员。同时教学相长，常与学员交流经验，与花卉班学生结下深厚的友谊。

后来，这个花卉学习班的学员为长沙市的城市绿化、园林花卉的规划布局，以及培育管理，做出了很大的贡献。

长沙市人民特别珍视朝鲜革命老人、国际友人柳子明教授为美化长沙市容所作的努力，永远怀念他。

早在1964年11月，中国园艺的权威刊物《中国园艺学报》曾刊登过柳子明教授一篇重要专论:《中国的蔷薇和世界的蔷薇》。论文概述了中国蔷薇栽培史，并引证三百年以前，中国蔷薇培育的盛况，历述中国香水月季等十种蔷薇输入欧洲的经过。中国蔷薇群输入欧洲以后，一百六十多年来，与欧洲原有的蔷薇通过杂交和反复回交，已经创造出新品种，对不同系统的进化蔷薇类型，专论也作了叙述。

柳子明教授这篇专论，至今仍为园艺界所称道，它给中国蔷薇赢得了应有的世界地位，同时是关于中国蔷薇最有系统和权威性的概说。

在中国“文化大革命”那个疯狂的年代，湖南农学院的花卉温室遭到了洗劫。

……

1978年，已是八十四岁高龄的柳子明教授，兴致勃勃地与北京林学院、上海植物园等单位，合作编写了《园林花卉》一书，已经出版，深受同行好评。这部书稿对植物遗传学变异研究及中国花卉的栽培、创汇，有着十分重要的价值。(《戴勋章的园艺学家——柳子明传》第35—36页）

柳子明农业科研中，特别值得一提的是栽培葡萄的经历。安奇讲述了他为湖南引进栽培葡萄的科学实验，历经几起几落的不平凡的故事。

1958年秋，“教育与生产劳动相结合展览会”在北京开幕。展览会由农业部主持。在这个展览会上，湖南农学院葡萄一年多次挂果的实物标本，引起观众极大的兴趣。农业部给湖南农学院发来电报，调走了上述葡萄标本栽培技术规程总结资料。

这件事在当时来说是一件新生事物。

但是任何一个新生事物，往往都不是孤立产生的。葡萄一年多次结果的实验，苏联是从本世纪40年代开始的。对这一实验经过，苏联人弗·布·巴西罗夫于1957年出版的《用副梢培养葡萄》一书上作了介绍。在中国安徽省有一位农民，也曾经作过让一年生葡萄多次挂果的尝试，但结果性能不稳定。

苏联人弗·布·巴西罗夫所采用的技术措施，是专门利用副梢来促进葡萄一年多次结果。

传统的葡萄栽培方法，过去都把葡萄梢当作多余的器官来处理。弗·布·巴西罗夫突破这个传统做法，但他片面地强调了副梢，而忽视了主梢的作用。柳子明参照弗·布·巴西罗夫的做法，在实践过程中采取主梢、副梢并重的途径，得到了一年七次结果的好收成。并在理论上阐明葡萄的生态学特征、栽培学根据。按照柳子明教授的技术流程和方法，只要把光照、温度、土壤、肥料、水分、植保等条件，合理地安排和调整，就可以做到每年月月有葡萄收获。

当时，浙江省《园艺通讯》杂志及湖南省长沙市发行出版的《科技报》上，都先后发表了柳教授关于《葡萄一年多次结果的技术》一文，后来，中国果树实验所河南分所、江西共产主义大学，按照柳子明教授创造的葡萄栽培新技术，作推广实验，也获得成功，葡萄一年多次挂果。

从60年代起湖南农学院承担了指导全国葡萄生产实验的重点科研项目，柳子明教授负责技术和实验总指导。在温室培育的杂交葡萄种刚刚茁壮成长出土时，上面忽然刮来一股冷风：湖南农学院葡萄实验立即下马！

柳子明对“葡萄实验”是多么依恋不舍。

这时，忽然传来长沙市农业局要在市园艺场推广葡萄种植的消息，真是“柳暗花明又一村”。柳子明立即把他苦心繁育的六十多个葡萄品种和一年生的杂交苗，全部无偿地送给长沙市园艺场作技术指导，还建议和鼓励长沙市园艺场把全国性葡萄实验项目承担起来，把实验搞下去。

长沙市军事干校也种植了葡萄，邀请柳子明教授给短期训练班讲课。柳子明满腔热情地帮助他们，不但讲授理论、技术，还手把手地示范，把操作、修剪方法也教给大家。现在，那里葡萄成荫，当年受业于柳子明教授的学员，也成长为中国的葡萄专家了。

在“文化大革命”中，湖南农学院的葡萄温室惨遭毁灭性的破坏，优良的葡萄名种荡然无存……柳子明的葡萄梦一度受挫。

光阴荏苒，一晃到了1976年夏天。

一天，湖南省轻工业厅轻工研究所崔所长带着几位助手一道来拜访柳子明先生。他们是带着“湖南能不能大面积种植葡萄”这个问题来请教柳教授的。崔所长说，不久前他到江西省出席有关葡萄种植的会议，他在会上和一位专家请教，问湖南可不可以大面积种植葡萄。那位专家告诉他：“湖南有位著名的园艺学家柳子明教授，你们可以同他商量。”这是他们今天专程来访的目的。

柳子明教授愉快地回答说："湖南不单可以栽植葡萄，而且可以一年多次结果。"崔所长等人听到这个肯定的答复高兴万分，同时谈出了他们的打算，湖南省轻工研究所决定以种植葡萄有经验的溆浦县为重点，发展酿造葡萄酒的生产事业。

1976年元旦，湖南省轻工业研究所开办了"葡萄学习班"，敦请柳子明教授亲临指导，并邀请湖南农学院园艺系魏文娜老师、张复迁老师讲课。

"葡萄学习班"结业典礼大会上，湖南省轻工业局张局长提出奋斗目标，争取在三年内，1978年的国庆招待会上，用湖南生产酿造的名牌葡萄酒招待国宾。

1977年，溆浦县葡萄公社酿造成功红、白两种葡萄酒，送到湖南省轻工研究所请示组织评比鉴定。

不久，湖南农学院又恢复了葡萄的引种和实验。

现在湖南的"味美思"葡萄酒，色味皆佳，已成为国内市场的名牌货。(《戴勋章的园艺学家——柳子明传》第37—39页)

1980年的一天早晨，一位风尘仆仆的农民来叩柳教授的家门。来人是湖南溆浦县城关公社种植葡萄的社员丁云侠。前一年他想种植葡萄，给柳子明教授写了一封信，谈了自己的想法。

丁云侠在1979年为发展葡萄的事，抱着试一试的心情给柳教授写信求教，没想到柳教授不但亲笔给这位普通的农民写了回信，而且还很快地给丁云侠寄去一些技术资料。这一天，

> 丁云侠兴冲冲地从溆浦县专程赶来长沙，带着自己公社首批酿造的葡萄酒，请柳子明教授鉴定。柳老慈祥地微笑着和丁云侠谈着葡萄，谈着远景，全然忘记了休息，讲的人和听的人都陶醉在现代化宏伟的葡萄生产大发展的远景中去了。
>
> 国际主义友爱的热流，从湖南农学院一座普通的小楼向四方迸放……长沙县犁头公社的农民来了，他们向柳教授请教怎么样繁育葡萄；长沙市郊韶山路公社的农民来了，他们带着自豪的神情，邀请柳子明教授去看看他们刚刚建成的现代化温室。(《戴勋章的园艺学家——柳子明传》第 46 页)

湖南省的葡萄种植业也由湘西发展到湘中。国内有的专家曾断言，湖南气候潮湿多雨，不能种植葡萄，可在现实面前已成谬误。柳子明所说的“湖南不单可以栽植葡萄，而且可以一年几次结果”的肯定也变成了现实。

国家十分重视农业科学研究，拨出科研专款，让柳子明教授从事“湖南葡萄品种对比、选育”的科研课题。为了促进湖南省以至中国葡萄生产的发展，柳子明亲自给《湖南科技报》撰稿，历数葡萄风味甜美、营养丰富、浑身是宝、具有医疗价值等诸多优点，建议湖南大力推广种植葡萄。他在一文中写道：“我祝愿中国葡萄有一个大发展，也祝愿湖南的葡萄果实累累，不仅成为解渴消食的西园佳实，而且酿成沁人心脾的香醇美酒，名扬中外。”

谈到柳子明教授在葡萄研究上取得的科学成绩，程星龄说：

> 柳教授又是一位著名的葡萄栽培专家。他有力地驳斥了“中国南方的气候，病虫害多，不能种植葡萄”的论点。他冒

着一次又一次失败，在葡萄栽培实验中付出了极大的心血，终于取得可喜成果。从理论上总结和论述了葡萄的形态特征、生态特征和栽培学。现在根据他的技术措施栽培管理河南、江西等地的葡萄都取得好收成。而且湖南地方根据他的理论，开始进行大面积栽培。(《我的回忆》前言)

人们都说爱情是没有国界的，但爱的结合毕竟受到国境的限制，而真正没有国界的唯有科学。科学不受任何阶级制度的局限，它是属于全人类的。作为一个普通人，柳子明是生活在中国的朝鲜籍人，但是作为一名科学家，柳子明又是没有国籍的世界人。

1972年，柳子明教授应中国政府之邀请，参加了长沙市马王堆出土农产品的考证工作。

马王堆一号汉墓出土的文物中，陪葬的农产品特别丰富，种类多，数量大，保存完好。不仅有实物，而且有竹简文字记载。在出土的三百一十二片竹简中，记载农作物品类名称的有二十四片，记述了稻、小麦、黍、粟、大麻等。

考证时，稻谷为重点项目。出土稻谷在放大镜下观察，判明为普通栽培稻种。

根据稻粒的形状，可以明显地判别为四个类型。包括籼稻一种，粳稻类型二种，粳型糯稻一种。

由上述出土实物可以推断，西汉初期湖南地区稻谷类型已相当丰富，不但有籼稻、粳稻、粘稻和糯稻，还有短粒和长粒等多种类型。

出土文物中农产品的鉴定书，中国政府敦请柳子明教授担任起草。

起草中，鉴定小组会议讨论时，对稻谷的学名，出现了争论，因为按已有文献，稻谷有不同的分类和命名。一个是日本加藤氏定名的：他把稻分为两个类型：即印度稻（亚种）和日本稻（亚种）；一个是中国水稻专家丁颖教授根据中国华南地区广泛分布野生稻的事实，认定中国栽培稻起源于华南，把稻谷学名定为“籼稻”和“粳稻”。

鉴定小组经过讨论，决定采用丁颖教授定名的学名。中国科学院植物研究所的同志对上述决定则持保留态度。

这个问题引起柳子明教授的深思。

马王堆汉墓出土文物中，除二十多种农产品外，还有大量手工精湛、其工艺水平足与现代同类产品相媲美的艺术珍品。

随后，在马王堆继续发掘的第二号、第三号汉墓中，又相继出土大批已经失传一二千年的古籍、古医书等。

面对中国古代绚丽多彩的出土文物，一个念头不停地在柳子明教授脑际回旋：中国栽培稻起源究竟在哪里？

一种历史责任感，促使柳子明教授对这一国际上争议已久的问题进行认真、深入的探讨。

1973年，柳子明教授已有七十九岁高龄，他不顾年迈和工作条件差，抢时间查阅了丁颖教授关于稻谷研究的所有论文、教材；查阅了有关稻谷出土的考古学资料，对照自己掌握的第一手资料进行反复分析、推断、比较……

长沙的酷暑季节，室温高达四十摄氏度左右，使生活在北方的同行闻而生畏，但这怎能阻挡得住这位对中国满怀国际主义深情的朝鲜学者——柳子明教授的工作进程呢。

柳子明教授探讨的范围，深入到考古学、地质学、地理学、历史学、语言学等各个方面……十分浩瀚，互相渗透。

一篇一万四千余言的论文，《中国栽培稻的起源及发展》脱稿了，先后在《湖南农学院学报》（1973年）、中国《遗传学报》（1973第二卷第一期）公开发表，引起农学界的轰动。

这篇专论从考古学、地理学、地质学、语言学各个角度，辩证地提供了大量佐证，认为世界稻谷起源地的中心在中国云贵高原。

柳子明教授在专论中分析指出：在第三纪的地质年代里，中国的广东、广西地区是一片汪洋大海，野生稻绝不可能起源于华南，而在同一地质年代，中国云南热带雨林里，原始植物生长茂盛，现在还生长着三种野生稻，中国栽培稻起源于中国云贵高原是毋庸置疑的了。

根据上述论证，柳子明教授认为从马王堆古汉墓出土的栽培稻证实，中国不单有原生稻，而且印度、东南亚诸国、日本、朝鲜的水稻，也都发源于世界文明发达最古老的中国，中国才是诞生栽培稻和稻之母国。

1974 年，日本农林水产展览会开幕时，日本遗传研究所一位专家在座谈会上，发表了他们关于水稻起源研究的结果。日本从东南亚各地区收集了七百多个水稻品种，用同功酶分析法来测定、实验，得出了世界水稻起源地中心在中国云贵高原的辉煌论点。

东京东南亚研究中心所长渡部忠世教授曾在印度、印度支那、缅甸、泰国等地，从事过长达十年之久的关于水稻起源地的研究、考察，最后，他得到的结论是：水稻起源地是中国的云南印度的阿萨邦。

柳子明教授认为：阿萨邦在政治地理上虽隶属印度的版图，在自然地理上仍属云南和西藏的山水系。

1977 年，柳子明教授收到了一封来自日本的信。

信是东京东南亚研究中心所长——渡部忠世教授写来的。祝贺柳子明教授撰写的《关于中国水稻栽培的起源和发展》一文的政府论证，认为这是一项非常重要的成就。

随信，渡部氏将自己 1977 年出版的《稻之路》赠送给柳子明教授。

这是作者研究稻的起源和传播途径的一部专著。在这部书的第八章有“亚洲稻的起源和传播”一节，即引用了柳子明教授的论述。

程星龄谈到柳子明在这方面取得的成果时写道：

> 他以极大的兴趣认真研究中国的古代书籍，从无数的研究笔记中，就会看出他付出了多少心血。这为他研究物种的起源和发展提供了有利条件。1972年，他对长沙马王堆一个墓穴中出土的稻种和中国种植稻进行深入研究。从考古学、地理学、地质学、历史学、语言学等各方面以辩证法则提供大量佐证，认为世界稻谷起源地的中心在中国的云贵高原。他的结论得到世界农学界的公认。(《我的回忆》前言)

柳子明对柑橘的起源和发展的研究也得到国际上的高度评价。

柳子明关于亚洲柑橘起源的探讨，就充分体现了这一点。

日本柑橘专家田中长三郎，是近代被公认的一位著名柑橘专家。田中氏建立了独特的柑橘分类系统，对柑橘的研究做出了一定的贡献，对园艺界影响颇大。但田中氏对中国原产的柑橘种类分析认识是不对的；田中氏以“印度为柑橘原生中枢”的论点，是否成立值得商榷。

本世纪60年代前，中国园艺界也有人把柑橘品种说成起源于印度。

柳子明教授从教学需要出发，本着实事求是的态度，一丝不苟地研究中国古代农业方面的文献，研究与柑橘有关的地理学、历史学方面的资料，写成了一篇《柑橘类的起源和发展》的专论。在论文中提出了与日本柑橘专家田中长三郎完全相反的论点，指出中国才是世界柑橘果树的原生地。

柳子明教授列举事实，说明中国除田中长三郎所认可的橘类、香橙、枸橘外，还有甜橙、柚子、枸橼、宜昌橙、柑类、金柑类等，种类极为丰富。其中温带型和亚热带型两大类型，占柑橘类的绝大多数，均起源于中国；只有热带型类型起源于印度喜马拉雅山西南部，例如柠檬、莱檬、酸檬等类型。

从自然地理索源，目前还大量生长着野生甜橙、柚子等的中国云贵高原，才是柑橘的原生中枢，通过发源于云贵高原的几条大河流，向印度、缅甸、泰国、马来西亚等地分布，这是栽培作物自然分布和自然进化的自然规律，是客观存在。

田中长三郎先生认为柑橘，由印度阿萨姆，逆流而上，传播到中国上游地段的论点，显然违反自然规律。

田中氏关于日本温州蜜橘来源于日本僧人由中国返国，抛撒了浙江省黄岩早柑、慢柑的种子，产生了“偶然实生变种”的论述，相传已久，也值得商榷。

首先，柳子明教授从中国古代南宋迁都杭州市州（古称临安府）之后，浙江温州（古称瑞安府）在政治、经济、海内外交通上也一跃而为重镇，刺激了温州的柑橘生产突飞猛进这个特定的历史背景着手，查证了中国历史文献关于果类外销的记载，并引证了在泉州湾发掘一艘南宋时期的海船（残船长二十四点二米，共有十三个船舱）是一艘远洋货轮，载重量可达二百吨左右这个历史遗物为佐证，表明在中国历史上，温州蜜橘确实曾远销日本。

柳子明教授客观地论证了由于中国历史发展的推移，而直接影响了温州蜜橘的盛衰。宋亡于元后，元兵习惯于游牧生活，农田果园受到严重的破坏，政治重心亦由杭州北移；加之元朝统治者不许汉人经营海外贸易，温州蜜橘在遭到破坏后，又受到禁销的打击，生产一蹶不振。此外，柳子明教授是根据中国历史上寒潮的记载，认为江南的气候骤变，也可能是导致温州蜜橘生产衰退的原因之一。

他在《柑桔类的起源和发展》得出这样的结论："柑橘类按照生态学的特性，可分为温带性、亚热带性和热带性三大类型。其中，温带性和亚热带性的两大类型原生丁云贵高原，而占全柑橘类的绝大多数。另外，热带性柑橘类原生于印度地区。"

安奇对柳子明的研究方法和治学特点做了如下概括。

> 用唯物主义观点研究中国古代农学，热情介绍和移植中国古代农学、园艺学卓有成效的栽培方法，是柳子明教授治学又一特点。
>
> 作为一位外籍学者，柳子明指出：早在中国的宋、明朝代，中国的古代园艺学家已创造了植物繁育的"蒙导法"，比米丘林学说早诞生几百年。
>
> 据文献记载，中国古代采用已经开花的枝条，接在未开花的植株上，促使植株开花，用不同植物种类进行嫁接，有目的地改变植物的特性，这些都符合现代生物学原理。
>
> 柳子明把他的发现与研究，写成专论《中国古代农学与唯物主义思想》，刊载在湖南农学院《学报》第二期（1957年3月）上，热情地讴歌中国古代农学的成就，提倡"古为今用"。(《戴勋章的园艺学家——柳子明传》第45页)

柳子明在湖南农学院执教期间，先后担任农园系主任、园艺系主任、实习农场场长、园艺教研室主任等职务，并当选为湖南园艺学会名誉理事长。

湖南省园艺学会于1962年成立，"文革"十年动乱期间停止活动，

1978年正式恢复。该学会根据专业性强、园艺学科门类多、专业人员分布广的特点来开展活动。学会恢复时，会员由原来的八十三名增加到二百七十四名。在学术交流、专业考察、职称审评、成果评议、技术咨询服务等工作中取得成就。

庆祝湖南省园艺学会成立二十周年暨柳子明教授九十寿辰纪念专辑中写道：

> 本学会前任理事长、现任名誉理事长柳子明教授，今年已届九十高龄，是本学会的创始人之一。柳老一生从事园艺教学，科研事业，德高望重，成效卓著，对本学会的创建和发展做出了光辉的贡献，受到了广大会员同志的尊敬和爱戴。(《纪念专辑》序言)

1978年6月13日，湖南省教育战线先进单位先进工作者代表大会简报中有这样一段话：

> 湖南农学院园艺系朝鲜籍老教授柳子明怀着无比激动的心情参加会议。他说：是党中央英明领导，一举粉碎了“四人帮”，迎来科学的春天，我才能参加这样的盛会。今年我八十五岁了，但不觉得老。我要把有生之年全部贡献给党的教育事业。(《简报》第二期，1978年6月13日)

1980年春节前夕，湖南省召开全省农业战线经验交流会，讨论农业规划方案，会议敦请柳子明教授参加，他是参加这个会议的唯一外籍专家。当时任中共湖南省委第一书记的毛致用同志，亲自向柳子明教授虚心求教。柳子明教授坦率地就中国农业科技人才的培养问题，以及在湖南应大力栽植果木和发展葡萄种植业、酿造业的问题，提出了许多宝贵而中肯的意见。

农业科技经验交流大会时，柳子明教授拄着拐杖刚刚走进休息大厅，马上有人走过来向他问候，霎时间，湖南农学院的朝鲜专家柳老在休息厅的消息很快传开，中年的、青年的农业科技战线上的科技人员，向柳子明教授的身边围拢过来，《湖南科技报》的记者费了很大的劲才挤入人群，按动照相机快门，摄下这个动人的场面。挤不到柳子明教授身旁的人，就伫立在人圈外层，向柳老投以亲切的微笑……战友和革命的情谊，安慰、鼓励、激动，使柳子明教授慈祥的面庞上光彩焕发。

柳子明教授主要的研究业绩有：《柑橘类的起源和发展》《关于中国水稻栽培的起源和发展》《中国古代农学与唯物主义思想》《葡萄一年多次结果的技术》《中国的蔬菜和世界的蔬菜》《花卉应为四化服务》《蔬菜栽培的制度与育种》《香料植物与观赏园艺》等。著作有《中国有名的机种花卉》《园林花卉》等。

韩国首尔大学出版的《农业生命科学大学》杂志1996年第六期中，曾介绍了柳子明。

> ……其中，特别是《中国栽培稻的起源和发展》，以及《葡萄一年多次结果的技术》，在中国得到很高的评价。前者是他对中国水稻起源的古典性论文，后者就是对葡萄的研究成果，使湖南省种植葡萄成为可能，现在已经能够生产葡萄酒了。……据说他的学生从日本引进柑橘种，从1956年起，致力于品种开发，不仅在湖南种植，而且还扩大到山西省和扬子江。（第68页）

1984 年，中国农学会表彰柳子明在中国的卓越功绩，授予他荣誉奖状。柳子明成为中国农业科学领域里一座耸立的丰碑，在中国农业科学史上留下了闪光的一页。

3. 他乡之歌

2001 年 6 月 18 日，笔者听说有一个人与柳子明很熟，便前去找他。他叫沈光默，家在延吉市，在北京工作，任中国鸵鸟协会下属的鸵鸟研究所所长。这天他刚好在家，他对我讲起了认识柳子明的经过。

“我是通过在北京的叔叔沈炳燮认识柳子明先生的。我的叔叔从 1950 年开始，至 1990 年去世前，一直担任在华朝鲜人协会会长，曾与柳子明一起获得朝鲜民主主义人民共和国授予的国旗勋章。他退休前是北京经贸大学朝鲜语系的主任。

“……他一边做教授，一边担任在华朝鲜人协会会长。柳子明和沈炳燮有许多相似的地方，首先他们都是朝侨，又都是教授。

“我于 1955 年参军，1970 年退伍，一直做军医官。退伍前一年，我去上海部队的途中到北京看望叔叔。那时，我的叔叔也近八十高龄。听说我到长沙去，他说他有个朋友在长沙，让我去看一看。随后，他给我讲起了柳子明的故事。1969 年春，经过长沙时，我给柳子明打了电话。出了站口看见广场上停着一辆吉普车。湖南农学院听柳子明先生说我要去那里，便派长沙市外事办的负责人一道前来接站。那时，我才知道柳子明教授不是一个普通人物。像我这样的人，以个人事情去见他，可政府却像贵宾一样接待。当时，湖南农学院只有一辆吉普车，是校长的专用车。他们问我是何人为何事来见柳子明，确认了我的身份后，把我安排到湖南省宾馆，请我吃了晚饭后才离去，第二天早晨，吉普车又来把我接到湖南农学院。柳子明教授的家在湖南农学院里的一栋楼房里，是一个三室一厅的宽敞房子，家里有一位身材矮小的汉族夫人，还有一位农学院安排的保姆。”

柳子明膝下有一男一女。女儿就读于北京钢铁学院，儿子念湖南大学，家里只有他们老两口。当时，正是“文化大革命”时期，大学都关了门。柳子明因是外国人，在家里过着清闲的生活。

“柳子明教授一边喝茶，一边对我说，见到朝鲜人不容易呀，年轻人来看我，我很高兴。那天，省政府在省宾馆举行招待宴会，请柳子明夫妇参加，宴会结束后，又把他们两位送回家。第二天早晨，我又去了他的家。我与柳子明教授交谈了两个白天。那时，我头一次听说朝鲜的三一运动，了解了临时政府在上海开展活动的情况。”

沈光默先生是1930年出生的，不能说对朝鲜历史一点也不了解。特别是他的父亲沈海故乡在庆尚北道青松，居住在咸北明川，满洲事变后，搬到中国吉林省延边八道沟，在八道金矿干活，曾帮助共产党抗日游击队。沈光默从小受到父亲的教育，对抗日历史并不是一无所知，但是对中国“五四”运动前在首尔爆发的三一运动的历史，以及在北京、天津、上海、重庆、南京、武汉、福建的泉州等地开展的朝鲜独立运动他几乎是不了解的。在中国这个特定的社会环境中，不可能学到朝鲜历史，而且在当时以阶级斗争为纲的政治形势下，研究独立运动是一个禁区。

“第二天，我到柳子明教授家，中午教授喝了几杯酒，然后一边唱着《阿里郎》，一边流下热泪。他说：‘这首歌当年金炜唱得很好听。在桂林时，金炜唱了这首歌，那天巴金也在场，他把这个场面写进正在创作的长篇小说《火》中。金炜是朝鲜义勇队成立时唯一的一位女同志，是电影演员金焰的妹妹。’我与金焰很熟，我所在的部队驻沪十五年，居住在上海的朝鲜人几乎都认识。”

沈光默所长与上海市体育馆教练林秀峰是好朋友。林秀峰的母亲李恩脉和金焰30年代在上海时就认识。沈光默称李恩脉为母亲，李恩脉则亲切地称他为医生儿子。提起金焰，他想起了母亲，于是提起了她。柳子明激动地问他怎么认识李恩脉的，现在她在哪里。沈光默告诉他，李恩脉现在居住在上海，并给他讲了她的近况。柳子明写了一封信给沈光默，让他交给李恩脉。

重新回到宾馆后，两天来一直陪同他的湖南省宣传部负责人说：“柳子明教授是一位了不起的人物，是和白求恩一样的国际主义战士，他曾经保护了湖南省和湖南大学的许多干部。柳子明教授从来不夸耀自己。几年前，红卫兵批斗干部，对他们进行肉体折磨和审问。于是，柳子明便把省、市和大学里的领导同志带到自己家里保护。柳子明教授在学生中也有很高的威望，红卫兵到他家门口都不敢进去。柳教授和夫人拿着椅子坐在大门口站岗。他素来少言寡语，红卫兵要搜家，他就说：‘我是朝鲜人，为什么要藏他们？你们回去吧。’然后就再也不理他们。柳教授的家成了领导人的避难处。”在那个说话一不小心就会吃苦头的年代里，他放心地对沈光默说这样的话，是因为沈光默是朝鲜族，是军人，又是与柳子明关系密切的人。当时，柳子明保护的人中就有湖南省副省长程星龄。程星龄躲藏在柳子明的家中，才免遭毒打。他原是国民党高级将领，因历史问题，1957年在反右斗争[①]中被扣上了“右派分子”的帽子。他是国民党军队中的进步人士，曾被蒋介石关进监狱。

---

① 反右斗争：又叫鸣放运动。1957年中共中央决定进行一次反官僚主义、反宗派主义、反主观主义的整风运动。极少数资产阶级右派利用这次整风的时机，反党反社会主义。毛泽东部署了对右派的反击，于同年6月在全国范围内开展了反右派斗争，1957年10月，反右斗争基本结束。1978年，根据党中央指示，对错划成右派的同志做了实事求是的平反。

后来，他向共产党军队起义，和平解放了武汉。可是批斗他的时候，却把他的这些功绩全都给抹杀了。“文革”时，他没少挨造反派的棍子。有一天，学生又要批斗他，他躲进柳子明的家中，才免遭肉体折磨。被打成右派后，他受了二十三年非人待遇，直到1979年，程星龄同志才得到平反，重新担任湖南省副省长、省政协主席。此后，他便成了柳子明一家的常客。

> 1984年元旦刚过，鹤发银须、年逾八旬的湖南省副省长程星龄走上这座小楼，两位老人一见面，都开怀大笑起来。程星龄提来一盒大蛋糕，笑着说：“寿高、寿糕呵。”柳子明教授从阳台上取来一株带有根须的、连土假植的葡萄苗交给程星龄说：“根深叶茂呵。”两人都愉快地会意地点头微笑。
>
> 提起柳子明和程星龄两位老人的战斗友谊，是十分感人的。(《戴勋章的园艺学家——柳子明传》第46页)

沈光默从长沙回到上海后，向李恩脈讲起柳子明的事情。她也是一位八十高龄的老人，她抑制不住内心的激动流下热泪。她说，她在上海临时政府工作时，在重庆曾与柳子明家属一起生活。光复后，没有柳子明的音讯，她还以为他回国了呢。

“林秀峰一家四口人。那时，他们一家仅靠四十元的工资生活，她老人家想去看柳子明，但是却拿不出路费。生活的贫困，给他们留下了终生的遗憾。现在每次想起来，我心里都非常难过。如果生活像现在这样宽绰，我就会给他们创造一个相逢的机会……母亲说，在临时政府，柳子明负责处理与中国人的关系。临时政府的老人们都不会说中国话。柳子明在中国人中有很高的威望。他是一位很慈祥的人，办事沉着稳定。金焰先生住在上海市山西北路一个小三层楼房里。我到他家里讲了见到柳子明的事情，并向他转达了问候。那时他们已经有书信往来。”

金焰是著名电影演员，被誉为中国的影帝。他生于首尔，1912 年在父母的怀里来到满洲。长大后在南开中学读书，1927 年，十八岁的他在上海人民新影片公司做事，第二年在南国艺术剧社做了演员，1929 年他在他的第一部影片《风流刺客》中任主角，一举成名。1932 年，上海一·二八事变后，他写文章积极号召抗日，通过歌手妹妹金炜向独立运动者提供独立运动资金。柳子明第一次到上海时，也曾得到他们兄妹俩的经济援助。

金焰与巴金也是朋友。通过金焰之手，巴金的不少作品被改编成电影。巴金和金焰都生活在上海，他们晚年常常见面，交谈时少不了谈到柳子明。巴金和柳子明即使在天涯海角也永远是唇齿相依的朋友。

> 朋友柳已经年过八十，他仍然在长沙坚持工作，我仿佛看见他的满头银发在灿烂太阳光下发亮。听说他从解放了的祖国（朝鲜民主主义人民共和国）获得鼓励，我应当向他祝贺。《火》第一部出版时我在后记的末尾写道：“我希望将来有第四部出来，写朝鲜光复的事情。”我不曾实现这个愿望，但我也不感到遗憾，因为朝鲜人民已经用行动写出了光辉诗篇，也一定能完成统一朝鲜的伟大事业。

以上这段话，是 1981 年 1 月 25 日巴金写在《创作回忆录》中的一个片段。文中提到的朋友柳，就是朝鲜革命者、著名的园艺科学家柳子明教授。

“十年动乱”，老作家巴金被当作“大文霸”“黑老 K”关进了牛棚，巴金所有发表过的著作、文章均被诬为“大毒草”，巴金受到种种精神折磨和人身侮辱，十年中给剥夺了一切公民权利和发表任何文章的自由。柳子明为老友的安危日夜担忧，溢于言表。(《戴勋章的园艺学家——柳子明传》）第 51 页）

“文化大革命”时，巴金被列入反动作家之列。他原本是四川省成都一个大地主的儿子，解放前是无政府主义者，还曾戴过“历史反革命”的帽子。就这样，中国现代文学史上的不朽之作长篇小说《家》也受到批判，他的所有作品都成为禁书，谁看巴金的书，谁就会被打成反革命。

“文化大革命”是中国历史上前所未闻的悲剧，是以蒙昧打击文明的疯狂游戏。置巴金于死地的正是 30 年代攻击过巴金的“左翼作家联盟”的“极左派”。沈克秋回忆道：

> 巴金曾说自己现在只有“爱国主义”和“人道主义”，说如有影响的话，那就是“自由散漫”。这是肺腑之言。不但是他，过去信过这个主义的人多是如此。可是有人为什么一而再再而三地揪着巴金大加挞伐呢？我看只有一个理由可以说清：早在 30 年代中期“左翼文联”里乳臭未干的人物们，大骂巴金，连鲁迅也咬住不放，骂鲁迅是巴金的保护伞，使鲁迅气得吐了血。这种人在“文革”期间多如过江之鲫，其特点是对主子好察言观色，攻其一点不及其余，以此抬高自己的身价。……说叶非英老师的事。1949 年春季，他介绍我到石狮《同声报》担任编辑之后，我没有再见到他，风闻解放前夕他回广州。这以后，运动一个接着一个，都是旧社会滚爬过来的，怕给别人无为地添加麻烦，尽量埋首于教学工作，非英老

师的消息完全隔绝了。80年代以后才开始有所闻，说是“文革”时期蹲牛棚，在劳改中被迫害致死。后来看到巴金的《随想录》第147页中陈洪有的记述，才知非英老师致死的真相。巴老说：“我被迫搁下笔，给关进‘牛棚’，我也有了家破人亡的经验，我也尝尽了人世的辛酸。只有自己受到折磨，才会体会别人的不幸。”巴老是经过“文革”的空前“洗礼”，才写出与卢梭的《忏悔录》相媲美的《随想录》来。(《我的回顾》第30页)

庆幸的是柳子明与之相反，由于是外国人，在“文革”期间成为一个闲人。学校停课，工厂关门。柳子明付出很大心血建起的实验室都遭到破坏。在造反派看来，花卉是奢侈的，是资产阶级喜欢的东西，具有战斗精神的无产阶级喜欢一年四季常青的松树。只有地主、资本家的娇小姐们才喜欢花草，劳动者、贫下中农的女儿们“不爱红装爱武装”。在这样的现实面前，柳子明很难找到心理平衡。看到自己的同志们一夜之间全成了反动派，不是被批斗、调离岗位，就是被关进监狱、下放农村，他心里非常难过。他拿起镐头，拎着帆布包，走遍浏阳河畔、姚托一带，采集药材。他采集了十多种药用植物，送给湖南农学院附属第二人民医院，建议医院办一个小药圃。无产阶级造反派也免不了要生病，生了病就要治疗。因此，医院开药圃不成问题。医院的医生们根据柳子明亲自采集的药材标本进行种植，于是柳子明便整天到那里与药材打交道，继续从事他的研究。

他为了保护那些蒙受冤屈的人，从不考虑个人的安危。

我们在前面提到的对程星龄的保护就证明了这一点，湖南省委宣传部负责人对沈光默讲的事实也证明了这一点。柳子明1978年1月11日写给沈克秋的信件也足以证明这一点。

“文革”期间，来我处外调的特别多：其中有1927年我在武汉时期的，有抗日战争时期的，有在台湾时期的，也有延边的等。我对当时外调事件，以对革命负责和对朋友负责的态度对待。我是以愉快的心情迎接了外调人员的。为了××由延边来过三次外调人员。最后一次是一位年轻的解放军同志，他对人的态度非常亲热，他说：“爷爷，请您给我们解决问题！”结果用××的社会关系排列的办法，基本解决了问题；肯定了××是我们抗日革命时期的战友，是同志。每人在每个时期的生活小节，很多人都是复杂的，不能以此来完全衡量某个人的历史。

1937年我在南京，同金若山为首的朝鲜民族革命党及其他两个共产主义团体一起组织“朝鲜民族战线联盟”，撤退南京到武汉，于1938年武汉失陷前，在“战线联盟”成立了“朝鲜义勇队”。当时××是从南京同“民族革命党”的家属一起，雇了两艘民船，经过两个月的逆水航路，一直到达重庆，在那里经过共同生活，在朝鲜义勇队成立的同时，凡是有活动能力的，都成为“义勇队”的后勤人员，这时××也成为后勤部人员之一。那时我也是在名义上成为义勇队“指导员”之一（有七名指导委员）。最后在韩国临时政府下成立“韩国光复军”的同时，朝鲜义勇军也归并于光复军。我是因家庭生活问题，先离开重庆去福建参加农业技术工作，在日本投降时没有同重庆的同胞们一起回国。往事不必多提，总之××同志的革命历史是应当肯定的。如果有机会见他的时候，请转告我

和刘则忠同志的近况！(《我的回顾》第 128 页)

信中所指的 ×× 不知为何人。沈克秋把柳子明的信件收录到《我的回顾》中，并加了一些注解，可是他却没有挑明这位 ×× 是何许人也。也许，中国的政治运动仍让他心有余悸吧。不管此人是谁，我们都会从中看到柳子明在险恶的政治环境下，为保护同志所付出的努力。

此外，柳子明与贺绿汀同志的友情，也是在帮助一位同志平反的过程中结成的。贺绿汀同志是中国当代著名的音乐家，曾任中国文联副主席。他的弟弟贺曼真，1950 年在湖南邵阳土改时被错划为地主，受到镇压而死。受弟弟问题的牵连，“文化大革命”期间，贺绿汀也受到批斗。“文革”后期，贺绿汀与夫人姜瑞兰一起来到长沙看望柳子明。他的弟弟贺曼真是一位园艺学者，30 年代在湖南邵阳兴罗农场。那时，钟涛龙也在邵阳开办农场，柳子明经常到邵阳进行技术指导。从那时起，贺曼真也和钟涛龙、苏抱樵一样，成为柳子明的朋友。柳子明说，贺曼真解放前开办农场雇用工人是合情合理的，因此事划分他为地主给予镇压是没有道理的。他认为，历史应该给他一个公正的评价。为此，他多次给湖南省有关部门打报告。他在报告中说：“贺曼真先生是一位学识渊博的开明学者，是一位一心一意从事科学研究的爱国者，是为祖国的园艺事业献出一切的科学家。”人们通过柳子明才了解到贺曼真先生多年不断引进、培育优质柑橘、葡萄，发展养蜂事业的成就，为邵阳创立无籽蜜橘基地立下的汗马功劳。庆幸的是，在柳子明谢世之前，贺曼真的案件得到圆满解决。就这样，贺绿汀和柳子明晚年成为知己。

“文革”结束后，听说巴金平反昭雪，柳子明让儿子前往上海探望。

打倒“四人帮”之后，柳子明让爱子柳展辉到上海代表他去探望老友巴金，并捎去一套精美的茶具和湖南的特产毛尖绿茶，柳子明盼望着这位受人敬仰的文坛斗士早日拿出新作品，还说送的这点土产，是给老朋友在挥毫写作中提神助阵的。

柳子明曾说："一个斗士永远不会放弃自己手中的武器。"

不久，巴金给柳子明邮来了新版的《家》，1981 年 12 月又邮来了在香港出版的《创作回忆录》。1983 年，巴金又给柳子明教授邮来了他改版后重版的《春》和《秋》。

巴金，中国的一代文豪，在半个多世纪的创作生涯中，手中那支如椽的大笔一刻不停，献给读者一本又一本的佳作。他的作品里渗透着对祖国、对人民的深挚的爱。他的作品被译成外文，在世界上获得了广泛称赞。

巴金获得"但丁国际奖"的喜讯传到长沙，柳子明教授无比兴奋，他从北京的《光明日报》上亲自剪下新华社记者赵兰英对巴金的访问记《巴金的心愿》，常常拿出来看一看，他是多么为老朋友重返文坛继续战斗而感到高兴呵。(《戴勋章的园艺学家——柳子明传》第 51—52 页)

1981 年春，柳子明的妻子刘则忠生病住院。治疗两个多月后，在北京的女婿接她去了北京，到北京后又病了两次，只好继续留在女儿的家里。

这期间，柳子明一个人在家，年近九十高龄的老人，一个人生活难免有诸多不便。儿子虽然每周回来一次，可好多问题还是难以解决。即使是孝子也是无法填补老伴不在身边的失落和空白。年底，柳子明也随老伴去了北京。巴金听说刘则忠生病了，有一天从上海打来电话说：

"听说老哥和嫂子都生病了，我说什么也得去看一看才放心哪。老弟要去北京，你让得橹来接站吧。”

虽然巴金比柳子明小十岁，但也是七十九岁高龄的老人。而且在远离北京的上海，来一趟不容易。现在北京和上海有高速铁路，只需六小时就可到达，可那时得进行十多个小时漫长的旅行。正好那时北京有个会议，巴金便不远千里来到北京，唯恐错过再逢的机会。

巴金与《光明日报》记者一起来到柳子明女儿的家。柳子明紧紧握着巴金的手说：

“我活得够久了，即使今天死去也绝无遗憾哪。可是，先生得长寿啊，李先生是属于中国人民的。我从十几年前开始，每天早晚喝一两杯葡萄酒，经常打 A、T、O 针，服用维生素 B 和 C。血压比较稳定，耳和眼也如常。一定要注意保健啊。”

巴金劝柳子明写回忆录，柳子明谦虚地说，自己的人生没有什么值得一写的，余生的奋斗目标就是写关于柑橘和葡萄的两部专著。现在已经开始着手写《江南葡萄学》了。巴金说，科学著作固然重要，但老大哥走过的斗争历史对朝鲜人民乃至中国抗日斗争史的研究都具有重要的价值。他说，你如果不留下什么全部带走，那可不像个斗士。如果大哥写了回忆录，老弟将负责修改。

离开前，柳子明夫妇与巴金和光明日报社记者黎西丁在家门口合影留念。笔者写到此，看着案头上两位巨人合影的照片，想象着他们最后相逢的情景。

其实，柳子明也想过写一些关于独立运动的回忆文章。他在 1979 年 5 月 8 日写给沈克秋的信中说：“六十年的经验是可以写得出来的。你的打算也是很好的。你如果需要知道的话，我可写一份给你。目前在湖南农学院，我还有一点任务，如学术委员会、学报编辑委员会、园艺学会等都有一份任务，自己也想写一点东西留给后来人。”信中所说的“你的打算”就是指沈克秋邀请柳子明写回忆录一事。沈克秋谈到当时情况时说：

> 我与子明师的书信往来，1980年之后逐渐多了起来。有一次，可能是受到全国各地历史杂志上出现“历史人物传记体文章”的影响吧？我突然心血来潮，写信给子明师，请他写一些有关金九和申采浩的“回忆录”式的文章，不久他给我寄来了。（《我的回顾》第53页）

他利用一年的时间，写了两篇文章寄给沈克秋。这就是有关回忆金九和申采浩的文章。1980年5月26日，柳子明在给沈克秋的信中写道：“关于我写的两篇回忆录，如果不合时宜的话，就算了。你说得对！现在有些中国的文化工作者，好像是完全忘记了曾受日本帝国主义侵略的痛史，差不多天天听到、看到奇怪的亲日，太过分的亲日消息。尤其是最近中国的洲际导弹上天的时候，日本《朝日新闻》发表了反对和挖苦的短评。这说明什么事情吗？你比我看得还清楚些，我暂不必多说了。”

当时，我国舆论界对日本关系过分热烈宣传。作为从事抗日斗争三十年，因日本帝国主义的侵略而永远成为他乡过客的柳子明来讲，这是不能容忍的事情。沈克秋对柳子明的文章“做了一些增补和删节，寄到北京《世界史研究动态》杂志上。不久这两篇文章分先后发表在这家刊物上”。（《我的回顾》第53页）

《高风亮节的金九先生》发表在1980年第十期，《朝鲜爱国史学家申采浩先生》于1981年发表。这两篇文章的发表，使柳子明获得力量，他决定采纳巴金的意见，回忆自己走过的人生道路，着手写回忆录。可是“关于著作要掌握充分的资料，不然很难下笔，我写回忆录同样有困难”。他在 1982 年 3 月 27 日写给沈克秋的信中，谈了写回忆录的艰难。

正在这时，辽宁人民出版社计划出版柳子明的回忆录，并把这个任务交给编辑金保民。可是，柳子明自己认为“……由于五十多年没写朝鲜文字，在写回忆录中，一定会有许多错别字”。因此，文章需要做很多改动。编辑金保民把修改稿子的事情交给金亨植去做。金亨植于 1964 年毕业于延边大学，从黑龙江人民广播电台调到中央人民广播电台朝鲜语部任主任。他一字一句认真研究柳子明的文章，有不懂的地方就给长沙写信，接到信后，柳子明再给他回信。柳子明在他八十九岁高龄时与金亨植一道开始执笔写回忆录。我们从柳子明写给金亨植的信中可以看到当时的创作过程。

金亨植同志：

……

数日前寄去的稿子接到了吧。现在我继续写作。

长沙的气候，7 月初到 8 月末是强高温时期，现在每天最高温度达三十五摄氏度，最低温度二十五摄氏度。从 9 月上旬开始气温才逐渐下降。

这封信是 1982 年 7 月 9 日写的。那年秋天，金亨植和金保民到长沙看望柳子明，那时，他居住在一个二十来平方米的楼房里，家里只有一台小电风扇。南方的夏天，以电风扇是无法驱赶酷暑的。就是在那个酷暑中，柳子明执笔写了我们今天看到的《我的回忆》。

1983 年 1 月，回忆录终于脱稿。他把自己的文稿寄给巴金，当时巴金受了外伤，写字和行动都不方便，但他还是坚持着看了柳子明写的回忆录，改动了几处，并亲笔回信说：

子明兄：您的稿子由采臣转来，已经拜读，改动了几个字，现在挂号寄还，请收下。我身体不好，写字很吃力，两个多月一直在家休养，读了您的文章，想起几十年前的旧事，感触很多，请保重，再见，祝好！

问候则忠嫂。

芾甘

三月一日

（《戴勋章的园艺学家——柳子明传》第 52 页）

这是巴金写给柳子明的最后一封信。他在信中所提的几十年前的旧事就是指罗世弥。

回忆录的结束语是湖南省副省长程星龄写的。1984 年，辽宁人民出版社出版了《我的回忆》。柳子明在九十岁高龄时写的十二万字的回忆录，成为朝鲜民族独立运动史上的宝贵资料，成为在韩国独立运动史上确立柳子明地位的历史证据。

晚年，柳子明在回忆历史中获得力量，更增添了生命的活力。他仿佛重新与在《我的回忆》中登场的历史人物一起回到那个艰苦的时代，同甘共苦。我们在这些历史人物的事迹和他们的精神以及创造的业绩中，都可以看到柳子明的影子。可以说，三一运动后，在中国进行的抗日独立运动史中，柳子明留下了重重的一笔。

与柳子明一道从事独立运动的人很多，但伴随柳子明一生的唯有申采浩先生。

谈起申老他就会神采飞扬，敬仰备至。特别是对申老的文笔，简直是佩服得五体投地。他说申老在亡国前夕主持《皇城新闻》编务，每当撰写社论抨击时弊，报纸便为读者抢购一空。他那酣畅淋漓尽致的文笔，鼓动性强烈的爱国激情，常使读者声泪俱下。亡国之后，申老专心致志地研究历史，不为别的，而是为了给民族后代进行爱国主义教育。他认为历史是对青年一代进行爱国主义教育的最有力的武器！他又说一个人不懂自己祖国的历史，不知道历代英雄人物扣动人心的英雄事迹，他就不懂得什么是爱国，不懂得保卫祖国江山的可贵！由此，子明肯定申采浩的历史观是“斗争的历史观”，又是爱国主义的历史观。(《我的回顾》第 52 页）

柳子明认为，申采浩本身的历史就是朝鲜民族苦难的历史，斗争的历史，他的精神本身就是勇于战胜逆境的朝鲜民族的精神。申采浩先生是柳子明先生的人生坐标。他像申采浩先生那样，以宁死不屈的气节和钢铁般的意志、战斗不息的精神度过了自己的一生。

4. 两个月亮

1983 年 2 月 25 日，湖南省农学院举行庆祝柳子明教授九十寿辰纪念大会。中共湖南省委书记焦林义、湖南省副省长兼湖南省政协主席程星龄等湖南省和长沙市党政领导参加大会。

会上，介绍了柳子明先生的生平，省委书记焦林义代表湖南省和政府致了贺辞，对他的业绩给予了高度评价。由于当时纪念大会的资料没有存档，详细内容无从了解。但是我们从两年后柳子明教授治丧委员会的讣告内容中，可以推测出当时对他的评价。

下面摘录其中的一段内容：

> 柳子明教授从事农业教育和园艺科学事业六十年，是著名的园艺学家，在国内外享有崇高的声誉。1978 年 10 月，荣获朝鲜民主主义人民共和国国旗勋章。1984 年获得中国农学会奖状。他在人才培养和研究水稻的起源、柑橘的起源和分类、江南葡萄栽培、蔬菜栽培制度和育种、制茶香花植物和观赏园艺等方面功绩卓著，为我国农业教育和园艺科学事业的发展，贡献了毕生精力。（柳子明教授治丧委员会 1985 年 4 月 18 日《讣告》第三面和第四面）

1983 年 2 月 28 日，《人民日报》发表了题为《朝鲜友人柳子明教授喜迎九十寿辰》的文章，文章中写道：

> 2 月 25 日，湖南农学院举行盛大活动，庆祝朝鲜友人柳子明教授九十寿辰。
>
> 柳子明教授 1919 年从朝鲜来到中国，现任湖南省农学院农艺系名誉主任，湖南园艺学会名誉会长。他年轻时投身朝鲜民族独立斗争。新中国成立后，从 1951 年起，在湖南农学院担任教授，他培养的学生达三千多名，分布在祖国各地。

中国中央人民广播电台庆祝柳子明教授诞辰九十周年之际，报道了他的事迹。金亨植将柳子明的回忆录《我的回忆》进行缩写后，在中央人民广播电台朝鲜语节目中播出，长度为三十分钟。他的事迹被电波传到了世界各地。同年，韩国《东亚日报》《韩国日报》等根据中国中央人民广播电台的消息，发布了柳子明教授生活在中国，正以健康的体魄从事研究的报道。

这些报道让柳子明在韩国的亲人们十分震惊。

“那年，我的儿子在江源大学读书。他前一天刚从家里回到宿舍，可是第二天一大早就来了电话。‘你有话怎么不在家里说，花钱打什么电话呀，电话里能说的，见面时为什么不说？没什么大事就挂吧。’我责备儿子，可儿子说：‘不是的，我在报纸上看到了曾祖父的名字，登在《东亚日报》和《韩国日报》上。’‘你说什么？爷爷的名字登在报上？’我简直不敢相信我的耳朵，又问了一句。‘我刚从图书馆看报出来，是昨天的报纸，他在中国，还健在呢。’儿子似乎也说不出话来了，挂断了电话。我抑制不住内心的激动，向邮政分局跑去。我在前一天的报纸中看到了中国中央人民广播电台报道柳子明九十高龄还在从事科学研究的报道。”

虽然事情已经过去好多年了，可柳寅瑚仍然十分激动。他把脸转向窗外，不想让笔者看到他的眼泪。

那年柳子明离开故乡已整整六十四个年头了。

六二五动乱时，他向家里报告了要归国的消息，可是一晃又是三十三年。

他在异国他乡生活了漫长的岁月，相当于当时韩国人平均寿命那么久。难道他已经把故乡忘记了？俗话说日久生情，在他乡生活久了，也许就会对那一方水土产生感情，视其为第二故乡，可是亲骨肉怎能轻易忘记？故乡不是还有他的结发妻子和儿子吗？

柳寅瑚说，当时他看到那个豆腐块大的文章时，心里对爷爷十分抱怨。没想到离开故乡这么多年一直杳无音讯的爷爷，会从报纸上向他们走来。当然他也理解爷爷的处境，他知道这一切都应该归罪于那个无情的岁月。可是一想到爷爷离家后，家里所经受的种种痛苦和磨难，他心里又有一种说不出的悲愤。

1950年，假如爷爷不向家里报告回家的消息，也许父亲也不会去了北面。为了在家里迎接归国的爷爷，全家人都没去避难，朝鲜人民军到来后，父亲做了三个月面里的副委员长，所以当联合军收复仁川时，他不得不去了朝鲜。当时村里人都极力挽留他：

“你有什么可怕的？一没抓人，二没抢东西，只是做了人家让你做的事情。村里人谁不知道你是菩萨心肠啊……”

父亲走时说只到太奶奶家里住三天，可是这一走就是三十三年。

“那时传言，有叛逆行为的人一律杀头。所以父亲和六位堂兄弟一起去了北面。村里一夜之间就出现了七个寡妇。”

柳寅瑚以平淡的语气继续说：

“现在回过头来想，父亲那时离开家是对的。当初只顾自己逃命的警察，收复后又都卷土重来，疯狂地逮捕、审问。为了让人们承认为朝鲜人民军做过事，他们对无辜的人进行严刑逼供。那时，我才上中学一年级，但也受到了审查。我有个同学岁数比较大，就因为他为朝鲜军做过事，警察用枪托狠狠地打他。见他昏过去了，就用凉水泼他，醒来之后继续毒打。他们这是杀鸡给猴看的。特别是那个与父亲有些矛盾的警察也回来当了面知署。”

据柳寅瑚讲，此人从日本帝国主义统治时期就当警察。光复后，当警察很难养家糊口，一个月的工资不够他喝一次酒的，所以经常在光天化日之下知法犯法。那时，基熔搞一些园艺种植，还饲养鸡，警察每次路过的时候都向他伸手。一次、两次还可以，可是不能回回给他，于是就找借口回绝他。这让警察很恼火，就不断找他的麻烦，一来二去两个人就打了起来。柳寅瑚的一位叔叔辈分的人看不下去了，就打了警察。

那个警察回来后，为了报复，一天要到家里搜查好几次。

“他们堵在门前门后，端着枪不许家里人出来，问把人藏到哪儿去了。所以，母亲一动也不敢动，吓得浑身发抖。可是我奶奶从日本帝国主义时代就经受了锻炼，很坚强。她说，有话好说，只要不动我的孙子，我就会把我所知道的都告诉你们。可是，他们能得到什么呢？于是，他们翻箱倒柜，把家里弄得乱七八糟后就走了。现在我还记得，他们给父亲加的一条罪名是谋害警察家属。证据是在我家柜子里翻出来的一张纸片，上面用很小的字记着明细之类的东西。可这张纸片是我在知署院儿里捡来的。联合军的喷气机击毁了停在车站的火车。我和伙伴们一起去看热闹时，看到地上有许多警察撤退时丢弃的资料，便顺手捡了一张。那时，受审吃了不少苦头。我们因是越北人员的家属而受到牵连，即使公务员考试通过了也不会被录取。加上爷爷在中国，中国是信仰共产主义的国家，那就更不行了。1966 年 10 月 1 日，国家废除了这种牵连制度，我最小的弟弟才当上了公务员。”

自从哥哥到朝鲜后，养家糊口的重担就落在了弟弟基滢一个人的身上。那时全家共十四口人，上有母亲和大嫂，下有妻子和他们两兄弟的十个子女。似乎有约在先一般，他们兄弟俩都生了四儿一女。可家里却只有二亩多水田和三亩旱田。那时，一般家庭都有二三十亩地，而他们一家却只有这些。大侄子因为是长孙，念到高中，而老二寅瑚十四岁就辍学回家务农。基滢在日本帝国主义时期开过金矿的小河边把石块一个个捡出来，填坑造田，历经千辛万苦。五十九岁那年，也就是 1976 年，因胃溃疡接受手术时，不幸死在手术台上。他母亲比他提前两年离开人世。

“奶奶去世时，我正在江原道，没有见到最后一面。殓葬时也没有赶上，我坐出租车到家时，灵柩已经送走了。奶奶去世前，身体已经不能自由行动了，临去世时，她让家里人给她梳头，换上箱子底下那套结婚时穿过的衣服。奶奶一直坚信自己的丈夫和儿子还活着。她每年都要去算卦，虽然嘴上常说，只要他们回来就开枪打死他们，可是去算卦时，她总是先问他们是否还活着。小弟小时候和奶奶去过几次算命先生的家，每次算命先生都说，他们还活着，春天就会从前面的大路上走来，让她回去等好消息。因此，每到春季，奶奶就站在那棵大榉树下，望眼欲穿地盯着大路。去世前，她老人家患了老年痴呆症，她让母亲快点把后房收拾好，她说，你公公已经到了后房，房间这么乱可怎么行，他可是个爱干净的人。去世那天，她总是指着柜子，母亲猜想她可能是指箱子底下结婚时穿过的衣服，便把衣服取了出来放在她的枕头下面。这时，她艰难地说，只有这样才能到阴间见到爷爷。奶奶去世后不久，榉树的叶子开始枯萎，不久后便枯死了。”

柳寅瑚说，奶奶去世两年后，叔叔去世了，又过了两年，哥哥也去世了。他擦拭着眼角的泪花说，如果这张报纸早十年飞来，或者他们再多活十年，那该多好啊。

命运让柳子明成为一个只能与亲人分别的时代“孤儿”，成为无法向亲人证明自己清白的“不幸儿”。

自从过了九十寿辰，柳子明更加思念自己的故乡。为了养身健体，柳子明本来每天喝一杯葡萄酒，可他突然喝起白酒来，有时甚至喝过了头。犹如“抽刀断水水更流，举杯消愁愁更愁”。

柳子明的女儿得橹回忆父亲最后的两年时说：

“父亲每次望着窗外唱《阿里郎》时，肩膀都不停地抽动，他在哭泣。父亲过去从来没有让我们看到他流泪，可是最后两年，我多次看到他流泪。落叶归根嘛。去世之前，身为异乡的流亡客，他强烈思念自己的故乡，终于忍不住流下热泪。”

越到晚年，柳子明越强烈地渴望回到故乡，我们从他 1979 年 5 月 8 日写给沈克秋的信中可以读到他的心情。

> 我从三一运动那一年出国，已经六十年了，因为家在南朝鲜，所以一直到现在与家乡没有过通信。如果南北能够开成民族大团结会议的话，我也想回去参加。

九十高龄的柳子明，每天以酒为伴，望着窗外遥远的天空，唱着《阿里郎》。他想借酒消去内心的乡愁。每次喝了酒后，他都仰望一望无际的天空。天空中的月亮阴晴圆缺，已经轮换了六十年，可它依然那么明亮。他心中珍藏的妻子面容也犹如那一轮圆月，始终是那么美丽，那么饱满。不知她现在是否还活着……故乡一别已是六十余载，在这漫长的岁月里，思念时刻在折磨着他，他害怕岁月的流逝！每当想到这如梦的一生，想到故乡的妻子也许已经死去，他们夫妇这辈子只能是生离死别，他就无比痛恨那个残酷的年代。在埋着祖先忠骨的故乡祖坟，他已无颜奢望与妻子同葬了。他想快快地老去，到九泉之下去见妻子。即使到阴间地府也要见到她，跪在她的面前请求原谅，在她的脚上印上他的热吻。

1983 年，金亨植先生编辑《我的回忆》时到湖南看望柳子明先生。那时，他指着夜空中的一轮圆月说：

“我本以为天上只有一个月亮，其实不然，世上有两个月亮。”

在人生走到尽头的时候，他似乎才明白天上有两个月亮。他强烈地思念起故乡的明月来，尽管他乡的月亮也是圆的，但在他的心中，月只有故乡的圆，月只有故乡的明。柳子明的他乡之歌，是一首思念明月的乡愁之歌。

他曾多么渴望坐在故乡篱笆墙外的大榉树下，听着小鸟的欢叫声，与儿孙们共享天伦之乐啊。可他的故乡之梦，却永远留在了他乡。1985年4月17日上午11时20分，柳子明在异国他乡长沙，走完了他波澜壮阔的一生。4月18日，湖南农学院成立了治丧委员会，向全国发出了《讣告》。居住在吉林省图们市新华街五委四十九组的沈光默先生，接到《讣告》的时间是举行葬礼的第二天，也就是4月24日。《讣告》全文如下：

> 我们以极其沉痛的心情公告，中国人民的亲密朋友，朝鲜籍教授，湖南农学院园艺系名誉主任，湖南省园艺学会名誉理事长，朝鲜民主主义人民共和国三级国旗勋章获得者柳子明教授因病医治无效，于1985年4月17日11时20分在长沙逝世，终年九十二岁。柳子明教授是著名的园艺学家，致力于我国农业教育和园艺科学事业，为发展中朝友谊，做出了卓越的贡献。他的逝世是我国农业教育和园艺科学界的重大损失。(《讣告》第二面）

敬爱的柳子明教授于1985年4月17日11时20分在长沙逝世，终年九十二岁。4月23日上午，湖南农学院和园艺学界为他举行了隆重的遗体告别仪式。

柳子明教授毕生从事的革命事业和教育、科研事业将永放光辉，他的高尚品德和风范将永远为中朝人民所景仰！

同年，柳子明的夫人刘则忠也随丈夫匆匆而去。

5. 落叶归根

柳寅瑚在报纸上得知柳子明还健在的消息后，立即让弟弟给中国中央人民广播电台写信。在长长的五页信纸中，他以近乎哀求的口吻，恳请帮助寻找爷爷，或者提供地址或电话号码，可是却如石沉大海，杳无音讯。只是到年底才接到一个挂历和名信片，名信片中写道“感谢收听中华人民共和国中央人民广播电台”。而对信中的要求却一字也没提。

1985 年,《东亚日报》上刊登了柳子明去世的消息。

1991 年 4 月 13 日，在韩国的柳子明生前战友李康勋（前光复会会长）的努力下，韩国为柳子明授予了大韩民国建国勋章证。战斗了一生的柳子明，死后终于登上了凌烟阁。以总统卢太愚的名义颁发的勋章证上写道：“已故柳子明，您为我国的独立和国家发展做出了巨大贡献，根据大韩民国宪法规定，向您追授建国勋章爱国章。”

后来，柳子明亲笔写的《我的回忆》通过中央人民广播电台的金亨植先生，被收藏到独立运动纪念馆。生前未能回国的柳子明，死后终于回到魂牵梦绕的故乡，他的回忆录在韩国独立运动史上留下了重要的篇章。祖国为他颁发了建国勋章，以告慰他的英灵。

柳子明成为一名拥有荣获勋章的爱国英雄，卓越的科学家。

1991 年 11 月 7 日和 8 日，韩国《朝鲜日报》和《韩国日报》都报道了柳子明的亲笔回忆录在独立运动纪念馆展出的消息。他的家属们到独立运动纪念馆，隔着玻璃橱窗看到了祖父亲笔的手迹，顿时泪如泉涌。他们找到纪念馆办公室询问祖父手迹的来历。1994 年 3 月 18 日，独立运动纪念馆给柳寅祥寄了一封关于“询问柳子明先生地址的回复”。信中说：“目前国内还没有确切记录柳子明先生在中国活动的住址，独立运动纪念馆收藏的柳子明先生的遗稿资料《一位革命家的回忆录》是北京大学的金亨植先生收集的。”信中告知金亨植先生在北京的地址和电话号码。

1994年7月28日，柳子明的孙子柳寅祥按照独立运动纪念馆提供的地址，给金亨植先生写了一封信。信中写道：在韩国，父辈的人均已去世，听说日前中国有爷爷柳子明的儿子和女儿，也就是叔父和姑母，希望能帮助取得联系，让我们见一见他们。8月8日，按照金亨植先生提供的地址，柳寅祥给得橹写了一封信。从此以后，柳子明在中国和韩国的儿孙们才开始有了联系。

后来，韩国柳寅瑚夫妇和柳寅祥夫妇来到中国，叔父展辉和姑母得橹会见了他们。柳子明故乡的子孙和中国的子孙们终于见面了。他们的相逢不仅是叔侄之间的相逢，也是韩中人民的相逢。由于隔不断的血缘关系，尽管他们国籍不同，言语不通，却也能充分感受到浓浓的亲情。那时，他们真正理解了血浓于水这句话的含义。

他们来到长沙后，居住在叔叔展辉的家里。那天晚上，展辉和侄子们一起喝着湖南的特产味美思葡萄酒，一边回忆着已故的先人。举杯望明月，他们都不禁潸然泪下。时代变了，人也变了，他们不可能完全理解那代人的悲伤。如果一定要表现他们的心情，笔者觉得李白的《把酒问月》就是他们此时心情的写照：

> 青天有月来几时，我今停杯一问之。
> 人攀明月不可得，月行却与人相随。
> ……
> 今人不见古月时，今月曾经照古人。

1994年7月20日，他们来到位于青龙山的柳子明墓地祭拜。

这天，天气格外晴朗和温暖，山上开满了各种野花，许多彩蝶在翩翩起舞。孙子们在爷爷的祭坛上摆放上韩国的鲍鱼，敬上白酒。他们扫墓返回时，一只黑色的蝴蝶一直跟随着他们。回到家后，他们休息了一会儿，抬头望窗外时，突然发现那只蝴蝶像一张画一样贴在玻璃窗上。第二天，他们访问了湖南农学院。校长在学校食堂招待了他们。随后，他们又参观了爷爷曾经工作过的研究所。在走廊上，他们又看见了那只蝴蝶。他们都非常惊讶地盯着那只蝴蝶。

解梦书上说，如果梦见蝴蝶在花丛中翩翩起舞，预示着幸福美满的生活。可是在现实生活中，花丛中的蝴蝶跟到家里，是不是预示着更大的幸福呢？生前因没有尽到家长义务而常常自责的柳子明，大概在阴间变成了一只蝴蝶，祈祷着子孙后代美满幸福吧。

春蚕到死丝方尽，蜡炬成灰泪始干。痛哉！斗士柳子明带着年轻时的远大抱负，腾云驾雾，成为凌烟阁的“神仙”，而凡人柳子明的英灵，却永远不会得到安息。

终 章

2002 年 3 月 1 日，柳子明被安葬在韩国国立公墓，陪伴在他左右的是韩国夫人李兰英和中国夫人刘则忠。假如 1950 年 6 月他归国成功，那么也许这两位女士就会侍奉着一位丈夫度过他们的余生。然而，他们在人间的缘分却仅此而已，只能抱憾终生。现在就祝愿他们仨人在阴间幸福，以弥补他们在人世间的遗憾。

柳寅瑚对笔者说：

“把爷爷安葬到国立公墓后，心里倒有一种失落感，好像还是没有真正把他接到家。自从把奶奶也安葬到这里，每次回到家乡心里更是感到空落落的。有一种被夺走的感觉。从历史上讲，他毫无疑问是我们的爷爷，可现在他已经离开了家庭，成为民族和祖国的财富。

“现在该把父亲接过来了，就像奶奶一直在等爷爷那样，母亲也一直在等待父亲归来。她今年已经八十九岁了，好像得了老年痴呆症。上次住院时我到医院去看她，她总是说胡话。我想她大概是在找父亲，于是说，已经到有关部门进行了登记，要求寻找离散家属，不久就会见到的。我还说，我们已经准备好了钱，等父亲回来，就给母亲和父亲盖一座新房子。所以，不要担心，快点把病治好。她老人家听了十分高兴。

她一辈子少言寡语，总是把思念埋藏在心底，可是在昏睡状态中却道出了心里话，我心里非常难过。她连着三天不分昼夜地找父亲，总是要到外面去，说父亲要回来了，得出去迎接他。奶奶如此，母亲也是如此，她们直到最后才流露出她们的心声。母亲对奶奶十分孝敬，在郡里还得过孝妇奖呢。她们的一生都是在思念中度过的。大概人生就是如此吧。无论是他们还是我们，可以说都无愧于生活，我们应该感到满足了，不能再有所求，只能面对现实，除此之外还奢望什么呢。”

听了他的一番话我深有感触，也许这就是我们所说的命运吧。这是他们个人的命运，也是柳氏家族的家运，同时，也可以说是韩国的国运。

2002 年 11 月（完稿）

2019 年 10 月（修改）

抵抗与想象：国际友人柳子明的中国体验叙事

金柄珉[1]

摘要：国际友人柳子明的中国体验叙事，对构建韩国流亡爱国志士的中国认识、东亚认识及中韩知识分子的共同话语与相互认知的形成起到了重要的作用。柳子明的中国体验叙事有游记、政论、随笔、纪实等多种体裁。《赤色的悲痛》《离开广州有感》等游记对北伐革命前后的中国时局判断准确，尖锐地批判了蒋介石的反革命政变，从而展现了在寻求中韩联合抗战过程中韩国流亡志士的中国认识与时代意识。《台儿庄战胜的意义》《争取最后的五分钟》《革命的五月》等随笔表现出对抗战的正确认识与中韩合作意识。纪实作品《朝鲜革命轶事》一文则通过义烈团的义士形象，表现出为颠覆强权而献身的主体的自我觉醒与民族英雄主义。柳子明的中国体验叙事多用中文撰写，所以可以直接参与到中韩共同话语的建构与共同认知的形成中。其作品视角新颖，判断具有远见，文章铿锵有力，感情真挚细腻，当时在中韩文人中产生较大的影响。柳子明的中国体验叙事在中韩现代文学交流史上具有重要地位和

① 作者简介：金柄珉（1951—），男，朝鲜族，黑龙江宁安人，延边大学校长，教授，博士生导师。

价值。

关键词：流亡；柳子明；体验叙事；相互认知；中韩交流

1. 引言

柳子明（1894—1985）[①]是1919年流亡中国的韩籍国际友人[②]，是著名的独立运动家和农学教育专家，同时也是进步的文人。柳子明于1950年被聘为湖南大学农学院教授，几十年如一日地辛勤工作，为中国的农学教育与研究做出卓越的贡献[③]。解放前，他在投入韩国独立运动的同时，也为中国的抗日斗争、教育事业、农业发展等做出了贡献。值得一提的是，在解放前柳子明先生同中国著名作家巴金[④]、罗世弥，以及著名教育家匡互生、抗日将士程星龄等结下了深厚的友谊，谱写了中

① 柳子明（1894—1985），韩籍国际友人，曾任湖南农业大学教授，园艺系主任、名誉主任。1919年流亡中国，在中国参与韩国的独立运动，先后任大韩民国临时政府议政院议员（1919）、义烈团团员（1922）、朝鲜民族战线同盟理事（1937）、朝鲜义勇队指导委员（1938）、中韩文化协会理事（1942）等，同时在中国从事多项工作，先后任泉州黎明高中教师（1930）、立达学园农业科教师（1931—1935）、东流农场技术员（1935）、康乐新村第二村筹备处主任（1944）等。著有游记《赤色的悲痛》（1927）、《离开广州有感》（1927），译著《孙文学说》（1929）与回忆录《匡互生先生印象记》（1975）、《我的回忆》（1984）等，还有多篇随笔、政论与纪实作品，另有多篇农业研究学术论文与历史研究论文。

② 1984年，湖南农业大学举办柳子明先生诞辰九十周年纪念会，湖南省的主要领导也应邀参加纪念茶话会，并高度评价柳子明先生的光辉一生。湖南省政协主席程星龄在《我的回忆·前言》中说道："柳子明先生是中国人民最亲密的朋友。""柳子明先生的崇高的爱国主义精神和国际主义精神将永远是我们学习的好榜样。"（柳子明，《我的回忆》，沈阳：辽宁民族出版社，1984）

③ 柳子明先生创造葡萄一年多次结果的新技术，并为中国的水稻、柑橘正名，在国内外引起广泛的影响，相关论文赢得学界高度评价。

④ 柳子明先生与巴金有近五十年的交情，巴金的小说《发的故事》便是以柳子明为原型，作品中作者刻画了韩国爱国者的形象，旨在以此赞扬韩国人的爱国独立精神，激发国人的抗日斗志。

韩友谊的新篇章。

对于近代韩国爱国志士而言，中国既是一个政治、文化空间，又是一个生存发展空间，因此，中国对于韩国及韩国人而言具有特殊的意义。当作为“后殖民主义最典型状态[①]”的“流亡”成为韩国爱国志士的一种亲身经历，独特的流亡体验所带来的中国体验叙事便有了特殊的文化价值。韩国爱国志士的中国体验叙事，不仅体现着韩国人认识中国乃至认识世界的特点，而且对构建中韩两国共同话语与相互认知以及促进中韩合作也起到了重要作用。

韩国爱国志士的中国体验叙事，在很大程度上是一种对日本殖民地侵略与文化霸权的反抗性知识话语。其中，柳子明的中国体验叙事同申圭植、朴殷植等近代启蒙文人的中国体验叙事一起集中体现了20世纪前期韩国人的民族意识与时代认识。目前为止，学界对柳子明的研究还不甚完善，主要集中于柳子明在中国的独立斗争运动方面，侧重于探究柳子明作为无政府主义者的历史作用与地位。例如，李浩龙的《柳子明的无政府主义者活动》、韩相祷的《柳子明对无政府主义理论的接受与实践》等论文探讨了柳子明的独立斗争运动及其对无政府主义理论的接受。另外，曹世铉的《20世纪30年代中韩无政府主义者的反法西斯主义斗争与国际合作》、金良洙的《柳子明与巴金：从中国文学的角度》等论文探讨了柳子明与中国无政府主义者特别是与匡互生、巴金等的关系。除此之外，金柄珉《国际友人柳子明的生平与意识世界》[②]、崔凤春《柳子明的抗日历程与朝鲜革命运动——以柳子明的回忆录为中心》等论文集中梳理了柳子明的独立斗争活动经历及其作为教育家、农学家

① 参见萨义德《知识分子论》，转引自Peter Childs&R.J Patrick Williams，Kim mun huan译，《后殖民主义理论》，首尔：文艺出版社，2004，第235页。

② 参见金柄珉《国际友人柳子明的生平与意识世界》，《东疆学刊》2004年第三期。（《新华文摘》2004年第18期）

的人生轨迹与思想特点。[1]然而迄今为止，关于柳子明的中国叙事，即对游记、随笔、纪实作品等散文的研究尚未得到学界同仁的重视，柳子明的各种体裁作品也有待进一步挖掘与整理。

柳子明的中国体验叙事大体上可以分为北伐战争叙事、抗日战争叙事与义烈斗争叙事三个方面。目前被学界确认的柳子明中国叙事文本有十五篇，近期笔者发掘的柳子明中国叙事文本有十一篇，其中具有文学性质的文本，如游记、随笔、纪实文学等散文有十多篇。本文拟以柳子明的散文为中心，从文化学研究视角，利用社会历史批评方法，探究柳子明中国体验叙事的政治、文化价值以及在中韩交流史上的意义。

2. 北伐革命叙事与时局意识

北伐革命是对辛亥革命的继承与发展。1924 年孙中山提出“联俄、联共、扶助农工”三大政策，在新三民主义的旗帜下，国共实现了第一次合作。北伐战争以打倒孙传芳、吴佩孚、张作霖等军阀势力为目的，初期北伐革命军势如破竹，取得重大胜利，使全国人民备受鼓舞。然而 1927 年蒋介石发动“四一二”反革命政变，国共合作破裂，共产党与进步力量遭到国民党右翼分子的残酷镇压。伴随着上海“四一二惨案”与广州“四一五惨案”，北伐革命受到严重破坏，整个中国都笼罩在白色恐怖之中。与此同时，军阀围绕政权争夺展开混战，使本就举步维艰的中国革命雪上加霜。1927 年 4 月，柳子明因义烈团内部整改问题滞留广州，亲眼目睹了“四一五广州惨案”。他回忆当时的情况说道：“我看到晴朗的天空突然乌云密布，天地瞬间漆黑一片，于是，怀着悲痛的心情

① 以上论文均收录于柳子明研究会编辑的《柳子明的独立运动与中韩合作》（景仁文化社，2015）一书。

写下一篇文章……我写下局势突变的经过并寄给了《朝鲜日报》。[①]”怀着强烈的时代意识与民族使命感，本应尽快离开广州的柳子明，即便时间紧迫、形势危急，仍以笔为刀写下两篇游记并投稿至朝鲜报纸，将中国的局势公之于世界。游记《赤色的悲痛》(《朝鲜日报》，1927.4.26)、《离开广州有感》(《朝鲜日报》，1927.6.3—6.14)等描写了北伐革命遭受的挫折，揭露、批判了国民党右翼势力对共产党及进步革命势力的滔天罪行。

在《赤色的悲痛》一文中，柳子明详细地描写了蒋介石与国民党右翼势力制造的“四一五广州惨案”的历史场景，并对其罪行进行了深刻的揭露与犀利的批判。在柳子明笔下，国民党右翼分子对革命势力的无情镇压与惨烈杀戮，如颁布戒严令、任命戒严司令官及公安局长、张贴打倒共产党的各种公告及标语等被完整呈现，著名的共产党员肖楚女被杀害，共产党员及工人、农民、学生被逮捕、拘禁、枪决的一幕幕也仿佛就在读者眼前上演：“五个牺牲者中有十八岁和十九岁的少女……数十名军人把犯人们绑在一起押送，推搡着他们往前走。把他们推倒在地后，‘砰！砰！’将子弹射向他们的脑部或是心脏。一个少女哭喊着‘打倒蒋介石’后永远闭上了双眼。”真实而揪心的场景与深入而细致的描写中蕴含着柳子明内心深处极大的愤怒与不满，喷薄而出形于言，便化为深刻而犀利的批判。

接着柳子明指出蒋介石与国民党右翼势力逆时代潮流而行的原因：“革命势力分裂成政党之时就会变成挫折，失去政权的政党比在旧势力的领导下处境更为悲惨，这是历史教会我们的道理。”蒋介石对共产党革命势力的镇压，其本质就是军阀势力对革命势力的弹压，目的是巩固军阀的权力，从根本上违背了三民主义。柳子明揭示并批判了国民党员

---

① 柳子明，《我的回忆》，沈阳：辽宁民族出版社，1984，第98页。

的不纯洁性，认为他们（大多数国民党党员）根本不懂三民主义与党章党纲，“一定会有这样的人，和领导者站在统一战线上却完全不知道革命是什么，打着为了人民、为了革命的口号，实际上让人民与革命为了自己的利益牺牲。”柳子明明确表示“蒋介石一派一手制造的所有现状，实际上都只是作为一个革命者应该被唾弃的事情”。

柳子明也在文中分析了蒋介石与国民党右翼势力造成的混乱时局及未来的发展趋势：“中国革命正面临巨大的危机……蒋介石‘讨赤’真的就是‘赤’。这个手段十分彻底。”这深刻揭露并批判了蒋介石血腥镇压行为的本质。值得注意的是，柳子明敏感地意识到蒋介石与日本帝国主义相互利用的共谋关系。他指出：“同中国的右倾势力建立友好关系是日本的政策”，蒋介石接受日本“最后政策的可能性很大”。从中可以看出，柳子明作为革命斗士和进步文人，具有极高的历史眼光与政治洞察力。

《离开广州有感》可以看作《赤色的悲痛》的姊妹篇。如果说，在《赤色的悲痛》中，作者表现出敏锐的政治洞察力，那么，《离开广州有感》则通过阐述孙中山及其主导的国民革命的历史价值与意义彰显出作者崭新的文化视角。

在《离开广州有感》中，柳子明首先交代了他三次去广州的来龙去脉，并根据近现代史上广州所处的政治、文化、地理位置，将广州定义为中国革命的策源地。认为广州既是辛亥革命与护法运动的发祥地，又是哺育北伐革命军的基地，还是共产国际亚洲政策的根据地。然而，国民党右翼分子的暴行却使得革命的发源地变成了反革命军事政变的现场，柳子明对此表现出深深的忧虑。而后柳子明表达了自己瞻仰黄花岗烈士陵园时的特殊感想，即对革命烈士的崇敬与爱戴，并回忆了陵园建立的始末和英烈的事迹，又一次高度赞扬了以孙中山为首的革命先驱，并以此暗示蒋介石等国民党右翼势力导致了国共合作破裂，其对革命势力的镇压是对辛亥革命传统的践踏及对孙中山三民主义精神的背叛。

值得特别注意的是，柳子明认为，北伐战争初期节节胜利的关键，正在于黄埔军校的黄埔精神。柳子明在《离开广州有感》中用较长的篇幅记录了孙中山在黄埔军校开学典礼上的致辞，以此强调黄埔精神及其历史意义。他认为，所谓黄埔精神，就是“不偷生，不爱钱，不抢夺妇女，不私存军粮，不私闯民宅，是可以以一敌百的精神”。柳子明用饱含深情的语言肯定了革命先驱孙中山的革命精神，并在文中写道：“1925 年 3 月 12 日，北京的一位老革命家，在听到黄埔军（国民军）在东江歼灭陈炯明军队的消息之后，嘴角挂着微笑与世长辞。”表达了对孙中山先生崇高的敬仰与缅怀之情。

在孙中山先生革命精神的影响下，韩国流亡爱国革命青年满怀救国热情奔赴黄埔军校，投身北伐战争。[①]然而在蒋介石的白色恐怖之下，大部分的韩国热血青年都退出国民革命军，参加广州起义与南昌起义，在这场左右翼分裂的灾难中他们付出了生命的代价[②]。广州起义与南昌起义失败后，幸存的韩国热血青年离开广州和南昌，分别去往上海、南京、武汉等地，继续寻求新的民族独立之路。对韩国人而言，在这种历史巨变时期，正确判断时局变化尤为重要。当时柳子明为讨论义烈团的改组问题赴广州，并与义烈团团长金元凤[③]一起目睹血腥惨案，共同商讨应对措施。柳子明基于他自身的个人体验与世界认识，以反对强权、主张民主革命的理念为依据，对正义与非正义、进步与反动、强权与民

---

① 据柳子明回忆，当时在黄埔军校学习的韩国青年有二百多人，也有韩国人教官若干名。（柳子明，《我的回忆》，沈阳：辽宁民族出版社，1984）

② 在广州起义和南昌起义中牺牲的韩国革命青年有二百多人。

③ 金元凤（1898—1958），曾任义烈团团长（1922）、朝鲜民族革命党书记（1935）、朝鲜义勇队队长（1938）、韩国光复军副司令（1942）等职。

主、政治与革命等问题进行了科学性的思考与分析，并在游记中展现出了客观的视角与对时局的清醒认识。因此，他的游记对韩国人的中国认识、中韩两国革命力量的联合以及韩国未来想象的建构等方面都影响甚大。诚如史鉴，北伐革命失败后，韩国爱国志士在抗日与救国、民族与独立等方面积极同中国政界人物与知识分子建构共同话语与相互认知，并以此为基础，共谋合作共生之策。可以说，柳子明北伐革命叙事中所体现出的深刻思想与政治洞察力，比起同一时期时任国民军要职的郭沫若的《请看今日之蒋介石》（1927.3.31）都毫不逊色，堪比反对国民党镇压革命势力路线的鲁迅[①]先生所作的演讲、书信、日记等文章。毕竟柳子明以崭新的文化视角与犀利的笔触再现"四一五广州惨案"，当时，直接反映"四一五广州惨案"的作品，在中国文人的作品中也很难找到。

柳子明的两篇游记，真实地表达出当时韩国流亡爱国志士与进步知识分子的政治愿望与文化自觉，作品视角新颖，对时局判断准确，知识内容丰富，文笔流畅，无论是对韩国还是对中国来说，都有不可磨灭的历史价值，值得进一步深刻阐释其思想与美学价值。

3. 抗日战争叙事与中韩合作

以 1936 年"西安事变"与 1937 年"七七事变"为契机，蒋介石正式对日宣战，国共实现第二次合作。与此同时，韩国的民族主义团体如朝鲜民族革命党（金元凤）、朝鲜民族解放同盟（金昌淑）、朝鲜革命

① 广州四一五惨案时，在中山大学文学院任院长的鲁迅先生也在广州，当他得知中山大学学生领袖毕磊被捕的消息后，立即向学校当局要求营救，无法营救便辞职，以此表示抗议。且鲁迅先生多次出面演讲，支持进步学生运动，批判当时的白色恐怖。(《在中山大学的鲁迅先生的演说》,《毕磊和鲁迅先生的深情厚谊》, 冯晓慰,《党史楷模》2015 第一期）

者联盟（柳子明）等结成朝鲜民族战线联盟（1937.11），并成立朝鲜义勇队（1938.10）[①]积极投身中国抗日战争。在这样的历史转折点上，柳子明在民族独立团体的联合与朝鲜义勇队的成立问题上起到了决定性的作用。柳子明亲自出任朝鲜民族战线同盟理事及中文刊物《朝鲜民族战线》编辑人、义勇队指导委员，并与朝鲜民族战线联盟主要成员金奎光、杨民山、李达等人一同用流利的中文写作，并在《朝鲜民族战线》《朝鲜义勇队通讯》《东方战友》（《朝鲜民族革命党》刊行，半月刊，1939）等杂志上发表了多篇政论、散文，同时在中国人发行的《全民周刊》（李公朴、柳湜主编，1937 年创刊）、《抗战旬刊》（中国甘肃抗战后援宣传组，1938）、《时事类编》（中山文化教育馆发行，1934 年创刊，上海、南京、重庆）、《反侵略》（《反侵略》周刊编辑委员会，1938.9）等杂志上发表文章，为构建中韩共同话语与相互认知作出重大贡献。

柳子明通过《朝鲜民族战线创刊辞》（《朝鲜民族战线》创刊号，1938.4.10）、《朝鲜民族战线联盟结成经过》（《朝鲜民族战线》创刊号，1938.4.10）、《中国国民党大会的历史意义》（《朝鲜民族战线》第二期，1938.4.25）、《朝鲜情势一斑》（《朝鲜义勇队通讯》第二十三期，1939.1）等政论对中国抗战的历史意义与中韩合作的必要性、成立韩人武装部队与建立民族统一战线参与抗战的迫切性阐述了自身的政治立场与见解。作为一个独立斗士与进步文人，柳子明对中国抗战与中韩合作有着清醒的认识：“中国的抗战如果失败，朝鲜民族的解放，固然是渺茫无期”[②]，“中国之独立有保障，东亚之永久和平才有可能”[③]。他还指出，“打倒共

---

① 朝鲜人的抗日武装队伍，隶属于国民革命军政治部，于 1938 年 10 月由国民政府军事委员会委员长蒋介石批准而成立。

② 柳子明，《朝鲜民族战线创刊辞》，《朝鲜民族战线》创刊号，1938.4.10。

③ 柳子明，《中国国民党大会的历史意义》，《朝鲜民族战线》第二期，1938.4.25。

同敌人及奠定东亚和平，也是中国朝鲜两民族的共同使命”[①]，为此他积极主张中韩合作，对建立中朝民族统一战线、团结两国抗日力量起到了重要的促进作用。与此同时，朝鲜义勇队的成立与柳子明等人的政治主张不无关系，就此柳子明提出自己的观点：“中国最高当局在抗战期间予以积极援助使之组成一个独立的部队，参加抗日战争，在实际过程中扩充其力量，以期树立朝鲜独立军之基本势力。”[②]除此之外，柳子明还阐述了超越政治理念的民族力量之间团结的重要意义，同时也强烈谴责了日本对朝鲜的强权掠夺。他认为，日本的侵略战争只能招来日本人民群众的反对，反战运动是不可避免的，同时也揭露并批判了日本政界严重的内部矛盾。柳子明的政论呈现出他对时局正确的判断力与政治洞察力、犀利的分析力与预见性、丰富的历史知识与逻辑推理能力以及理念的开放性与包容性，以此向世人展现了其作为独立斗士、进步文人的风采。

柳子明不仅是在政论方面颇有见地，而且，还通过《台儿庄战胜的意义》(《朝鲜民族战线》第二期，1938.4)、《革命的五月》(《朝鲜民族战线》第三期，1938.5.10)、《欢迎世界学联代表团》(《朝鲜民族战线》第四期，1938.4)、《争取最后的五分钟》(《东方战友》第十六至十七期，1940)等随笔表现自己对中国抗战的认识与对世界和平的渴望，并表达自己对中国抗战及中韩合作的原则立场。

《革命的五月》一文中，作者揭示了五月在中国现代史上所具有的特殊意义——五月承载了五四运动、五卅运动等意义深重的纪念日。作者指出，“除一个‘五·五’[③]是为中国革命政府成立的纪念外，其余都是日本帝国主义所造成的”。通过在五月的节日来历的分析，深深谴责

① 柳子明,《朝鲜民族战线创刊辞》,《朝鲜民族战线》创刊号，1938.4.10。
② 柳子明,《中国国民党大会的历史意义》,《朝鲜民族战线》第二期，1938.4.25。
③ 指孙中山创立广州革命政府的日期，笔者注。

了日本帝国主义的罪孽。柳子明充分肯定了军事委员会政治部奔走呼号、不懈努力，为争取最后胜利而开展的“雪耻与兵役扩大宣传周”活动。5 月 3 日—5 月 9 日活动期间，在当下，动员全国人民群众时充满信心地展望美好未来。“如果这样全国一致团结地努力干下去，不但可以‘抗战必胜，建国必成’，而且可以拯救许多东方被压迫民族于水深火热之中，即真正东亚之和平也可以实现，那时国耻的五月，就可以变成光荣的五月了。”可以看出，在柳子明眼中，抗战已不仅仅囿于中国范围之内，而是将中国抗日战争的胜利与东方被压迫民族的解放联系在了一起，这是颇具世界眼光与历史眼光的。

再者，在《欢迎世界学联代表团》一文中，柳子明表明了朝鲜民族对中国抗战的态度并拜托世界学联代表团将中国抗战告知全世界。他说道：“中国的英勇抗战，不仅为其国家生存而战，而且是为保卫世界和平而战，为人类的正义而战，为世界被压迫民族解放而战。我们朝鲜民族也同中国民族站在一条线上，共同奋斗。”文章采用欢迎词的形式，情真意切，使世界学联代表团深受感动，更有学联代表柯乐满亲自为《朝鲜民族战线》(第五至六期，1938）题词“祝贺朝鲜民族战线的同志们”。

在《争取最后的五分钟》中，柳子明提出了自己对争取抗战胜利的看法。他认为，为争取抗战的最后胜利，中韩两国要动员所有人力、物力、财力，合力抗敌。作者指出“在中国，抗战是最高的神圣事业，因为这就是建立自由平等的新中国的事业”，并以生动的比喻描述了在抗敌过程中最后五分钟的重要性：“最后的五分钟是一条极长、极复杂的加减数的算术，在中韩方面需要‘加’，在日本帝国主义方面需要‘减’”，比方，“我们节省下一块钱换得两粒子弹打死一个敌人，在我方面是‘加’，在敌方面是‘减’”，我们要为抗战争取一分一毫的力量，同时不可减却自己一分一毫的力量。文章以通俗易懂的算术解释深奥的政治、军事问题，呼吁民众走向抗战的最后胜利。

柳子明的抗战叙事中最具代表性的当属《台儿庄战胜利的意义》一文。国民军的“台儿庄大捷”在抗日战争史上是继八路军“平型关大捷”后具有划时代意义的阶段性胜利，是中国正面战场最大的胜利之一。在这场战役中，国民革命军一举歼灭矶谷与板垣两支精锐部队，打击了日本侵略者的嚣张气焰，坚定了全国军民坚持抗战的决心。台儿庄战役[①]（1938.3.16—4.15）的胜利具有重要历史意义。面对日军大举进攻，对开始怀疑抗日战争能否胜利甚至选择投降的国民党部分人物来说，无异于一记当头棒喝，也让一直以来对中国能否取得抗战胜利持怀疑态度的的世界列强及好战主义者认识到正义之战胜利的必然性。柳子明通过对台儿庄战役的肯定表明了对中国抗日战争的必胜信念，以极具战略性的眼光指出中韩两国人民共同构建抗日话语与相互认知的必要性及中韩合作的迫切性。“捷报传来，不但中国全国腾欢振奋，而世界上一切关怀及同情中国抗战的国家与人士，亦莫不为之兴奋而庆幸”，“是第二期抗战胜利的新纪元，亦即为中国抗战必胜的保证”。作者站在中国抗战的战略性高度分析战争的胜利，从世界和历史的角度揭示了抗战胜利的意义。他指出：“台儿庄战的胜利并不是偶然，更不是侥幸，这乃是中国第二期抗战开始以来战略变更的结果。”“经此一战，足可证明中华民国的军队有力量能战胜骄矜自负的所谓‘皇军’。”“这在中国军民精神上的收获，实无可限量。此即所以我们以台儿庄的胜利为中国抗战的一个历史的新纪元。”作者反复强调日军想要“打通津浦线的幻想”的破灭，“台儿庄战役中日本皇军辟一条被人包围歼灭的新纪录”，“这两个

① 台儿庄战役是以山东省南部枣庄地区为中心展开的国民军与日军的大规模战争，战争中国民军参战人数二十九万，日军参战人数五万，日本军被杀伤两万多，战争以国民军的胜利而结束。

不同的新纪录，便是日本帝国主义崩坏的先声”。综上，作者辛辣批判了日本不切实际的野心，深刻揭示了日本必败、中国必胜的历史必然性。

台儿庄战役是在国民军第五战区司令官李宗仁的指挥下取得的胜利，当时蒋介石曾三次亲临前线视察并指挥作战。对于台儿庄战役的胜利，毛泽东、周恩来等中共主要领导人也全面肯定了其在抗日战争中的决定性意义。毛泽东在《论持久战》（1938.5）中写道：“不说多了，每个月打得一个较大的胜仗，如像平型关、台儿庄（大捷）一类的，就能大大地沮丧敌人的精神，振起我军的士气，号召全世界的声援。”[①]时任国民政府军事委员会政治部副主任的周恩来也对台儿庄战役的胜利作出如下评价：台儿庄战的胜利“影响战争全局，影响全国，影响敌人，影响世界”[②]。然而，蒋介石却对战争的胜利持消极态度，并没有提倡积极宣传。[③]柳子明对台儿庄大捷的认识与毛泽东、周恩来等人在思想上基本一致，这就在抗日战争的战略问题方面，展现出大局意识与科学的判断能力。他在台儿庄大捷后随即发表《台儿庄战胜利的意义》，其速度之快，使文章意义更为重大，为中韩共同话语与相互认知的构建起到了重要作用，鼓舞了韩国独立斗士抗战的信心，表现了韩国人对中国抗日的赞赏与支持，从而具有十分重要的政治文化意义。

实际上，朝鲜民族战线联盟领导下的朝鲜义勇队在抗日战争中，尤其是在抗日战争中的对敌宣传、协同作战、民众教育等方面扮演着十分重要的角色，受到了中国政界高层、抗日作家以及中国民众的热情赞扬。[④]朝鲜义勇队的金元凤、柳子明、申岳、金昌满等人及义勇队各区队

① 毛泽东，《论持久战》，《毛泽东选集》，北京：人民出版社，1991，第504—506页。

② 《台儿庄大捷》，秦城市人民政府，2013。

③ 林治波、赵国章著，《大捷——台儿庄战役》，南宁：广西师范大学出版社，1996。

④ 郭沫若，《朝鲜义勇队》（《华商报·茶亭》，香港，1948.11）；马义，《战斗中的朝鲜义勇队》（《国讯》第253、254期合刊，1940.11.15）

的英雄事迹成为中国抗日文学的原型与素材，在中韩现代文学交流史上留下了浓墨重彩的一笔。柳子明的以抗日斗争为素材的系列随笔，情感真挚而富有感染力，对抗战时期的各种重大问题做出了缜密的判断与科学的分析，同时对美好的未来满怀信心，在中韩合作抗日中具有不容忽视的影响力。

柳子明作为流亡独立斗士与进步文人，在他的中国体验叙事中，身份认同问题一直以来都颇受关注。柳子明一直将台儿庄战役的胜利看作是“我们的胜利”，认为朝鲜民族的独立与中国抗战胜利是不可分割的，这既是柳子明的政治思想立场决定的，也与柳子明的身份认同双重性的认识有关。其实这也是主张中韩合作的韩国流亡独立斗士的共同的文化特征，即是互为主体的“自我与他者”的发现，又是构建命运共同体的文化认同。可以说，对于韩国的流亡爱国人士而言，身份认同的多重性与文化的混融性在构建主体与自我的过程中极有可能起到了一种特殊的作用。

4. 义烈斗争叙事与民族意识

对柳子明而言，无政府主义是构建其民族独立斗争思想的理论根据。面对中国抗战问题，柳子明在主张无政府主义的同时，丝毫没有放松对民族意识的宣传工作。他在《朝鲜情势一斑》(《朝鲜义勇队通讯》第二十三期，1939.9；第二十九期，1939.11）一文中批判了日本对朝鲜的掠夺、推行战时体制及实施征东制、志愿兵制、学徒兵制等制度，并对民族意识等问题进行了深刻的论述。柳子明指出：“民族意识就是与民族的生存权的欲求结合在一起的。我认为这是朝鲜民族的最后试炼。朝鲜民族决不会忘记她的生存权的欲求。这是过去的历史事实所证明的。”在抗击殖民主义的斗争中，民族精神是最值得提倡的，因为“民族性是殖民主义赋予殖民地最伟大的礼物，这一观念是永恒的意识形态的支柱”[①]。柳子明主张的民族性、民族意识以民族生存为目标，为了完成这一目标，他甚至选择“暴力”的方式来试图抵抗日本强权。对他而言，民族生存、民族意识、民族斗争是一个民族的永恒主题。

纪实作品《朝鲜革命轶事》(《朝鲜民族战线》第五、六期，1938.6.25）是一部表现柳子明无政府主义理念与强烈民族意识的作品。这部纪实作品取材于义烈团[②]团员金益相的朝鲜总督府爆炸事件，是一篇名副其实的反映义烈团斗争的叙事作品。柳子明在1922年第一次见到金元凤时就与义烈团结下了不解之缘，此后便一直站在无政府主义者的立场上支持义烈团的暴力斗争，他亲自组织义烈团团员的义举，积极策划推进罗锡畴等人的义举活动。金益相的总督府爆炸事件是义烈团成立之后推进的第一件大事，所以在义烈团斗争史上具有先导性意义。安重根[③]刺杀伊藤博文事件与尹奉吉[④]的虹口公园爆炸案发生后，中国众多文人在自己作品中赞扬安重根与尹奉吉的精神与气概，而在韩国文人的作品中却很难找到赞扬金益相、尹奉吉等义士的作品。鉴于此，柳子明把文章

---

① Peter Childs&R.J Patrick Willams，Kim mun huan 译，《后殖民主义理论》，文艺出版社，2004，第37—38页。

② 义烈团是1919年由金元凤、尹世胄、李成宇等十三位韩国热血青年组建的暴力团体，主张用民众的暴力行动摧毁日本的统治机构，暗杀天皇等侵略元凶，金元凤为团长，义烈团的义举给予日本统治者以沉重的打击。1926年左右以金元凤为首的义烈团对以往的斗争路线进行反思，于1926年在广州将义烈团改组为朝鲜民族革命党。

③ 安重根击毙伊藤博文后，孙中山、严复、梁启超、蔡元培等著名人物纷纷挥毫高度评价安重根的民族精神，且有众多作家通过文学创作歌颂了安重根的壮举，其作品不下几十种。

④ 以尹奉吉为主人公的文学作品也有三十多篇，体裁多样，既有诗歌和散文，也有小说和戏剧。

命名为轶事，亲自执笔写作，旨在表明义士们的义举曾是朝鲜革命的重要事业，它作为抗战的重大事件应当被历史铭记。

《朝鲜革命轶事》一文展示了作者丰富的文学想象力与艺术表现力。作品分为两个部分，第一部分题为“两颗怪炸弹”，主要叙述了金益相爆炸事件的神秘性；第二部分题为“金益相远征记”，描写了金益相成功举事的经过。

文章的开头，柳子明生动地描写了爆炸事件发生后日本警察大惊失色却无力调查的情形，文中写道：“犯人是渺如黄鹤，不知去向”，虽说“朝鲜内各新闻特别发出号外，全朝鲜为之轰动一时”，但是毫无头绪，这是“日本警察史上并无前例的”。作者在文中强调了三个疑点，一是警戒极为森严，嫌疑犯如何携带炸弹于白昼突入而未被阻？二是明明警察已迅速地包围了现场，为何拿不到一个嫌疑犯？三是明明国境线已被封锁，为何会一点线索都找不到？这些疑点使事件变得扑朔迷离，增强了故事神秘感。在引起读者的注意后，第二部分“金益相远征记”生动地描写了义士的民族精神与气概、英雄胆略与勇气、机警灵敏与智慧，并一一解答了第一部分所提出的疑问。

柳子明通过对金益相接受任务、出发、与亲戚相逢和诀别等场面的描写表现出了金益相的民族精神与英雄气概。1921 年 9 月，在义烈团会议上通过了粉碎日本帝国主义机关中枢神经的决议，金益相毛遂自荐，一人承担起这个任务，与同志们作别后，只身携带着两枚炸弹离开了北京。就此柳子明感慨万分地回忆道，那情景真真就是“壮士一去兮不复还”，“充满了豪迈的气概”。金益相义士越过国境线后先回了趟家，见到了自己的大伯、兄弟和妻子，并在家族会议上郑重地说出回国的使命，此时此刻，“全家都不能举目直视”。义举成功之后他机智地闯过了封锁线，顺利到达天津，“在天津等待的同志们，这时的愉快，若非自己亲身经过的，决不能想象到的”。金益相与亲友诀别的场景，感人至深，催人泪下；金益相为了国家，为了民族，明知自己有可能付出生命的代价，却毅然出征，此等博大的胸怀与决绝的勇气，无人不为之动容。

柳子明着重将金益相义士塑造成一位胆略与勇气、机敏与智慧兼备的人物。为了躲避国境线上的边防调查，没有护照的金益相穿了一身学生服，那两枚炸弹，一枚绑在了大腿内侧，另一枚藏在了裤腰带里，想着“以备万一遇到危险的时候随时可以掷将出去”。在火车上，金益相发现了一个带着孩子的日本女人，便用流利的日语搭话，被警察认为是一对夫妇带着孩子出行，并没有对他们进行搜查，金益相“把那个小孩子抱在怀里，站在那个女人的前面出站，得以避开警察的眼线”。进入总督府投弹时，金益相义士先是爬到了总督府二楼，朝秘书室和会计室扔了炸弹，下楼时正好碰到上楼的警察，于是对他们喊道：“喂！不要上去，楼上有炸弹——危险！危险！”对方丝毫没有怀疑便放走了他。与智勇兼备的金义士相比，日本警察就显得极为无能和愚蠢。文中写道：“做梦也没有想到，犯人是由正门堂而皇之地通过卫兵的面前，便逍遥于万人激动之中，旋复悠然涤身于流浪之水，而从容地回转了南山的一个大外圈，遂得晏然脱出警戒网了。”柳子明对义士的赞美与对日本警察的讽刺形成鲜明对比。前往新义州的火车上人人自危，金益相却是一副事不关己的样子，泰然自若，把贴着一张爆炸现场照片还详细报道了爆炸现场情况的报纸借过来一看大喊：“岂有此理！‘不逞鲜人’又闯乱子了！混蛋！”在新义州站下车走到铁路桥入口时，警察将其拦住，金义士大发雷霆，“你是哪里人？……你不晓得我是哪里人吗？”警察称自己看错了人将其放行。

金益相的义举体现朝鲜民族主体自我觉醒的同时，也反映了民族英雄主义与爱国主义。整部作品中都流露出作者对金益相烈士深沉的爱慕与敬仰之心以及对日本帝国主义的同仇敌忾之情，此乃引发了读者共鸣，给读者留下了深刻的印象。

金益相义士在总督府爆炸事件成功之后，同吴成仑[①]计划于1923年3月28日在上海黄浦滩港口刺杀总理大臣兼陆军大将田中义一，然而行动暴露，两人被捕，至此总督府爆炸案才水落石出。吴成仑成功越狱，金益相被判处死刑（缓刑），1927年特赦出狱，后传其被日本刑警暗杀。

终其一生，柳子明都不曾忘记义烈团义士的英勇事迹。在接近九十岁高龄之时撰写的回忆录中，柳子明用相当长的篇幅感慨万分地回忆了金益相、金祉燮、金相钰、罗锡畴等义烈团的义士。柳子明的纪实作品可以说是作者强烈的民族意识与无政府主义思想相结合的产物。对于为抗日斗争与民族独立而奋斗的韩国爱国志士而言，金益相烈士的民族精神与气概、英雄胆略与勇气、机警灵敏与智慧成为了他们的精神食粮与力量源泉。以金益相为主人公的这部纪实作品与中国文人关于安重根、尹奉吉的叙事作品一样，作为义烈斗争叙事作品，在东亚抗日叙事文学中占据着十分重要的地位。

5. 结论

柳子明的中国体验叙事继承20世纪初韩国独立斗士申圭植、朴殷植等人中国体验叙事的传统，对构建韩国流亡爱国志士的中国认识、东亚认识以及中韩知识分子共同话语与相互认知的形成起到了重要作用。

① 吴成仑曾在苏联东方大学学习，1926年在黄埔军校教俄语。后到东北参加抗日，据传1940年被日军俘虏，在敌人的拷问下叛变革命。（柳子明，《我的回忆》，沈阳：辽宁民族出版社，1984，第67—68页）

毋庸置疑，他的体验叙事中包含抵抗日本殖民统治的主体的政治无意识与文化无意识，使其促成了主体的自我发现与自我超越。在《赤色的悲痛》《离开广州有感》等游记中，柳子明描写了韩国爱国志士站在他者的立场上正确判断北伐革命前后对中国的时局变化，体现着作者敏锐的政治判断力与历史洞察力。通过《台儿庄战胜利的意义》《争取最后的五分钟》《革命的五月》等随笔作品，反映了韩国流亡爱国志士对中国抗日的立场，也可以窥见主体的多重认同在中韩合作意识的形成过程中所起到的重要作用。纪实作品《朝鲜革命轶事》则通过对民族斗争史上民族义士形象的刻画，反映了为颠覆强权的主体的自我觉醒。柳子明的二十余篇散文均用中文撰写，其知识话语对构建中韩两国政界人物与知识分子间的共同话语与相互认知起到了重要的促进作用①，并为促进中韩政治、文化的生成性对话作出了重要贡献。

柳子明的中国体验叙事表现出殖民地时期韩国近代文学与中国的紧密关联。他的中国体验叙事展现出流亡文人独特的异域想象与文化精神、叙事视角与策略，同时也体现出与日本强权相对抗的知识话语的主体性、民族性、反抗性等一系列特征。虽然他的散文多是呈现出身份认同的多重性和文化的混融性，但这些并没有影响到他对民族团结、中韩合作的认知，反而在政治上和文化上更能体现开放性和包容性。

柳子明一般被称为独立斗士、教育家、农学家，尚未有人将其作

① 20世纪30年代韩国流亡爱国志士创办的中文杂志有《民族公论》(1933)、《独立公论》(1936)、《朝鲜民族战线》(1937)、《朝鲜义勇队通讯》(1938)、《韩国青年》(1939)、《东方战友》(1939)、《韩民》(1940)等几十种。中国的著名爱国人士冯玉祥、沈钧儒、胡愈之等都发表了重要文章。同时，进步文人柳湜、马义、王亚平、穆木天、王继贤、刘金镛等都发表过有关朝鲜义勇队的文章。另外，蒋介石、于右任、李宗仁、白崇禧、陈立夫、张自忠等政治人物多次为韩国人办的刊物给予题词，支持韩国的独立运动，尤其是高度评价朝鲜义勇队在抗日战场上所表现的革命精神和英雄主义。

为文人进行研究和评价。通过对柳子明中国体验叙事的分析与研究，可以发现其作为流亡爱国文人的另一面貌。他的文章兼具思想深度与文学想象力，表达方式极富个性，这与他流亡到中国的政治体验和文化体验是分不开的。尤其是他在中国的教育实践、与中国文人的深度交流，使得他掌握了中国知识与文化，并使得他能够正确把握中国全面抗战的要求，全身心地投身于中国的革命斗争，同中国的进步人士同生死、共患难，成为中国人民最亲密的朋友。作为文人，柳子明一生辛勤耕耘，从不间断研究与写作，即便在近九十岁高龄之时，还亲自撰写学术论文和回忆录[①]，尤其难能可贵的是，弥留之际也对日本篡改历史教科书的逆行，亲自撰文批判并托友人发表。[②]柳子明的中国体验叙事，为朝鲜民族的抗日斗争思想史谱写了新的篇章，填补了朝鲜民族在殖民地空间因"失去话语能力"（萨义德）而产生的正面抗日书写的空白，更为中韩文学与文化交流做出了重要贡献，历史当铭记他的存在。

参考文献：

[1] 柳子明，《我的回忆》，沈阳：辽宁民族出版社，1984。

[2] 柳子明研究会编，《柳子明的独立运动与中韩合作》，景仁文化社，2015。

[3]《柳子明资料集Ⅰ·独立运动篇》，耕慧舍，2006。

[4] Potor Childs & Patrick Williams 著，Kim mun huan 译，《后殖民主义理论》，首尔：文艺出版社，2004。

① 柳子明先生年迈八十高龄之后撰写了《匡互生异想记》（中国政协邵阳市委员会编，《匡互生先生诞辰一百周年纪念论文集》，1975）、《高风亮节的金九先生》（《世界史研究动态》，1980.10）、《我的回忆》（1984）。

② 柳子明，《决不可忽视日本军国主义的复活》，柳先生将文章委托中国国际台的金亨植先生发表。（见柳子明之《致金亨植先生》，1982，《柳子明资料集Ⅰ·独立运动篇》，耕慧舍，2006）

[5] 佐藤嘉幸著，Kim Sang un 译，《权力与抵抗：福柯、德勒兹、德里达、阿尔杜塞》，首尔：乱场，2012。

[6]《朝鲜民族战线》(半月刊，1—6期)，1938—1939。

[7]《朝鲜义勇队通讯》(季刊，1—42期)，1938—1942。

[8]《东方战友》(半月刊，1—2期)，1939—1941。

[9]《全民周刊》，1937年创刊。

[10] 金柄珉、李存光主编，《中国现代文学与韩国》资料丛书，延边大学出版社，2014。

国际友人柳子明的生平与意识世界

金柄珉

摘要：在柳子明九十二年的生涯里，贯穿着鲜明的民族观、热烈的爱国情怀、探索性的科学观以及表现出的高尚的人道主义和国际主义思想。柳子明的人生体验是近代朝鲜民族一部精神史的组成部分。

关键词：国际友人；柳子明生平；意识世界

柳子明[①]是近代韩国的抗日志士、著名的教育家和农学家，更是中国人民的亲密朋友。他的风雨人生是近代韩国许多流亡海外的爱国志士战斗历程的缩影。当一个农学家是他早年的梦想，为了响应时代的召唤，他不得不放弃心爱的学问，毅然选择了独立斗士的生涯，后来又终于成为著名的农学教授。他曾经在普通学校、中学、大学教过书，当过农业技术员、政府官员、农业专家，还从事过慈善事业。作为一名抗日志士，他的一生是辉煌的。他先后参加了韩国的青年外交团（1919）、上海大韩临时政府（1919）、新韩青年团（1919）、朝鲜人居留民团

① 柳子明小时候叫兴甲，当学生时叫兴湜，1919年流亡中国之前，临时政府的负责人兴镇给他改名为子明。后来根据斗争的需要又叫友槿、友生等。他先后当过湖南大学农学院农学系主任、湖南农学院园艺系名誉主任、湖南省园艺学会名誉会长等职。

（1923）、义烈团（1924）、朝鲜民族革命党（1926）、东方被压迫民族联合会（1927）、朝鲜人无政府主义者联盟（1932）、朝鲜民族战线联盟（1937）、朝鲜义勇队（1938）等民族团体，并在其中起到了核心作用。在血雨腥风的年代里，他挥笔疾书，敢于阐明自己的政治见解；在中国大学任教期间他著书立说，确立了学者的威望。

研究柳子明的生平和思想是很有意义的。在他九十二年的生涯里，始终贯穿着鲜明的民族观、强烈的爱国情怀、探索性的科学观以及高尚的人道主义和国际主义思想。柳子明的人生体验是近代朝鲜民族的一部精神史的组成部分。因此，正确理解柳子明先生的生平和意识世界将有利于理解近代朝鲜民族的独立运动史和精神史。

一、独立斗争岁月和鲜明的民族观

1945 年 8 月 15 日光复前柳子明的生活经历基本上与朝鲜民族的独立斗争相关。他在普通学校读书时就从他的老师那里受到了爱国主义启蒙教育，而且有幸遇见爱国者安昌浩，从他那儿听到爱国启蒙思想家们的狱中苦行，心里十分气愤。他表示为了救国“大哥们流泪，我也跟着流泪”。可见少年时代的柳子明心灵里就埋下了爱国的火种。在水原农林专门学校读书时，他立志当农学家救国。举世闻名的三一运动时在农业学校任教的他和学生一起筹划了示威游行。

示威游行被警察署武力干涉后，他走上了职业独立斗士的道路。在汉城他加入了青年外交团[①]、新韩青年团[②]，通过公开集会和募捐活动，

① 青年外交团是为了支援 1919 年派往巴黎参加强化会议的外交代表团而组织起来的秘密组织。柳子明由李炳哲介绍加入此组织。

② 新韩青年团是申奎植、吕运亨组织的团体，柳子明由吕运亨介绍加入此组织，并作了半年秘书。

他接受了女性解放、男女平等等新思想，认识到民族责任感。这样他终于下决心走上了流亡救国的道路。

1919 年 6 月柳子明来到中国上海，成为（韩国）临时政府临时议会议员，其间他深受安昌浩、申采浩等韩国著名爱国人士的影响。尤其是申采浩的民族立场对他的影响很大，促使他坚定地走上了独立运动的道路。在上海期间，他在金翰的影响下接触了共产主义思想和无政府主义思想。当时他从上海一家日本书店买来《改造》《解放》等杂志，和金翰一起学习讨论。当年 12 月回汉城（今首尔）以后，他仍和金翰住在一起，学习研究《共产党宣言》。他还阅读了克鲁泡特金的《相互辅助论》《一位革命家的回忆》《俄罗斯文学的现实和疑惑》等书籍，渐渐达到了无政府主义的境界。他认为克鲁泡特金的《相互辅助论》是反对侵略的理论依据，当时韩国的主要矛盾是民族矛盾。日本帝国主义正把朝鲜变为殖民地，镇压人民，屠杀人民。他主张反对国家权力就是反对日寇，暗杀日寇的头目、爆破日寇的统治机关就是反日爱国行为。这个时期他读了许多理论书籍，为成为一名无政府主义理论家打下了基础。1924 年春，他在中国天津遇见韩国无政府主义团体义烈团团长金若山，随即参加了义烈团。为了起草义烈团宣言，他亲自去北京请来了申采浩先生。以申采浩执笔的《朝鲜革命宣言》为契机，义烈团具备了明确的主张。起初柳子明到上海负责义烈团的宣传和通信联络，曾经和金昌淑一起为罗锡畴准备了弹药和手枪，并把武器送到威海。

柳子明从参加义烈团开始，就成为朝鲜人无政府主义团体的主要骨干。1927 年世界性的无政府主义团体“东方被压迫民族联合会”在武汉成立，柳先生作为朝鲜代表参加了这个会议。[①] 1932 年他在上海参加了

① 柳子明当时跟金奎植、李剑云等人一起参加了东方被压迫民族联合会。因此 1928 年被武汉公安局抓捕入狱六个月。

朝鲜人无政府主义联盟，并成为核心要员。[①] 1937 年他作为无政府主义团体代表出席了朝鲜民族战线联盟成立大会。1938 年这个联盟下设义勇队，他被推荐为义勇队指导员。

他与中国无政府主义团体的领导们有过密切的联系，尤其是在无政府主义的摇篮上海立达学园教书的四年时间里，他与中国无政府主义知名人士匡互生、陈范预、马宗融、罗世弥、邓梦仙、巴金等人有过多方面的交流。因而朝鲜无政府主义团体的活动受到了中国人士的支持和声援，并且得以合法化。

柳子明通过无政府主义团体的活动有力地促进了韩国的民族独立运动。作为无政府主义者的他，绝不因为信念不同而排斥其他民族团体，反过来他为各团体的团结统一东奔西走，做了很多工作。的确，柳子明作为一名战斗的民族主义者是毫不逊色的。

二、异域万里的生活体验和热烈的爱国情怀

有位政治家说，真正的爱国者在海外侨胞中间。我们从柳子明的生活经历里不难发现他的爱国思想，并为之肃然起敬。他离开自己的祖国长达六十年，其间他一刻也没有忘怀祖国和亲人。他年逾九十写的回忆录里说："我已白发苍苍，但往事历历在目，不能忘怀。高喊'朝鲜独立万岁'的三一广场，在流亡的船只上泪眼蒙眬地遥望凄凉黄昏的情景，怀揣炸弹冲进总督府壮烈牺牲的'义烈团'同志们，在椰林环绕的台湾开垦农场时洒下的一滴滴汗水……这些已成为遥远的往事，如今的我已变成手拿扇子悠闲度日的老朽，坐在异国土地的葡萄藤下，拿起笔

① 柳子明当时在刊物《南华朝鲜青年通讯》上发表了多篇论文，表明了自己的政治主张，从而确立了他的领导地位和理论家的声望。

来追忆着逝去的岁月。”他离世前写的回忆录《我的回忆》[①]是他强烈的爱国思想的结晶和升华。

柳子明在光复前的独立斗争活动贯穿着对祖国、民族、国土的热爱，集中体现了他的爱国主义思想。1940 年柳子明因生活所迫离开重庆，去了中国福建省政府农业改进处的农业实验场和园艺实验场从事农业技术工作。1942 年他到广西省一家农场担任场长职务。1944 年因日寇的侵入，桂林事态危急，他应福建省政府的邀请到省政府建立的“康乐新村”[②]担任第二村筹备委员会主任。1945 年他在福建省福安县的一座村庄里迎来了自己祖国的解放。他回忆当时无比激动的心情：“我虽然没能和祖国同胞们一起欢庆喜悦，但是我能想象到流泪狂欢的祖国同胞和我的兄弟们，一想到这些我就心潮澎湃。”[③]这番话表达了一个爱国志士的真挚感情。他在 1978 年写给沈克秋[④]的一封信里说：“日本投降时，我没能跟重庆的同志们一起回国。”当时他在福建，找不到归国的路线，只好和同事们一起去了台湾。

从 1946 年至 1950 年，柳子明担任了台湾省农林处技术室主任、合作农场管理所主任等职，积极策划农业改革方案。据说当时他家境窘困，得到了弟子们的不少帮助。

在台湾时他与台朝鲜国领事馆领事闵右麟接触较多。后来韩国驻台大使申锡雨来到台北，1950 年 1 月柳子明和他的战友郑华岩一起递交了

① 柳子明先用汉文写了《我的回忆》送给巴金审阅，后来辽宁民族出版社根据原稿译成朝文并做了一些补充。参照沈克秋的《我的回顾》(延边人民出版社)。

② 康乐新村在福建省福安县，是省政府为了战争孤儿建立的。当时任省政府秘书长的程星龄把此项任务交给柳子明。解放后程星龄任湖南省副省长，是柳子明的生死之交。

③ 柳子明:《我的回忆》，辽宁民族出版社，1984 年。

④ 沈克秋（1914—2000）是抗日志士、无政府主义者沈茹秋的弟弟，光复前和柳子明有过密切联系，中华人民共和国成立后来延边任职于历史研究所。

归国申请书。由于他的原籍曾记录为南京，经过反复交涉，半年以后才拿到签证。这里需要说明的是他的归国决定并非是容易的。因为他的中国夫人和年幼的孩子们都不懂韩国语，而且在韩国还有他的家属，因此归国后会有不少精神负担。在这种情况下如果没有炽热的爱国热忱是不能做出归国决定的。也许他可以隐瞒韩国有妻儿的实情，但他不能隐瞒自己的爱国之心。然而柳子明的归国之梦却被韩国战争彻底打破。归国须经过香港，1950 年 6 月 25 日晚上，当他到达香港的时候，船路被阻，他走投无路。幸亏接到老朋友湖南省副省长程星龄的邀请，受聘于湖南大学农学院。从此柳子明度过了长达三十多年的大学教授生涯。其间 1957 年他接到朝鲜政府的归国邀请，当时他毅然决定要领着面临高考的儿女归国，因为他无法漠视祖国的呼唤。但由于中国政府的恳切挽留，他没有回朝鲜。因当时无法与韩国联络，柳子明被当作朝鲜侨胞，朝鲜政府十分关注他。由于他在农业研究领域贡献卓越，朝鲜政府于 1978 年授予他三级勋章，中国人称赞他是“戴勋章的园艺师”。他十分珍惜祖国授予他的荣誉。他的战友柳树人在给沈克秋的信里说：“听说子明兄荣获了朝鲜政府的勋章。各行各业有成就的人都得到了勋章，子明兄在科研领域驰名中外，理所当然接受这样的荣誉。”

随着年龄的增长，他的爱国之心也越来越强烈。他在 1977 年给沈克秋的一封信里说：“我是三一运动时离开祖国的，已经有六十年了。由于家在南朝鲜所以一直不能给家里写信。如果南北召开团结大会，我一定去参加会议。”就是这样，他十分思念祖国，渴望祖国的统一。1983 年 2 月 25 日为了纪念他的九十寿辰，湖南农学院举办了盛大的祝寿茶话会，湖南省的主要领导也出席了会议。

中央国际广播电台播放了这个新闻。事后在韩国的柳子明先生的子孙们给中央国际广播电台写信寻找他，他知道后坐立不安，多次跟家人说他要回国探亲。他的女儿柳得橹教授回忆说，每逢佳节柳先生总是喝点酒后轻轻地唱起歌曲《阿里郎》。[①] 1983年编辑《我的回忆》一书的金亨植先生去拜访柳子明先生时，柳先生指着天上的月亮说："我以为天上只有一个月亮，其实世上有两个月亮。"他的话表达了一个爱国志士的心声。他把对祖国民族、妻子儿女、故乡山川的思念寄托在一轮明月上。柳子明先生的爱国之心在六十多年的异国生活中从来没有动摇过，反而随着岁月的流逝越来越升华，越来越崇高。

三、教育家、农学家的风范和探求的科学观

柳子明不仅是坚定的爱国志士，而且是著名的教育家和农学家。他从小立志当一名农业专家。流亡之前他在农业学校和普通学校教过农业课。来到中国以后，在农场和学校从事过农业研究和农业教育，最终成为湖南农学院的教授，是一名响当当的学者、专家。1929年他受中国朋友袁绍先邀请到韩复炎烈士纪念农场指导农业生产。1930年受陈范预邀请到福建省泉州私立黎明中学任教，一边教生物学一边研究热带植物。从1930年至1935年，他在中国著名的民族革命家、教育家匡互生先生所建的新式中学上海立达学园教过农业课和日语课，后来到东流农场、福建园艺实验农场、广西省的灵枣农场等地担任农业技术员，对园艺植物进行了调查研究，之后在台湾时提出了建立合作农场的方案。他写的《农业建设和合作农场的使命》(《台湾日报》)、《合作农场和农业合作的多种形式》等论文反映了农业实践基础科学研究的丰硕成果。

自1950年始，三十多年来，柳子明先生作为著名的农业教授受到了中国政府和学术界的关注。他的科学研究和教育研究达到了很高的

① 柳子明的女儿柳得橹教授1998年与笔者谈话中所谈。

境界。他在农业研究上取得了多方面的成果。“他怀着极大的兴趣认真阅读了有关农业方面的中国古典书籍。看到他的许多读书笔记就足以知道他刻苦钻研的情况。”① 他对水稻起源的研究受到世界农学界的认可。1972 年他带领农业系和园艺系的教师们对长沙马王堆汉墓出土的农业植物进行了考证，对中国水稻栽培的历史从考古学、地质学、地理学、历史学、语言学等多方面做了论证。

他在论文《关于中国水稻栽培的起源和发展》里指出，中国的云贵高原是水稻的发源地。这篇论文一发表，就引起了国内外学者的注目，日本一家遗传研究所还利用生物遗传分析法进一步论证了他的结论。②

柳子明先生又是一名著名的园艺专家。早在光复前他就对热带植物有所研究，1940 年发表了论文《抗日战争与园艺》。③ 他执笔的《中国玫瑰和世界玫瑰》(《中国园艺学报》，1964 年）是“对中国玫瑰的最系统的权威性论著，引起了国内园艺学界的普遍重视，它赋予了中国玫瑰应有的国际地位”。④ 在这篇论文里作者对中国玫瑰在欧洲的传播、中国玫瑰和欧洲玫瑰的嫁接过程以及新品种的出现等问题都作了重要的论述。

柳子明还是葡萄专家。他推翻了中国南方不能栽培葡萄的定论，花费心血搞葡萄栽培实验，终于研究出一年结果七次的葡萄品种。他研究出的这种葡萄 1958 年在北京博览会上获得了好评，并且当选为全国优质品种。他的研究成果在南方各地广泛普及，尤其在湖南地区得到全面栽培，促进了当地的经济发展。他的论文《葡萄一年多次结果的技术》(1958)、《湖南的葡萄生产大有前途》(1976）是根据他的研究成果写出来的，对社会经济发展有过指导意义。他先后发表了《中国几种有名的

① 参照柳子明《我的回忆》中程星龄所写的前言。
② 《湖南日报》1979 年 5 月 14 日，第三版。
③ 《福建农业》一卷四期，1940 年。
④ 参照柳子明《我的回忆》中程星龄所写的前言。

花卉》《园林花卉》[1]等著作和数十篇有价值的学术论文。这些论著至今受到国内外学者的关注和认可。

他的论文《关于中国水稻栽培的起源和发展》贯穿着唯物辩证法。他的学问研究带有很强的应用性。葡萄的研究成果当时对湖南省各地的经济发展起到了推动作用，赢得了社会的广泛支持和尊敬。

柳先生十分关爱学生，他总是教那些有用的东西。早在 1951 年他就为了培养学生的创造能力，在课堂里组织学生展开讨论，培养了湖南省的许多园艺专家、葡萄专家。他的学生们至今没有忘记他们的恩师。著名的农民园艺专家刘松福就是在柳子明的亲自指导下成长起来的。

四、贯穿着诚信、仁爱、尊重的人道主义和国际主义

柳子明先生是人道主义者和国际主义者。作为抗日斗士，他在爱国斗争的道路上和爱国志士们同舟共济，结交了许多生死之交。他的挚友里有韩国著名的爱国斗士申采浩、安昌浩、金九、罗锡畴、柳树人、郑华岩等人。他还有许多中国朋友，如著名的教育家匡互生、马宗融、陈范预，爱国将领程星龄、沈仲九，著名作家巴金、罗世弥等人。此外还有他的得意门生粟同、李毓华、刘松福等。他能拥有这么多优秀的挚友，与他的诚实、信任、仁爱、尊重他人的高尚品德和人道主义精神是分不开的。

申采浩是柳子明最敬仰和崇拜的爱国志士。早在上海临时政府时期，他就聆听过申采浩的历史讲演，被他的爱国精神深深感动，并终生以他为师。他为了义烈团的宣言亲自去北京请申采浩先生来到上海，使著名的《朝鲜革命宣言》得以诞生。在北京期间他们住在一起畅所欲

① 1936 年在南华青年联盟机关刊物《南华通讯》上发表。

言。他非常同情申先生的思乡之情。当时他跟着申采浩学习中国古代史，他还经常陪伴申先生去参加讲演活动。柳子明先生听到丹斋先生在狱中遇难的噩耗后悲痛万分，立即挥笔写下了《悼念丹斋先生》一文，表达了自己无比悲痛的心情。他终生怀念丹斋先生。他年近九十高龄时写下了《朝鲜的爱国史学家申采浩》一文，发表在中国有名的历史学术刊物《世界动态》上。他的诚实和信任、仁爱和尊敬也表现在他对爱国者安昌浩、罗锡畴、柳树人、郑华岩等人的态度上。

柳子明教授对中国朋友也同样充满了仁爱之心。巴金和柳子明先生长达六十年之久的友谊，可以说是韩中文化交流史上的一段佳话。早在1920年他在北京时就和巴金因信仰无政府主义而相识，后来在南京、桂林、重庆、台湾等地继续有来往。巴金被柳子明的爱国精神所感动，1936年8月以柳子明为原型写了一部小说《发的故事》。后来在长篇小说《火》中也反映了朝鲜青年的爱国精神。解放后他们之间的友谊越来越深厚，1983年柳子明在他的回忆录里写道："我和巴金之间至今有通信来往。"巴金视柳子明为兄长。[①]柳子明曾把自己用汉文写的回忆录送给巴金审阅，巴金仔细阅读后提出了修改意见。

作为一个外国人，能够和中国人建立如此真挚的友谊，并能受到他们的信任、热爱和尊敬，可见柳子明先生人格之高尚。他诚实、仁爱，充满了人道主义精神。因此身处逆境时，有人帮助他，顺境时他也舍己为人。他的一生可以成为我们活生生的生活教材。

国际主义一词，其含义是不同国家之间的人们以人类普遍利益原则为基础，相互支持，共同发展。抗日战争时期加拿大医生白求恩来到中

① 苛軏研1999年在和笔者的谈话中证明了以下事实。1984年柳子明到北京女儿家时，正巧巴金也从上海来到北京。柳子明给巴金打电话说他要去拜访巴金，巴金说"大哥怎么能先拜访老弟呢，老弟去拜访大哥才是道理"。于是巴金和记者一起来访问柳子明并一起照相留念。

国，积极投入到中国的抗日斗争之中，并为之献出了生命，毛泽东发表文章称赞他是伟大的国际主义战士。柳子明在中国生活了六十多年，他“的确是中国人民最亲密的朋友”。[①] 在中国近代史上，作为一个韩国人，像柳子明先生这样得到中国人的巨大关爱和尊敬的人是不多的。为了纪念他的九十岁寿辰，湖南大学举办了盛大的茶话会，湖南省主要领导和各界知名人士数百人与会祝寿，这在中国是最隆重的祝寿活动。柳子明患难之交的中国湖南省政协主席程星龄说：“柳子明先生的崇高的爱国主义精神和国际主义精神永远值得我们学习。”[②] 柳子明之所以能够得到中国人的爱戴，是因为他真心热爱中国，为中国的发展贡献了他的一生。他早在解放前就在立达学园等教育部门执教，当过永安园艺农场场长，担任康乐新村主任时他还收养了战争孤儿。解放后在大学教书为培养学生，为科学研究和社会发展数十年如一日艰苦奋斗，做出了卓越的贡献。并且荣获了朝鲜民主主义人民共和国勋章，这些都充分证明他为中朝友谊和科学研究做出了卓越贡献。

柳子明不仅热爱他的祖国，也十分热爱中国。1977 年他在给沈克秋的一封信里写道：“我热爱我的祖国，也热爱中华人民共和国。我们家四口人中，除了我是国际友好人士以外，儿女和外孙都是中国人。”他的儿子是汉族，女儿是朝鲜族，外孙是汉族，外孙女是朝鲜族。他和他的后代身上流淌着中朝友谊的血液。柳子明的祖国观和国际观给了我们很大的启发。

---

① 参照柳子明《我的回忆》中程星龄写的前言。

② 同上。

结 语

中国对柳子明的评价是，他“不仅是卓越的农学家，而且是朝鲜的政治活动家和革命家”。柳子明的生涯是流亡斗士们的缩影，也是近代朝鲜民族历史的一部分。以彻底的民族观、爱国观，唯物主义的科学观、鲜明的人道主义和国际主义为特征是他的意识世界，是民族精神的体现和升华。他的光辉一生和深刻的意识世界是朝鲜民族的精神财富，将永远载入史册。朝鲜民主主义人民共和国 1978 年授予他国旗勋章，韩国 1968 年授予他总统奖状，1991 年授予他建国勋章。这是以民族的名义授予他的荣誉勋章。朝鲜民族和中华民族为有这样的爱国者、国际友人及学者感到自豪，并将永远纪念他。

参考文献：

[1] 柳子明《我的回忆》，沈阳：辽宁民族出版社，1985。

[2] 安奇《戴勋章的园艺学家——柳子明》，北京：中国农业出版社，1994。

[3] 柳子明《给沈克秋的一封信》，《中国朝鲜族历史资料集》，延吉：延边人民出版社，2002。

参考资料

《我的回忆》 柳子明　著　辽宁民族出版社 1984 年出版

《戴勋章的园艺学家——柳子明传》 安奇　著　中国农业出版社 1994 年 7 月出版

《延边调查实录》 沈茹秋　著　延边大学出版社 1987 年出版

《白凡逸志》 金九　著　西文堂 1994 年出版

《金元凤研究》廉仁浩　著　创作与批判社 1993 年出版

《先觉者丹斋申采浩》 任重斌　著　行说出版社 1986 年 7 月出版

《祖国去向何方》 郑华岩　著　自由文稿 1982 年出版

《激情时代》 金学铁　绿光会 1999 年 5 月出版

《中国朝鲜族足迹丛书》 第一集《开拓》第二集《火种》第三集《烽火》第四集《决战》第五集《胜利》 北京民族出版社出版

《韩国著名独立运动家传》 孙玉梅　宋健　金成兰　马彦　著　吉林省社会科学院 1997 年出版

《光复的历史人物》 联合新闻 1997 年 7 月出版

《与世纪同行》(第一集) 金日成　著　朝鲜劳动党出版社 1992 年出版

《世界人名大辞典》 1986 年出版　内部材料

《独立运动大辞典》 李康勋　编辑　东亚 1990 年出版

《中国通史故事》 中国少年儿童出版社 1991 年 8 月出版

《史地知识辞典》 延边人民出版社 1989 年出版

《中国历史地名大辞典》 广东教育出版社 1995 年出版

《20 世纪中华爱国名人辞典》 吉林大学出版社 1990 年 12 月出版

《民国史大辞典》 中国广播电视出版社 1991 年 9 月出版

《韩国人的族谱》 日新阁 1977 年 12 月出版

《国史大事典》 教育图书 1988 年 9 月出版

《巴金作品精选》 巴金 著　伊犁人民出版社 2000 年 3 月出版

《我的回顾》 沈容澈（克秋）著　未发表

《农业生命科学大学》 首尔大学 1996 年 6 月号

《朝鲜、中国对申采浩文学的研究与评价》 金柄珉　著

《世界研究动态》 1980 年第 10 期

《世界研究动态》 1981 年

图书在版编目（CIP）数据

不灭志士：柳子明评传 / 李玉花译 . -- 北京：作家出版社，2020.11

（中国少数民族文学发展工程 · 民译汉专项）

ISBN 978 – 7 – 5212 – 1048 – 4

Ⅰ. ①不…　Ⅱ. ①李…　Ⅲ. ①柳子明（1894–1985）- 评传　Ⅳ. ①K826.3

中国版本图书馆 CIP 数据核字（2020）第 121919 号

不灭志士——柳子明评传

作　　者：柳燃山
译　　者：李玉花
责任编辑：史佳丽　李亚梓
特约编辑：陈　涛　杨玉梅　郑　函
装帧设计：薛　怡
出版发行：作家出版社有限公司
社　　址：北京农展馆南里 10 号　　　**邮　　编：**100125
电话传真：86 – 10 – 65067186（发行中心及邮购部）
86 – 10 – 65004079（总编室）
E – mail: zuojia@zuojia. net. cn
http: // www. zuojiachubanshe. com
印　　刷：北京玺诚印务有限公司
成品尺寸：152 × 230
字　　数：322 千
印　　张：26.25
版　　次：2020 年 12 月第 1 版
印　　次：2020 年 12 月第 1 次印刷
ISBN　978 – 7 – 5212 – 1048 –4
定　　价：46.00 元